장대식 목사 팔순 기념 요약설교 100선

참 된 자 유

장 대 식 목사

요 8:32

진리를 알지니
진리가 너희를
자유케 하리라

창 대 장 로 교 회
생명의양식문서선교회

머리말을 대신해서

필수와 선택(행 4:12)

– 장대식 목사는 어떻게 해서 예수를 믿게 되었는가? –

◆ 예수 안 믿고 버틴 세월

저는 중학교 다닐 때부터 '예수를 믿으라'는 전도를 받았습니다. 그냥 지나쳐 듣고 말았습니다. 고등학교 다닐 때도 전도를 받았지만 교회에 나가지 않았습니다. 대학교 다닐 때도 전도를 받았지만 역시 예수를 믿지 않았습니다.

오늘날 많은 사람들은 종교를 하나의 악세사리(액세서리) 정도로 생각하고 있습니다. 저도 옛날에는 종교를 하나의 '악세사리'라고 생각했습니다. 종교는 가져도 되고 가지지 않아도 되는 하나의 악세사리이며, 가지게 된다 하더라도 취향에 따라 아무 종교나 가질 수 있다고 생각했습니다.

그래서 한동안 나중에 나이가 들어 종교를 가지게 되면 비교적 생활에 배제조건이 적은 불교가 괜찮을 거라고 생각하기도 했습니다.

이러는 동안 우리 가정에서는 어머니, 아내 그리고 슬하의 3남2녀가 모두 교회에 출석하고 있었습니다. 저는 종교는 자유라고 생각했기 때문에 가족들이 예수 믿는 것에 대해서 부정적으로 보지는 않았습니다.

어머니는 교회에서 부흥회를 하면 부흥강사 목사님을 식사에 초대 나와 겸상을 하게 해서 전도를 부탁하곤 하셨습니다. 논리적으로 설명이 잘 안 되는 기독교 교리를 가지고 과학과 윤리로 무장된 저와 논쟁을 하게 되면 번번히 부흥강사인 목사님이 판정패하게 되었습니다.

또한 당시 중학교 교사로 있던 누이동생은 "오빠가 예수 안 믿고 그러다가 죽은 후 천국 못가고 지옥 가게 되면 어쩔라고 그래요?"라고 안타까운 마음으로 애원했습니다. 저는 당시 교직에 최선을 다하고 있었으며 나름대로 사회봉사를 하고 있었기 때문에 지금 생각하면 윤리적으로 교만한 상태에 있었습니다. 그래서 저는 "하나님과 천국과 지옥의 존재를 믿지도 않지만 만약 존재한다면 내가 예수 안 믿어도 하나님이 나를 천국에 보내주실 것이다"라고 교만을 부렸습니다. 그것은 기독교인 중에도 도덕적으로 저보다 못한 사람이 많다고 생각하고 있었기 때문이었습니다.

뿐만 아니라 당시 감리교신학대학에 다니던 장남(현재 목사)은 "아버지는 부흥사와 대면하시게 말고 점잖게 설교하는 목사님의 설교를 들으시게 해야 된다"고 하면서 온 가족이 저를 전도하기 위하여 심혈을 기우렸던 것 같습니다.

◆ 드디어 예수를 믿게 되다

이리하여 세월이 흐른 후 1983년(48세) 12월에 이르러 드디어 저는 교회에 출석하게 되었습니다. 저가 예수를 믿게 된 표면적 동기는 매우 아이러니합니다. 저는 당시 건대부중 교사로 봉직하면서 열악한 교육환경에 있는 고향인 문경시 동로면의 후배 교육에 조금이라도 도움을 주기 위하여 향토운동을 하고 있었습니다. 후배들의 인성교육 문제에도 많은 관심을 가지고 있었습니다.

인성교육을 위해서는 종교의 힘이, 특히 기독교의 힘이 효과적임을 깨닫고 있었습니다. 그것은 저의 친구가 장로로 있는 고향의 어느 마을이 한동안 많은 사람들이 술과 도박으로 병들어 있었지만 대부분의 주민들이 예수를 믿게 된 후 그 마을이 정화되고 잘사는 모범마을이 되었기 때문이었습니다. 그래서 저는 우리 고향 동로에 기독교를 보급해야 되겠다고 생각하고, 이 기독교를 저가 먼저 배우기 위하여 교회에 출석하게 되었습니다.

그러나 내면적(영적)으로는 어머니와 모든 가족들의 오랜 기도로 말미암아 저를 구원하기 위한 하나님의 역사가 일어나고 있었음이 분명했습니다. (이 사실은 나중에 저가 은혜를 받은 후 깨닫게 된 일입니다.) 저는 열심히 교회에 나가게 되었고 1984년 3월 1일부터는 새벽기도에도 참여하게 되었습니다. 5월5일 전후 3일간 연휴 때에는 오산리기도원에 가서 난생 처음 금식기도를 하게 되었는데 이때 저는 강렬하게 성령 체험을 하고 하나님 앞에 굴복하게 되었습니다.

체험적인 성령 충만 현상은 양팔의 강렬한 진동으로 나타났고, '사랑'이란 단어를 말할 때마다 강렬한 진동으로 '사랑의 은사'가 임하였음을 하나님께서 증거해 주셨습니다. 얼마 후부터는 '신유(神癒)의 은사'(하나님께서 난치병이나 불치병을 치유해 주시는 은사)와 '축사(逐邪)의 은사'(하나님께서 귀신을 쫓아내시는 은사)가 임하였음을 하나님께서 증거해 주셨습니다. 암, 간경화증, 디스

크 등의 난치병이 저가 환자의 머리에 손을 얹고 예수님의 이름으로 기도하면 그 자리에서 치유되었고, 귀신들린 자들도 같은 방법으로 치유가 되었습니다.

"장대식이는 웬만큼 해서는 예수를 믿을 놈이 아니니 확실한 증거를 보여 주어야겠다"고 하나님께서 작정하신 모양인 것 같았습니다. 이상과 같이 하나님께서 저에게 확실한 증거를 보여주셨기 때문에 그 후에는 하나님의 뜻이라면 무조건 순종하게 되었습니다. 드디어 1988년 2월에는 교직을 그만 두고 신학을 공부하라는 하나님의 뜻에 따라 25년간 봉직하던 교사직을 사임하고 말았습니다.

사람들이 말하기를 "장대식이가 예수에 미쳤지! 직장에 다니면서 예수 믿으면 안 되나? 그 좋은 직장을 버리게…" 하면서 안타까워했습니다. 사실 저에게는 교감과 교장 자리가 눈에 보이는 위치에 있었습니다. 당시 저에게도 아쉬움은 있었습니다. 그러나 "순종이 제사보다 낫다"(삼상 15:22)고 하지 않았던가! 저는 지금도 후해는 하지 않습니다. 우리 가정에는 가장인 저의 그 순종으로 인하여 많은 축복을 받고 있다고 생각합니다.

◆ '예수 믿는 것'은 선택이 아니고 필수이다

자타가 공인하는 한국의 지성인 전 문광부장관 이어령 교수가 기독교에 귀의한 후 2007년 9월 75세의 나이로 세례를 받아 항간에 화제가 되고 있습니다. 그는 모태신앙인 부인으로부터 일찍 신앙의 도전을 받았지만 오히려 젊었을 때에는 무신론자로 반기독교적인 글을 많이 썼다고 했습니다.

그가 뒤늦게 예수를 믿게 된 주된 동기는 불치의 암 및 시력장애의 딸(변호사)과 중병 중의 손자가 믿음에 의지해서 치유를 받았기 때문이라고 했습니다. 그리고 그는 "이제 저는 더 이상 교회의 아웃사이더가 아니라 인사이더입니다. 아웃사이더가 하는 말은 비판입니다"라고 과거의 기독교 시각에 대한 과오를 회개하고 고백이나 하는 듯이 말했습니다.

상대성 이론을 발표한 천재 과학자 아인슈타인(1879~1955)도 평생을 무신론자로 살았다고 합니다. 그가 만년에 하나님의 존재를 깨닫고 말하기를 "내가 한평생 한 쪽만 보고 살았는데 이제 다른 쪽을 보았더니 거기 하나님이 계셨다"고 고백했습니다.

세상 사람들은 종교를 선택을 해도 되고 안 해도 되는 하나의 악세사리로 여깁니다. 따라서 기독교는 악세사리 중에서 다시 선택하는 대상이 됩니다. 저도 그리스도 밖에 있을 때에는 그렇게 생각했습니다. 그러나 예수를 믿은 후 달라졌습니다. 하지만 내세와 하나님의 존재를 확신하는 일은 쉬운 일이 아닙니다.

"종교는 설명해서는 안 되는 것을 설명하는 것입니다. 종교적 현상은 체험해야 합니다."라고 이어령 교수도 체험 전에는 깨닫지 못했음을 고백하고 있습니다. 저도 체험을 통해서 확신을 갖게 되었습니다. 그러나 이 극적인 체험은 누구에게나 다 나타나게 되는 것은 아니며, 고난과 고통으로 다가 올 때가 많습니다. 그래서 "매 맞기 전에 순종하는 것이 은혜이다"라는 말이 있습니다. 여러분들은 매 맞기 전에 믿을 수 있는 분의 간접체험을 통해서 예수를 믿게 되는 행운의 은혜를 받기 바랍니다.

어쨌든 저는 기독교(예수 믿는 것)는 선택(악세사리)이 아니라 필수라는 것을 확신하게 되었습니다. '예수를 믿는 것' 은 내세의 영원한 생명을 보장해 주는 필수 중의 필수인 것입니다. 오늘 내가 가지고 있는 육신과 생명보다도 더 귀한 필수품인 것입니다. 그리고 사랑하는 자들에게 강권하고 싶은 필수품인 것입니다. 이 귀중한 필수품을 사랑하는 모든 이웃들이 함께 소유하게 되시기를 주님의 이름으로 축복합니다.

"다른 이로서는 구원을 얻을 수 없나니 천하 인간에 구원을 얻을만한 다른 이름을 우리에게 주신 일이 없음이니라"(행 4:12). **"주 예수를 믿으라. 그리하면 너와 네 집이 구원을 얻으리라"**(행 16: 31). 아멘!

감사 드리는 말씀

80평생을 함께 해 주신 사랑의 하나님 아버지! 감사와 찬양을 드립니다. 하나님의 그 크신 은혜에 너무나 감사하여서 팔순 기념으로 발간한 이 부족한 설교집을 사랑하시는 하나님의 백성 여러분에게 삼가 드립니다.

감사합니다.

2015년 5월 23일

장대식 목사 드림

차 례

제10장 은혜와 진리 그리고 믿음 · 소망 · 사랑 / 291

제11장 넘어질까 조심하라 / 323

제12장 새 하늘과 새 땅 / 353

〈참고〉 본 설교집의 인용 성경 본문은 주로 대한성서공회 발행 '개역 한글판' 성경 말씀임을 알려둡니다.

제 1 장

분명하게 알고 걸어가야 할 인생길

제1장 제1과
본향으로 돌아가야 할 나그네 인생

저희가 이제는 더 나은 본향을 사모하니 곧 하늘에 있는 것이라. 그러므로 하나님이 저희 하나님이라 일컬음 받으심을 부끄러워 아니하시고 저희를 위하여 한 성을 예비하셨느니라(히 11:16).

1. 인생은 나그네 길이다

"인생은 일장춘몽(一場春夢)이다"라는 말이 있습니다. 사람이 이 세상에서 산다는 것이 한바탕 봄꿈처럼 짧고도 허무하다는 말입니다. 어렸을 때의 일이 어저께처럼 눈에 선한데 어느덧 70대가 되고 80대가 되어 세상을 떠날 날이 가까이 오지 않았습니까!

또 한편 "인생은 나그네 길이다"라는 말이 있습니다. "인생은 나그네 길, 어디서 왔다가 어디로 가느냐?"라는 오래 전 모 가수가 부른 '하숙생'이란 노래가 기억나시지요? "또 땅에서는 외국인과 나그네로라"(히 11:13). 말씀과 같이 이 땅에서 인생이 나그네란 말은 성경 말씀에도 있습니다. 사람이 이 세상을 살면서 이 세상이 나그네 길임을 깨닫는 것이 매우 중요한 일입니다.

이 세상에서 잘 먹고 잘 사는 사람들은 나그네임을 깨닫기 어렵습니다. 그들은 이 세상이 내 집이요, 내 고향이라고 생각합니다. 인생은 어머니의 모태에서 나와서 살다가 죽어서 무덤으로 가는 것이 끝이라고 생각합니다. 세상 사람들은 사람이 어머니 모태 이전에 어디서 왔는지 죽은 후에 어디로 가는지 분명하게 알지를 못합니다.

인생이 나그네라면 반드시 고향이 있게 마련입니다. 사람이 고향을 찾게 되면 자신이 어디로부터 와서 어디로 가야 하는지 알게 됩니다. 인생은 누구나 나그네 길을 마치는 날 고향으로 돌아가야만 합니다.

2. 나그네는 고향을 찾아야 한다

나그네 길 인생은 고향을 찾아야 합니다. 그러나 고향을 찾는다는 것이 그리 쉬운 일은 아닙니다. 사람이 참 본향을 찾을 수 있는 유일한 방법은 예수를 믿어야 합니다. 예수를 믿게 되면 우리의 참 고향은 따로 있으며 이 세상은 나그네 길임을 확실히 알게 됩니다.

그러나 거듭 말하지만 예수를 믿고 잃어버린 고향을 찾게 되는 일이 그리 쉬운 일은 아닙니다. 이 세상에서 사는 것을 만족히 여기는 사람들은 고향이 따로 있다는 것을 생각하지도 않을 뿐더러 자신들이 나그네 길을 걷고 있다고도 생각하지 아니합니다. 잘 사는 자식보다는 못 사는 자식이 부모를 그리워하는 것처럼 어렵게 사는 사람들이 이 세상보다 나은 본향을 그리워하게 되고 찾게 되는 것입니다.

어떤 사람은 나그네 길 세상에서 죄를 범하고 그 죄값으로 교도소에 들어가 고생하던 중 예수님을 믿게 됨으로써 고향을 찾게 됩니다. 소록도에서 사는 한센병 환자분들은 "몸이 건강했더라면 세상을 즐기면서 타락했을 텐데 병이 들었기 때문에 예수님을 믿게 되었고, 영원한 고향인 하늘나라에 가게 되었으니 너무나 감사하다"라고 말합니다.

이 세상에서 잘 먹고 잘 사는 사람보다는 못 먹고 못 사는 사람들이 보다 쉽게 예수를 믿게 되고 사람의 본향인 하나님의 나라를 발견하게 됩니다. 그래서 예수님께서는 "내가 진실로 너희에게 이르노니 부자는 천국에 들어가기가 어려우니라"(마 19:23)라고 제자들에게 말씀하셨습니다.

"오직 우리의 시민권은 하늘에 있는지라"(빌 3:20). 말씀과 같이 고향을 발견한 나그네의 시민권은 하늘에 있습니다. 우리의 참 호적은 하나님 앞 생명책에 있으며 이 땅에서는 임시로 가호적을 가지고 나그네 신분으로 살게 되는 것입니다.

3. 나그네는 빈손으로 왔다가 빈손으로 간다

"우리가 세상에 아무것도 가지고 온 것이 없으매 또한 아무것도 가지고 가지 못하리니 우리가 먹을 것과 입을 것이 있은즉 족한 줄로 알 것이니라"(딤전 6:7~8). 말씀과 같이 인생은 공수래공수거(空手來空手去)입니다. 빈손으로 왔다가 빈손으로 가게 된다는 것입니다. 이 세상에 사는 동안 아무리 욕심을 부려도 우리가 모태에서 올 때 빈손으로 온 것처럼 죽어서 무덤으로 갈 때에도 빈손으로 가게 된다는 것입니다.

이상은 이 세상에 살면서 소유를 위해 무리하게 욕심을 부리지 말라는 교훈인 것입니다. 우리가 나그네 생활을 하면서 먹을 것과 입을 것이 있으면 족하게 여기라고 성경 말씀은 교훈하고 있습니다.

이 세상에서의 나그네 길이 불과 80~90년이요, 길어야 100여 년인데 우리의 본향인 천국에서의 영생에 비하면 너무나 짧은 시간인 것입니다. 우리는 이 세상에서 많이 가지고 잘 살기 위하여 무리하게 생존경쟁을 하는 것보다 어렵게 살더라도 영원한 본향을 찾아 돌아가기 위한 준비를 하는 것이 훨씬 지혜롭고 현명한 일인 것입니다. 장차 본향인 천국에서 영생복락(永生福樂)을 누릴 것을 생각하면 이 땅에서 잠시 나그네로 사는 동안 좀 고생하면서 살아도 좋다는 교훈인 것입니다.

"생각건대 현재의 고난은 장차 우리에게 나타날 영광과 족히 비교할 수 없도다"(롬 8:18). 말씀과 같이 천국에 가면 우리가 상상할 수 없을 만큼 영광과 행복을 누리게 된다는 것입니다. 장차 천국에서 우리가 누릴 복에 비하면 현재의 고난은 아무리 어려워도 별게 아니라는 것입니다.

본향인 천국에 가지 못할 나그네들은 이 세상에서 잘 살지 못하고 고난 받는 것이 안타깝고 억울하지만 나그네 생활을 마친 후 천국에 가는 길이 보장된 사람들은 잠시 동안의 고난을 기쁨으로 참을 수가 있는 것입니다. 마치 약속된 가을의 풍성한 수확을 바라보면서 봄, 여름에 기쁨으로 씨를 뿌리고 가꾸는 농부들의 수고와 같은 것입니다.

정 리

고향은 고향을 찾고 그리워하는 사람만이 갈 수 있습니다. 인생이 나그네 길인 줄도 모르고, 고향을 찾지도 않는 사람들은 이 세상을 나그네로 살다가 객사하고 말게 되는 것입니다.

실제로 나그네 길을 걷고 있는 이 세상 사람들의 본 고향은 하늘나라입니다. 그렇다고 이 땅에 나그네 된 모든 사람들이 다 하늘나라로 갈 수 있는 것은 아닙니다. 우리의 본향 하늘나라는 오직 예수를 믿음으로써 찾을 수 있고, 또한 예수를 믿음으로써 갈 수 있는 곳입니다.

인생은 어머니의 모태로부터 와서 무덤으로 끝나는 것이 아니라 하나님으로부터 와서 이 세상에서의 나그네 길을 마치고 다시 하나님 앞으로 가게 되는 것입니다.

여러분 중 예수님을 믿고 있는 분은 참으로 행복한 분이십니다. 아직 믿지 않는 분은 오늘 이 순간을 계기로 해서 예수님 믿고 본 고향 하늘나라로 가실 수 있는 복을 누리시기 바랍니다.

제1장 제2과
신실한 안내자와 함께 하는 여행

저희가 서로 이야기하며 문의할 때에 예수께서 가까이 이르러 저희와 동행하시나 저희의 눈이 가리워져서 그인 줄 알아보지 못하거늘 예수께서 이르시되 너희가 길 가면서 서로 주고받고 하는 이야기가 무엇이냐 하시니 두 사람이 슬픈 빛을 띠고 머물러 서더라(눅 24:15~17).

1. 길 잃은 나그네

흔히들 인생을 나그네 길이라 합니다. 그렇습니다. 인생은 하늘에 본향을 둔 길 잃은 나그네입니다. "또 땅에서는 외국인과 나그네로라 증거하였으니, …, 저희가 이제는 더 나은 본향을 사모하니 곧 하늘에 있는 것이라"(히 11:13~16)라고 성경은 증언하고 있습니다.

여행자에게는 좋은 안내자가 필요합니다. 안내자를 잘못 만나면 길을 잃게 됩니다. 또 안내자를 잘 만났다 하더라도 여행자가 한눈을 팔면 안내자를 잃게 됩니다. 여행자는 안내판을 든 안내자를 잘 보고 따라가야 합니다.

아담과 하와는 에덴동산에서 하나님과 동행하고 있었습니다. 안내자인 하나님의 말씀을 듣지 않고 사탄의 유혹에 눈길을 돌렸기 때문에 하나님을 잃어버리게 되었습니다. 결과적으로 사람은 사탄의 소굴에 빠져 들어가고 말았습니다. 그것은 마치 우리의 자녀들이 부모나 스승의 말을 듣지 않고 나쁜 친구들의 꾐에 속아 불량배의 소굴에 빠져 들어간 것과 같습니다.

2. 사탄의 소굴에 빠진 사람

사람이 모태에서 태어난 유아기에는 순전하지만 성장하여 나이가 들게 되면 교육에 관계없이 포악해집니다. "곧 모든 불의, 추악, 탐욕, 악의가 가득한 자요, 시기, 살인, 분쟁, 사기, 악독이 가득한 자요, …, 교만한 자요, 자랑하는 자요, 악을 도모하는 자요, 부모를 거역하는 자요, 배약하는 자요, 무정한 자요, 무자비한 자라"(롬 1:29~31)라고 성경은 증거하고 있습니다.

하나님의 형상과 모양을 따라 지음 받은 사람이(창 1:26) 왜 하나님의 선한 성품은 닮지 않고 사탄의 악한 속성을 닮았습니까? 바로 이것이 사람이 하나님을 떠나 사탄의 소굴에 빠져 있다는 증거입니다. 이 세상은 사탄의 유혹으로 가득 차 있는 사탄의 소굴입니다.

이제 사탄의 소굴에 있는 사람은 밖으로 빠져 나갈 수도 없고, 어디로 가야 본향으로 가는지 알 수도 없게 되었습니다. 오랜 세월이 지나는 동안에 동행하던 하나님이 누구인지 알지도 못하게 되었습니다. 미래에 다가올 무서운 형벌은 깨닫지도 못하면서 육신이 죽으면 끝장이라는 짧은 인생의 운명으로 체질화되고 말았습니다.

3. 신실하고 능력 있는 안내자

불량배의 소굴에 빠져 있는 청소년은 자기 스스로의 힘으로는 그 소굴을 빠져 나오지 못합니다. 다행이 부모나 스승 또는 경찰의 도움이 있다면 그 소굴에서 빠져 나올 수가 있습니다. 사탄의 소굴에 빠져 있는 사람 역시 자기 스스로는 그 소굴을 빠져 나갈 길도 모르고 능력도 없습니다. 참으로 사람에게는 이 소굴을 빠져 나가게 할 수 있는 신실하고 능력 있는 안내자가 필요합니다. 그렇다면 신실하고 능력 있는 안내자가 누구입니까?

요한복음 14장 6절에 보니까 "내가 길이요, 진리요, 생명이니 나로 말미암지 않고는 아버지께로 올 자가 없느니라"라고 예수님은 말씀하십니다. 그렇습니다. 예수님이 바로 '길'입니다. 예수님은 하나님 아버지께서 이 땅에 보내신 신실하신 안내자입니다. 예수님만이 악의 소굴에 빠진 세상 사람들을 구해낼 수 있는 안내자입니다. 예수님만이 아버지께로 가는 길을 알고, 또 안내할 수 있는 능력이 있는 분입니다. 그러므로 우리는 예수님을 만나야만 아버지께로 갈 수 있고, 잃어버린 본향에 다시 돌아갈 수가 있습니다.

4. 예수님을 어떻게 만납니까

엠마오로 가는 두 사람처럼 많은 사람들은 예수님과 함께 있으면서도 예수님을 알아보지 못하고 있습니다. 불신자들을 보십시오. 수많은 십자가탑을 바라보면서도 예수님을 알아보지 못합니다. 도처에서 부딪히는 성경책과 전도지를 보면서도 예수님을 알아보지 못합니다. 직장의 바로 옆자리에 앉아서 수 년 간 동일한 공기를 호흡하면서도 신자와 불신자의 벽은 무너지지 않고 있습니다.

그러나 엠마오로 가는 두 사람처럼 예수님에 대한 관심을 갖고 꾸준히 예수님에 대한 대화를 나눌 때 우리는 예수님을 만날 수가 있습니다. "저희와 함께 음식 잡수실 때에 떡을 가지사 축사하시고 떼어 저희에게 주매 저희 눈이 밝아져 그인 줄 알아보더니 예수는 저희에게 보이지 아니하시는지라. 저희가 서로 말하되 길에서 우리에게 말씀하시고 우리에게 성경을 풀어주실 때에 우리 속에서 마음이 뜨겁지 아니하더냐?"(눅 24:30~32)

그렇습니다. 예수님은 우리가 당신에게 관심을 가질 때 당신의 이야기를 들려주시고, 당신의 이야기를 들을 때 우리의 마음이 뜨거워지며 비로소 예수님을 만나게(발견하게) 되는 것입니다.

사랑하는 성도 및 독자 여러분! 우리는 예수님을 만나야 하고 예수님과 함께 여행을 해야 합니다. 예수님의 제자들과 같이, 엠마오로 가는 두 나그네와 같이 예수님과 함께 여행을 해야 합니다. 예수님은 가장 신실하고 능력 있고 완벽한 여행의 안내자입니다.

5. 예수님과 함께 하는 여행

예수님께서는 분명히 "내가 세상 끝날까지 너희와 항상 함께 있으리라"(마 28:20)고 약속하셨습니다. 하지만 예수님께서 부활 승천하시고 이 땅에 계시지 않은 오늘날 어떻게 예수님과 동행할 수가 있습니까? 교회에 출석하여 말씀을 듣고 성경을 읽으십시오. '성경 말씀'이 곧 예수님이십니다. 말씀이 육신이 되어 오신 분이 예수님이십니다(요 1:14). 성경 말씀은 예수님의 음성입니다. 우리는 예수님의 음성인 성경 말씀에 귀를 기울여야 합니다.

"볼지어다 내가 문 밖에 서서 두드리노니 누구든지 내 음성을 듣고 문을 열면 내가 그에게로 들어가 그로 더불어 먹고 그는 나로 더불어 먹으리라"(계 3:20). 그렇습니다. 예수님의 음성에 귀를 기울이고 마음 문을 열면 예수님은 우리를 만나주시고 동행하게 됩니다.

정 리

우리는 예수님과 동행하기 위하여 교회에 출석합니다. 예수님은 우리를 천국으로 안내하는 유일한 안내자요 여행의 동반자입니다. 우리는 눈길을 허탄한 데로 돌리지 말고 예수님만 바라보면서(히 12:2) 열심히 따라가야 합니다. 다시는 길

잃은 나그네가 되거나 사탄의 소굴에 빠지는 일이 없도록 정신을 바짝 차려야 합니다. 다시는 세상 바라보지 말고 천국행의 신실한 안내자인 예수님만 바라보아야 합니다. 아멘!

제1장 제3과
인생의 목적

그런즉 너희가 먹든지 마시든지 무엇을 하든지 다 하나님의 영광을 위하여 하라. 유대인에게나 헬라인에게나 하나님의 교회에나 거치는 자가 되지 말고 나와 같이 모든 일에 모든 사람을 기쁘게 하여 나의 유익을 구치 아니하고 많은 사람의 유익을 구하여 저희로 구원을 얻게 하라(고전 10:31).

서 론

직장인이 정년퇴직을 하면 건강하던 몸이 갑자기 늙고 병약해진다고 합니다. 여기에 여러 가지 이유가 있겠지만 그 중 중요한 이유 중의 하나는 하루하루의 삶에 목적이 없어졌기 때문입니다. 목적이 뚜렷한 인생은 의욕적이고 보람 있는 삶이 되지만 목적이 없는 맹목적인 인생은 지루하고 피곤한 삶이 되고 맙니다.

사회보장제도가 가장 잘 된 북구라파의 여러 나라에서 노인들의 자살률이 높은 이유도 노인들의 생계를 걱정할 필요가 없는 목적 없는 삶에서 그 중요한 원인을 찾을 수가 있습니다. 목적이 없는 인생은 목적이 있는 인생보다 분명히 불행합니다.

1. '인생의 목적'은 무엇인가(인생관의 문제)

하루하루의 일에 목적이 있듯이 인생 전체에도 목적이 있습니다. 그래서 '인생이란 무엇인가?' '인생의 목적은 무엇인가?'라는 문제는 인류 역사 이래 인간의 궁극적인 관심사가 되어 왔습니다. 이 질문에는 여러 가지 회답이 있을 수 있겠지만 인생철학자들의 공통된 결론은 '삶에 행복을 누리는 것'이 인생의 목적이라고 합니다.

이것은 하나님의 '창조의 목적'과도 잘 부합이 되는 내용인 것입니다. 하나님께서는 천지와 만물을 창조하신 후 마지막으로 사람을 창조하시고 그들에게 "복(福)을 주셨다"(blessed)고 하셨습니다(창 1:28). 또 하나님께서는 홍수 심판 후 노아 가족에게도 첫 마디로 "복을 주셨다"(창 9:1)고 하셨으며, 믿음의 조상으로 택하신 아브라함에게도 '복'을 주시며 '복의 근원'이 되게 하신다고 말씀하셨습니다(창 12:2).

이상의 성경의 증거들은 사람으로 하여금 '복'을 누리며 살게 하는 것이 하나님의 인류 창조의 목적임을 말해주고 있습니다. 따라서 인생의 목적을 한 마디로 요약하면 하나님의 뜻에 따라 '복을 누리며 사는 것', 다시 말하면 '행복하게 사는 것'이 됩니다.

2. '행복'(幸福, Blessing)이란 무엇인가(행복관의 문제)

그렇다면 '복' 또는 '행복'이란 무엇입니까? 우리가 기동하기조차 어려운 장애자를 보면 건강하다는 자체가 얼마나 행복한 것인가를 깨닫게 됩니다. 그러나 건강이 행복의 충분조건은 못됩니다. 왜냐하면 육신이 건강하기 때문에 오히려 불행해지는 경우도 많이 있기 때문입니다. 이러한 원리는 물질이나 권력이나 학식이나 명예나 자녀 등에 대해서도 마찬가지입니다. 우리나라의 전통적인 행복의 관념으로는 수 · 부 · 귀 · 다남자(壽富貴多男子)가 행복의 조건이라 하지만 이 또한 행복의 필요조건은 될지언정 충분조건은 되지 못합니다.

인생철학자들이 연구한 행복의 조건은 좀 어려운 표현으로 말하면 '가치(價値)를 창조하는 것'이라고 합니다. '공동선(共同善)을 위한 목표의 성취'라고 바꾸어 말해도 되겠습니다. 적어도 남에게 해가 되지 않는 유익한 목표를 설정해 놓고 꾸준히 노력하는 과정과 그 목표를 성취하는 일이 바로 '가치 창조'인 것입니다. 사람이 노력해서 '값진 것을 이루어 내는 일'이야말로 무한한 행복을 느끼게 한다는 것입니다.

3. '가치 있는 것'은 무엇인가(가치관의 문제)

그렇다면 인생에 있어서 '가치 있는 것', 즉 가장 '값진 것'은 무엇입니까? 행복의 조건에서도 언급한 건강, 돈, 명예, 권력, 학식, 자녀 등은 분명히 가치가 있는 것입니다. 그러나 이들은 모두 약점을 가지고 있기 때문에 한시적이거나 부분적인 가치가 될 수밖에 없습니다.

'가치 있는 것'에 대한 인생철학자들의 결론은 진(眞) · 선(善) · 미(美) · 성(聖)을 이루는 것이라고 말하고 있습니다. '진'(Truth)이란 심오한 학문적 진리를 탐구하거나 삶의 자리에서 진리를 실천하는 것을 말합니다. '선'(Goodness)이란 사랑과 봉사로 남을 위하여 베푸는 것을 말합니다. '미'(Beauty)란 조각이나 회화 등 아름다움을 창작하는 것을 말합니다.

마지막으로 '성'(Holiness)이린 경건한 민음 생활로 생활과 인격이 거룩해지는 것을 말합니다. 진 · 선 · 미 · 성(眞善美聖)을 이루는 삶이야말로 변치 않는 가치 창조의 일이요, 크나큰 보람과 행복을 느끼게 하는 일입니다. 이 중에서도 '성'(聖)은 진 · 선 · 미를 모두 통합하는 가치 중의 가치이며 성화(聖化)를 통하여 무한한 행복을 누리게 됩니다.

4. 성화(聖化)의 가치를 추구하는 방법

기독교에서의 성화는 '예수님을 닮아가는 것'을 말합니다. 한 인격을 닮아가기 위해서는 그 대상을 사모하고 사랑해야 합니다. 모든 좋은 것을 그에게 드리고 그와 더불어 즐거워할 때 인격의 감화가 이루어져서 닮아가게 되는 것입니다.

예수님을 닮아간다는 사실은 바로 기독교에서 말하는 인생의 목적과 잘 부합되는 일입니다. 성경 소요리문답 제1문은 "사람의 제일 되는 목적은 무엇인가?"라고 묻고 있습니다. 이에 대한 답은 "사람의 제일 되는 목적은 하나님을 영화롭게 하는 것과 영원토록 그를 즐거워하는 것이다"라고 진술되어 있습니다. 사랑하는 대상을 영화롭게 하기 위하여 좋은 것을 기꺼이 드릴 때 한없는 즐거움과 행복을 느끼게 되는 것입니다.

따라서 성경은 "먹든지 마시든지 무엇을 하든지 하나님의 영광을 위하여 하라"(고전 10:31)고 당부하고 있습니다. 또한 "말을 해도 하나님의 말씀을 하는 것같이 하고, 봉사를 해도 하나님이 공급하시는 힘으로 하는 것같이 하라"(벧전 4:11)고 하여 자기는 숨기고 하나님을 드러내도록 권유하고 있습니다.

이리하여 "모든 영광과 위엄과 권력과 권세가 세세토록 하나님의 것이 되도록 해야 한다"(유 1:25)는 것입니다. 이로 말미암아 "하나님께서는 우리를 보호하사 거침이 없게 하시고 당신의 영광 앞에 흠이 없이 즐거움으로 서게 하신다"(유 1:24)고 성경은 증거하고 있습니다.

이처럼 그리스도인들은 하나님께 모든 영광을 돌림으로 말미암아 하나님의 영광에 동참할 수 있으며 한없는 즐거움과 행복을 느낄 수 있게 되는 것입니다.

정 리

인생의 목적은 '행복을 누리는 삶'에 있습니다. 변함없는 참된 행복은 공동선을 위한 가치를 창조할 때 이루어집니다. 가치 창조는 '진 · 선 · 미 · 성'을 이루는 것입니다. 이 중에서도 진 · 선 · 미를 통합하여 이루어지는 성(聖)은 가치 중의 가치입니다. 가치 중의 가치인 성은 하나님을 믿음으로 말미암아 스스로의 생활과 인격이 거룩해지는 것을 말합니다. 그리스도인이 예수님을 닮아 거룩해질 때 한없는 즐거움과 행복한 삶을 누리게 됩니다.

하루하루의 일에 목적이 있듯이 인생은 전체에도 목적이 있습니다. 목적을 알고 사는 인생은 보람이 있고, 목적을 이루면서 사는 인생은 행복이 있습니다. 인생의 참된 목적은 하나님을 영화롭게 하는데 있고, 인생의 영원하고 변함없는 행복은 하나님과 더불어 즐거워하는데 있습니다.

제1장 제4과
올바른 선택

내가 오늘날 천지를 불러서 너희에게 증거를 삼노라. 내가 생명과 사망과 복과 저주를 네 앞에 두었은즉 너와 네 자손이 살기 위하여 생명을 택하고 네 하나님 여호와를 사랑하고 그 말씀을 순종하며 또 그에게 부종하라(신 30:19~20).

1. 인생은 선택의 연속이다

사람의 삶은 나면서부터 죽을 때까지 선택의 연속이라고 할 수 있습니다. 유치

원부터 대학교까지의 학교의 선택, 무엇을 배울 것인가의 전공의 선택, 직업의 선택, 직장의 선택, 배우자의 선택, 거주지의 선택, 심지어 묘지까지 선택해 놓고 죽는 사람도 있습니다. 일상생활에 있어서도 무엇을 먹을까, 무엇을 입을까, 어디를 갈까, T.V.는 무엇을 볼까 등의 선택이 있습니다.

이와 같이 매사에 우리가 선택할 수 있는 가능성은 하나님께서 우리에게 허락하신 자유의지(自由意志)의 덕분입니다. 물론 생・노・병・사(生老病死)나 남녀 구분, 부모, 형제, 조국, 민족 등의 선택은 우리의 자유의지 밖에 있기 때문에 선택이 불가능합니다. 만약 사람에게 선택의 자유의지가 없다면 기계(로보트)에 불과할 것입니다.

이와 같이 인생에게 있어서 자유의지는 큰 장점이지만 단점도 될 수 있습니다. 자유의지는 항상 인본주의적으로, 탐욕적으로, 이기적으로 작용하기 때문에 잘못하면 불행을 자초하게 되는 경우도 있습니다. 우리 그리스도인들은 하나님의 편에 서서 올바른 선택을 함으로써 생의 참된 가치와 행복을 찾아야만 되겠습니다.

2. 가장 중요한 선택

인류 역사상 가장 위대한 발견은 하나님을 발견한 것이라고 합니다. 인생에 있어서 가장 중요한 문제는 하나님을 선택하느냐, 세상을 선택하느냐의 문제이고, 가장 위대한 선택은 하나님을 선택하는 일입니다. 예수님은 "하나님과 재물을 겸하여 섬기지 못한다"(마 6:24)고 가르치고 있습니다. 따라서 우리 그리스도인들의 안목으로 볼 때에는 분명히 하나님을 택하는 것이 올바른 선택입니다.

그러나 세상(재물)을 제쳐두고 하나님을 선택한다는 것은 그리 쉬운 일이 아닙니다. 우리 주위에 수많은 교회와 십자탑이 있고, 성경을 비롯한 많은 기독교 서적이 있고, 방송, 신문 등 대중 매체가 있다 하더라도 하나님 보다는 세상이 훨씬 홍보가 잘 되어 있어 보암직하고 먹음직하고 탐스럽게만 보입니다. 오늘날 이러한 세상의 유혹을 물리치고 눈에 보이지 않는 하나님을 선택한다는 것은 여간 어려운 일이 아닌 것입니다.

어쨌든 우리 그리스도인들은 하나님을 참으로 잘 선택하였습니다. 하나님을 선택한다는 것은 생명과 사망 중에서 생명을 택하는 일이며, 짧은 현세와 영원한 내세 중에서 영원한 내세를 택하는 일이기 때문입니다. 모세는 바로의 궁에서 잠시 죄악의 낙을 누리는 것보다 미래에 하나님께서 상 주심을 소망하면서 그리스도를 위하여 하나님의 백성과 함께 고난 받기를 선택했다고 성경은 증언하고 있습니다(히 11:24~26). 모세처럼 세상의 유혹을 물리치고 하나님을 선택한 우리들은 참으로 올바른 선택을 한 것입니다.

3. 성경 안에서의 잘못된 선택과 바른 선택

아담과 하와는 사탄의 꾐에 빠져 하나님 말씀보다 사탄의 말을 택하는 잘못을 저질렀습니다(창 3:1~6). 이처럼 사탄의 꾐에 잘 빠지는 것이 인간의 약점이므로 우리 그리스도인들은 이 점에 늘 유의해야 되겠습니다. 어쨌든 아담과 하와는 이로 인하여 에덴동산에서 쫓겨났고 저주를 받게 되었습니다. 그런데 이 사건은 이것으로 끝난 것이 아니라 이후 하나님과 전 인류에게 세세토록 큰 짐으로 남게 되었습니다. 결국 순간의 선택이 인류 역사를 근본적으로 바꾸어 놓은 셈이 되었습니다.

갈멜산의 엘리야 선지자는 자기 혼자서 바알선지자 450인 및 아세라선지자 400인과 대결 할 때 "여호와를 좇든지 바알을 좇든지 둘 사이에 머뭇거리지 말고 하나를 택하라"(왕상 18:21~22)고 외쳤습니다. 그러나 백성들은 바알을 좇는 왕비 이세벨의 세력이 두려워서 아무 대답도 하지 못했습니다(왕상 18:21).

이처럼 백성들이 유혹의 세력이나 위협적인 세력을 물리치고 하나님을 택한다는 것은 심히 어려운 일입니다. 오늘날 물질주의의 유혹과 위협에서 벗어나기 위해서는 참으로 엘리야 선지자와 같은 1당 850의 용기와 믿음이 필요한 것입니다.

가나안 땅을 정복하여 12지파에게 분배한 여호수아는 임종을 앞두고 고별 설교에서 조상들이 바벨론과 애굽에서 섬기던 우상신을 버리고 여호와만 섬기라고 권고하고 있습니다(수 24:14). 그러나 그는 백성들에게 우상신을 섬길 수도 있다는 자유의지를 인정하면서 "오직 나와 내집은 여호와를 섬기겠노라"(수 24:15)고 자신의 결단을 통하여 백성들에게 하나님에 대한 믿음을 우회적으로 촉구하고 있습니다. 드디어 백성들은 "결단코 여호와를 버리지 않겠다"(수 24:16)고 다짐을 하였습니다. 이처럼 우리는 가끔 올바른 선택을 지키기 위한 점검이 필요합니다.

또 모세는 자기가 40년 동안 인도한 이스라엘 백성 앞에서 고별 설교를 하면서 "생명과 사망과 복과 저주를 네 앞에 두었은즉 너와 네 자손이 살기 위하여 생명을 택하라”(신 30:19)고 권고하고 있습니다.

비록 그리스도인일지라도 완전히 생명의 길로 들어섰다고 장담할 수는 없습니다. 우리 앞에는 아직 사망의 길도 놓여 있습니다. 우리 그리스도인들은 사망의 길을 멀리하고 말씀에 순종하여 생명의 길을 택해야 되겠습니다.

정 리

“어떤 길은 사람의 보기에 바르나 필경은 사망의 길이니라”(잠 14:12)라고 성경은 증언하고 있습니다. 우리 앞에는 항상 생명과 사망이 잠재되어 있는 두 길이 함께 놓여 있고, 또 자유의지에 의하여 선택의 사유가 부여되이 있습니다.

우리는 항상 그리스도 안에서 현실보다는 미래에 소망을 두고, 인본주의 보다는 신본주의의 입장에서 반드시 생명의 길을 택하도록 해야 되겠습니다.

제1장 제5과
두 가지 언약

모세가 피를 취하여 반은 여러 양푼에 담고 반은 단에 뿌리고 언약서를 가져 백성에게 낭독하여 들리매 그들이 가로되 여호와의 모든 말씀을 우리가 준행하리이다. 모세가 그 피를 취하여 백성에게 뿌려 가로되 이는 여호와께서 이 모든 말씀에 대하여 너희와 세우신 언약의 피니라(출 24:6~8).

1. 선발시험과 자격시험

세상에서 필요한 인재를 찾아내는 방법에는 두 가지가 있습니다. 미리 필요한 인원을 정해놓고 그 범위까지만 합격시키는 방법을 선발 시험이라 합니다. 입학시험이나 취직 시험, 공무원 채용 시험 같은 것은 모두 선발 시험입니다. 한편 성적의 기준을 정해놓고, 그 성적에 도달한 모든 사람을 합격시키는 방법을 자격시험이라 합니다. 각종 검정고시나 각종 면허 시험은 모두 자격시험입니다.

그렇다면 사람이 예수 믿고 천국에 들어가게 되는 것은 선발 시험이겠습니까,

자격시험이겠습니까? 사람이 천국에 들어가게 되는 것은 자격시험에 비유할 수 있습니다. 신구약 성경은 사람이 천국에 갈 수 있는 자격을 취득할 수 있는 방법을 약속하고 있는 책이라 할 수 있습니다.

다시 말해서 성경은 천국행 자격시험 참고서인 것입니다. 그래서 요한복음 기자는 "오직 이것을 기록함은 너희로 예수께서 하나님의 아들 그리스도이심을 믿게 하려 함이요, 또 너희로 믿고 그 이름을 힘입어 생명을 얻게 하려 함이니라"(요 20:31)라고 하여 성경의 기록 목적이 생명의 구원에 있음을 증언하고 있습니다.

하나님께서는 사람들이 천국행 자격을 얻는데 필요한 두 가지 언약을 주셨습니다. 그 하나는 하나님의 일방적인 언약이고 다른 하나는 사람과의 쌍방 언약입니다. 이 시간에는 이 두 가지 언약에 대해 살펴보기로 합니다.

2. 하나님의 일방적 언약(아브라함과의 언약)

"내가 너와 내 언약을 세우니 너는 열국의 아비가 될지라 …, 내가 너로 심히 번성케 하리니 나라들이 네게로 좇아 일어나며 열왕이 네게로 좇아 나리라. 내가 내 언약을 나와 너와 네 대대 후손의 사이에 세워서 영원한 언약을 삼고 너와 네 후손의 하나님이 되리라"(창 17:4~7). 이상의 말씀과 같이 하나님께서는 아브라함과 그 대대 후손에 대하여 그들의 하나님이 되실 것을 약속하셨습니다.

또한 다윗왕에 대하여도 "네 수한이 차서 네 조상들과 함께 잘 때에 내가 네 몸에서 날 자식을 네 뒤에 세워 그 나라를 견고케 하리라. 나는 그 아비가 되고 그는 내 아들이 되리니 저가 만일 죄를 범하면 내가 사람 막대기와 인생 채찍으로 징계하려니와 내가 네 앞에서 폐한 사울에게서 내 은총을 빼앗은 것 같이 그에게서 빼앗지 아니하리라. 네 집과 네 나라가 내 앞에서 영원히 보전되고 네 위가 영원히 견고하리라"(삼하 7:12~16)라고 언약하여 어떠한 경우도 버리지 않고 다윗 자손의 하나님이 되실 것을 약속하셨습니다.

이 약속들은 아브라함과 다윗의 후손을 통하여 인류를 구원하시겠다는 하나님의 계획인 것입니다. 이것은 인류를 향한 하나님의 일방적이고 무조건적인 약속인 것입니다. 이 약속의 결과로 오늘날 "아브라함과 다윗의 자손 예수 그리스도"(마 1:1)를 통하여 다윗왕의 위가 영원히 견고케 되었으며 영적 아브라함의 자손인 하나님의 백성(그리스도인)이 엄청나게 번성하고 있는 것입니다.

3. 하나님과 사람의 쌍방 언약(모세와의 언약)

하나님께서 타락한 인류를 구원하시겠다는 의지는 아브라함이나 다윗에 대한 일방적인 언약으로 표현하셨습니다. 그러나 사람 하나하나에 대하여 누가 하나님의 백성이 될 것인가 하는 문제는 조건부 쌍방 언약에 의하여 이루어지게 되어 있습니다. 하나님께서는 시내산에서 모세를 통하여 이스라엘 백성에게 “너희가 내 말을 잘 듣고 내 언약을 지키면 거룩한 백성이 될 것이라”(출 19:5~6)고 제의했습니다.

이에 대하여 이스라엘 백성들은 “여호와의 명하신대로 우리가 다 행하리이다”(출 19:8a)라고 응답했습니다. 이리하여 이스라엘의 12지파 대표들은 시내산 기슭에 단을 쌓고 번제와 화목제를 드리며 여호와 앞에 나아와 십계명과 모든 율법을 기록한 언약서를 읽고 “여호와의 모든 말씀을 우리가 준행하리이다”(출 24:7)하고 제단과 자기들의 옷에 제물의 피를 뿌려 굳게 언약했습니다(출 24:4~8).

또한 예수님도 제자들과의 마지막 만찬 자리에서 잔을 제자들에게 주시며 “너희가 다 이것을 마시라. 이것은 죄 사함을 얻게 하려고 많은 사람을 위하여 흘리는 바 나의 피, 곧 언약의 피니라”(마 26:27~28)라고 십자가에 흘리신 당신의 피가 죄 사함을 받는 구속의 피임을 선언하셨습니다. 이 예수님의 피에 대하여 로마서는 “하나님이 그의 피로 인하여 믿음으로 말미암는 화목 제물로 세우셨으니, 곧 예수 그리스도를 믿음으로 말미암아 모든 믿는 자에게 미치는 하나님의 의니 차별이 없느니라”(롬 3:25, 22)라고 증언하고 있습니다.

시내산 언약이나 십자가 언약은 쌍방 언약입니다. 언약의 당사자인 사람들이 그 언약을 지켜 행하거나 믿을 때 하나님께서 약속하신 거룩한 백성(하나님의 백성)이 될 수 있습니다. 따라서 오늘날 모든 사람 중에서 십자가 피의 언약인 그리스도의 복음을 믿고 행하는 자만이 하나님의 백성이 될 수 있습니다.

4. 일방 언약과 쌍방 언약의 구속사적 의미

앞에서도 언급하였지만 일방 언약은 인류 구원에 대한 하나님의 의지를 나타내는 언약입니다. 따라서 아브라함과의 일방 언약이나 다윗과의 일방 언약은 다분히 집단 구원의 성격을 띠고 있습니다. 결과적으로 아브라함과 다윗의 자손 예수 그리스도를 통하여 인류를 구원하게 된 것입니다. 한편 쌍방 언약은 개인 구원을 위한 조건인 것입니다. "영접하는 자 곧 그 이름을 믿는 자들에게는 하나님의 자녀가 되는 권세를 주셨으니"(요 1:12)라고 성경이 증거하는 바와 같이 그 언약대로 믿고 행하는 자만이 구원될 수 있는 것입니다.

지금 천국 갈 자격을 얻는 것을 운전면허 자격을 얻는 것에 비유한다면, 하나님이 인류에 대한 일방적인 구원의 약속은 정부에서 운전면허 시험 제도를 마련해 놓은 것이라 할 수 있습니다. 즉, 운전자를 모집할 계획이 마련되어 있다는 것입니다. 한편 개인 구원은 운전면허 자격시험에 응시하는 자만이 그 자격을 얻을 수 있다는 것입니다.

교회에 출석하는 것은 운전면허 시험에 응시하는 것과 비유가 됩니다. 따라서 응시한 수험생이 모두 합격하지 못하는 것처럼 교회에 다닌다고 다 천국 백성이 되는 것은 아닙니다. 열심히 해서 이론과 실기 시험을 잘 쳐야 운전면허 시험에 합격하는 것처럼 복음을 믿고 행하라는 언약을 잘 준행해야 천국행 자격시험에 합격되는 것입니다.

정 리

결론적으로 아브라함과 다윗을 통한 하나님의 일방적인 언약은 타락한 인류를 구원하시겠다는 하나님의 계획이시고, 모세와 예수님을 통한 하나님과 사람과의 조건부 쌍방 언약은 천국 백성을 선발하는 자격 기준인 것입니다. 우리는 천국 백성의 자격을 얻기 위하여 그 교과서인 성경을 잘 이해하고 그대로 행함으로써 늘 우수한 성적으로 천국 백성의 자격 기준 안에 들어 있도록 해야만 되겠습니다.

제1장 제6과
사람의 본분

내 아들아 또 경계를 받으라. 여러 책을 짓는 것은 끝이 없고 많이 공부하는 것은 몸을 피곤케 하느니라. 일의 결국을 다 들었으니 하나님을 경외

하고 그 명령을 지킬지어다. 이것이 사람의 본분이니라(전 12:12~13).

서 론

사람이 각 개인에게 주어진 유일한 생(生)을 어떻게 운전해(영위해) 가야 한 평생을 보람 있고 행복하게 살 수 있게 되는지는 참으로 중요한 문제인 것입니다.

청소년기도 지나기 전에 쾌락에 빠지거나 범죄의 소굴에 빠지거나 또는 마약 등 약물 중독에 빠지는 것을 볼 때, 아하! 저들은 인생 운전을 잘못해서 그 행로에서 탈선을 하고 교통사고가 났구나 하는 생각이 듭니다. 모든 운전자가 교통법규를 잘 지키고 충분히 주의하면 교통사고 없이 차를 운전할 수 있는 것처럼 또한 사람이 그 본분을 잘 알고 본분대로 살아나간다면 실패 없는 인생을 살 수 있을 것입니다.

1. 사람의 본분

우선 본분의 바른 의미가 무엇입니까? 그것은 "사람이 어떻게 살아야 하느냐?"의 문제입니다. 인생관의 문제입니다. 더 구체적으로는 가치관의 문제요, 행복관의 문제입니다. '본분'의 사전적 의미는 '본래의 직분', 또는 '그 직분에 따른 책임과 의무'를 말합니다. 영문 번역에서는 이것을 모두 '사람의 모든 의무'(the whole duty of man)라고 표현하고 있습니다. 더 원천적으로 알아보면 히브리 원어 성경에는 '본분'이나 '의무'란 말이 없고 더 적극적으로 '사람의 모든 것'(칼 하아담; kal ha'adam)이라고 표현하고 있습니다.

이 '사람의 모든 것'이 무엇이냐의 문제는 바로 저 유명한 솔로몬왕의 인생 고백이 해답인 것입니다. 유사 이래 전무후무한 부귀영화를 모두 누린 솔로몬왕이 인생의 마지막 순간에 고백한 말이요, 또한 하나님의 은혜로 고백한 말이니 누구의 말보다 권위가 있다 하겠습니다.

"하나님을 경외하고 그 명령을 지킬지어다. 이것이 사람의 본분이니라"(Fear God and keep His commandments, for this is the whole duty of man.)(전 12:13). 이제 우리는 이 말씀이 나오게 된 배경을 들어보고 교훈을 얻고자 합니다.

2. 솔로몬왕이 누린 부귀영화

통일 이스라엘의 3대 왕이요 다윗왕의 아들인 솔로몬은 부왕이 튼튼하게 마련해 놓은 국력과 왕권의 터전 위에 하나님으로부터 받은 지혜까지 있어 모든 하고 싶은 일을 빠짐없이 할 수 있었습니다.

그는 인생을 어떻게 즐겁게 살고 종신토록 쾌락을 즐길까 하고 늘 궁구했다고 고백했습니다. 호화주택을 짓고 정원을 잘 가꾸었습니다. 포도원을 심고, 동산과 과원을 만들고 과목과 수목을 심었습니다. 정원과 동산에 물을 주기 위하여 연못도 팠습니다. 소와 양 떼를 누구보다도 많이 가졌고 금은보화도 많이 쌓았습니다. 1,000여명의 처첩을 두고 노비와 노래하는 사람들도 많이 두었습니다(왕상 11:3).

빼어난 지혜로 시가와 학문에도 조예가 깊었습니다. 잠언 3,000을 말하였고, 노래 1,005수도 지었습니다. 특히 생물학에 많은 연구를 하여 초목, 짐승, 조류, 파충류, 어류 등을 논하였습니다(왕상 4:32~33).

그는 무엇이든지 마음에 하고 싶은 것을 다 하되, 눈이 원하는 모든 것을 금하지 아니하였고, 마음이 즐거워하는 모든 것을 막지 아니하였다(전 2:10)고 고백했습니다. 이리하여 그는 유사 이래 전무후무한 부귀영화를 누렸던 것입니다.

3. 솔로몬왕의 인생고백

앞에서 알아본 바와 같이 솔로몬왕은 오늘날도 사람들이 좋아하는 권력과 물질과 명예와 쾌락을 넘치게 누린 사람이었습니다. 그러나 그는 만족이 없었다고 고백했습니다. "은을 사랑하는 자는 은으로 만족함이 없고, 풍부를 사랑하는 자는 소득으로 만족함이 없나니 이것도 헛되도다"(전 5:10)라고 증언하여 사람이 세상 것을 많이 소유함으로써 만족함을 느낄 수 있는 것은 아니라고 고백하였습니다.

또 그는 "그 후에 본즉 내 손으로 한 모든 일과 수고한 모든 수고가 다 헛되어 바람을 잡으려는 것이며 해 아래서 무익한 것이로다"(전 2:11)라고 증언하여 세상의 부귀영화가 참으로 헛되며 무익하다고 고백하였습니다.

그리하여 그는 해 아래서 일어나는 이 세상의 모든 일이 "헛되고 헛되며 헛되고 헛되니 모든 것이 헛되도다"(전 1:2)라고 결론을 내렸습니다. 이것은 결코 인생 실패자의 자위의 말이 아니며 염세주의자의 넋두리도 아닙니다. 세상 사람이 볼 때 가장 성공적으로 살았다고 생각되는 인생 승리자의 고백이기 때문에 더욱 의미가 크다 하겠습니다.

"일의 결국을 다 들었으니 '하나님을 경외하고 그 명령을 지킬지어다.' 이것이 사람의 본분이니라"(전 12:13). 이 말씀은 솔로몬이 인생의 모든 것을 체험하고 우리에게 남겨준 인생의 위대한 지침이요, 안내인 것입니다. 인생을 보람 있게 하고 참으로 만족하게 하는 것은 세상적인 부귀영화가 아니라 "하나님을 경외하고 그분의 명령을 지키는 것"이라는 것입니다.

4. 하나님을 경외하고 그 명령을 지키라

하나님을 경외한다는 것은 사람이 지식과 지혜를 가지고 세상을 살아갈 때 이것을 하나님이 주신 것으로 생각하고 두려운 마음으로 선용해야 된다는 것입니다. 지식의 근본은 하나님을 경외하는 것이요(잠 1:7), 지혜의 근본도 하나님을 경외하는 것이라(잠 9:10) 했습니다.

"스스로 지혜롭게 여기지 말지어다. 여호와를 경외하며 악을 떠날지어다. 이것이 네 몸에 양약이 되어 네 골수를 윤택케 하리라"(잠 3:7~8)라고 성경은 교훈하고 있습니다. 여호와를 두려워하는 자는 결코 교만하지 않으며 악을 행할 수가 없습니다. "내 아들아, 나의 법을 잊어버리지 말고 네 마음으로 나의 명령을 지키라. 그리하면 그것이 너로 장수하여 많은 해를 누리게 하며 평강을 더하게 하리라"(잠 3:1~2)라고 성경은 하나님의 명령을 지킬 것을 권고하고 있습니다. 하나님의 명령에 순종하는 자에게는 장수와 평강을 더하게 하신다고 하였습니다.

결국 하나님을 경외하고 그 명령을 지킨다는 것은 사람이 자신의 뜻대로 사는 것이 아니라 하나님의 뜻대로 산다는 것입니다. 인본주의적으로 사는 것이 아니라 신본주의적으로 사는 것입니다.

정 리

"하나님을 경외하고 그 명령을 지키는 것이 사람의 본분이다"(전 12:13)라는 말씀은 어떻게 이론적으로 증명할 방법이 없습니다. 다만 믿음으로써 체험할 수 있는 것이고, 체험함으로써 깨달을 수 있는 것입니다.

"예수께서 대답하여 가라사대 이 물을 먹는 자마다 다시 목마르려니와 내가 주는 물을 먹는 자는 영원히 목마르지 아니하리니 나의 주는 물은 그 속에서 영생하도록 솟아나는 샘물이 되리라"(요 4:13~14). 그렇습니다. 세상의 물(부귀영화)은 먹을수록 목마르지만 예수님이 주시는 생수는 영원히 목마르지 않는 영생수입니다.

이글을 읽으신 여러분! 먹을수록 갈증 나는 세상의 물만 너무 탐하지 말고 예수님이 주시는 영생수를 받으시기 바랍니다.

제1장 제7과
하나님의 형상대로 창조된 사람

하님이 가라사대 우리의 형상을 따라 우리의 모양대로 우리가 사람을 만들고 그로 바다의 고기와 공중의 새와 육축과 온 땅과 땅에 기는 모든 것을 다스리게 하자 하시고(창 1:26).

서 론

우주 안에 있는 수많은 피조물 중에 오직 사람만이 "하나님의 모양을 따라"(according to our likeness; KJV, NRSV, NASB), "하나님의 형상대로"(in our image) 창조되었다고 성경은 증거하고 있습니다.

여기서 '형상'과 '모양'은 어떻게 다릅니까? 우선 '형상'과 '모양'이 구분되어 나오는 곳은 창세기 1장 26절뿐입니다. 다만 창세기 5장 3절에서만 "아담이 130세에 자기 모양, 곧 자기 형상과 같은 아들을 낳아"라고 하여 '형상'과 '모양'이 같은 의미임을 말해주고 있고, 다른 곳(창 1:27, 창 9:6, 골 1:15)에서는 '형상'이란 말로만 표현되고 있습니다. 따라서 '모양'은 '형상'의 의미를 강조하기 위해 중복 사용했다고 보아도 무방하겠습니다.

이제 여기서 우리는 사람에게 있는 하나님의 형상이 무엇이며 타락 후 특별히 파괴된 형상은 무엇인가에 대하여 알아보도록 하겠습니다.

1. 기존 신학자들의 견해

사람에게 있는 하나님의 형상이 무엇이냐는 문제에 대하여 많은 신학자들이 오랜 시간 동안 연구했습니다. 그러나 명쾌한 답을 얻어내지 못하고 있습니다. 어떤 이는 하나님과 사람의 접촉점이 하나님의 형상이라 하여 '초자연적인 은

사' 나 '이성'(理性)을 말합니다. 아우구스티누스는 정신의 세 가지 능력, 즉 '기억, 지성, 의욕'을 하나님의 형상이라 했습니다. 그리고 다른 이들은 '정신', '영혼', '하나님과 교제할 수 있는 능력', '신에 대한 개시성'(開示性), '하나님을 향한 초월성' 그리고 '위임된 만물의 통치권' 등 부분적인 사람의 속성을 하나님의 형상이라고 말합니다. 결론적으로 여기서 기존 신학자들이 말한 하나님의 형상을 종합해 보면 모두가 사람의 '인격적 기능'임을 알 수 있습니다.

2. 사람에게 있는 하나님의 형상을 찾아낼 수 있는 원리

앞에서도 말했지만 하나님께서 창조하신 수많은 생명체 중에서 유독 사람만 하나님의 형상대로 창조되었습니다. 따라서 사람에겐 다른 피조 생명체와는 구별이 되고, 창조주이신 하나님과는 닮은 어떤 형상이 분명히 있을 것입니다. 바로 그것을 찾으면 사람에게 있는 하나님의 형상이 될 것입니다.

사람에겐 지 · 정 · 의(知 · 情 · 意)로 나타나는 정신적 기능과 육체와 힘으로 나타나는 육체적 기능이 있습니다. 육체적 기능에 있어서는 다른 생물과 큰 차이가 없는 경우도 많습니다. 맹수나 거구 동물의 앞에서는 오히려 사람이 더 약해 보일 수도 있습니다. 그러나 정신적 기능에 있어서는 같은 피조물인 다른 생명체보다 월등히 우수하며 오히려 하나님께 훨씬 가까움을 알 수 있습니다. 따라서 하나님의 형상은 사람의 정신적 기능, 즉 인격적 기능에서 찾을 수가 있습니다. 그리고 이것은 앞에서 말한 신학자들의 부분적인 견해와 잘 일치되고 있습니다.

3. 사람에게 있는 하나님의 형상

이제 우리는 사람의 인격적인 기능에 분명히 들어 있을 하나님의 형상을 구체적으로 찾아보기로 하겠습니다.

첫째로, 이 땅에 있는 모든 '피조물을 다스리는 권한'은 하나님의 형상입니다.

"하나님이 가라사대 우리의 형상을 따라 우리의 모양대로 사람을 만들고, 그를 바다의 고기와 공중의 새와 육축과 온 땅과 땅에 기는 모든 것을 다스리게 하자"(창 1:26)라고 성경은 증거하고 있습니다. 하나님은 땅과 그 땅 위의 생물들에 대한 통치권을 사람에게 위임하셨습니다. 사람에게 있는 이 '자연통치권'은 분명히 하나님의 형상입니다.

둘째로, 사람에게 있는 '자유의지'(自由意志)는 하나님의 형상입니다.

하나님은 당신의 자유의지로 천지와 만물을 창조하셨고 타락한 인간을 위하여 자유의지로 구원계획을 세우시고 구원사역을 실천하고 계십니다. 하나님께서 아담과 하와에게 "선악을 알게 하는 나무의 실과는 먹지 말라"(창 2:17a)라고 명령한 것은 사람에게 이 명령에 대하여 불순종할 '자유의지'가 있었다는 증거가 됩니다. 마찬가지로 오늘날 인류 구속사의 여정에도 순종과 불순종의 자유의지가 주어져 있습니다. 따라서 '자유의지'는 분명히 사람에게 있는 하나님의 형상인 것입니다.

셋째로, 사람에게 있는 '이성'(理性;문화 창조의 능력)은 하나님의 형상입니다.

사람을 제외한 피조 생명체에게는 이성이 없습니다(벧후 2:12, 유 1:10). 이성이란 사물을 개념적으로 사고하는 능력입니다. 지식과 지혜와 창의력과 판단력이 모두 이성의 소산입니다. 사람은 이성의 힘으로 학문을 발전시키고 문화를 창조합니다. 이것은 하나님의 창조 사역에 버금가는 일입니다. 오늘날 첨단 과학을 악용하는 것은 하나님의 창조질서를 파괴시킬 우려가 있는 이성의 남용이라 할 수 있습니다. 어쨌든 '이성'은 사람에게 있는 하나님의 형상인 것입니다.

넷째로, 사람에게 있는 '사랑'과 '선의지'(善意志)는 하나님의 형상입니다.

예수님께서는 "내가 너희를 사랑한 것 같이 너희는 서로 사랑하라"(요 15:12)고 하셨고 또 "하나님은 사랑이시며"(요일 4:8), "유일하게 선하신 분"(막 10:18)이라고 성경은 증거하고 있습니다. 이상의 성경 말씀은 오늘날 사람에게 '사랑'과 '선'이 결핍되어 있다는 것을 말해주고 있습니다.

인간이 타락 후 가장 심각하게 파괴된 하나님의 형상이 바로 이 '사랑'과 '선의지'인 것입니다. 그것은 인간이 타락할 때 마귀의 속성인 '미움'과 '악'이 사람에게 들어와 '사랑'과 '선'을 파괴시켰기 때문입니다. 비록 심각하게 파괴는 되었지만 '사랑'과 '선'은 분명히 사람에게 주어진 하나님의 형상인 것입니다.

다섯째로, 사람에게 있는 창조주를 향한 '기도하는 마음'은 하나님의 형상입니다.

사람에겐 창조주를 사모하고, 신뢰하고, 의지하는 마음이 마음 깊숙한 곳에 자리 잡고 있습니다. 이것을 '종교성' 이라고 합니다. 동물에게는 종교성이 없습니다. 따라서 사람을 종교적 동물이라고도 합니다. 이것은 하나님의 위격(位格) 상호간의 기도하는 모습에서, 즉 성자 하나님과 성령 하나님이 성부 하나님께 기도하는 모습에서(마 26:39, 요 17:1~26, 롬 8:26) 하나님의 형상임을 알 수 있습니다.

이 '기도' 는 창조자 하나님과 피조자 인간 사이에 이루어지는 교통의 수단입니다. 인간에게 기도하는 형상이 없었다면 하나님과의 교제의 회복은 이루어질 수 없었을 것입니다. 이 '기도하는 마음' 은 사람에게 있는 참으로 중요한 하나님의 형상입니다.

정 리

우리가 지금까지 알아본 바와 같이 '자연통치권', '자유의지', '이성', '사랑과 선의지' 및 '종교성' (기도하는 마음) 등은 사람에게 있는 하나님의 형상입니다. 이상과 같은 사람에게 있는 생명의 기능은 같은 피조물인 다른 생명체보다 창조주이신 하나님께 분명히 더 가까운 형상들입니다. 이것들은 하나님께서 특별히 사람을 반려자로 창조하시고, 또한 이 땅과 이 땅 위에 있는 피조물의 위임통치자로 창조하셨기 때문에 주어진 것입니다. 따라서 사람이 하나님의 형상대로 창조되었다는 것은 인격적 기능에서 여러 가지가 하나님을 닮았다는 의미가 되는 것입니다.

한편 타락 후 가장 심각하게 파괴된 형상인 '사랑' 과 '선의지' 를 완전히 회복하는 것이 바로 하나님과의 '화해' 즉 '구원' 이 되는 것입니다. 따라서 우리가 예수 믿는 목적을 다른 관점에서 보면 파괴된 하나님의 형상인 '사랑' 과 '선의지' 를 회복하여 "하나님 보시기에 심히 좋았더라"(창 1:31)는 창조 당시의 모습으로 되돌아가는 것이라고도 할 수 있습니다.

제1장 제8과
창조와 타락 그리고 구원

하나님이 자기 형상 곧 하나님의 형상대로 사람을 창조하시되 남자와 여자를 창조하시고(창 1:27). **나는 알파와 오메가요, 처음과 나중이요, 시작과 끝이라. 그 두루마기를 빠는 자들은 복이 있으니 이는 저희가 생명나무에 나아가며 문들을 통하여 성에 들어갈 권세를 얻으려 함이로다**(계 22:13~14).

서 론 : 구속사의 여정

인류 사회의 변천과 흥망성쇠의 과정을 기록해 놓은 것을 '역사'(歷史;history)라 합니다. 이에 대하여 성경에 나타난 하나님과 예수님의 모든 행위에 대한 기록을 구속사(救贖史;salvation history)라 합니다. 성경은 바로 구속사의 교본입니다. 일반 역사는 시작과 끝을 알지 못합니다. 한 개인에 비유한다면 일반 역사는 모태에서 무덤까지는 알지만 그 전과 그 후의 일을 알 수가 없습니다.

이에 대하여 구속사는 처음과 끝을 분명히 알 수가 있습니다. 구속사의 여정은 창조(創造;creation)에서 시작하여 타락(墮落;fall)에 이르게 되었고, 타락에서 다시 구원(救援;salvation)에 이르게 되는 과정입니다. 따라서 일반 역사는 미래를 예측하기 어렵지만 구속사는 미래를 분명히 내다볼 수 있는 것이 특징입니다.

이 시간에 우리는 창조(창 1-2장), 타락(창 3장), 구원(창 4장-계 22장)의 순서에 따라 구속사의 여정을 살펴보기로 합니다.

1. 창조와 그 목적

무(無)에서 유(有)를 만들어내는 것을 '창조'(創造)라 합니다. 하나님께서는 태초에 천지와 만물을 창조하시고(창 1:1~25) 그들을 배경으로 해서 하나님의 형상대로 사람을 창조하셨습니다(창 1:26~28). 그렇다면 하나님께서 천지만물과 사람을 창조하신 목적은 무엇입니까?

하나님께서는 천지와 만물을 하나하나 창조하실 때마다 "보시기에 좋았다"(창

1:4, 12, 18, 21, 25)고 하셨습니다. 마지막으로 사람을 창조하신 후에는 "보시기 에 심히 좋았더라"고 하셨습니다. 이처럼 하나님은 모든 피조물을 보시고 즐기기 위하여 창조하셨습니다.

그리고 특별히 사람을 창조하신 목적은 **첫째로**, 복을 주시고 생육하고 번성하게 하기 위함이었습니다. 하나님께서는 아담과 하와에게도(창 1:28), 노아에게도(9:1), 아브라함에게도(창 12:2) 복을 주시고 번성케 하신다고 하셨습니다.

사람을 창조하신 **둘째** 목적은 이 땅에 있는 모든 피조물을 다스리게 하기 위함이었습니다(창 1:28, 9:2). 그리고 사람을 창조하신 **셋째** 목적은 사람과 더불어 복락을 누리기 위함이었습니다. 하나님께서는 에덴에 동산을 창설하시고 아담과 하와와 더불어 교제하시기를 원하셨습니다.

마지막으로 하나님께서 사람을 창조하신 **넷째** 목적은 사람으로부터 영광과 찬양을 받으시기 위함이었습니다. "무릇 내 이름으로 일컫는 자 곧 내가 내 영광을 위하여 창조한 자를 오게 하라. 그들은 내가 지었고 만들었느니라"(사 43:7). "이 백성은 내가 나를 위하여 지었나니 나의 찬송을 부르게 하려 함이니라"(사 43:21)라고 하나님께서 말씀하셨습니다.

2. 타락과 그 결과

하나님의 말씀에 불순종하여 하나님과의 교제가 끊어진 상태를 죄(罪)라 합니다. 한편 사람에게 있는 하나님의 형상이 파괴되는 상태를 '타락'(墮落)이라 합니다. 죄는 곧 악이므로 사람이 죄를 지으면 타락하게 되는 것입니다. 아담과 하와는 마귀에게 미혹되어 선악과를 따먹는 불순종으로 죄를 범하게 되었습니다. 아담과 하와의 범죄로 말미암아 하나님의 창조의 목적은 빗나가고 말았습니다. 그들은 타락하게 되었고 에덴동산의 아름다운 꿈은 파괴되고 말았습니다.

이 죄와 타락의 결과는 아담과 하와뿐만 아니라 그들에게 관리하도록 위임된 땅과(창 3:17) 모든 피조물까지도(롬 8:20) 모두 저주를 받게 되었습니다. 하나님께서는 부득이 그들을 에덴동산에서 쫓아내시고 생명나무의 길을 막았습니다. "이같이 하나님이 그 사람을 쫓아내시고 에덴동산 동편에 그룹들과 두루 도는 화염검을 두어 생명나무의 길을 지키게 하시니라"(창 3:24).

이리하여 아담의 후손인 인류는 자신도 모르게 하나님과의 교제가 단절되는 죄 가운데 있게 되었습니다. 이와 같이 하나님을 알지 못하는 죄, 즉 하나님과의 교제가 끊어진 죄를 원죄(原罪)라 합니다. 이 원죄는 예수 믿고 하나님과의 교제가 회복되면 없어지게 됩니다.

3. 구원과 그 방법

하나님과의 교제가 단절된 죄인이 죄를 회개하고 하나님 앞으로 돌아오게 되는 것을 '구원'(救援)이라 합니다. 그렇다면 죄 가운데 있는 사람이 어떤 방법으로 구원이 될 수 있습니까?

하나님의 처음 계획은 타락한 인간들을 모두 홍수로 멸하고 의인 노아의 가족 8명을 통해 세상을 구원할 계획을 세웠으나 그 자손들도 역시 탐욕과 교만(바벨탑 사건)으로 타락하고 말았습니다. 다음에 아브라함의 자손을 통하여 가나안 땅에 에덴동산을 재건하려 하였으나(사 51:3) 이 역시 이스라엘 백성의 불순종과 타락으로 실패하고 말았습니다. 더 나아가 모세의 율법을 통하여 하나님과 이스라엘 백성 사이에 시내산 언약(출 24:5~8)을 체결했으나 이 또한 실패하게 되었습니다.

드디어 하나님께서는 독생자 예수 그리스도를 성육신하여 이 땅에 보내시고 십자가에 못 박혀 피를 흘리심으로써 인간의 죄를 대속하도록 하셨습니다. 이리하여 죄 가운데 있는 사람들로 하여금 그 대속의 피를 믿음으로 말미암아 하나님의 은혜로 값없이 구원받을 수 있는 길을 터놓으셨습니다. 그리고 예수님께서는 사망권세를 이기시고 무덤에서 부활승천하심으로 말미암아 구원의 길을 완성하셨습니다.

이 새로운 구원의 방법을 통하여 기독교는 전 세계적으로 전파되었고 2,000년 동안 수많은 사람이 하나님 앞으로 되돌아오게 되었습니다. 이들에게는 에덴동산에서 쫓겨나면서 막히게 되었던 생명나무의 길이 트이게 되었습니다.

"나는 알파와 오메가요, 처음과 나중이요, 시작과 끝이라. 그 두루마기를 빠는 자들은 복이 있으니 이는 저희가 생명나무에 나아가며 문들을 통하여 성에 들어갈 권세를 얻으려 함이로다"(계 22:13~14). 예수님의 말씀입니다.

드디어 예수님께서 재림심판으로 오시는 날 그리스도인은 새 하늘과 새 땅에서 하나님과 영생복락하게 될 것이며 창조의 목적이 회복되고 성취될 것입니다.

정 리

인류의 구속사의 여정은 창조에서 타락으로, 타락에서 구원으로 이어집니다. 사람이 하나님 앞에서 죄를 짓고 하나님의 형상이 파괴되는 것이 타락입니다. 하나님께서는 타락한 인간이 창조의 상태로 회복되기를 원하십니다. 죄를 짓고 하나님을 떠났던 인간이 회개하고 하나님 앞으로 되돌아와 창조의 상태를 회복하는 것이 구원입니다. 우리는 독생자 예수 그리스도의 십자가 구속의 피를 믿음으로써 하나님의 은혜로 구원을 이룰 수가 있습니다.

사람은 어디서 와서 어디로 가는 것입니까? 우리는 창조주 하나님으로부터 왔습니다. 우리는 인간의 탐욕과 교만으로 말미암아 잠시 하나님을 떠나 세상을 방황하고 있지만 다시 회개하고 하나님께로 돌아갑니다.

"이는 만물이 주에게서 나오고, 주로 말미암고, 주에게로 돌아감이라. 영광이 그에게 세세에 있으리로다. 아멘!"(롬 11:36) 사람은 하나님께로부터 나왔으니 하나님께로 돌아가야 합니다.

제 2 장

죄와 벌 그리고 회개와 용서

제2장 제1과
아담의 범죄와 원죄

이러므로 한 사람으로 말미암아 죄가 세상에 들어오고 죄로 말미암아 사망이 왔나니, 이와 같이 모든 사람이 죄를 지었으므로 사망이 모든 사람에게 이르렀느니라(롬 5:12).

1. 자범죄와 원죄

그리스도인들에게 있어서 죄는 '원죄'(原罪)와 '자범죄'(自犯罪)로 구분해서 생각할 수가 있습니다. 원죄는 인류의 조상인 아담으로부터 유래된 죄를 말하고, 자범죄는 개인이 삶의 현장에서 지은 죄를 말합니다. 그런데 자범죄에 대해서는 특별한 논란의 여지가 없지만 원죄에 대해서는 그 바른 개념이 무엇이냐? 왜 짓지도 않은 죄를 담당해야 하느냐? 등 논란의 여지가 많습니다.

"이러므로 한 사람으로 말미암아 죄가 세상에 들어오고, 죄로 말미암아 사망이 왔나니 이와 같이 모든 사람이 죄를 지었으므로 사망이 모든 사람에게 이르렀느니라"(롬 5:12). 말씀에서 '한 사람'은 아담을 지칭하고 있으며, 아담 한 사람이 지은 죄로 말미암아 세상 모든 사람이 죽을 수밖에 없는 죄 가운데 있게 되었다는 것입니다. 이와 같이 아담으로부터 그 모든 후손에게 유래된 죄를 신학적으로 자범죄와 구분하여 '원죄'(原罪, original sin)라고 합니다.

이제 원죄의 개념에 대한 중요 신학자들의 대표적인 견해들를 보면 죄의 '유전설'(안셀름 외), '연대 책임설'(부룬너 외), '인간 본성의 타락과 부패설'(루터, 칼빈 외), '탐욕과 공의의 결핍설'(토마스 아퀴나스, 쯔빙글리 외) 등이 있습니다. 한편 어떤 이들(펠라기우스 외)은 아예 원죄를 부인하기도 하였습니다.

그러나 기존 신학자들의 주장에는 모두 약점이 있습니다. "아들은 아비의 죄악를 담당치 아니할 것이요, 아비는 아들의 죄악을 담당치 아니하리니 의인의 의도 자기에게 돌아가고, 악인의 악도 자기에게 돌아가리라"(겔 18:20). 말씀과 같이 죄와 의는 각각 자기 책임이지 유전되거나 연대책임이 될 수 없음을 분명히 하고 있습니다.

그리고 사람 중에는 요셉과 같이 죄성이 거의 없는 사람들도 있습니다. 오늘날 불신자 중에도 법 없이도 사는 도덕군자도 있습니다. 그러나 윤리적으로 결함이 없는 자에게도 원죄는 있다는 것입니다.

한편 예수 그리스도의 십자가 대속의 피를 믿기만 하면 아직 죄성이 있음에도 불구하고 하나님으로부터 의롭다 칭함을 받아 죽을 수밖에 없는 원죄를 벗어나 영생의 소망을 갖게 됩니다. 따라서 인간에게 있는 죄성이나 탐욕 등이 원죄라고 할 수는 없습니다.

2. 죄(罪)와 의(義)의 개념

그리스도인의 죄(자범죄)에 대한 개념을 알아봅니다. 우선 하나님의 뜻을 알고도 그 뜻을 고의적으로 거스리는 태도, 즉 고의적 반역 행위가 죄입니다. 다음으로는 화살이 과녁을 빗나가는 것처럼 능력 부족으로 선과 정의로부터 이탈되는 행위, 즉 자신의 의지와는 관계없는 부득이한 탈선행위도 죄가 되는 것입니다.

또한 의(義)의 개념을 알아봅니다. "곧, 예수 그리스도를 믿음으로 말미암아 모든 믿는 자에게 미치는 하나님의 의니 차별이 없느니라"(롬 3:22). 말씀과 같이 예수 그리스도, 곧 하나님을 믿는 것이 의입니다. "백부장 고넬료는 의인이요, 하나님을 경외하는 자라"(행 10:22). 말씀과 같이 하나님을 경외하는 것이 의입니다. "혹은 죄의 종으로 사망에 이르고, 혹은 순종의 종으로 의에 이르느니라"(롬 6:16). 말씀과 같이 하나님께 순종하는 것이 의입니다.

이상을 정리하면 사람이 하나님을 믿고, 경외하며, 말씀에 순종함으로써 '하나님과 올바른 관계' 에 있는 것이 의입니다.

한편 의의 반대 개념은 불의(不義)이며 불의는 곧 죄(罪)입니다(요일 5:17). 따라서 죄란 하나님에 대한 불신앙, 불경, 불순종 상태를 말합니다. 그리고 하나님에 대한 불신앙, 불경, 불순종의 상태란 곧, '하나님과의 관계가 끊어진 상태' 내지는 '하나님의 원수 된 상태' (롬 5:10), 즉 '하나님과 올바르지 못한 관계' 에 있는 것을 의미합니다. 자신은 전혀 잘못이 없지만 자신의 의지나 능력 밖의 일로 하나님과의 관계가 끊어져 있어도 곧 죄의 상태가 되는 것입니다.

3. 하나님과의 끊어진 상태에 있는 세상 사람들

"여호와 하나님이 가라사대 보라 이 사람이 선악을 아는 일에 우리 중 하나같이 되었으니 그가 그 손을 들어 생명나무 실과도 따먹고 영생할까 하노라 하시고 여호와 하나님이 에덴동산에서 그 사람을 내어 보내어 그의 근본 된 토지를 갈게 하시니라"(창 3:22~23). 말씀과 같이 하나님께서는 선악과를 따먹음으로써 불순종의 죄를 지은 아담과 하와를 에덴동산에서 추방하여 영생의 양식이 되는 생명나무와 분리시켰습니다.

"아담에게 이르시되 네가 네 아내의 말을 듣고 내가 너더러 먹지 말라한 나무 실과를 먹었은즉 땅은 너로 인하여 저주를 받고, 너는 종신토록 수고하여야 그 소산을 먹으리라.… 너의 먹을 것은 밭의 채소인즉 네가 얼굴에 땀을 흘려야 식물을 먹고, 필경은 흙으로 돌아가리니 그 속에서 네가 취함을 얻었음이라. 너는 흙이니 흙으로 돌아갈 것이니라"(창 3:17~19).

아담은 동산(성) 밖으로 쫓겨났을 뿐만 아니라 이마에 땀을 흘려야 하는 노동과 결국 이 땅에 살다가 흙으로 돌아갈 수밖에 없는 사망의 형벌까지 받게 되었습니다. 사실은 동산에서 추방되어 영생의 양식이 되는 생명나무와 분리되었다는 자체가 영생 대신 사망을 받아들여야 하는 형벌입니다.

이후 아담의 모든 후손들은 자신의 의지와는 관계없이 동산 밖에서 태어나게 되었습니다. "동산 밖에서 태어났다"는 것은 '하나님과의 관계가 끊어진 상태'를 의미하며, 이는 곧 '하나님과 올바르지 못한 관계'요, 바로 '죄의 상태'인 것입니다.

4. 원죄의 개념

미국에 노예로 팔려온 아프리카 흑인의 후손들은 자신의 의지와는 관계없이 미국에서 태어났기 때문에 미국인이 되는 것입니다. 이 사실은 유전과 관계되는 일도 아니고 사람의 죄성과 관계되는 일도 아닙니다.

마찬가지로 에덴동산에서 쫓겨난 아담의 후손들은 자신의 의지와는 관계없이 동산 밖에서 태어났기 때문에 '하나님과의 관계가 끊어진 상태'가 되었고, '하나님과의 관계가 끊어진 상태'는 곧 '죄의 상태'인 것입니다. 뿐만 아니라 동산 밖에서 태어났기 때문에 영생의 양식이 되는 생명나무 과일을 먹지 못하게 되었고, 따라서 죽을 수밖에 없는 죄인이 된 것입니다.

이상과 같이 모든 사람이 자신의 의지와는 관계없이 태어날 때부터 가지고 태어난 죄를 '원죄'(original sin)라 합니다. 이 원죄는 분명히 인류의 조상 아담으로부터 유래되었지만 유전이나 죄성에 관계된 것이 아님을 알 수 있습니다.

"아담으로부터 모세까지 아담의 범죄와 같은 죄를 짓지 아니한 자들 위에도 사망이 왕노릇하였나니"(롬 5:14), 이 말씀에서 "아담으로부터 모세까지"라는 기간은 율법이 없었던 기간을 말합니다. 이 기간 중 불순종의 죄 같은 자범죄를 짓지 않은 사람에게도 사망이 임하였다는 것은 곧 사망을 가져오게 하는 원죄가 있었다는 증거인 것입니다. 따라서 원죄는 율법을 위반하는 자범죄와는 관계가 없다는 것입니다.

정 리

처음 사람 아담과 하와는 불순종의 죄로 에덴동산에서 쫓겨나게 되었습니다. 이 결과로 아담과 하와는 '동산 밖의 사람'이 되었고 하나님과의 교제가 원칙적으로 끊어지게 되었습니다. 또한 영생의 양식이 되는 생명나무 과일을 먹지 못하게 되어 영생으로부터 죽을 수밖에 없는 운명으로 바뀌게 되었습니다. 그리고 모든 아담의 후손들은 계속 '동산 밖'에서 태어나게 되었고 생명나무 과일을 먹지 못하게 되었습니다.

이처럼 모든 아담의 후손들이 불가피하게 받아들여야 하는 '동산 밖에서 사는 상태', 즉 '하나님과의 교재가 끊어진 상태'가 원죄요, 또한 영생 대신에 형벌로 받은 '흙으로 돌아갈 수밖에 없는 삶의 상태', 즉 '죽을 수밖에 없는 삶의 상태'가 원죄인 것입니다.

제2장 제2과
죄에 대한 뉘우침과 숨김

다윗이 인구수를 조사한 후에 그 마음에 자책하고 여호와께 아뢰되 내가 이 일을 행함으로 큰 죄를 범하였나이다. 여호와여 이제 간구하옵나니 종의 죄를 사하여주옵소서. 내가 심히 미련하게 행하였나이다 하니라(삼하 24:10).

1. 사람은 누구나 죄를 범할 수 있다

사람은 완전하지 못하기 때문에 누구나 죄를 범할 수가 있습니다. 성경에 위대한 인물로 알려져 있는 모세나 다윗이나 바울도 한 때 끔찍한 죄를 저질렀던 사람들입니다.

모세는 히브리 사람 곧 자기 형제를 치는 애굽 사람을 몰래 쳐 죽여 모래에 묻었습니다(출 2:11~12). 또한 시내산에 올라 40주야를 머무르면서 하나님으로부터 친히 쓰신 십계명 돌판을 가지고 내려왔을 때 백성들이 금으로 송아지를 만들어서 섬기며 춤을 추는 것을 보고 대노하여 그 돌판을 던져 깨뜨렸습니다(출 32:19~20). 뿐만 아니라 바위에 명하여 물을 내라는 하나님의 명령을 어기고 백성들 앞에서 바위를 두 번 쳐서 물을 내기도 했습니다(민 20:8,11).

다윗왕은 충신 우리아의 아내 밧세바를 간음하고(삼하 11:4~5), 우리아를 격전지로 보내어 전사하도록 하였습니다(삼하 11:14~18). 또한 군대 장관 요압의 만류를 뿌리치고 세를 과시하기 위한 인구 조사를 하여 하나님 앞에 죄를 저질렀습니다(삼하 24:1~3).

그리고 바울은 회심하기 전 교회를 파괴할 때 집집마다 들어가 그리스도인들을 끌어다가 옥에 가두었습니다(행 8:3). 더욱 외국에까지 나가 그리스도인을 결박하여 예루살렘으로 잡아오기 위하여 대제사장으로부터 권한을 위임받아 다메섹으로 가기도 했습니다.

지금까지 알아본 바와 같이 훌륭한 하나님의 종들도 한 때 큰 잘못을 저질러 죄를 지은 적이 있습니다. 여러분도 과거에 어떤 죄를 지었는지 되새겨 보시기 바랍니다.

2. 죄를 뉘우치는 사람과 숨기는 사람

죄를 짓지 않는 것은 아주 중요한 일이지만 지은 죄를 뉘우치는 것은 더욱 중요한 일입니다. 오늘날 피의자로 수사관 앞에 서는 사람들을 보면 일단 자기 죄를 감추는 것을 볼 수 있습니다. 수사관의 끈질긴 심문에 못 이겨 결국 죄를 시인하게 되는데 이와 같이 타인에 의하여 죄를 인정하게 되는 것은 뉘우침이 아닙니다.

다윗왕의 장점은 죄를 잘 뉘우치는 것이었습니다. 하나님께서 나단 선지자를 보내어 밧세바를 간음하고 그 남편 우리아를 죽인 죄를 지적했을 때 지체 없이 "내가 여호와께 죄를 범하였나이다"(삼하 12:13)라고 뉘우쳐 회개의 고백을 했습니다.

또한 "다윗이 인구수를 조사한 후에 그 마음에 자책하고 여호와께 아뢰되 내가 이 일을 행함으로 큰 죄를 범하였나이다. 여호와여 이제 간구하옵나니 종의 죄를 사하여 주옵소서. 내가 심히 미련하게 행하였나이다"(삼하 24:10)라고 뉘우치는 즉시 회개를 했습니다.

"아버지여 내가 하늘과 아버지께 죄를 얻었사오니 지금부터는 아버지의 아들이라 일컬음을 감당치 못하겠나이다"(눅 15:21)라고 탕자 되었던 둘째 아들은 회개했습니다. "주여 보시옵소서 내 소유의 절반을 가난한 자들에게 주겠사오며 만일 뉘 것을 토색한 일이 있으면 4배나 갚겠나이다"(눅 19:8)라고 세리 삭개오도 뉘우치고 회개했습니다.

한편 자신의 죄를 숨기기 위하여 변명하는 사람도 있습니다. "나는 실로 여호와의 목소리를 청종하여 여호와께서 보내신 길로 가서 아말렉왕 아각을 끌어왔고 아말렉 사람을 진멸하였으나 다만 그 백성이 마땅히 멸할 것 중에서 가장 좋은 것으로 길갈에서 당신의 하나님 여호와께 제사하려고 양과 소를 취하였나이다"(삼상 15:20~21). 말씀과 같이 사울왕은 아말렉과의 전쟁에서 모든 소유를 진멸하라는(삼상 15:3) 하나님의 명령을 어긴 죄를 숨기기 위하여 책임을 전가하고 있습니다.

"네 아우 아벨이 어디 있느냐?"(창 4:9)라는 하나님의 질문에 대하여 가인은 아우를 죽인 살인죄를 감추기 위하여 “내가 알지 못하나이다. 내가 내 아우를 지키는 자니이까?”(창 4:9)라고 거짓말을 하면서 말대꾸를 했습니다.

아나니아와 삽비라 부부는 “그 땅 판 값이 이것뿐이냐?”(행 5:9)라는 베드로의 질문에 돈을 숨긴 죄를 감추기 위하여 “예 이 뿐이로라”(행 5:8)라고 거짓말을 했습니다.

3. 죄와 사망 · 회개와 용서

“범죄하는 그 영혼은 죽을지라”(겔 18:20a). 말씀과 같이 사람이 죄를 지으면 그 영혼이 죽고 결국 지옥에 떨어지게 됩니다. “만일 의인이 돌이켜 그 의에서 떠나서 범죄하고 악인의 행하는 모든 가증한 일대로 행하면 살겠느냐? 그 행한 의로운 일은 하나도 기억함이 되지 아니하리니 그가 그 범한 허물과 지은 죄로 죽으리라”(겔 18:24). 아무리 의롭던 사람도 일단 의를 떠나 죄를 지으면 과거의 의는 아무런 효력이 없으며 죄로 인한 사망이 있을 뿐입니다.

“왕이 여호와의 말씀을 버렸으므로 여호와께서도 왕을 버려 왕이 되지 못하게 하셨나이다”(삼상 15:23b). 회개하지 않고 변명하던 사울왕은 버림을 받아 폐위되고 말았습니다. 또한 죄를 회개하지 않은 가인은 하나님의 버림을 받고 세상적 사람의 조상이 되었습니다. 재물을 숨기고 거짓말을 한 아나니아와 삽비라 부부는 즉시 죽음을 당하고 말았습니다.

한편 아무리 죄를 범한 사람일지라도 죄를 뉘우치고 회개한 사람은 하나님께서 그 죄를 용서해 주십니다. “악인이 만일 그 행한 모든 죄에서 돌이켜 떠나 내 모든 율례를 지키고 법과 의를 행하면 정녕 살고 죽지 아니할 것이라. 그 범죄한 것이 하나도 기억함이 되지 아니하리니 그 행한 의로 인하여 살리라”(겔 18:21-22).

말씀과 같이 죄를 뉘우치고 회개하면 과거의 죄는 사라지고 현재의 의로 인하여 사망으로부터 생명을 얻게 됩니다.

다윗왕은 밧세바를 간음하고 우리아를 죽인 끔찍한 죄를 범했지만 뉘우치고 회개함으로 말미암아 용서를 받았습니다. 뉘우치고 돌아온 탕자는 아버지의 환영을 받았고, 회개한 세리 삭개오의 집에는 구원이 이르게 되었습니다(눅 19:9).

정 리

다윗왕은 살인죄를 범하고도 뉘우치고 회개함으로써 용서를 받았고, 사울왕은 불순종의 죄를 짓고 이를 은폐하기 위하여 책임을 전가하고 변명하다가 버림을 받았습니다. 사람은 연약하기 때문에 누구나 부지불식간에 죄를 지을 수가 있습니다. 따라서 문제는 죄를 뉘우치느냐, 숨기느냐에 있는 것입니다. 죄를 숨기고 변명하는 사람은 사망이요, 죄를 뉘우쳐 회개하고 용서받는 사람은 생명입니다.

죄를 짓지 않는 것이 상책이지만 부지불식간에 지은 죄는 속히 뉘우치고 회개하여 사망 길에서 벗어나는 것이 또한 상책인 것입니다.

제2장 제3과
회개하는 자가 받는 복

가령 내가 악인에게 말하기를 너는 죽으리라 하였다 하자. 그가 돌이켜 자기의 죄에서 떠나서 법과 의대로 행하여 전당물을 도로 주며 억탈물을 돌려 보내고 생명의 율례를 준행하여 다시는 죄악을 짓지 아니하면 그가 정녕 살고 죽지 않을지라. 그의 본래 범한 모든 죄가 기억되지 아니하리니 그가 정녕 살리라. 이는 법과 의를 행하였음이니라 하라(겔 33:14~16).

1. 회개(悔改; repentance)의 의미

예수님께서는 설교의 첫 마디로 "회개하라! 천국이 가까웠느니라"(마 4:17)라고 외치셨습니다. 이것은 죄 가운데 있는 사람이 천국에 접근할 수 있는 기본 조건이 '회개' 임을 말해주고 있는 것입니다. 그렇다면 회개의 의미는 무엇입니까? 회개란 단순히 하나님께 죄와 허물을 고백하고 용서해 주십사고 기도하는 것이 아닙니다. 회개는 잘못을 뉘우치고 그 잘못된 행위를 고치는 것입니다.

사람의 본성이 선한 것이냐, 악한 것이냐? 하여 시비가 일어나기도 합니다. 맹자(孟子)는 성선설(性善說)을 주장하였고 순자(筍子)는 성악설(性惡說)을 주장하였습니다.

성경은 사람이 본래 하나님의 형상대로 창조되었다고 가르칩니다. 따라서 사람의 본성은 하나님을 닮아 선하게 지음을 받았습니다. 그러나 에덴동산에서의 불순종의 죄로 말미암아 타락하게 되어 죄와 악을 범하기 쉬운 악한 성품으로 변하게 되었습니다.

사람이 죄와 악을 뉘우치고 선한 본성으로(하나님께로) 돌아오는 것이 참 회개입니다. 따라서 회개는 반드시 행위가 뒤따라야 합니다.

2. 회개하는 자가 받는 복

"악인은 그 길을, 불의한 자는 그 생각을 버리고 여호와께로 돌아오라. 그리하면 그가 긍휼히 여기시리라. 우리 하나님께로 나아오라. 그가 널리 용서하시리라"(사 55:7). 말씀과 같이 회개하는 자가 받는 **첫 번째** 복은 용서함을 받는 복입니다. 죄 사함을 받고 죄로부터 자유함을 받는 복입니다. 하나님 앞에서 회개하면 죄의식으로 속박되었던 마음이 자유함을 얻게 되는 것입니다.

"만일 우리가 우리의 죄를 자백하면 미쁘시고 의로우신 하나님께서는 우리 죄를 사하시고 모든 불의에서 우리를 깨끗하게 하실 것이요"(요일 1:9). "너희 죄가 주홍 같을지라도 눈과 같이 희어질 것이요"(사 1:18) 말씀과 같이 주홍 같이 붉은 죄일지라도 하나님 앞에서 고백하고 회개하면 흰 눈같이 씻어집니다. 완전한 용서와 죄 사함은 하나님만이 베풀 수 있는 사랑이요 은혜이며, 또한 회개하는 자가 받는 복인 것입니다.

"베드로가 가로되 너희가 회개하여 각각 예수 그리스도의 이름으로 세례를 받고 죄 사함을 얻으라. 그리하면 성령을 선물로 받으리니, 이 약속은 너희와 너희 자녀와 모든 먼데 사람 곧, 주 우리 하나님이 얼마든지 부르시는 자들에게 하신 것이라"(행 2:38~39). 말씀에서 보는 바와 같이 회개하고 죄 사함을 얻은 자는 성령을 선물로 받을 수가 있습니다. 따라서 회개하는 자가 받는 **두 번째** 복은 성령인 것입니다. 성령께서 함께 하시면 다시 죄를 범하지 않도록 진리 가운데로 인도하실 것입니다(요 16:13).

그리고 "하나님의 뜻대로 하는 근심은 후회할 것이 없는 구원에 이르게 하는 회개를 이루는 것이요"(고후 7:10)라는 말씀과 같이 회개하는 자가 받는 **세 번째**

복은 구원에 이르게 되는 것입니다. 또한 회개하는 자가 받는 **네 번째** 복은 "생명을 얻는 회개를 주셨도다"(행 11:18)라는 말씀에서 보는 바와 같이 생명을 얻게 되는 것입니다.

이상과 같이 회개하는 자가 받을 수 있는 용서(죄 사함)와 성령과 구원과 생명은 모두가 연결되어 있습니다. 사람이 참으로 하나님 앞에서 회개하고 하나님 앞으로 돌아온다면 이 네 가지는 한꺼번에 받을 수 있는 복인 것입니다.

결론적으로 회개하는 자가 받는 복은 죄 사함을 받고, 성령의 은혜로 진리를 깨달아 영생의 구원에 이르게 되는 것입니다.

3. 회개하는 자와 회개하지 않는 자의 결국

다윗은 통일 이스라엘 왕국을 부강케 한 위대한 왕이었습니다. 그러나 그는 충신 우리아의 아내를 범하고, 이를 은폐하기 위하여 우리아를 격전지에 보내어 전사케 한 큰 죄를 범하게 되었습니다. 이처럼 인간들이 저지르는 죄악은 언제 어디서 누구에게 나타나게 될지 알 수가 없습니다.

하나님께서는 다윗의 행위에 대하여 진노하사 나단 선지자를 보내어 책망하셨습니다. 다행히도 다윗은 나단 선지자의 책망을 듣고 즉시 자기의 죄를 고백하고 회개했습니다(삼하 12:13). 이리하여 그는 하나님으로부터 그 죄를 용서받았습니다.

또 한 번 다윗왕은 신하들의 만류에도 불구하고 자신의 세력을 과시하기 위하여 인구조사를 실시하였습니다. 그는 인구조사에 대한 결과를 보고받은 후에 스스로 교만함을 깨닫게 되었습니다. "내가 이 일을 행함으로 큰 죄를 범하였나이다. 여호와여 이제 간구하옵나니 종의 죄를 사하여 주옵소서"(삼하 24:10)라고 그는 즉시 회개했습니다. 여기서도 다윗왕은 죄를 용서받고 왕위를 계속 유지할 수 있었습니다. 이와 같이 다윗왕은 즉시 뉘우치고 회개를 잘 하는 장점을 가지고 있었습니다.

한편 이스라엘 초대왕인 사울은 다윗과는 대조적으로 잘못을 회개하지 않고 남에게 전가하며 변명했습니다. 아말렉과의 전쟁 때 모든 전리품을 진멸하라고 하신 하나님의 명령을 거역하고 그는 좋은 소들과 양들을 남겨 두었습니다(삼상 15:9).

하나님께서 보내신 사무엘 선지자로부터 불순종에 대한 책망을 들었을 때 사울은 뉘우치지 않고 “당신의 하나님께 가장 좋은 것으로 제사하려고 백성들이 양과 소를 취하였나이다”(삼상 15:21)라고 변명하면서 그 책임을 백성들에게 전가했습니다.

회개하기를 거부했던 사울왕은 이 일로 말미암아 하나님의 진노를 사서 결국 왕위를 잃고 죽음을 당하게 되었습니다.

자신이 저지른 죄와 허물에 대한 처리 방법에 있어서 다윗왕과 사울왕은 아주 대조적이었습니다. 죄로 말하면 사울보다 다윗이 오히려 크다고도 볼 수 있었지만 다윗은 회개했기 때문에 용서함을 받았고 사울은 변명했기 때문에 용서함을 받지 못했습니다.

육신이 연약한 인간이기 때문에 누구나 부지불식간에 죄를 지을 수가 있습니다. 중요한 것은 빨리 깨닫고 회개하는 일입니다. 회개는 죄 사함과 구원의 유일한 길인 것입니다.

정 리

하나님의 형상대로 창조된 인간의 본성은 선한 성품이었습니다. 그러나 불순종의 죄로 말미암아 타락하게 되어 죄와 악을 범하기 쉬운 악한 성품으로 바뀌게 되었습니다. 오늘날 죄와 허물로 얼룩진 사람이 하나님께 나아가는 가장 빠른 길은 죄 사함을 받는 올바른 회개뿐입니다.

회개란 죄와 허물을 하나님 앞에 고백하고 올바른 행위로 돌아서는 것을 말합니다. 하나님 앞에서 회개할 때에만 우리는 죄의 속박에서 벗어날 수가 있게 되는 것입니다. 하나님은 아무리 큰 죄라도 회개하면 용서해주시는 사랑과 은혜의 주님이십니다.

우리는 부지불식간에 지은 죄와 허물을 그때그때 회개하고 하나님 앞에서 늘 성결한 삶을 유지해야겠습니다. 죄의 회개는 구원의 시작이요 또한 완성인 것입니다.

제2장 제4과
사람의 범죄와 피조계에 미친 저주

아담에게 이르시되 네가 네 아내의 말을 듣고 내가 너더러 먹지 말라한 나무 실과를 먹었은즉 땅은 너로 인하여 저주를 받고 너는 종신토록 수고하여야 그 소산을 먹으리라(창 3:17).

서 론

전 인류에게는 두 차례의 큰 저주가 가해졌습니다. 그 첫 번째는 아담과 하와가 선악과를 따먹은 불순종의 죄로 저주를 받아 에덴동산에서 쫓겨난 사건이고, 그 두 번째는 모든 인간들의 죄악으로 말미암아 노아 때 홍수로 멸망을 받은 사건입니다. 오늘 이 시간에는 이 두 가지 사건에 대하여 사람과 피조물이 받은 저주와 고난을 구체적으로 알아보고 오늘날 하나님 앞에서 그리스도인이 어떻게 처신해야 할 것인지 교훈을 얻고자 합니다.

본 론 : 사람의 죄로 말미암아 사람과 피조물이 받은 저주의 내용

첫째로, 사람이 죽게 되었습니다.

"여호와 하나님이 그 사람에게 명하여 가라사대 동산 각종 나무의 실과는 네가 임의로 먹되 선악을 알게 하는 나무의 실과는 먹지 말라. 네가 먹는 날에는 정녕 죽으리라"(창 2:16~17)라고 하셨습니다.

이와 같은 하나님의 경고에도 불구하고 아담과 하와는 불행하게도 선악과를 따먹는 불순종의 죄를 범하고 말았습니다. "이러므로 한 사람으로 말미암아 죄가 세상에 들어오고, 죄로 말미암아 사망이 왔나니"(롬 5:12)라고 성경이 증언하고 있습니다.

인간이 죄를 짓는 그 자체가 바로 영적인 사망인 것입니다. "죄의 삯은 사망이요"(롬 6:23), "범죄하는 그 영혼은 죽을지라"(겔 18:20)라고 성경이 경고하고 있습니다. 또한 이들은 불순종의 죄로 말미암아 에덴동산에서 추방되고 하나님과의 올바른 관계(義)가 파괴되었습니다.

이처럼 하나님과 올바른 관계가 파괴된 것(不義)이 죄이고 곧 영적 사망입니다. 이리하여 아담의 후손인 모든 인류는 하나님과의 올바른 관계가 끊어진 원죄(原罪)의 상태로 들어가게 되었고 영적인 사망의 상태에 놓이게 되었습니다.

또 한편 모든 인류는(승천한 에녹과 엘리야는 제외) 육적으로 죽게 되었습니다. 사람은 원래 에덴동산에서 생명과를 따먹고 영생하도록 되어 있었습니다(창 3:22). 계시록에도 새 하늘과 새 땅에서는 "다시 사망이 없고 애통하는 것이나 곡하는 것이나 아픈 것이 없다"(계 21:4)고 증언하고 있습니다.

그러나 아담과 하와의 불순종의 죄로 인하여 육신이 죽게 되는 저주를 받았습니다. "네가 필경은 흙으로 돌아가리니 그 속에서 네가 취함을 얻었음이라. 너는 흙이니 흙으로 돌아갈 것이니라"(창 3:19)라고 하나님께서는 사람의 육신의 생명을 제한하시고 결국 죽게 하셨습니다. 그것은 죄를 진 인간이 영생해서는 안 된다는 하나님의 뜻입니다(창 3:22).

둘째로, 사람은 노동의 고통으로 땀을 흘려야 하는 저주를 받았습니다.

원래 하나님께서는 인간에게 땀을 흘리며 고통 받아야 하는 노동을 부과하지 아니하셨습니다. 인간을 창조하신 후 하나님께서는 "온 지면의 씨 맺는 채소와 씨가진 열매 맺는 모든 나무를 식물로 주노라"(창 1:29)라고 말씀하셨습니다.

하나님께서는 에덴동산에 "보기에 아름답고 먹기에 좋은 나무를 나게"(창 2:9) 하셨습니다. 또 새 하늘과 새 땅에는 생명수 강변에 생명나무가 있어 열두 가지 실과가 달마다 맺힌다고 성경이 증언하고 있습니다.(계 22:2). 이처럼 에덴동산과 새 하늘 새 땅에서는 사람이 노동을 해야 한다는 말이 전혀 없습니다.

그런데 하나님께서 아담과 하와에게 저주로 벌을 주실 때 노동과 고통을 부과하셨습니다. 아담에게는 "내가 너더러 먹지 말라한 나무 실과를 먹었은즉 땅은 너로 인하여 저주를 받고 너는 종신토록 수고하여야 그 소산을 먹으리라. 너희 먹을 것은 밭의 채소인즉 네가 얼굴에 땀이 흘러야 식물을 먹으리라"(창 3:17~18)라고 노동의 고통을 부과하셨습니다. 또 하와에게는 잉태하는 고통과 해산하는 수고를 더하신다고 말씀하셨습니다(창 3:16).

셋째로, 지구(땅)와 모든 피조물이 저주를 받았습니다.

죄는 사람이 지었는데 왜 땅과 피조물(동식물)까지 저주를 받아야 합니까? 하나님이 사람에게 이르시되 "땅을 정복하라. 바다의 고기와 공중의 새와 땅에 움직이는 모든 생물을 다스리라"(창 1:28)라고 하여 땅과 피조물의 관리권을 위임하셨습니다. 관리권자인 사람의 잘못으로 말미암아 땅과 피조물이 애매하게 저주를 받게 되었습니다.

"땅은 너로 인하여 저주를 받고, 너는 종신토록 수고하여야 그 소산을 먹으리라. 땅이 네게 가시덤불과 엉겅퀴를 낼 것이라"(창 3:17b~18)하여 땅에는 생명과와 채소 대신 잡목과 잡초가 무성하게 되었습니다.

또한 노아 홍수 때에도 땅이 파멸되는 저주를 받았습니다. "하나님이 노아에게 이르시되 모든 혈육 있는 자의 강포가 땅에 가득하므로 그 끝 날이 내 앞에 이르렀으니 내가 그들을 땅과 함께 멸하리라"(창 6:13)라고 하여 땅이 홍수로 뒤덮히고 파괴되며 방주에 들어간 사람과 동물을 제외한 모든 사람과 기식 동물이 멸절되는 큰 저주를 받았습니다.

뿐만 아니라 타락 이후 오늘날 까지도 모든 피조물(동식물)은 우상의 형상과 우상 제물로 바쳐지는 "썩어짐의 종노릇하는 저주에서 해방되어 하나님의 자녀들의 영광의 자유에 이르는 것을 고대한다"(롬 8:19~21 정리)고 성경이 증언하고 있습니다. 죄 가운데 있는 사람들이 회개하고 하나님 나라에 들어가는 날 모든 피조물도 해방되어 그 영광에 동참하게 될 것입니다.

넷째로, 사람이 받은 저주는 마귀와 원수가 되게 하셨습니다.

하나님께서는 하와를 유혹한 뱀에게 "내가 너로 여자와 원수가 되게 하고 너의 후손도 여자의 후손과 원수가 되게 하리니 여자의 후손은 네 머리를 상하게 할 것이요, 너는 그의 발굼치를 상하게 할 것이니라"(창 3:15) 하여 사람과 마귀가 서로 원수가 되게 하셨습니다.

이후 마귀는 줄곧 사람을 하나님께 참소하여(욥 1:6~12, 2:1~6, 계 12:10) 하나님과 사람 사이를 이간질하였습니다. 또한 "근신하라, 깨어라. 너희 대적 마귀가 우는 사자와 같이 두루 다니며 삼킬 자를 찾나니 너희 믿음을 굳게 하여 저를 대적하라"(벧전 5:8~9)라고 성경이 증거하는 바와 같이 마귀는 집요하게 사람들을 하나님 앞에서 넘어뜨리려고 하고 있습니다.

그러나 결국은 사람을 구원하러 이 땅에 오신 그리스도 예수님 앞에서 참소자 마귀는 쫓겨나게 되었습니다(계 12:10). 따라서 사람은 그리스도 예수님께서 흘리신 구속의 피를 믿음으로 인하여 원수 마귀를 이길 수가 있습니다.

정 리

사람의 죄로 말미암아 사람은 물론 다스리도록 위임 받은 땅과 피조물까지 저주를 받게 되었습니다. 사람에게 미친 저주는 에덴동산에서의 추방(영적 사망)과 죽어서 흙으로 돌아가는 육적 사망과 노동의 고통과 마귀와의 대적 관계에 놓이게 된 것입니다. 땅(지구)에 미친 저주는 잡목, 잡초의 무성과 땅의 파괴와 거칠어진 지구 환경입니다. 피조물(동식물)에 미친 저주는 허무한데 굴복하여 썩어짐의 종노릇을 하게 된 것입니다.

하나님의 이러한 죄에 대한 저주의 원리는 오늘날 그리스도인에게도 그대로 적용되고 있음을 깨달아야 합니다. 그리스도인의 관리 하에 있는 미성년의 자녀나 토지나 농작물이나 사업체나 기타 모든 재물들은 그 사람의 죄로 말미암아 저주가 미칠 수도 있고 그 사람의 의로 말미암아 축복이 미칠 수도 있다는 것입니다. 모든 그리스도인은 나 한 사람의 처신이 얼마나 중요한 것인가를 깨달아야 할 것입니다.

제2장 제5과
죄와 벌 그리고 회개와 용서

여호와께서 그의 앞으로 지나시며 반포하시되 여호와로라 여호와로라. 자비롭고 은혜롭고 노하기를 더디하고 인자와 진실이 많은 하나님이로라. 인자를 천대까지 베풀며 악과 과실과 죄를 용서하나 형벌 받을 자는 결단코 면죄하지 않고 아비의 악을 자여손 삼사대까지 보응하리라(출 34:6~7).

1. 그리스도인들의 오해

“모든 사람이 죄를 범하였으매 하나님의 영광에 이르지 못하더니 그리스도 예수 안에 있는 구속으로 말미암아 하나님의 은혜로 값없이 의롭다 하심을 얻게 되었느니라. 곧, 예수 그리스도를 믿음으로 말미암아 모든 믿는 자에게 미치는 하나님의 의니 차별이 없느니라”(롬 3:23~24, 22). 사람은 모두가 죄인이지만 예수 그리스도의 십자가 대속의 피를 믿으면 하나님께서 죄를 용서하시고 의롭다고 칭하여 주신다는 것입니다.

그렇습니다. 하나님은 사랑의 하나님이시요, 긍휼의 하나님이시기 때문에 죄를 지어도 회개만 하면 용서해 주십니다. 그래서 그리스도인들은 한 주일 동안 세상에서 지은 죄를 주일날 교회에 나와 용서를 빕니다. 이러한 생활의 타성은 자신도 모르게 사랑과 긍휼의 하나님을 이용하는 결과를 가져오게 되는 것입니다.

때로는 알고 지은 죄도 하나님께 회개만 하면 된다고 생각하지는 않습니까? 그리스도인들은 여기서 아주 중요한 하나님의 공의성을 망각하고 있는 것입니다. 하나님의 공의성은 ‘죄는 용서하되 벌은 받아야 한다’는 원리인 것입니다. 많은 그리스도인들은 이 점을 오해하고 있습니다.

2. 하나님의 사랑과 공의

여호와 하나님께서 모세에게 말씀하셨습니다. “인자를 천대까지 베풀며 악과 과실과 죄를 용서하나 형벌 받을 자는 결단코 면죄하지 않고 아비의 악을 자여손 삼,사대까지 보응하리라”(출 34:7). 이 말씀에서 하나님께서는 세 가지를 언약하셨습니다.

첫째로, ‘인자’(仁慈)를 천대까지 베푸신다는 것입니다. ‘인자’가 무엇입니까? 히브리어로 ‘헤쎄드’(חֶסֶד)인데 긍휼(mercy), 사랑(love), 인자 등으로 번역되는 하나님의 중요한 속성입니다. 그렇다면 어떤 사람에게 인자를 베푸시는 것입니까? “나를 사랑하고 내 계명을 지키는 자에게는 천대까지 은혜(인자)를 베푸느니라”(출 20:6). 하나님을 사랑하고 계명을 지키는 자에게는 그 본인뿐만 아니라 자여손 천대까지 헤쎄드(חֶסֶד)를 베푸시는 하나님이십니다.

둘째로, 하나님께서는 악과 과실과 죄를 용서하십니다. “여호와께서 말씀하시되 오라, 우리가 서로 변론하자. 너희 죄가 주홍 같을지라도 눈과 같이 희어질 것이요, 진홍같이 붉을지라도 양털같이 되리라"(사 1:18). 말씀과 같이 아무리 큰 죄를 지어도 하나님 앞에서 회개하면 흰 눈처럼, 양털처럼 깨끗하게 된다는 언약인 것입니다.

그러나 **셋째로**, 형벌 받을 자의 벌은 면죄하지 않고 본인뿐만 아니라 자여손 삼,사대까지 보응하신다는 것입니다. "너를 위하여 새긴 우상을 만들지 말고, 또 위로 하늘에 있는 것이나 아래로 땅에 있는 것이나 땅 아래 물속에 있는 것의 아무 형상이든지 만들지 말며 그것들에게 절하지 말며 그것들을 섬기지 말라. 나 여호와 너의 하나님은 질투하는 하나님인즉 나를 미워하는 자의 죄를 갚되 아비로부터 아들에게로 삼,사대까지 이르게 하리라"(출 20:4~5). 특히 우상을 섬기는 자와 하나님을 미워하는 자들이 벌을 받게 되며 비록 회개하여 죄를 용서받을지라도 벌은 자여손 삼,사대에 이르기까지 반드시 받게 된다는 언약인 것입니다.

지금까지 알아본 바와 같이 하나님께서는 사랑의 속성으로 죄를 용서하시지만 동시에 공의의 속성으로 형벌은 반드시 시행하신다는 것입니다.

3. 용서와 징벌은 별개이다.

"이제 네가 나를 업신여기고 헷 사람 우리아의 처를 빼앗아 네 처를 삼았은즉 칼이 네 집에 영영히 떠나지 아니하리라 하셨고, 여호와께서 또 이처럼 이르시기를 내가 네 집에 재화를 일으키고 내가 네 처들을 가져 네 눈앞에서 다른 사람에게 주리니 그 사람이 네 처들로 더불어 백주에 동침하리라"(삼하 12:10~11).

이 말씀은 충신 우리아의 아내 밧세바를 범하고 우리아를 격전지로 보내어 죽게 한 다윗의 죄에 대하여 하나님께서 내리신 형벌입니다. 물론 다윗은 깊이 뉘우치고 하나님께 회개하여(삼하 12:13, 시 51:1~19) 용서를 받고 왕위를 계속 유지하게 되었지만 하나님께서 내리신 벌은 면죄 받지 못했습니다.

우리아의 아내 밧세바가 낳은 다윗의 아이는 생후 이레 만에 죽었고(삼하 12:15~18), 장남 암논은 삼남 압살롬의 누이 다말을 범하였으며(삼하 13:14), 이에 대한 보복으로 압살롬은 형 암론을 살해하였습니다(삼하 13:28~29).

또한 삼남 압살롬이 반역을 일으켜 부왕 다윗을 쫓아내고(삼하 15:10~12), 드디어 부왕의 후궁들과 백주에 옥상에서 무리의 눈앞에서 동침하였습니다(삼하 16:21~22). 그러나 결국 압살롬도 부왕 다윗의 신복들에 의하여 전쟁에서 패하고 죽임을 당하게 되었습니다(삼하 18:14~15). 그리고 사남 아도니야는 왕위를 탈취하려다가 다윗왕으로부터 공식적으로 승계를 받은 솔로몬왕에게 죽임을 당하게 되었습니다(왕상 2:25).

하나님께서는 다윗을 일컬어 마음에 합한 사람이라(행 13:22) 하셨지만 마음에 합한 자일지라도 잘못에 대한 벌은 감해주지 않았음을 볼 수 있습니다.

"주께서 그 사랑하시는 자를 징계하시고 그의 받으시는 아들마다 채찍질 하심이니라. 징계는 다 받는 것이거늘 너희에게 없으면 사생자요, 참 아들이 아니니라"(히 12:6,8). 내 자식이 잘못하면 내가 징계를 하지만 남의 자식은 잘못해도 내가 징계할 수는 없는 것입니다.

따라서 하나님의 자녀 된 자는 잘못을 하면 하나님으로부터 징계 받을 각오를 해야 합니다. 회개하면 용서를 받아서 구원으로부터 탈락은 면하게 될지라도 잘못에 대한 벌은 받을 각오를 해야만 됩니다. 다윗은 하나님으로부터 칭찬받은 사람이었지만 밧세바를 범하고 우리아를 죽인 죄에 대한 벌로 그 자녀들 간에 골육상잔이 일어나고 부왕을 쫓아내는 반역이 일어났던 것입니다.

정 리

하나님은 사랑(인자)의 하나님이신 동시에 공의의 하나님이십니다. 사랑은 죄를 용서하지만 공의는 죄에 형벌을 가합니다. 세상의 원리로 보면 모순된 말 같지만 하나님의 원리로 보면 아주 합당한 원리입니다.

그리스도인이 잘못을 저지르고 회개를 했을 때 영적으로는 용서를 받아 구원이 유지되지만 육적으로는 징계를 받아야 하는 것입니다. 가령 사형수가 감옥에서 회개하고 예수를 믿으면 영적으로는 용서를 받아 구원이 되지만 육적으로는 사형이 감형되지 않고 그대로 사형 집행을 받아야 하는 것입니다.

그리스도인이 회개하면 용서를 받는다고 해서 죄에 대한 형벌도 사해진다고 생각하면 착각인 것입니다. 죄는 용서받지만 벌은 받아야 합니다. 그것도 나뿐만 아니라 나의 자손 삼,사대까지 받아야 하는 것입니다. 우리는 천대까지 하나님의 인자를 남길지언정 삼,사대까지 죄벌을 남기지 말아야 하겠습니다.

제2장 제6과
위대한 하나님의 사랑 '용서'

하나님이 혹시 뜻을 돌이키시고 그 진노를 그치사 우리로 멸망치 않게 하시리라 그렇지 않을 줄을 누가 알겠느냐 한지라. 하나님이 그들의 행한 것 곧 그 악한 길에서 돌이켜 떠난 것을 감찰하시고 뜻을 돌이키사 그들에게 내리리라 말씀하신 재앙을 내리지 아니하시니라(욘 3:9~10).

"너는 일어나 저 큰 성읍 니느웨로 가서 그것을 쳐서 외치라. 그 악독이 내 앞에 상달되었음이니라"(욘 1:2;개역 개정판). 하나님께서는 니느웨 사람을 구원하기 위하여 선지자 요나로 하여금 니느웨로 가서 회개를 촉구하는 경고의 말을 외치라고 명령하셨습니다.

1. 니느웨 백성의 회개와 하나님의 용서

니느웨는 항상 이스라엘을 괴롭혀 온 적대국 앗수르의 수도였습니다. 요나는 정말 마음이 내키지 않았습니다. 그는 하나님의 얼굴을 피하여 다시스로 가는 배를 탔다가 하나님의 진노로 폭풍을 만나게 되었고, 물에 던져진 후 물고기의 밥이 되었다가 하나님의 예비하심에 따라 구사일생으로 살아나게 되었습니다.

"40일이 지나면 니느웨가 무너지리라"(욘 3:4). 요나는 하나님의 두 번째 명령에는 거절하지 못하고 니느웨로 가서 경고의 말을 외쳤습니다. 이에 니느웨의 왕과 백성들은 금식을 선포하고 굵은 베옷을 입고 재에 앉아 회개를 했습니다. 심지어 짐승까지도 금식을 시켰습니다.

"하나님이 그들이 행한 것, 곧 그 악한 길에서 돌이켜 떠난 것을 감찰하시고 뜻을 돌이키사 그들에게 내리리라 말씀하신 재앙을 내리지 아니하시니라"(욘 3:10). 드디어 하나님께서는 이스라엘이 원수로 여기던 앗수르의 니느웨 백성까지 용서해 주셨습니다.

하나님이 이스라엘 앞에서 그 원수인 니느웨 백성을 용서해 주셨다는 것은 장차 모든 인류를 용서해 주시겠다는 본보기인 것입니다. 또한 하나님의 백성으로 교만해진 이스라엘보다 이방에서 보다 효과적인 회개의 역사와 하나님의 용서가 일어나게 될 것이라는 예표도 되는 것입니다.

2. 용서에 대한 예수님의 교훈

"너희가 사람의 과실을 용서하면 너희 천부께서도 너희 과실을 용서하려니와 너희가 사람의 과실을 용서하지 아니하면 너희 아버지께서도 너희 과실을 용서하지 아니하시리라"(마 6:14~15).

사람이 사노라면 내가 남에게 잘못할 때도 있고, 남이 내게 잘못할 때도 있습니다. 그리고 일단 사람이 저지른 잘못은 하나님 앞에서는 죄가 되는 것입니다. 남이 내게 잘못한 것이 없는 사람은 자기 죄만 회개하면 하나님으로부터 용서를 받을 수 있습니다.

그러나 남이 내게 잘못한 것이 있는 사람은 내가 그 잘못을 용서해 주어야 내 잘못도 하나님께서 용서해 주신다는 것입니다. 이것은 바로 "우리가 우리에게 죄 지은 자를 사하여 준 것 같이 우리 죄를 사하여 주옵시고"(마 6:12)라고 가르치신 주기도문의 정신인 것입니다.

그렇다면 남의 죄를 몇 번이나 용서해 주어야 하느냐는 문제가 생깁니다. "예수께서 가라사대 네게 이르노니 일곱 번 뿐만 아니라 일흔 번씩 일곱 번이라도 용서할지니라"(마 18:22). 예수님의 이 말씀은 "형제를 일곱 번까지 용서하리이까?"(마 18:21)라는 베드로의 질문에 대한 대답입니다. 490번까지가 아니라 계속해서 용서해 주라는 가르치심인 것입니다.

"하루 일곱 번이라도 네게 죄를 얻고 일곱 번 네게 돌아와 내가 회개하노라 하거든 너는 용서하라 하시더라"(눅 17:4). 회개하지 않아도 용서해 주는 것이 더욱 좋은 일이지만 회개하는 사람에게는 계속해서 용서해 주라는 교훈인 것입니다. 우리 그리스도인들은 "서로 용서하기를 하나님이 그리스도 안에서 우리를 용서함같이 해야"(엡 4:32) 합니다.

3. 원수를 용서할 수 있는 마음가짐

남을 용서한다는 것은 쉬운 일이 아닙니다. 더구나 철천지원수를 어떻게 용서한단 말입니까? 성경의 교훈을 들어 봅시다. "또 아비새와 모든 신복들에게 이르되 내 몸에서 난 아들도 내 생명을 해하려 하거든 하물며 이 베냐민 사람이랴, 여호와께서 저에게 명하신 것이니 저로 저주하게 버려두라"(삼하 16:11).

다윗왕이 아들 압살롬의 반란을 피하여 심복 몇 사람만 데리고 도망갈 때의 일입니다. 전왕 사울의 족속인 '시므이'란 자가 나타나 온갖 저주와 욕설을 퍼부으면서 돌을 던졌습니다. 심복 하나가 당장 가서 목을 베자고 했을 때 다윗왕은 만류하면서 위의 말씀과 같이 말하였습니다. '시므이'란 자를 원수로 볼 것이 아니라 하나님의 도구로 본 것입니다. 내가 지금 고난을 당하는 것은 하나님이 알고 계시며 하나님의 뜻일지도 모른다는 것입니다.

"혹시 여호와께서 나의 원통함을 감찰하시리니 오늘날 그 저주 까닭에 선으로 내게 갚아주시리라"(삼하 16:12). 다윗왕과 같이 모든 현실을 하나님의 뜻으로 생각할 때 우리는 원수를 용서할 수가 있는 것입니다.

"당신들이 나를 이곳에 팔았으므로 근심하지 마소서, 한탄하지 마소서. 하나님이 생명을 구원하시려고 나를 당신들 앞서 보내셨나이다"(창 45:5). 이 말씀은 애굽의 총리가 된 요셉이 자기를 미디안 대상들에게 판 형들을 용서하는 대목의 말입니다. 형들은 애굽의 총리가 된 요셉 앞에서 꼼짝없이 죽었다고 생각했을 때 요셉은 모든 것이 하나님의 뜻이라고 생각했습니다. 다윗왕과 요셉 총리의 교훈은 모든 그리스도인에게 귀감이 되어야만 합니다.

때로는 하나님께서 복을 주시기 위한 시험으로 고난을 주실 때도 있습니다. "악을 악으로, 욕을 욕으로 갚지 말고 도리어 복을 빌라. 이를 위하여 너희가 부르심을 입었으니 이는 복을 유업으로 받게 하심이라"(벧전 3:9).

악을 악으로 갚지 말고 도리어 원수의 복을 빌 때 하나님께서 악을 물리쳐 주시고 복으로 대신해 주신다는 것입니다. 우리가 사람을 통하여 시험을 당할 때, 하나님께서 그를 도구로 사용하여 나를 시험하시는 것이라 생각하면 용서할 수 있고 선으로 대할 수가 있는 것입니다.

정 리 : 위대한 용서의 종교 기독교

타종교에도 구원이 있다는 것은 아니지만 기독교의 '용서'의 위대성을 입증하기 위하여 그들이 말하는 구원의 방법을 생각해 보기로 합니다. 이방 종교에는 원칙적으로 근본적인 용서가 없습니다. 불교, 힌두교, 자이나교 등 인도 지역 종교에서는 금욕(고행)과 선행으로 전생 및 이생의 업(業)의 껍질을 벗기고 윤회의 굴레에서 해탈하는 것이 구원이라 합니다.

이슬람교는 유일신 알라신에 복종하는 종교로 인간 중보자 무하메드를 통해 알라의 이름을 되뇌이고, 기도, 선행, 성지순례 등을 행함으로 구원에 이른다는 것입니다. 이란의 조로아스터교(배화교)는 유일신 아후라 마즈다를 믿으며 최후에 선행, 악행을 총결산하여 무거운 쪽으로 갈라서게 된다는 것입니다.

사람은 누구나 죄를 범하면서 세상을 살아가기 때문에 선행과 고행이나 기도나 성지순례 등으로 지은 죄를 상쇄한다는 것은 평생 불가능한 일입니다. 가령 살인죄는 상쇄할 방법이 없는 것입니다. 따라서 죄의 용서받음 없이는 구원은 불가능한 것입니다.

기독교만이 예수 그리스도의 피로 말미암아 하나님의 은혜로 값없이 용서함을 받는 것입니다. 참으로 '용서'는 하나님만이 하실 수 있는 위대한 사랑인 것입니다.

제2장 제7과

죄(罪)와 죄인(罪人) 그리고 의(義)와 의인(義人)

모든 사람이 죄를 범하였으매 하나님의 영광에 이르지 못하더니 그리스도 예수 안에 있는 구속으로 말미암아 하나님의 은혜로 값없이 의롭다 하심을 얻은 자 되었느니라(롬 3:23~24).

그리스도 안에서의 '죄(罪)와 의(義)'는 세상적인 '죄(罪)와 의(義)'와 다릅니다. 오늘은 그리스도 안에서의 '죄(罪)와 의(義)' 그리고 '죄인(罪人)과 의인(義人)'에 대해 자세히 알아보기로 합니다.

1. 죄(罪)와 죄인(罪人)

(1) 세상적인 죄와 그리스도 안에서의 죄

세상적인 지식이나 상식으로 성경을 해석하면 잘못될 때가 많이 있습니다. 가령 성경에서는 '예수 믿지 않는 것'이 죄가 되지만 세상에서는 말도 안 되는 소리입니다. 예수 믿지 않는다고 경찰에서 잡아가는 것 봤습니까? 이처럼 성경을 세상적 지식으로 읽으면 이해가 되지 않을 때가 많습니다.

세상적으로는 죄형법정주의(罪刑法定主義) 원칙에 따라 법률에 어긋난 행위만이 죄이며, 범법으로 형벌을 받아야 한다고 재판에서 선고를 받은 사람이라야 죄인이 되는 것입니다.

그러나 성경에서는 일단 세상의 모든 사람들은 죄인이라고 규정하고 있습니다. "의인은 없나니 하나도 없으며, 모든 사람이 죄를 범하였으매 하나님의 영광에 이르지 못하더니"(롬 3:23), 말씀과 같이 모든 사람은 하나님의 영광에 동참할 수 없는 죄인이라는 것입니다.

하나님 앞에서 죄인이란 하나님의 영광에 동참할 수 없는 '하나님과 분리된 사람' 즉 '하나님과 올바르지 못한 관계에 있는 사람'을 의미합니다.

(2) 원죄(原罪)와 자범죄(自犯罪)

그렇다면 세상 사람들은 왜 하나님과 분리되어 하나님과 올바르지 못한 관계에 있게 되었습니까? "이같이 하나님이 그 사람을 쫓아내시고 에덴동산 동편에 그룹들과 두루 도는 화염검을 두어 생명나무의 길을 지키게 하시니라"(창 3:24).

말씀과 같이 아담과 하와는 불순종의 죄로 에덴동산에서 쫓겨나서 하나님과 분리되었고, 분리된 상태에서 태어난 아담의 모든 자녀들과 후손들은 자신도 모르게 하나님의 영광에 동참할 수 없는 '하나님과 올바르지 못한 상태'인 '원죄'(原罪)상태에 있게 되었습니다. 따라서 모든 사람들은 날 때부터 죄인의 신분을 갖게 되는 것입니다.

그리스도인들에게 있어서 죄란 이 원죄 외에 세상의 법에 어긋난 모든 범법 행위도 물론 죄이고, 더 나아가 생각으로 지은 죄, 말로 지은 죄까지도 포함이 되는 것입니다. "그 형제를 미워하는 자마다 살인하는 자요, 여자를 보고 음욕을 품는 자마다 마음에 이미 간음하였느니라"(요일 3:15, 마 5:28). 이처럼 그리스도인들이 스스로 지은 죄를 원죄와 구별해서 자범죄(自犯罪)라 합니다.

이상과 같이 성경이 말하는 죄는 세상적인 죄의 개념보다 훨씬 포괄적임을 알 수 있습니다.

2. 의(義)와 의인(義人)

그렇다면 '성경이 가르치는 의'는 무엇입니까? 세상적으로는 '올바른 삶', 즉 '법과 도덕적 규범에 저촉되지 않는 삶'이 의(義)입니다. 그러나 성경이 가르치는 하나님 앞에서의 의는 '사람이 하나님과 올바른 관계에 있는 삶', 즉 '하나님과 교류가 이루어지는 삶'을 의미합니다.

사람이 예수(하나님)를 믿을 때 하나님과의 올바른 관계가 이루어집니다. "성경이 무엇을 말하느뇨? 아브라함이 하나님을 믿으매 이것이 저에게 의로 여기신 바 되었느니라"(롬 4:3). 말씀과 같이 사람이 예수를 믿으면 하나님과의 관계가 올바르게 이루어지는 것입니다.

또한 하나님과의 올바른 관계란 화목한 관계를 말합니다. "곧, 우리가 원수 되었을 때에 그 아들의 죽으심으로 말미암아 하나님으로 더불어 화목 되었은즉 화목 된 자로서는 더욱 그의 살으심을 인하여 구원을 얻을 것이니라"(롬 5:10). 하나님과의 올바르지 못한 관계, 즉 원수 된 관계는 죄(罪)이고, 하나님과의 올바른 관계, 즉 화목 된 관계는 의(義)인 것입니다.

따라서 예수 믿고 하나님의 말씀에 순종하며, 하나님과 화목한 관계에 있는 사람, 즉 신실한 그리스도인은 하나님이 보시기에 의인(義人)인 것입니다. 세상적으로는 아무리 선을 행하고 정의로운 삶을 살아도 만약 그가 예수 믿지 않는다면 그 이유 하나로 하나님이 보시기엔 의인이 못되고 죄인인 것입니다.

3. 죄인(罪人)이 의(義)롭게 되는 원리

'불의'(不義)가 곧 '죄'이기 때문에 '죄'와 '의'는 서로 대립되는 개념입니다. 죄인이 그 죄에서 벗어나 의롭게 된다는 것은 하나님과의 올바르지 못한 관계에서 올바른 관계로, 분리된 원수 관계에서 하나님의 영광에 동참할 수 있는 화목된 관계로 반전될 수 있다는 엄청난 사건이 되는 것입니다.

그렇다면 어떻게 죄인이 의인으로 바뀌어질 수 있다는 것입니까? "곧 예수 그리스도를 믿음으로 말미암아 모든 믿는 자에게 미치는 하나님의 의니"(롬 3:22), 말씀과 같이 모든 죄인은 오직 예수 그리스도를 믿음으로 말미암아 하나님의 의가 미치게 되는 것입니다.

"그리스도 예수 안에 있는 구속으로 말미암아 하나님의 은혜로 값없이 의롭다 하심을 얻는 자 되었느니라"(롬 3:24). 말씀에서 '구속'(救贖; ἀπολύτρωσίς, 아폴리트로시스)은 '몸값을 지불하고 벗어나게 함'이라는 의미입니다. 따라서 말씀은 예수님을 통하여 나의 죄값을 대신 갚아주시고 나를 죄에서 벗어나 의롭게 되도록 하나님께서 값없이 은혜를 베풀어 주셨다는 의미입니다.

그렇다면 무조건 모든 죄인의 죄를 갚아주시고 의롭게 하셨다는 것입니까? 그렇지가 않습니다. 단 조건이 있습니다. "이 예수를 하나님이 그의 피로 인하여 믿음으로 말미암는 화목제물로 세우셨으니"(롬 3:25a), 이 말씀이 바로 죄인이 의롭게 되는 조건입니다. 예수님께서 십자가에 못 박혀 흘리신 피가 나와 하나님과의 화목을 회복하기 위하여 하나님께서 세우신 화목제물임을 내가 믿어야 한다는 것입니다.

"이는 하나님께서 길이 참으시는 중에 전에 지은 죄를 관과하심으로 자기의 의로움을 나타내려 하심이니, 곧 이 때에 자기의 의로우심을 나타내사 자기도 의로우시며, 또한 예수 믿는 자를 의롭다 하려 하심이니라"(롬 3:25b).

하나님은 전능자이시기 때문에 죄인을 무조건 '의롭다' 하실 수도 있습니다. 그러나 그렇게 하는 것은 불의한 일이기 때문에 아들의 피로 대신 죄값을 치루고, 또한 이것이 사실이라는 것을 믿는 자만을 '의롭다' 말씀하신다는 것입니다. 그리 하여야 하나님 자신도 불의에 빠지지 않고 예수님을 믿는 자도 의롭게 된다는 것입니다.

결국 죄인이 의롭게 되는 것은 예수 그리스도의 십자가 구속의 피를 믿음으로써 하나님의 은혜로 의롭게 되는 것입니다.

정 리

'예수를 믿지 않는 것'은 세상에서는 죄가 될 수 없지만 하나님 앞에서는 죄가 되는 것입니다. 세상에서는 법에 위반되는 행위를 하는 것이 죄이고, 그 행위자가 죄인입니다. 하나님 앞에서는 '하나님과 올바르지 못한 관계', 즉 '하나님과의 관계가 끊어진 상태'가 죄(원죄)이고, 그러한 상태에 있는 사람이 죄인입니다. 물론 세상적인 범법도 모두 죄이고, 더 나아가 생각으로 짓는 죄도 있고, 말로 짓는 죄도 있습니다.

한편 세상에서는 '올바로 사는 삶'이 '의'이지만 하나님 앞에서는 '하나님과 올바른 관계에 있는 것'이 '의'입니다. 하나님의 말씀에 순종하여 예수 믿고 하나님과의 화목한 관계를 가지는 것이 의입니다. 따라서 예수를 잘 믿는 신실한 그리스도인이 '의인'입니다.

세상에서 아무리 선한 일을 하고 의롭게 살아도 예수를 믿지 않는다면 그 이유 하나로 의인이 될 수 없습니다. 우리는 세상에서도 죄를 범하지 말고 의롭게 살아야겠지만 더 나아가 예수 믿고 하나님과의 올바른 관계를 가짐으로써 하나님으로부터 인정받는 의인이 되어야겠습니다.

제2장 제8과
죄의 종에서 의의 종으로

너희 자신을 종으로 드려 누구에게 순종하든지 그 순종함을 받는 자의 종이 되는 줄을 너희가 알지 못하느냐? 혹은 죄의 종으로 사망에 이르고, 혹은 순종의 종으로 의에 이르느니라(롬 6:16).

1. 종의 개념

'종'의 의미를 국어사전에서 찾아보면 "남의 집에 몸이 팔려 그 집에서 대대로 천역에 종사하는 사람"이라고 설명하고 있습니다. 주로 대인 관계에서 주인인 '상전'에 상대 되는 사람을 말합니다. 그러나 성경에서 말하는 종의 개념은 보다 포괄적인 의미를 가지고 있습니다.

"진리를 알지니 진리가 너희를 자유케 하리라"(요 8:32) 하신 예수님의 말씀에 유대인들은 "우리가 아브라함의 자손이라 남의 종이 된 적이 없거늘 어찌하여 우리가 자유케 되리라 하느냐?"(요 8:33)라고 이의를 제기했습니다. 유대인들은 사람에게 매인 자들만이 종이라고 생각했습니다.

이에 대하여 다시 예수님께서는 "진실로 진실로 너희에게 이르노니 죄를 범하는 자마다 죄의 종이라"(요 8:34)라고 대답하셨습니다. 죄를 범하면 죄의 종, 악을 범하면 악의 종, 의를 행하면 의의 종, 선을 행하면 선의 종이 된다는 의미입니다. 오늘 본문 말씀은 종의 개념을 더욱 잘 설명을 해 주고 있습니다.

"너희 자신을 종으로 드려 누구에게 순종하든지 그 순종함을 받는 자의 종이 되는 줄을 너희가 알지 못하느냐?"(롬 6:16a) 사람이 비단 사람뿐만 아니라 어떤 대상이든지 그 대상에 순종하게 되면 그 대상의 종이 된다는 것입니다.

사람에게 순종하면 사람의 종, 귀신에게 순종하면 귀신의 종, 죄에게 순종하면 죄의 종, 탐욕에게 순종하면 탐욕의 종이 된다는 것입니다. 가령 돈을 좋아하는 사람은 돈 버는 일이라면 무슨 짓이든지 다 하기 때문에 흔히들 황금의 노예라고 말합니다.

2. 죄의 종

"너희가 본래 죄의 종이더니"(롬 6:17a), 말씀과 같이 성경은 사람이 본래 죄의 종이라고 말하고 있습니다. 의의 지배를 받으면 의의 종, 죄의 지배를 받으면 죄의 종입니다. 따라서 사람이 '죄의 종'이란 말은 사람이 죄의 지배를 받고 있다는 의미입니다.

한편 의는 하나님의 속성이고 죄는 마귀의 속성입니다. 따라서 죄의 종이란 바로 마귀의 종이란 의미가 됩니다. 사람은 원래 에덴동산에서 하나님의 지배를 받았지만 마귀의 유혹으로 말미암아 선악과를 따먹은 불순종의 죄를 짓고 에덴동산에서 쫓겨남으로써 하나님의 지배에서 벗어나 마귀의 지배를 받게 되었던 것입니다.

"너희는 너희 아비 마귀에게서 났으니 너희 아비의 욕심을 너희도 행하고자 하느니라. 저는 처음부터 살인한 자요, 진리가 그 속에 없으므로 진리에 서지 못하고, 거짓을 말할 때마다 제 것으로 말하나니 이는 저가 거짓말장이요, 거짓의 아비가 되었음이니라"(요 8:44). 이상 말씀은 마귀의 정체성을 폭로하시는 예수님의 말씀입니다.

마귀의 정체는 욕심장이요, 살인자요, 거짓말장이라는 것입니다. 세상 사람들은 마귀의 지배를 받고 있으므로 마귀의 욕심대로 행하며, 거짓말도, 살인도 거침없이 행하게 된다는 것입니다.

"그 때에 너희가 그 가운데서 행하여 이 세상 풍속을 좇고 공중의 권세 잡은 자를 따랐으니 곧, 지금 불순종의 아들 가운데서 역사하는 영이라. 전에는 우리도 다 그 가운데서 우리 육체의 욕심을 따라 지내며 육체와 마음의 원하는 것을 하여 다른 이들과 같이 본질상 진노의 자녀이었더니"(엡 2:2~3), 말씀과 같이 마귀는 예수 믿지 않는 불순종의 자녀들을 지배하는 영입니다.

불순종의 자녀들은 이 땅에서 공중 권세 잡은 마귀의 지배를 받아 육체의 욕심대로 온갖 죄악을 범하고 있으므로 본래 하나님의 진노의 대상인 것입니다. 그리스도인들도 예수 믿기 전 세상에 있을 때에는 마찬가지로 하나님의 심판을 받아야 할 진노의 자녀들이었습니다.

사람들이 죄악을 범하는 일이 자신의 욕심과 자신의 의지로 행하는 일 같지만 사실은 자신도 모르게 죄악의 본성을 지닌 마귀의 지배를 받아 마귀의 종노릇을 하고 있다는 것입니다.

3. 의의 종

"하나님께 감사하리로다. 너희가 본래 죄의 종이더니 너희에게 전하여 준 바 교훈의 본을 마음으로 순종하여 죄에게서 해방되어 의에게 종이 되었느니라"(롬 6:17~18). 앞에서도 알아본 바와 같이 사람은 원래 죄의 종이기 때문에 의의 종이 되기 위해서는 먼저 죄의 종으로부터 벗어나야만 합니다. 즉 마귀의 지배로부터 해방이 되어야만 합니다. 그러나 마귀의 지배로부터 벗어나는 일이 그리 쉬운 일은 아닙니다.

"더러운 귀신이 사람에게서 나갔을 때에 물 없는 곳으로 다니며 쉬기를 구하되 얻지 못하고 이에 가로되 내가 나온 내 집으로 돌아가리라 하고 와 보니 그 집이 비고 소제되고 수리되었거늘 이에 가서 저보다 더 악한 귀신 일곱을 데리고 들어가서 거하니 그 사람의 나중 형편이 전보다 더욱 심하게 되느니라"(마 12:43~45). 마귀는 사람의 몸에 들어가 거하기도 합니다. 어떻게 일시적으로 사람이 귀신을 쫓아내었을지라도 방심하면 더 악한 귀신을 집단으로 데리고 들어와 그 사람을 더욱 강하게 지배합니다.

사람이 의의 종이 되려면 의의 속성을 지닌 하나님의 지배를 받아야 합니다. 그렇다면 사람이 어떻게 하나님의 지배를 받을 수가 있습니까? "너희 몸은 너희가 하나님께로부터 받은바 너희 가운데 계신 성령의 전인 줄을 알지 못하느냐?"(고전 6:19)

말씀과 같이 사람이 성령을 받게 되면 성령께서 사람의 몸을 성전으로 삼아 임재하시게 되므로 사람이 성령의 지배, 곧 하나님의 지배를 받을 수 있게 됩니다. 또 그렇다면 사람이 어떻게 성령을 받을 수가 있습니까? 오늘 본문 말씀과 같이 복음의 말씀을 마음으로 순종하여 모든 죄를 회개하고 예수를 믿으면 성령을 받게 됩니다.

"베드로가 가로되 너희가 회개하여 각각 예수 그리스도의 이름으로 세례를 받고 죄 사함을 얻으라. 그리하면 성령을 선물로 받으리니"(행 2:38), 그렇습니다. 회개하고 예수 믿고 세례를 받으면 성령을 선물로 받을 수가 있습니다.

사람이 본래 죄의 지배를 받고 있는 그 육신으로는 의와 사랑을 행하는 것이 불가능하지만 성령, 즉 하나님의 지배를 받게 되면 의와 사랑을 행하는 의의 종이 될 수 있습니다.

정 리

사람의 몸은 성령의 전도 될 수가 있고, 마귀의 집도 될 수가 있습니다. 한편 사람이 성령의 지배를 받으면 하나님의 종, 즉 의의 종이 되고, 마귀의 지배를 받으면 마귀의 종, 즉 죄의 종이 되는 것입니다. 따라서 우리 모두는 예수 믿고 말씀에 순종하여 우리의 몸이 성령의 전이 될 수 있도록 늘 긴장을 풀지 말아야 합니다.

마귀의 공격은 집요하기 때문에 어떻게 일시적으로 사람의 몸에서 쫓겨났다 할지라도 성령께서 오셔서 지켜 주시지 않는 한 더 강한 것으로 다시 들어오게 되어 나중 형편이 더 어렵게 됩니다(마 12:43~45). 우리는 의의 종이 되기 위하여 우리의 몸을 성령의 전이 될 수 있도록 성결하게 유지해야 합니다.

"이제는 너희가 죄에게서 해방되고 하나님께 종이 되어 거룩함에 이르는 열매를 얻었으니 이 마지막은 영생이라. 죄의 삯은 사망이요, 하나님의 은사는 그리스도 예수 우리 주 안에 있는 영생이니라"(롬 6:22~23). 예수 믿고 성령 충만을 받게 되면 마귀의 종, 즉 죄의 종에서 해방이 되어 하나님의 종, 즉 의의 종이 되고, 이어서 거룩함의 열매인 영생을 얻게 되는 것입니다.

세상에서 죄의 종으로 사는 사람들은 죄의 삯은 사망이므로 그 마지막은 지옥불에 떨어지게 됩니다. 한편 의의 종으로 사는 사람들의 의의 열매는 영생으로 그 마지막은 천국 백성으로 영생 복락을 누리게 됩니다. 사람들은 누구나 죄의 종, 즉 마귀의 종으로부터 벗어나서 의의 종, 즉 하나님의 종으로 살아야만 되겠습니다.

제 3 장

십자가와 부활 그리고 구원과 상급

제3장 제1과
십자가와 부활

또 무리에게 이르시되 아무든지 나를 따라오려거든 자기를 부인하고 날마다 제 십자가를 지고 나를 좇을 것이니라. 누구든지 제 목숨을 구원코자 하면 잃을 것이요 누구든지 나를 위하여 제 목숨을 잃으면 구원하리라(눅 9:23~24).

예수님의 공생애(公生涯)를 약 3년으로 봅니다. 4복음서는 대체로 예수님의 공생애 기간의 복음 사역을 기록해 놓은 책입니다. 그 중에서도 마지막 8일 간의 사역을 집중적으로 기록해 놓았습니다. 공관복음서는 약 31% 내외의 지면을, 요한복음은 무려 약 40%의 지면을 이 마지막 8일 간에 할애하고 있습니다.

1. 마지막 8일간의 사역

제1일은 예수님께서 나귀 새끼를 타시고 예루살렘에 입성하신 종려주일입니다(막 11:7~10). 예루살렘의 많은 백성들이 호산나를 외치며 종려나무 가지를 가지고 나와 맞았기 때문에(요 12:13) 종려주일이라 이름이 붙여졌습니다.

다음 월요일부터 토요일까지는 고난주간입니다. 월요일에는 성전에 임하셔서 하나님이 진노하신 것처럼 장사하는 자들을 내어 쫓으시고 성전을 정결케 하셨습니다(막 11:15~18). 화요일에는 제자들을 교육하시고, 수요일에는 베다니에서 식사 초대를 받고, 그 자리에서 여인으로부터 장례 준비로 상징되는 향유의 기름부음을 받았습니다(막 14:3~9).

목요일에는 열두 제자들과 다락방에서 최후의 만찬을 드시고(마 26:20~29) 제자들의 발을 씻기시는 겸손과 섬김의 본을 보이셨습니다(요 13:4~11). 그리고 겟세마네 동산에 가셔서 마지막 기도를 하신 후에 장로들이 보낸 무리들에게 잡히셨습니다(마 26:36~57). 대제사장 집으로 끌려가 심문을 받으시고, 한편 베드로로부터 세 번 부인을 당하셨습니다(마 26:57~74).

금요일에는 빌라도 총독 앞에서 재판을 받으시고, 십자가에 못 박히셔 “다 이루었다"(요 19:30) 선언하시고 운명하셨습니다. 그리고 아리마대 요셉에 의하여 새 무덤에 장사되셨습니다(요 19:38f).

그리고 마지막 제8일은 예수님께서 장사된 지 3일 만에 무덤에서 사망 권세를 이기시고 부활하신(눅 24:25~35) 부활 주일입니다.

2. 예수님의 고난과 부활

예수님께서는 공생애 동안 많은 핍박과 고난을 받으셨지만 그 중에서도 마지막 주간 십자가에 못 박히시게 된 것은 가장 큰 고난이었습니다. "아버지여 만일 할 만하시거든 이 잔을 내게서 지나가게 하옵소서"(마 26:39b). 십자가 처형을 면하게 해 달라는 참으로 인간적인 기도였습니다. "그러나 나의 원대로 마옵시고 아버지의 원대로 하옵소서"(마 26:39c)라고 하셔서 결과는 온전히 아버지의 뜻에 맡기셨습니다.

예수님께서는 저항 없이 장로들이 보낸 무리들에게 잡히시고 대제사장들의 심문과 빌라도 총독의 재판을 받으셨습니다. 그리고 십자가에 못 박혀 운명하셨으며, 군인들의 창에 옆구리를 찔려 물과 피를 흘리셨습니다(요 19:34). 이처럼 극심한 육신적인 고통을 받는 동안에 정신적으로도 많은 고통을 받으셨습니다.

"없이 하소서, 없이 하소서. 저를 십자가에 못 박게 하소서"(요 19:15)라고 유대인들은 예수님을 저주했습니다. "저가 남은 구원하였으되 자기는 구원할 수 없도다. 지금 십자가에서 내려올지어다. 그러면 우리가 믿겠노라"(마 27:42)라고 서기관들과 장로들도 희롱하였습니다. 또한 군인들은 예수님에게 자색 옷을 입히고, 가시 면류관을 씌우고, 갈대로 머리를 치고, 침을 뱉으며, 꿇어 엎드려 절까지 하면서 조롱하였습니다. 이 얼마나 참을 수 없는 정신적인 수모이며 고통입니까?

결론적으로 예수님은 "많은 고난을 받고 장로들과 대제사장들과 서기관들에게 버린바 되어 죽임을 당하게 된 것"(눅 9:22)입니다.

그러나 "아버지여 저희를 사하여 주옵소서. 자기의 하는 것을 알지 못함이니이다"(눅 23:34). 말씀과 같이 예수님께서는 모든 수모와 고난을 참으시고 도리어 사형 선고를 내리고, 십자가에 못 박고, 침 뱉고, 모욕하고, 조롱하던 자들을 모두 용서하셨습니다. 예수님은 원수를 사랑하심으로써 승리하셨습니다.

드디어 예수님은 부활하시게 된 것입니다. “인자가 많은 고난을 받고, 장로들과 대제사장들과 서기관들에게 버린바 되어 죽임을 당하고 제3일에 살아나야 하리라”(눅 9:22). 말씀의 예언대로 예수님은 부활하셨습니다. 또한 이 말씀은 십자가의 고난과 죽음이 있어야 부활이 있다는 예표인 것입니다.

3. 그리스도인의 고난과 부활

예수님의 삶은 그리스도인의 본입니다. 따라서 모든 그리스도인은 예수님의 삶을 본받아야 합니다. “아무든지 나를 따라 오려거든 자기를 부인하고 날마다 제 십자가를 지고 나를 좇을 것이니라”(눅 9:23). 그리스도인이 예수님을 따르는 방법에는 두 가지가 있습니다. 그 첫째는 자기를 부인해야 되고, 그 둘째는 자기 십자가를 지고 따라야 합니다.

“자기를 부인한다”는 말이 무슨 의미입니까? “자기를 포기한다.” “자기를 무시한다”는 의미입니다. “내가 그리스도와 함께 십자가에 못박혔나니 그런즉 이제는 내가 산 것이 아니요, 오직 내 안에 그리스도께서 사신 것이라”(갈 2:20). 말씀과 같이 “자기를 부인한다”는 것은 자신을 십자가에 못박아 죽이는 것입니다. 세속적인 자아를 죽이고 오직 주님의 뜻대로 살아가는 것입니다. 인본주의(人本主義) 삶을 버리고 신본주의(神本主義) 삶이 되는 것입니다.

다음으로 “자기 십자가를 져야 한다”는 말이 무슨 의미입니까? 내가 예수를 믿기 때문에 당하는 모든 불이익과 고난이 내가 감당해야 할 ‘십자가’입니다. 모든 불이익과 고난을 감수하는 것이 십자가를 지는 일인 것입니다. 옛날 일제하에서의 그리스도인의 십자가는 바로 순교와 연결되어 있었습니다. 오늘날도 공산주의 국가나 이슬람계 국가에서는 순교를 각오해야 바른 믿음을 유지할 수가 있습니다.

“누구든지 제 목숨을 구원코자 하면 잃을 것이요, 누구든지 나를 위하여 제 목숨을 잃으면 구원하리라”(눅 9:24). 극한 상황의 경우 목숨까지 내어 놓을 준비가 되어야 한다는 것입니다. 이런 경우 육신의 목숨을 구하기 위하여 십자가를 포기하면 영생의 부활은 얻을 수가 없다는 것입니다.

종교의 자유가 보장되어 있는 오늘날 우리나라에서는 순교적 십자가는 없다고 보겠습니다. 그러나 주일 성수와 예물 봉헌에서 오는 십자가, 관혼상제와 생활

습관에서 오는 여러 가지 십자가들을 잘 감당해야 합니다.

"사람이 만일 온 천하를 얻고도 자기 목숨을 잃으면 무엇이 유익하리요"(막 8:36). 사람이 예수 믿는 십자가를 거부하면 아무리 세상적으로 성공을 해도 영생을 얻지 못하게 되니 모두 헛것이 된다는 것입니다. 그리스도인은 자기를 부인하고 자기 십자가를 감당할 때 예수님을 따라 영생의 부활을 얻게 되는 것입니다.

정 리

"십자가 없는 면류관은 없다"(No cross, no crown.)는 서양 격언이 있습니다. 고난 뒤에 영광이 온다는 의미입니다. 예수님의 삶은 그리스도인의 본이요, 부활의 첫 열매입니다.

"자녀이면 또한 후사 곧 하나님의 후사요, 그리스도와 함께 한 후사니 우리가 그와 함께 영광을 받기 위하여 고난도 함께 받아야 될 것이니라"(롬 8:14).

그리스도인은 고난도 부활도 함께 예수님을 본받아야 합니다. "만일 우리가 그의 죽으심을 본받아 연합한 자가 되었으면 또한 그의 부활을 본받아 연합한 자가 되리라"(롬 6:5). 그리스도와 함께 죽는 자만이 그리스도와 함께 부활된다는 말씀입니다. 우리는 부활의 영광을 위하여 먼저 십자가의 고난을 받아 들여야만 합니다.

제3장 제2과
영적 죽음과 그 부활

그런즉 자랑할 데가 어디뇨 있을 수가 없느니라. 무슨 법으로냐 행위로냐 아니라 오직 믿음의 법으로니라. 그러므로 사람이 의롭다 하심을 얻는 것은 율법의 행위에 있지 않고 믿음으로 되는 줄 우리가 아노라(롬 3:27~28).

1. 기독교는 부활의 종교이다

기독교는 부활의 종교요, 생명의 종교입니다. 만약에 예수님께서 십자가에 못 박혀 죽으시고 장사된 후 부활이 없었다면 기독교는 창시되지 못했을 것입니다. 그리고 기독교가 창시되지 않았다면 예수님은 다만 유대교의 한 선지자가 아니면 한 이단 종파의 대표로 전락되고 말았을 것입니다. 혹 그 인품을 따르는 제자들이 있어서 하나의 종교로 창시되었다 하더라도 세상의 많은 다른 종교와 마찬가지로 윤리적 가르침을 주는 평범한 종교에 지나지 않았을 것입니다.

그러나 예수님은 생명의 부활을 하셨기 때문에 기독교는 다른 모든 종교와 확연히 구별이 되어야 합니다. 생명의 부활 사건은 오로지 기독교만이 지닌 소중하고 값진 사건인 것입니다. 그래서 기독교는 부활의 종교요 생명의 종교인 것입니다.

2. 부활의 의미와 잘못된 이해

국어사전에 보면 “죽었다가 다시 살아나는 것”을 부활(復活)이라 합니다. 그래서 이 말은 생명뿐만 아니라 어떤 사업이나 사람의 관습, 전통 등에 일반적으로 적용되는 말입니다. 그러나 기독교에서는 “죽었던 생명이 다시 살아나는 것”을 의미합니다.

한편 사람의 생명에는 영적 생명과 육적 생명이 있습니다. “우리 육체의 아버지가 우리를 징계하여도 공경하였거든 하물며 우리 영의 아버지께 복종하며 살아야 하지 않겠습니까?”(히 12:9, 현대인의 성경)라고 성경이 증언하는 바와 같이 사람은 육신의 아버지로부터 유전(하나님의 섭리)에 의하여 육의 생명을 전수받고, 하나님 아버지로부터 영의 생명을 부여받습니다.

따라서 사람의 부활에는 육의 부활과 영의 부활이 있습니다. 그러므로 오늘날 죄 가운데 있는 사람은 영의 부활과 육의 부활이 모두 이루어져야 완전한 부활이 되는 것입니다.

그런데 이 부활에 대한 바르지 못한 잘못된 견해가 있습니다. 옛날의 사두개인들처럼(마 22:23) 부활이 없다고 하는 사람들이 있습니다. 이에 대하여 바울은 만약에 부활이 없다면 기독교는 헛된 것이며(고전 15:14), 기독교인들은 가장 불쌍한 사람이 될 것이라고(고전 15:19) 무부활론을 일축했습니다. 또 어떤 사람들은 부활은 있으되 육은 죽어서 흙으로 돌아가고 다만 영만이 부활되어 천국에서 영생복락을 누리게 된다고 생각하고 있습니다.

이 사상은 헬라 철학의 영지주의(靈智主義; Gnosticism)적 여파로 선한 영이 악한 육에 갇히어 사는 것이 인간인데 고행이나 수행을 통하여 영이 육을 벗어나 천국에 들어가는 것이 구원이라고 생각했습니다.

당시 예수님의 제자들 중에도 부활하신 예수님을 영으로 착각한 사람들이 있었습니다. 이에 대하여 부활하신 예수님께서는 제자들에게 당신의 몸을 만져 보라고 하셨으며(요 20:27), 또한 "영은 살과 뼈가 없으되 너희 보는 바와 같이 나는 있느니라"(눅 24:39)라고 하시면서 그 증거로 구운 생선을 잡수셨습니다(눅 24:42).

이상과 같이 죽은 후 부활이 없다거나 다만 영적인 부활만 있다고 생각하는 것은 부활에 대한 이해를 잘못하고 있는 것입니다.

3. 영적인 죽음과 원죄(原罪)

최초의 인간 아담과 하와가 선악과를 따먹은 불순종의 죄로 에덴동산에서 쫓겨날 때 육적으로는 마귀의 종이 되어 심히 타락하게 되었고, 영적으로는 하나님과의 교제가 끊어지게 되어 사망에 이르게 되었습니다.

"너희 자신을 종으로 드려 누구에게 순종하든지 그 순종함을 받는 자의 종이 되는 줄을 너희가 알지 못하느냐?"(롬 6:16). 그렇습니다. 우리가 하나님께 순종하면 하나님의 종이 되고 마귀에게 순종하면 마귀의 종이 됩니다.

불행하게도 아담과 하와는 마귀(계 12:9)에게 순종하여 마귀의 종이 되었습니다. 그 후 아담의 후손인 인간은 마귀의 속성을 닮아 타락한 상태가 되고 말았습니다. "너희는 너희 아비 마귀에게서 났으니 너희 아비의 욕심을 너희도 행하고자 하느니라. 저는 처음부터 살인한 자요, 진리가 그 속에 없으므로 진리에 서지 못하고 거짓을 말할 때마다 제 것으로 말하나니 이는 저가 거짓말장이요 거짓의 아비가 되었음이니라"(요 8:44). 이 말씀은 예수님께서 마귀의 속성을 닮은 세상 사람들을 책망하는 말씀인 것입니다.

또 한편 불순종의 죄로 말미암아 하나님과의 관계가 끊어진 아담과 하와는 영적으로 죽음에 이르게 되었습니다. "이러므로 한 사람으로 말미암아 죄가 세상에 들어오고 죄로 말미암아 사망이 왔나니 이와 같이 모든 사람이 죄를 지었으므로 사망이 모든 사람에게 이르렀느니라"(롬 5:12).

그렇습니다. 아담의 후손들은 자신도 모르는 사이에 하나님과의 관계가 끊어진 상태로 이 세상에 태어났습니다. 이들은 어쩔 수 없이 '하나님을 알지 못하는 죄'를 짓게 되었습니다. '하나님을 알지 못하는 죄!' 이것이 바로 모든 사람에게 주어진 원죄(original sin)인 것입니다. 그리고 원죄 상태에 있는 모든 사람들은 영적으로 죽은 상태에 있게 되는 것입니다.

따라서 기독교적인 입장에서 볼 때 예수를 믿지 않고 하나님을 알지 못하는 모든 사람들은 원죄 상태에 있으며 영적으로는 죽은 사람입니다. 예수님께서 말씀하시기를 "죽은 자들로 저희 죽은 자를 장사하게 하고 너는 나를 좇으라"(마 8:22) 하셨습니다. 예수님은 여기서 '불신자'를 '죽은 자'로 지칭하셨습니다.

결론적으로 하나님과의 관계가 끊어져 있는 자, 즉 예수를 믿지 않는 불신자는 원죄 상태에 있고 영적으로는 죽은 자인 것입니다.

4. 영적 구원 · 영적 부활

영적인 구원과 영적인 부활은 같은 의미를 가지고 있습니다. 영적으로 죽은 자가 영적으로 소생하게 되는 것이 영적 구원이요, 영적 부활입니다. 하나님과의 교제가 끊어진 상태에서 하나님과 교제하는 상태로, 하나님과 올바르지 못한 관계(不義)에서 하나님과 올바른 관계(義)로 되는 것이 또한 영적 구원이요, 영적 부활인 것입니다.

하나님과의 관계를 회복하고 그 앞에서 올바르다(의롭다) 인정받는 방법에는 두 가지가 있습니다.

첫째는, 율법의 행위로서 의롭다 인정받는 방법입니다. 그것은 10계명과 모든 율법을 지켜 행하는 일입니다. 그러나 성경은 "율법의 행위로 그의 앞에 의롭다 하심을 얻을 육체가 없다"(롬 3:20)고 하였습니다. 사람의 육체는 너무 연약하기 때문에 율법이 요구하는 모든 행위를 행한다는 것은 불가능하다는 것입니다.

둘째는, "예수 그리스도를 믿음으로 말미암아"(롬 3:22) 그 믿는 자가 의롭게 되는 방법입니다. 하나님께서는 독생자 예수 그리스도가 십자가에서 흘린 피를 세상 사람의 죄를 씻어주는 화목제물로 세우시고(롬 3:25), 이 사실을 믿는 모든 자에게는 당신의 은혜로 값없이 의롭다고 인정하십니다. 이리하여 의롭다 인정을 받은 사람은 하나님과의 교제가 회복되는 것이며, 곧 영적 구원과 영적 부활을 이루게 되는 것입니다.

따라서 믿음 안에 있는 모든 그리스도인들은 영적 생명이 부활된 사람들입니다. 이 예수 그리스도의 십자가 구속의 피야 말로 하나님으로부터 사랑하는 모든 백성에게 주어지는 참으로 값진 엄청난 생명의 선물인 것입니다.

정 리

혹시 이 글을 읽으시는 분 중에 아직도 하나님과 올바른 관계를 회복하지 못하신 분이 계시다면 이번 기회에 회개하시고 십자가 대속의 피를 믿음으로써 하나님으로부터 값진 생명의 선물을 받으시기 바랍니다. 할렐루야!

제3장 제3과
육적 죽음과 그 부활

죽은 자의 부활도 이와 같으니 썩을 것으로 심고 썩지 아니할 것으로 다시 살며, 욕된 것으로 심고 영광스러운 것으로 다시 살며, 약한 것으로 심고 강한 것으로 다시 살며, 육의 몸으로 심고 신령한 몸으로 다시 사나니 육의 몸이 있은즉 또 신령한 몸이 있느니라(고전 15:42~44).

1. 몸의(육적) 부활은 있는가

하나님과의 교제가 끊어졌던 사람이 하나님과의 교제가 회복되는 것, 즉 영적으로 죽었던 사람이 영적으로 소생하게 되는 것을 영적 구원 또는 영적 부활이라 합니다. 그렇다면 육적으로도 죽은 사람이 다시 부활될 수 있단 말입니까? 사람들이 질문하기를 "죽은 자들이 어떻게 다시 살며 어떠한 몸으로 오느냐?"(고전 15:35)고 할 것입니다.

그러나 성경은 "어리석은 자들이여, 너희 뿌리는 씨가 죽지 않으면 살아나지 못하겠고, 또 너희 뿌리는 것은 장래에 될 형체를 뿌리는 것이 아니라 다만 알갱이 뿐이로되 하나님이 그 뜻대로 저에게 형체를 주시되 각 종자에게 형체를 주시느니라"(고전 15:36~38)라고 대답하고 있습니다.

그렇습니다. 우리가 씨앗을 땅에 심으면 그 씨앗은 죽고 대신 새로운 형체의 싹을 얻을 수가 있습니다. "죽은 자의 부활도 이와 같으니 썩을 것으로 심고 썩지 아니할 것으로 다시 살며, 욕된 것으로 심고 영광스러운 것으로 다시 살며, 약한 것으로 심고 강한 것으로 다시 살며, 육의 몸으로 심고 신령한 몸으로 다시 사나니 육의 몸이 있은즉 또 신령한 몸이 있느니라"(고전 15:42~44)라고 성경이 증언하고 있습니다.

우리가 현재 지니고 있는 연약하고 욕되고 썩을 육신의 몸이 강하고 영광스럽고 썩지 않을 신령한 몸으로 부활이 된다는 것입니다.

2. 몸의(육적) 부활의 조건

그렇다면 누구나 육의 부활이 될 수 있다는 것입니까? 아닙니다. 우리의 죽을 수밖에 없는 육의 몸이 영생하는 신령한 몸으로 부활하기 위해서는 엄격한 부활의 조건이 필요합니다. 사람이 육을 지니고 있을 때 그 생명의 씨앗을 뿌려야 부활의 싹을 얻을 수 있습니다.

그 **첫째 조건**은 예수를 그리스도로 믿어야 합니다. 다시 말하면 예수님의 십자가 대속의 피를 믿음으로써 영적 구원을 얻어야 합니다. "나는 부활이요 생명이니 나를 믿는 자는 죽어도 살겠고, 무릇 살아서 나를 믿는 자는 영원히 죽지 아니하리니 이것을 네가 믿느냐?"(요 11:25~26)라고 예수님께서는 부활의 조건이 믿음에 있음을 강조하고 있습니다.

또한 "우리 곧 성령의 처음 익은 열매를 받은 우리까지도 속으로 탄식하여 양자될 것, 곧 우리 몸의 구속을 기다리느니라"(롬 8:23)라고 성경이 증언하고 있습니다. 이 말씀에서 "성령의 처음 익은 열매를 받은 우리"는 '성령의 은혜로 영적 구원을 받은 그리스도인들'을 의미합니다. 따라서 이 성경 말씀은 영적 부활을 얻은 그리스도인들이 몸의 부활을 기다리고 있다는 의미입니다.

결론적으로 우리가 몸의 부활을 소망하기 위해서는 먼저 영적 구원, 즉 영적 부활이 되어 있어야만 합니다. 따라서 세상 사람은 아무리 선한 일을 해도 예수를 믿지 않으면 몸의 부활을 기대할 수는 없는 것입니다.

몸의 부활을 위한 **둘째 조건**은 예수님을 닮아가는 일입니다. 타락한 인간에게 있어서 구원이란 파괴된 하나님의 형상을 회복하는 것입니다. 예수님은 하나님의 형상을 지닌 인간의 모습입니다. 하나님께서 그 아들 예수를 이 땅에 보내신 중요한 목적 중의 하나는 모든 그리스도인들로 하여금 그 아들의 성품을 본받게 하는데 있는 것입니다(롬 8:29).

그리스도인들이 예수님을 닮아가는 것을 성화(聖化)라 합니다. 따라서 그리스도인들은 그리스도의 장성한 분량이 충만한데 이르기까지 성화를 이루어야 합니다(엡 4:13).

3. 성화를 위한 죄와의 투쟁

로마서 8장에 보면 하나님께서는 타락한 인간을 구원하시기 위하여 단계적으로 관심을 기울이고 계심을 알 수 있습니다. 미리 아시고 정하신 자를 부르시고, 부름에 응답하여 회개한 자를 의롭다 칭하시고, 또한 그로 하여금 아들의 형상을 본받게 하사 몸의 부활을 얻게 하시고, 마지막으로 하나님의 영광에 동참하게 하십니다. 이러한 일련의 단계를 '구원의 순서'라고도 말합니다. (※구원의 순서 : 예지, 예정 → 소명 → 회심 → 칭의 → 성화 → 몸의 부활 → 영화).

그렇다면 오늘날 믿음 안에 있는 모든 그리스도인들은 구원의 순서에서 어느 단계에 와 있는 것입니까? 그들은 영적 구원을 받은 칭의(稱義 ; 의롭다 하심)의 단계를 지나서 성화(聖化)의 단계에 와 있습니다. 이 성화의 단계는 영적으로는 구원(부활)이 되었지만 육적으로는 아직 예수님을 닮기 위하여 죄와 투쟁을 하고 있는 단계입니다.

예수님을 닮는다는 것은 우리의 성품에 "사랑과 희락과 화평과 오래 참음과 자비와 양선과 충성과 온유와 절제"(갈 5:22~23)의 아홉 가지 성령의 열매가 나타나는 단계입니다.

한편 바울 사도는 "내 속, 곧 내 육신에 선한 것이 거하지 아니하는 줄을 아노니 원함은 내게 있으나 선을 행하는 것은 없노라. 내가 원하는 바 선은 하지 아니하고 도리어 원치 아니 하는 바 악을 행하는도다. 만일 내가 원치 아니하는 그것을 하면 이를 행하는 자가 내가 아니요, 내 속에 있는 죄니라. 그런즉 내 자신이 마음으로 하나님의 법을, 육신으로 죄의 법을 섬기노라"(롬 7:18~20, 25)라고 고백했습니다. 이처럼 성화의 단계는 영적으로 구원된 그리스도인이 육적으로 죄와 싸우는 단계입니다.

사람의 육은 연약하기 때문에 죄를 이기기가 어렵습니다. 그러나 영적 구원을 얻은 그리스도인들은 함께 하신 성령의 능력으로 죄와 싸워 능히 이길 수가 있습니다. "진리의 성령이 오시면 그가 너희를 모든 진리 가운데로 인도하시리니"(요 16:13a), "내게 능력 주시는 자 안에서 내가 모든 것을 할 수 있느니라"(빌 4:13)라고 성경은 증언하고 있습니다.

이리하여 영적 구원을 받은 모든 그리스도인들은 "다 하나님의 아들을 믿는 것과 아는 일에 하나가 되어 온전한 사람을 이루어 그리스도의 장성한 분량이 충만한 데까지 이르러야"(엡 4:13) 합니다. 우리는 하나님의 약속대로 정의만이 있는 새 하늘과 새 땅을 바라볼 때 주님 앞에서 점도 없고 흠도 없이 깨끗한 생활을 하여 평안한 마음으로 그분을 맞이할 수 있도록 해야 합니다(벧후 3:13~14).

정 리

그리스도인에게는 반드시 부활이 있으며 영적 부활과 육적(몸의) 부활로 구분이 됩니다. 예수님께서 십자가에 흘리신 피가 나의 모든 죄를 씻어주었다는 것을 믿으면 하나님으로부터 '의롭다' 하심을 얻어 영적으로 부활 상태에 이르게 됩니다(롬 3:23~28). 이리하여 영적으로 구원된(부활된) 그리스도인만이 육적(몸의) 부활을 소망할 수가 있습니다(롬 8:23).

몸의 부활은 우리가 지닌 현제의 연약하고 욕된 썩어질 육의 몸이 새 하늘과 새 땅이 임할 마지막 날에 강하고 영광스러운 썩지 아니할 신령한 몸으로 다시 나타나게 되는 것입니다.

이를 위하여 모든 그리스도인은 꾸준히 예수님을 닮아가는 성화(聖化)의 생활을 실천해야 합니다(롬 8:29, 엡 4:13). 몸의 부활이 이루어졌을 때 드디어 그리스도인의 구원은 완성되는 것입니다.

제3장 제4과
1대1 구원의 원리

비록 노아, 다니엘, 욥, 이 세 사람이 거기 있을지라도 그들은 자기의 의로 자기의 생명만 건지리라. 나 주 여호와의 말이니라. 비록 노아, 다니엘, 욥이 거기 있을지라도 나의 삶을 두고 맹세하노니 그들은 자녀도 건지지 못하고 자기의 의로 자기의 생명만 건지리라. 나 주 여호와의 말이니라 하시니라(겔 14:14, 20).

1. 하나님의 구원은 1대1 구원이다

우스갯말에 '마누라 치마꼬리 잡고 천국에 간다'는 말이 있습니다. 아내의 믿음이 너무 크기 때문에 남편은 믿지 않아도 천국에 갈 수 있을 것이라는 의미입니다. 그러나 세상에는 혹 아내 덕에 놀고먹는 남편이 있을 수도 있지만 천국 가는 일만은 그렇지 않습니다. 가령 아버지가 운전을 잘한다고 해서 그 아들에게도 운전면허 자격증을 줄 수는 없는 것입니다. 마찬가지로 어머니가 믿음이 크다고 해서 그 딸까지 구원을 받을 수는 없는 것입니다.

예수님께서는 분명히 "복음을 믿고 세례를 받는 사람은 구원을 얻을 것이요, 믿지 않는 사람은 정죄를 받으리라"(막 16:16)라고 증언하고 계십니다. 또한 하나님께서도 "인자야 가령 어느 나라가 불법하여 내게 범죄하므로 내가 손을 그 위에 펴서 그 의뢰하는 양식을 끊어 기근을 내려서 사람과 짐승을 그 나라에서 끊는다 하자. 비록 노아, 다니엘, 욥이 거기 있을지라도 나의 삶을 두고 맹세하노니 그들은 자녀도 건지지 못하고 자기의 의로 자기의 생명만 건지리라"(겔 14:13, 20)라고 분명히 밝히고 계십니다.

노아, 다니엘, 욥과 같이 하나님이 인정하시는 당대의 의인도 자기 믿음으로는 자기만 구원되지 남을 구원할 수는 없습니다. 이와 같이 하나님께서는 이 세상의 모든 사람을 1대1로 상대해서 그 개인 개인의 믿음을 보시고 천국 백성의 자격을 부여하십니다.

2. 하나님의 심판도 1대1 심판이다

옛날에 군주 독재주의 국가에서는 한 사람이 큰 범죄를 저지르면 본인은 물론 삼족을 멸하는 끔찍한 형벌을 받기도 했습니다. 그러나 오늘날 인권이 신장된 자유민주주의 국가에서는 부모의 죄로 자녀가 벌을 받거나 자녀의 죄로 부모가 벌을 받는 일은 없습니다.

어느 제도가 옳은지는 물어보지 않아도 알 수 있는 일입니다. 하나님께서 주시는 벌은 태초부터 남의 잘못으로 내가 벌을 받게 되는 일은 없었습니다.

"아비가 신 포도를 먹었으므로 아들들의 이가 시다 아니하겠고, 신 포도를 먹는 자마다 그 이가 심같이 각기 자기의 죄악으로만 죽으리라"(렘 31:29~30)라고 하나님은 약속하고 계십니다. 이 말씀의 의미는 아비의 죄가 아들의 죄로 될 수 없으며, 각각 죄를 지은 자가 자기 죄로 말미암아 죽게 된다는 것입니다.

또한 하나님께서는 "너희가 이스라엘 땅에 대한 속담에 이르기를 아비가 신 포도를 먹었으므로 아들의 이가 시다고 함은 어찜이뇨? 나 주 여호와가 말하노라. 내가 나의 삶을 두고 맹세하노니 너희가 이스라엘 가운데서 다시는 이 속담을 쓰지 못하게 되리라. 모든 영혼이 다 내게 속한지라. 아비의 영혼이 내게 속함같이 아들의 영혼도 내게 속하였나니 범죄하는 그 영혼이 죽으리라"(겔 18:2~4)라고 하여 하나님이 살아계시는 한 모든 영혼은 절대로 남의 죄로 죽지 않고 자기의 죄로만 죽게 될 것이라고 맹세하셨습니다.

결론적으로 하나님께서는 "범죄 하는 그 영혼은 죽을지라. 아들은 아비의 죄악을 담당치 아니할 것이요, 아비는 아들의 죄악을 담당치 아니하리니 의인의 의도 자기에게로 돌아가고 악인의 악도 자기에게로 돌아가리라"(겔 18:20)라고 말씀하시어 하나님과 사람 사이에서 구원과 심판의 1대1 개별성을 선언하고 계십니다.

3. 구원을 위한 징계도 1대1 징계이다

이상과 같이 구원과 심판 문제에 있어서는 하나님께서 사람과 1대1 관계에 있기 때문에 어떤 그리스도인의 잘못을 깨우치기 위해서도 1대1로 다가오게 됩니다.

하나님께서는 그리스도인의 잘못을 깨우치기 위하여 칼(각종 사고)이나 기근(각종 물질의 재난)이나 온역(각종 질병)으로 징계를 하실 때가 있습니다. 따라서 그리스도인이 환난을 당할 때에는 하나님을 원망할 것이 아니라 오히려 감사한 마음으로 무슨 잘못이 없나 하고 자신의 주변을 살펴보아야 합니다.

"하나님이 아들과 같이 너희를 대우하시나니 어찌 아비가 징계하지 않는 아들이 있으리요, 징계는 다 받는 것이거늘 너희에게 없으면 사생자요 참 아들이 아니니라"(히 12:7~8)라고 성경은 교훈하고 있습니다. 자신에게 잘못이 있을 때 하나님의 징계를 받는 것은 자신이 하나님의 참 아들이라는 증거인 것입니다.

또한 "무릇 징계가 당시에는 즐거워 보이지 않고 슬퍼 보이나 후에 그로 말미암아 연단한 자에게는 의의 평강한 열매를 맺나니, 오직 하나님은 우리의 유익을 위하여 징계로 말미암아 그의 거룩하심에 참예케 하시느니라"(히 12:11,10)라고 하여 징계의 목적은 형벌에 있는 것이 아니고 의의 열매를 맺어 하나님의 거룩하심에 참예토록 하기 위한 유익에 있는 것입니다.

따라서 하나님께서는 "저가 만일 죄를 범하면 내가 사람 막대기와 인생 채찍으로 징계하려니와 …, 그에게서 은총을 빼앗지는 아니하리라"(삼하 7:14~15)라고 아들을 바로 세우기 위한 징계의 필요성을 역설하고 계십니다. 여기서 우리는 하나님의 징계의 목적이 자녀들의 탈선을 깨우쳐서 바로 세우기 위한 부모님의 사랑과 같은 것임을 알 수 있습니다.

이상과 같이 하나님께서는 어떤 한 사람을 구원하기 위해서는 1대1로 그 사람을 징계하여 바로 세우시는 것입니다.

정 리

하나님은 전지전능하시며 모든 권한을 가지고 계십니다. 그러나 절대로 그 아들이라고 해서 잘못을 묵인하시는 일은 없습니다. 잘못을 징계로 깨우쳐 믿음 안에 바로 서게 하시는 것이 하나님의 사랑이십니다.

또한 남의 믿음으로 구원을 허락하시지 않습니다. 반드시 자기 자신의 믿음으로 구원에 이르게 인도하십니다. 우리는 중보기도를 통해서 이웃을 믿음으로 인도할 수는 있지만 내가 대신 믿어줄 수는 없습니다. 마찬가지로 나를 대신 해서 믿어줄 가족이나 이웃도 없습니다. 따라서 하나님의 구원의 원리는 반드시 자신의 믿음이 있어야만 구원되는 1대1 구원인 것입니다.

"범죄하는 그 영혼은 죽을지라. 아들은 아비의 죄악을 담당치 아니할 것이요,

아비는 아들의 죄악을 담당치 아니하리니 의인의 의도 자기에게로 돌아가고, 악인의 악도 자기에게로 돌아가리라"(겔 18:20). 아멘!

제3장 제5과
구원과 상급

보라 내가 속히 오리니 내가 줄 상이 내게 있어 각 사람에게 그의 일한 대로 갚아 주리라(계 22:12). **그런즉 너희는 강하게 하라. 손이 약하지 않게 하라. 너희 행위에는 상급이 있음이니라** (대하 15:7).

죽을 수밖에 없는 죄인(罪人)이 영생(永生)을 얻게 되는 것을 구원(salvation)이라 합니다. 한편 구원된 자가 천국에 가서 받게 되는 보상을 상급(prize)이라 합니다. 물론 그리스도인이 이 세상에서 받는 축복도 상급이라 할 수 있습니다. 구원과 상급이 자신을 위한 큰 유익이라는 점에서는 공통점이 있지만 그 받게 되는 근거는 전혀 다릅니다.

1. 구원(救援)과 상급(賞給)의 의미

"너희가 그 은혜를 인하여 믿음으로 말미암아 구원을 얻었나니 이것이 너희에게 난 것이 아니요 하나님의 선물이라"(엡 2:8)라고 오늘 본문 말씀은 증언하고 있습니다. 이와 같이 구원은 믿음으로 얻게 되는 하나님의 선물인 것입니다.

"그러므로 율법의 행위로 그의 앞에 의롭다 할 육체가 없나니"(롬 3:20), "그런즉 자랑할 데가 어디뇨? 있을 수가 없느니라. 무슨 법으로냐? 행위로냐? 아니라. 오직 믿음의 법으로니라. 그러므로 사람이 의롭다 하심을 얻는 것은 율법의 행위에 있지 않고 믿음으로 되는 줄 우리가 인정하노라"(롬 3:27~28). 말씀과 같이 사람이 의롭게(구원) 되는 것은 율법의 행위가 아니라 믿음으로 되는 것이므로 절대로 자랑할 수가 없다는 것입니다.

한편 "사람의 일을 따라 보응하사 각각 그 행위대로 얻게 하시나니"(욥 34:11), "주께서 각 사람이 행한 대로 갚으심이니이다"(시 62:12), "보라 내가 속히 오리니 내가 줄 상이 내게 있어 각 사람에게 그의 일한 대로 갚아 주리라"(계 22:12)라는 말씀이 증언하는 바와 같이 상급은 행한 대로 받게 되는 보상인 것입니다.

이상에서 알아본 바와 같이 구원과 상급은 별개입니다. 그러나 세상에서 아무리 선을 많이 행하였어도 구원이 되지 않으면 상급을 받을 수가 없습니다. 십자가 위에서 회개한 강도나 어린아이들처럼 상급이 없는 구원은 있을 수 있지만 구원이 없는 상급은 있을 수가 없습니다. 따라서 구원은 상급의 전제 조건인 것입니다.

다만 구원은 믿음에 의하여 거저 받는 하나님의 선물이고, 상급은 행함의 대가로 받는 하나님의 보상이라는 점에서 구원과 상급은 별개인 것입니다.

2. 상급을 받을 수 있는 행위

천국에서 상급을 받을 수 있는 그리스도인의 행위에는 여러 가지가 있지만 그것들을 세 가지로 정리해 보면 다음과 같습니다.

첫째로, 예수 믿는 일로 인해 핍박을 당하거나 시험을 당할 때 이것을 잘 참고 이겨내는 자에게 상급이 있습니다.

"나를 인하여 너희를 욕하고 핍박하고 거짓으로 너희를 거슬려 모든 악한 말을 할 때에는 너희에게 복이 있나니 기뻐하고 즐거워하라. 하늘에서 너의 상이 큼이라"(마 5:11~12)라고 예수님께서 직접 말씀해 주셨습니다.

또한 "시험을 잘 참는 자는 복이 있도다. 이것에 옳다 인정하심을 받은 후에 주께서 자기를 사랑하는 자들에게 약속하신 생명의 면류관을 얻을 것임이니라"(약 1:12)라고 믿음의 시험을 잘 참는 자에게는 생명의 면류관을 상급으로 주신다고 성경은 증언하고 있습니다.

둘째로, 대인 관계에서 선을 행하는 자, 특히 하나님의 백성들에게 선을 행하는 자는 상급이 있습니다.

"선지자의 이름으로 선지자를 영접하는 자는 선지자의 상을 받을 것이요"(마 10:41)라고 하여 목회자를 주의 종으로 잘 대접하는 자에게는 주의 종이 받는 상급을 받게 된다는 것입니다.

또한 "누구든지 제자의 이름으로 이 소자 중 하나에게 냉수 한 그릇이라도 주는 자에게는 내가 진실로 너희에게 이르노니 그 사람이 결단코 상을 잃지 아니하리라"(마 10:42)라고 예수님께서 말씀하셨습니다. 이 말씀은 보잘것없는 그리스도인이라도 예수님의 제자로 대접하는 자에게 상급이 있다는 것입니다. 또 성경은 "우리는 기회 있는 대로 모든 이에게 착한 일을 하되 더욱 믿음의 가정들에게 할지니라"(갈 6:10)라고 하여 믿음의 가정들에게 우선적으로 선행을 하도록 권고하고 있습니다.

셋째로, 받은바 달란트를 잘 감당함으로써 충성하는 자에게 상급이 있습니다.

바울 사도는 복음을 위하여 모든 것을 행하며 다름질 하는 자에게 상급이 있다고 증언하고 있습니다(고전 9:23~24).

또한 예수님께서도 비유로 말씀하시기를 맡은 바 달란트를 갑절로 남긴 종에게 "주인이 이르되 잘 하였도다 착하고 충성된 종아, 네가 작은 일에 충성하였으매 내가 많은 것으로 네게 맡기리니 네 주인의 즐거움에 참예할지어다"(마 25:20~21)라고 하여 달란트를 잘 활용하는 그리스도인에게는 하나님의 즐거움에 동참할 수 있는 큰 상급이 있음을 약속하고 있습니다.

3. 천국에서 받는 상급은 무엇인가

그리스도인들이 세상에서도 상급을 받을 수가 있습니다. 그리스도인들이 누리는 건강 축복이나 물질 축복, 그리고 명예를 얻는 것이나 자녀 축복 등은 모두 이 세상에서 받게 되는 하나님의 상급이라 할 수 있습니다.

그렇다면 그리스도인이 천국에서 받게 되는 상급은 무엇입니까? 성경에 보면 그리스도인이 천국에서 받는 상급은 모두 면류관으로 대신하고 있음을 알 수 있습니다. 면류관이 어떤 성격의 상급인지 알 수는 없지만 받는 자를 행복하게 해주는 것임에는 틀림이 없습니다. 그리고 행위에 따라 그 면류관의 종류가 다른 것도 분명합니다.

앞서 상급을 받을 수 있는 행위에서 알아본 바와 같이 첫째로, 예수 믿는 일로 인해서 핍박과 고난을 당할 때 이를 참고 믿음을 지켜 죽도록 충성하는 자에게는 생명의 면류관을 줍니다(약 1:12, 계 2:10). 둘째로는 선한 싸움을 싸우고 믿음을 지킨 자에게는 의의 면류관을 줍니다(딤후 4:7~8). 셋째로, 맡은 바 달란트를 기꺼이 감당하며 양무리의 본이 된 자에게는 영광의 면류관이 주어집니다(벧전 5:3~4).

그 외에도 금 면류관(계 4:4, 14:14), 썩지 않는 면류관(고전 9:25), 기쁨의 면류관(빌 4:1, 살전 2:19) 및 영화로운 면류관(잠 4:9) 등이 있습니다. 상급으로 받는 면류관은 종류에 따른 우열의 구별은 없는 것 같으며 그리스도인은 그 행위에 따라 한 개 또는 여러 개를 받을 수도 있게 됩니다. 따라서 여러 개를 받을수록 천국에서 보다 큰 행복감을 누리게 될 것입니다.

정 리

구원은 믿음에 의해서 거저 주어지는 하나님의 선물이고, 상급은 일을 한 대가로 주어지는 하나님의 보상인 것입니다. 이처럼 구원과 상급은 별개이지만 그러나 구원이 없는 자는 아무리 일을 해도 천국에서의 상급은 받을 수 없습니다. 그것은 천국에 들어갈 자격이 없기 때문입니다. 따라서 구원은 필수적이고 상급은 선택적이라 할 수 있습니다.

그러나 행위가 없이는 구원을 유지하기가 어렵습니다. "행함이 없는 믿음은 죽은 것이라"(약 2:26)는 말씀과 같이 행함이 없으면 믿음이 떨어지고 믿음이 떨어지면 구원에서 제외되게 됩니다. 그러므로 우리 모든 그리스도인은 맡겨진바 달란트를 잘 행함으로써 구원도 지키고 상급도 받도록 해야 되겠습니다.

제3장 제6과
축복의 올바른 개념

그러므로 내가 너로 너의 열조에게 돌아가서 평안히 묘실로 들어가게 하리니 내가 이곳에 내리는 모든 재앙을 네가 눈으로 보지 못하리라 하셨느니라. 사자들이 왕에게 복명하니라(왕하 22:20).

1. 심판선언과 축복선언

북이스라엘이 망하는 것을 보고도 깨닫지 못하고 이방신과 우상을 섬기는 유다에 대하여 하나님께서는 부득이 심판선언을 하셨습니다.

"유다왕 므낫세가 이 가증한 일과 악을 행함이 그 전에 있던 아모리 사람의 행위보다 더욱 심하였고, 또 그 우상으로 유다를 범죄케 하였도다. 그러므로 이스라엘 하나님 여호와가 말하노니 내가 이제 예루살렘과 유다에 재앙을 내리리니 듣는 자마다 두 귀가 울리리라"(왕하 21:11~12). 말씀과 같이 하나님께서는 특별히 요시야왕의 조부인 므낫세의 악행으로 말미암아 예루살렘과 유다에 재앙을 내리시겠다고 크게 진노하셨습니다.

한편 종교개혁을 단행하고 성전 수리를 하다가 율법책을 발견한 요시야왕은 율법책과 여선지 훌다를 통하여 하나님의 진노의 목소리를 듣고 옷을 찢고 회개했습니다. 이에 하나님께서는 요시야왕에 대하여 축복선언을 하셨습니다.

"내가 이곳과 그 거민에 대하여 빈 터가 되고 저주가 되리라 한 말을 네가 듣고 마음이 연하여 내 앞에서 겸비하여 옷을 찢고 통곡하였으므로 내가 너로 너의 열조에 돌아가서 평안히 묘실로 들어가게 하리니 내가 이곳에 내리는 모든 재앙을 네가 눈으로 보지 못하리라"(왕하 22:19~20 정리). 말씀과 같이 하나님께서는 요시야 왕에게 유다에 내리는 재앙을 보지 않게 하시겠다는 것이었습니다.

어쨌든 유다에 대한 심판선언과 요시야왕에 대한 축복선언은 서로 모순되는 것이었습니다. 하나님께서 스스로 선언하신 이 모순된 두 사건을 어떻게 합리적으로 처리할 것인지 궁금하지 않으십니까?

2. 요시야왕의 돌발적인 전사와 그 의미

"요시야 당시에 애굽왕 바로 느고가 앗수르왕을 치고자 하여 유브라데 하수로 올라가므로 요시야왕이 나가서 방비하더니 애굽왕이 요시야를 므깃도에서 만나 본 후에 죽인지라"(왕하 23:29). 말씀과 같이 요시야왕은 애굽왕이 유다 국토를 지나가므로 방비하러 나갔었는데 제대로 싸워 보지도 못하고 39세의 젊은 나이에 허무하게 전사하고 말았습니다.

이에 "온 유다와 예루살렘 사람들이 요시야를 슬퍼하고, 예레미야는 저를 위하여 애가를 지었으며, 노래하는 남자와 여자는 요시야를 슬피 노래했습니다"(대하 35:24~25). 당시 요시야왕은 하나님에게 뿐만 아니라 유다 국민들에게도 신뢰받은 왕으로 유다의 희망이었던 것입니다.

요시야왕이 종교 개혁을 단행하고 문물을 정비하여 국방을 튼튼히 함으로 북이스라엘이 잃었던 국토를 회복하고 있었으므로 유다 백성들은 하나님께서 다윗왕의 영화를 재현시켜 주시는 것으로 기대하고 있었던 것입니다.

그러나 요시야왕의 급서로 말미암아 반드시 도와주시리라고 믿었던 하나님에 대한 기대는 여지없이 무너지고 말게 되었습니다. 더 나아가 하나님의 섭리에 대한 회의와 갈등으로 실망한 나머지 유다 백성들은 계속 슬퍼만 하고 있었습니다. 이 비극적인 사건은 오늘날 이 기사를 읽는 많은 그리스도인 독자들까지도 하나님의 섭리에 대한 회의를 느끼게 하는 것입니다.

그러나 하나님의 생각은 전혀 다른 것이었습니다. 요시야왕으로 하여금 재앙을 보지 않고 조상의 묘실에 들어가는 방법으로 죽음을 택하게 하셨습니다. 사람들은 죽음을 가장 큰 재앙으로 여기지만 하나님께서는 어떠한 상태에서 죽느냐를 가지고 평가하십니다. 하나님께서는 요시야왕을 율법대로 행한 선한 일과 행적을 기록으로 남긴 왕(왕하 23:25)이 되도록 하셨습니다. 또한 가장 하나님을 경외하고 있는 순간에 죽음에 임하도록 하셨습니다.

그리고 슬픔에 잠겨 있는 유다 백성들에겐 "죽은 자를 위하여 울지 말며 애통하지 말고, 다시 돌아와 고국을 보지 못할 잡혀간 자를 위하여 울라"(렘 22:10 요약)고 하셨습니다. 요시야왕의 죽음이 결코 슬픈 일만이 아니라고 말씀하시는 것이었습니다. 요시야왕의 죽음이 오히려 왕에게는 축복임을 시사하고 있습니다.

그리고 유다는 요시야왕이 죽은 지 3개월만에 그의 아들 여호아하스왕이 애굽에 잡혀간 사건을 시작으로 해서 23년만에 완전히 망하고 말았습니다(대하 36:17~21).

이리하여 하나님께서는 유다에 대한 심판 선언과 요시야왕에 대한 축복 선언을 조화롭게 처리하셨던 것입니다.

3. 축복의 올바른 개념

세상에서 사람이 보는 축복의 개념과 그리스도 안에서 하나님이 보시는 축복의 개념은 상당한 차이가 있습니다. 우리는 요시야왕의 축복조건을 찾아냄으로써 하나님이 보시는 '축복의 올바른 개념'을 정리할 수 있습니다.

그리스도 안에서는 하나님을 경외하는 가운데서 죽는 것이 축복입니다. 또한 죄를 간직하지 않고 명예로운 가운데서 죽는 것이 축복인 것입니다. 그리고 또한 눈으로 재앙을 보지 않고 죽는 것이 축복인 것입니다. 마지막으로 열조의 묘실에 평안히 들어가는 것이 축복입니다.

따라서 구약 성경이 말하는 축복의 우선순위는 첫째로 하나님을 경외하면서, 둘째로 자신의 명예에 오점을 남기지 않고, 셋째로 재앙을 목격하지 않고 살다가, 마지막으로 죽은 후 열조의 묘실에 편안히 안장되는 것이 축복인 것입니다. 요시야왕은 위의 모든 조건을 잘 갖춘 사람이 되었습니다. 요시야왕은 사랑하는 조국 유다의 비참한 멸망을 보지 않고 하나님을 경외하는 가운데 죽어 조상의 묘실에 안장되었습니다.

북이스라엘의 초대왕 여로보암의 어린 아들 아비야는 그 가문에서는 오직 하나님께 선한 뜻을 품은 자였습니다(왕상 14:13). 그래서 하나님께서는 그가 타락하기 전에, 그 가문이 멸망하는 재앙을 보기 전에 아직 어린 나이에 죽어 묘실에 들어가게 하셨습니다(왕상 14:17~8).

세상에서 보는 축복 조건의 우선순위에 들어가는 부귀영화나 건강장수는 하나님이 보시는 축복 조건의 우선순위에서는 배제가 되는 것입니다. 영원한 천국에 비하면 육으로 사는 이 세상은 찰나인 것입니다. 따라서 사람이 보는 축복의 기준보다는 하나님이 보시는 축복의 기준이 올바른 축복의 기준이 되는 것입니다.

정 리

"전도자가 가로되 헛되고 헛되며 헛되고 헛되니 모든 것이 헛되도다"(전 1:2).

"일의 결국을 다 들었으니 하나님을 경외하고 그 명령을 지킬지어다. 이것이 사람의 본분이니라"(전 12:13).

말씀은 세상의 부귀영화를 모두 체험한 솔로몬왕의 고백입니다. 세상의 부귀영화는 모든 것이 헛되다는 것입니다. 영원한 축복의 조건이 되는 하나님을 경외하고 그 명령을 지키는 것만이 이 세상에서 사람이 마땅히 해야 할 본분이라는 것입니다.

하나님께서는 예레미야 선지자에게 그리스도인이 세상의 기준으로 세상 사람과 경쟁하면 피곤하기만 하다고 말씀하셨습니다(렘 12:5~6). 축복의 올바른 개념은 세상 사람이 원하는 부귀영화나 건강장수가 아니라 하나님이 원하시는 바 그리스도 안에서 하나님을 경외하고 그 말씀을 지키는 것입니다.

제3장 제7과
찬송과 축복

예수께서 저희를 데리고 베다니 앞까지 나가사 손을 들어 저희에게 축복하시더니 축복하실 때에 저희를 떠나 [하늘로 올리우]시니 저희가 [그에게 경배하고] 큰 기쁨으로 예루살렘에 돌아가 늘 성전에 있어 하나님을 찬송하니라(눅 24:50~53).

1. 축복과 차송의 의미

본문 말씀에 보면 예수님께서 승천하시기 직전 제자들을 '축복' 하셨고, 제자들은 승천하시는 예수님에게 경배한 후 예루살렘으로 돌아가 늘 성전에서 하나님을 '찬송' 하였다고 기록되어 있습니다. 여기서 '축복' 이란 말은 예수께서 제자들을 위하여 아버지 하나님께 복을 빌으신다는 의미입니다. 그러나 때로는 "축복을 받았다", "하나님께서 축복해주셨다"라고 쓰여져서 단순히 '복'이라는 의미로 쓰이기도 합니다.

한편 '찬송'이라는 말은 '좋게 말하다', '칭찬하다'라는 의미인데 '찬미하다', '찬양하다'도 같은 의미의 말입니다. '찬송'이나 '찬양'이란 말을 들으면 노래를 연상하게 되는데 그것은 우리가 하나님을 찬송(칭찬)할 때 다른 어떤 방법보다도 노래를 통하여 많이 하기 때문인 것입니다.

이상에서 설명한 '축복하다', '찬송하다'라는 말을 헬라어 본문에서 찾아보면 '율로게오'(εὐλογέω)라는 동일한 단어라는 것을 알 수 있습니다. 하나님과 백성 사이에서는 서로 복을 빌고(내리고) 서로 칭찬하면서 '율로게오'하는 생활을 해야만 되는 것입니다.

2. 하나님의 축복(복 주심)

하나님께서 사람을 창조하신 목적이 어디에 있다고 생각하십니까? **첫 번째**로 하나님께서는 '복'(福 ; blessing)을 주시기 위하여 사람을 창조하셨습니다. "하나님이 자기 형상, 곧 하나님의 형상대로 사람을 창조하시되 남자와 여자를 창조하시고, 하나님이 그들에게 복을 주시며 그들에게 이르시되 생육하고 번성하여 땅에 충만하라. 땅을 정복하라. 바다의 고기와 공중의 새와 땅에 움직이는 모든 생물을 다스리라 하시니라"(창 1:27~28).

말씀과 같이 하나님께서는 사람을 창조하시고 우선 '복'을 주셨습니다. 또한 하나님께서는 "노아와 그 아들에게 복을 주시며 그들에게 이르시되 생육하고 번성하여 땅에 충만하라"(창 9:1)고 말씀하셨습니다. 그리고 하나님께서는 아브라함을 택하신 후에도 "내가 너로 큰 민족을 이루고 네게 복을 주어 네 이름을 창대케 하리니 너는 복의 근원이 될지라"(창 12:2)라고 우선 '복'을 주신다고 말씀하셨습니다.

하나님께서는 아브라함뿐만 아니라 아브라함의 아들인 이삭과(창 25:11) 손자인 야곱에게도(창 35:9) 복을 주신다고 약속하셨고 더 나아가 "대소 무론하고 여호와를 경외하는 자에게 복을 주신다"(시 115:13)고 하셨습니다.

그리고 신약에서는 그리스도 안에 있는 모든 자들에게 '복'을 주신다고 약속하셨습니다. 마태복음 5장(3~12절)에 보면 그리스도 안에서 심령이 가난한자,

애통하는 자, 온유한 자, 의에 주리고 목마른 자, 긍휼히 여기는 자, 마음이 청결한 자, 화평케 하는 자, 그리스도를 인하여 핍박을 받는 자들에게 복이 있다고 하셨습니다.

뿐만 아니라 하나님께서는 "그리스도 안에서 하늘에 속한 모든 신령한 복으로 우리에게 복을 주시며"(엡 1:3), 믿는 자에게 복을 주시며(눅 1:45), 예언의 말씀을 지키는 자에게 복을 주십니다(계 22:7). "내가 반드시 너를 복주고 복주며 너를 번성케 하고 번성케 하리라"(히 6:14). 말씀과 같이 참으로 하나님께서는 복을 주시기 위하여 사람을 창조하셨습니다.

3. 백성들(그리스도인들)의 찬송

"이 백성은 내가 나를 위하여 지었나니 나의 찬송을 부르게 하려 함이니라"(사 43:21). 말씀과 같이 하나님께서 사람을 창조하신 **두 번째 목적**은 찬송을 부르게 함에 있습니다. 찬송을 부르게 한다는 말은 노래로 하나님을 찬양함을 의미합니다. "할렐루야! 새 노래로 여호와께 노래하며 회중에서 찬양할지어다"(시 149:1).

그리스도인이 하나님을 찬송할 때에는 우선 노래로 찬송하게 됩니다. 그래서 하나님을 찬송(찬양)하는 노래를 찬송가, 찬양가 또는 찬미가라 부릅니다.

"춤추며 그의 이름을 찬양하며 소고와 수금으로 그를 찬양할지어다"(시 149:3). 말씀과 같이 노래 외에도 춤을 추며 찬양할 수도 있고 각종 악기로 찬양할 수도 있습니다. 더 나아가 성가대를 조직하여 노래와 춤과 악기를 가지고 종합적으로 찬송할 수도 있습니다(대상 25장). 그리고 시나 기도로도 하나님을 찬송할 수가 있습니다.

"내가 여호와를 찬송하리니 그는 높고 영화로우심이요, 말과 그 탄자를 바다에 던지셨음이로다. 여호와는 나의 힘이요 노래시며 나의 구원이시로다. 그는 나의 하나님이시니 내가 그를 찬송할 것이요, 내 아비의 하나님이시니 내가 그를 높이리로다"(출 15:1~2).

그렇다면 우리는 언제 어디서 하나님을 찬송할 수가 있습니까? 예배드릴 때 성전에서 찬송하는 것은 가장 기본적입니다(시 150:1, 히 2:12). 회중이나(시 149:1, 22:22) 무리 중에서도(시 109:30) 찬송할 수 있고, 취침 때 침상에서도 찬송할 수 있으며(시 149:5), 빌립보 감옥에서의 바울과 실라처럼 옥중에서도 찬송할 수 있습니다(행 16:25).

"네 생물이 각각 여섯 날개가 있고 그 안과 주위에 눈이 가득하더라. 그들이 밤낮 쉬지 않고 이르기를 거룩하다, 거룩하다, 거룩하다. 주 하나님, 곧 전능하신 이여 전에도 계셨고 이제도 계시고 장차 오실 자라"(계 4:8). 말씀과 같이 천국에서도 모든 피조물들이 항상 하나님을 찬양하게 되는 것입니다.

우리 그리스도인들은 때와 장소에 관계없이 다양한 방법으로 늘 하나님을 찬송해야 합니다. 그것은 하나님께서 찬송을 부르게 하기 위하여 사람을 창조하셨기 때문입니다.

정 리

하나님께서 사람을 창조하신 목적은 **첫째로**는 복을 주시기 위함이며, **둘째로**는 찬송을 부르게 하기 위함입니다. 그리스도인은 하나님께서 예비해 놓으신 복을 받기 위하여 늘 경건한 생활로 하나님의 백성의 자리를 지키면서 먼저 하나님께 찬송을 드려야 합니다.

하나님께서는 백성들에게 복을 내리고 백성들은 하나님을 찬송해야 합니다. 헬라어 '율로게오'(εὐλογέω)는 '축복한다'는 의미와 '찬송한다'(칭찬한다)는 의미가 함께 내포되어 있습니다. 하나님과 백성 사이는 서로 축복하고 칭찬하는 관계인 것입니다.

마찬가지로 부부, 부모와 자녀, 형제자매, 친구, 노사 관계 등 인간 사회의 모든 대인 관계에 있어서도 서로 축복하고 칭찬하는 관계가 되어야만 되겠습니다.

제3장 제8과
주일 성수와 축복

만일 안식일에 네 발을 금하여 내 성일에 오락을 행치 아니하고 안식일을 일컬어 즐거운 날이라 여호와의 성일을 존귀한 날이라 하여 이를

존귀히 여기고 네 길로 행치 아니하며, 네 오락을 구치 아니하며, 사사로운 말을 하지 아니하면 네가 여호와의 안에서 즐거움을 얻을 것이라. 내가 너를 땅의 높은 곳에 올리고 네 조상 야곱의 업으로 기르리라. 여호와의 입의 말이니라(사 58:13~14).

1. 안식일과 주일

오늘 본문 말씀에 보면 안식일을 잘 구별하여 거룩하게 지키면 하나님께서 복을 주신다고 약속하고 있습니다. 그렇다면 오늘날 주일과 안식일과는 어떻게 다른 것입니까? "안식일을 기억하여 거룩하게 지키라. 이는 엿새 동안에 나 여호와가 하늘과 땅과 바다와 그 가운데 모든 것을 만들고 제7일에 쉬었음이라. 그러므로 나 여호와가 안식일을 복되게 하여 그 날을 거룩하게 하였느니라"(출 20:8, 11).

말씀과 같이 안식일은 하나님께서 6일간의 천지와 만물 창조를 마치시고, 제7일을 하나님의 거룩한 날로 구별하시어 복되게 하시고 쉬는 날로 정하셨음에 비롯된 것입니다. 그리고 안식일은 오늘날 토요일에 해당이 됩니다.

한편 주일은 예수님의 부활하신 날과 성령님의 강림하신 날로부터 비롯된 날입니다. 예수님께서는 "안식 후 첫날 이른 아침에"(막 16:9) 부활하셨으며, 또한 성령님은 그로부터 50일 째 되는 오순절 날 강림하셨습니다(행 2:1~4). 이 날은 모두 안식일 다음 날로 오늘날 주일에 해당되는 날입니다.

모세율법에서는 안식일에 대하여 매우 엄격하였으나(출 31:14) 예수님께서는 "안식일은 사람을 위하여 있는 것이요, 사람이 안식일을 위하여 있는 것이 아니라"(막 2:27)고 하시어 안식일에 사람의 질병을 치유시켜 주시는 등(막 3:1~5, 요 5:5~8) 융통성을 보이셨습니다.

또한 초대 교회 사도들도 주님의 부활하신 날을 자연스럽게 안식일로 대체하여 떡을 떼며 강론도 하고(행 20:7), 연보도 드렸습니다(고전 16:1~2). 어쨌든 오늘날 '주일'은 구약의 '안식일'을 대신하는 날로 거룩하게 구별되는 날인 것입니다.

2. 주일에 하지 말아야 할 일들

첫째로, 주일날에는 오락을 행치 말아야 합니다.

하나님께서는 "안식일에 네 발을 금하여 내 성일에 오락을 행치 아니하고, …, 네 오락을 구치 아니하며"(사 58:13)라는 조건을 제시하고 계십니다. 여기서 '오락'의 의미가 무엇입니까? 히브리어 원어(헤페츠)에 보면 '기쁨', '즐거움', '일' 등의 의미가 있습니다. 그래서 영문 성경에는 '즐거움'(pleasure)이라고 번역하고 있습니다. 특히 '네 오락'이라고 하셨는데 이것은 '네 자신의 즐거움'(your own pleasure)을 의미합니다. 주일에는 사람이 자기 자신의 즐거움이나 유익을 위해서 '일'을 해서는 안 된다는 것입니다.

둘째로, 주일날에는 자기 방식대로 행치 말아야 합니다.

하나님께서는 "네 길로 행치 아니하며"(사 58:13)라는 조건을 제시하고 계십니다. 말씀에서 '네 길'(your own way)이 무엇입니까? 자기 자신의 길, 즉, 자기 자신의 방식대로 하는 일입니다. 비록 자기에게 유익이 되지 않는 일일지라도, 가령 자선 사업이나 관혼상제에 참석하는 일일지라도 하나님의 날로 거룩하게 구별해 놓으신 주일에 자신의 방식에 따라 주일을 범해서는 안 됩니다.

셋째로, 주일날에는 사사로운 말을 하지 말아야 합니다.

'사사로운 말'(your own word)이 무엇입니까? 하나님의 거룩함에 흠이 되는 지극히 개인적이고, 감정적이고, 세속적인 말들인 것입니다. 우리는 평소에도 말에 조심을 해야 되겠지만 특히 주일에는 거짓말, 욕설, 선정적인 말, 저주의 말, 혈기부리는 말 등은 하지 말아야만 합니다.

3. 주일에 해야 할 일들

첫째로, 하나님의 성일인 주일을 '즐거운 날'이라 말해야 합니다.

"하나님이 그 지으신 모든 것을 보시니 보시기에 심히 좋았더라"(창 1:31). 안식일은 하나님께 특별히 즐거운 날입니다. 사람도 일을 열심히 한 자는 쉬는 날이 즐겁습니다. 주일은 특별히 하나님께서 복주시고 거룩하게 하셨으니 즐거운 날이 되어야 합니다.

명절이나 생일처럼 즐거운 날은 기다려집니다. 우리는 주일이 즐거운 날로 기다려져야 합니다. 하나님의 말씀에 따라 1주일을 산 사람은 주일이 기다려지게 됩니다. 단지 말로만 즐거운 날이 아니라 실제로 즐거운 날이 되어야 합니다.

둘째로, 주일날을 존귀히 여겨야 합니다.

하나님께서는 "여호와의 성일을 존귀한 날이라 하여 이를 존귀히 여기고"(사 58:13)라는 조건을 제시하십니다. 모든 날이 주님의 날이지만 하나님을 경외하는 마음을 강조하기 위하여 특별히 주님의 날을 정해 두신 것이라 생각해도 좋습니다.

어린이날, 어버이날을 정해서 관심을 새롭게 하는 것처럼 주일도 하나님에 대한 관심을 새롭게 하는 날이라고 생각이 됩니다. 모든 물질이 하나님의 것이되 특별히 십일조를 하나님의 것으로 구별하는 것처럼 모든 날이 하나님의 날이되 특별히 주일을 하나님의 날로 구별해야 하는 것입니다. 따라서 주일은 존귀한 날이요, 우리가 존귀히 여겨야만 하는 날입니다.

4. 주일을 거룩하게 지키는 자에게 임하는 복

첫째로, 주일을 거룩하게 지키는 자는 여호와 안에서 즐거움을 얻게 됩니다.

"네가 여호와 안에서 즐거움을 얻을 것이라"(사 58:14a). 하나님의 약속의 말씀입니다. 인간이 자기 욕심으로 추구하는 세상이 주는 기쁨은 곧 실증이 나지만 하나님 앞에서 얻는 기쁨은 빼앗을 자가 없습니다(요 16:22).

둘째로, 주일을 거룩하게 지키는 자는 땅의 높은 곳에 올리우게 되는 것입니다.

"내가 너를 땅에 높은 곳에 올리우고"(사 58:14b). 하나님의 약속의 말씀입니다. "주 여호와는 나의 힘이시라. 나의 발을 사슴과 같게 하사 나로 나의 높은 곳에 다니게 하시리로다"(합 3:19a). 하박국 선지자의 고백입니다. '땅의 높은 곳’이 무엇입니까? 명예와 인격을 의미합니다. 주일을 거룩하게 지키게 되면 우리가 일하는 자리에서 존귀한 이름을 얻게 된다는 것입니다.

셋째로, 주일을 거룩하게 지키는 자는 야곱의 업으로 성장하게 해 주신다는 것입니다.

‘야곱의 업’이 무엇입니까? “내가 너로 생육하게 하며, 번성하게 하여 네게서 많은 백성이 나게 하고, 내가 이 땅을 네 후손에게 주어 영원한 기업이 되게 하리라”(창 48:4). 하나님께서 야곱에게 약속하신 말씀입니다.

‘야곱의 업’은 바로 자손의 번영과 물질의 축복을 의미합니다. 주일을 거룩하게 지키는 자에게는 자손의 복과 물질의 복을 주신다는 것입니다.

정 리

지금까지 주일 성수에 대한 하지 말아야 될 일과 해야 될 일과 그리고 그에 따르는 축복의 말씀에 대해 알아보았습니다. 하나님께서는 마지막으로 이상의 모든 말씀이 “여호와의 입의 말이니라”(The mouth of the Lord has spoken)라고 분명히 인을 치셨습니다. 하나님께서는 이 약속의 말씀에 대하여 더욱 굳게 약속하는 의미로 그냥 ‘여호와의 말씀’이 아니라 ‘여호와의 입의 말씀’이라고 강조하십니다.

우리는 주일성수를 해서 복을 받았다는 많은 간증들을 듣고 있습니다. 물질축복, 건강축복, 자녀축복 등의 간증들이 있습니다. 우리는 주일을 거룩하게 지켜서 ‘여호와 하나님의 입의 말씀’대로 이 땅에서도 축복 받는 그리스도인이 되어야 하겠습니다.

제3장 제9과
연보와 축복

예수께서 제자들을 불러다가 이르시되 내가 진실로 너희에게 이르노니 이 가난한 과부는 연보궤에 넣는 모든 사람보다 많이 넣었도다(막 12:43). **만군의 여호와가 이르노라. 너희의 온전한 십일조를 창고에 들여 나의 집에 양식이 있게 하고 그것으로 나를 시험하여 내가 하늘문을 열고 너희에게 복을 쌓을 곳이 없도록 붓지 아니하나 보라**(말 3:10).

1. 연보의 종류와 내력

일반적으로 그리스도인이 하나님께 드리는 돈이나 물건을 연보(捐補)라 합니다. 이것을 예물(禮物) 또는 돈의 개념으로 생각해서 헌금이라고도 합니다.

최초의 십일조는 아브라함이 하나님의 제사장 멜기세댁에게 드린 예물이었습니다(창 14:20). 아브라함이 엘람왕의 연합군을 파하고 그들에게 잡혀간 조카 롯을 구해서 돌아올 때 멜기세댁 제사장의 축복기도를 받고 모든 전리품의 십분의 일을 예물로 드렸습니다.

또한 야곱은 형 에서를 피해 하란의 외삼촌댁으로 가는 도중 벧엘에서 하늘 사닥다리를 오르내리는 천사를 보고, 하나님의 음성을 들은 후 앞으로 하나님께서 주신 모든 것의 십분의 일을 드리겠다고 약속하였습니다(창 28:22).

그리고 모세 율법에는 "땅의 십분의 일, 곧 땅의 곡식이나 나무의 과실이나 그 십분의 일은 여호와의 것이니 여호와께 성물이라"(레 27:30)하여 모든 소득의 십분의 일은 하나님의 것이라고 규정하고 있습니다.

한편 "너는 매년 3차 내게 절기를 지킬지니라. 너는 무교병의 절기를 지키라. …, 빈손으로 내게 보이지 말지니라"(출 23:14~15)라고 하여 무교절, 맥추절, 수장절에 절기 예물을 드려야 한다고 모세 율법에 규정하고 있습니다.

또한 "여호와께서 모세에 일러 가라사대 이스라엘 자손에게 명하여 내게 제물을 가져오라 하고 무릇 즐거운 마음으로 내는 자에게서 내게 드리는 것을 너희는 받을지니라"(출 25:1~2)라고 하여 성막 성전을 지을 자재와 여러 가지 성물을 만들 재료를 제물로 받으라고 명하고 있습니다. 오늘날로 말하면 건축헌금 및 각종 성물을 위한 헌금이라고 할 수 있겠습니다.

그리고 번제, 소제, 화목제, 속죄제 및 속건제를 위하여 흠 없는 소, 양, 염소, 비둘기, 고운 가루, 유향 등을 드리도록 규정하고 있습니다(레 1장~7장). 오늘날로 말하면 죄와 허물을 회개할 때 드리는 회개예물이 되겠습니다.

신약시대에 와서는 예수님께서도 십일조는 반드시 드려야 한다고 말씀하셨습니다. 십일조는 잘 드리되 공의와 사랑이 결핍된 바리새인들을 예수님께서 보시고 십일조도 잘 드리고 공의와 사랑도 버리지 말아야 한다고 제자들에게 교훈하셨습니다(눅 11:42). 또한 매주 첫날, 즉 주일날에는 각 사람이 이를 얻는 대로 연보를 드려야 한다고 바울 사도는 고린도 교회에 편지하였습니다(고전 16:2).

이상의 모든 십일조와 헌물에 대하여 우리가 하나님께 드리지 아니하면 하나님의 것을 도적질한 것이 된다고 말라기 선지자를 통하여 하나님께서 말씀하셨습니다. "사람이 어찌 하나님의 것을 도적질 하겠느냐? 그러나 너희는 나의 것을 도적질하고도 말하기를 우리가 어떻게 주의 것을 도적질 하였나이까? 하도다. 이는 곧 십일조와 헌물이라"(말 3:8). 모든 그리스도인들은 반드시 십일조와 헌물을 드림으로써 하나님의 것을 도적질 하는 일이 없도록 해야 되겠습니다.

2. 헌금과 축복의 원리

첫째로, '심어야만 거둔다'는 원리입니다.

"주라 그리하면 너희에게 줄 것이니 곧 후히 되어 누르고 흔들어 넘치도록 하여 너희에게 안겨 주리라. 너희의 헤아리는 그 헤아림으로 너희도 헤아림을 도로 받을 것이니라"(눅 6:38). 말씀과 같이 복을 받기 위해서는 먼저 드려야 합니다. 떡 다섯 개와 물고기 두 마리를 드림으로써 오천 명이 먹고 열두 바구니나 남을 만큼 축복을 받았습니다(마 14:16~21).

또한 사르밧 과부는 마지막 남은 가루 한 웅큼과 기름 조금으로 떡 하나를 만들어 엘리야 선지자를 대접함으로써 가뭄이 끝날 때까지 양식이 떨어지지 않았습니다(왕상 17:8~16).

둘째로, '심는 대로 거둔다'는 원리입니다.

심는 대로 거두는 원리에는 심는 종류대로 거두는 원리와 심는 양대로 거두는 원리가 있습니다. "사람이 무엇으로 심든지 그대로 거두리라. 자기의 육체를 위하여 심는 자는 육체로부터 썩어진 것을 거두고, 성령을 위하여 심는 자는 성령으로부터 영생을 거두리라"(갈 6:7b~8). 말씀과 같이 사람이 육체를 즐겁게 하기 위하여 투자하는 자는 죽은 후에 썩은 육체 밖에 남는 것이 없습니다. 그러나 하나님을 위하여 투자하는 자는 죽은 후에 영생을 얻어 천국을 소유할 수 있게 되는 것입니다.

한편 "적게 심는 자는 적게 거두고, 많이 심는 자는 많이 거둔다"(고후 9:6)는 원리가 있습니다. 세상에서도 씨를 많이 뿌려야 추수를 많이 하고, 투자를 많이 해야 소득을 많이 얻을 수가 있습니다. 그러나 하나님의 나라에서 많이 심는다는 의미는 세상에서처럼 절대량의 크기만 가지고 말하지는 않습니다.

"예수께서 제자들을 불러다가 이르시되 내가 진실로 너희에게 이르노니 이 가난한 과부는 연보궤에 넣은 모든 사람들보다 많이 넣었도다. 저희는 다 그 풍족한 중에서 넣었거니와 이 과부는 그 구차한 중에서 자기 모든 소유 곧 생활비 전부를 넣었느니라 하셨더라"(막 12:43~44).

말씀과 같이 예수님께서는 부자들의 큰돈보다 가난한 과부의 동전 두 렙돈이 훨씬 더 큰 연보라고 하셨습니다. 따라서 분명히 그 과부는 부자들보다 큰 복을 받았을 것입니다. 그리스도 안에서는 소득이 적은 자 1만원 헌금이 소득이 많은 자 10만원 헌금보다 큰 헌금이 될 수 있다는 것입니다. 어쨌든 많이 심는 자가 많이 거두게 된다는 것입니다.

셋째로는 '기쁜 마음으로 심어야 한다'는 원리입니다.

"각각 그 마음에 정한대로 할 것이요, 인색함으로나 억지로 하지 말지니 하나님은 즐겨내는 자를 사랑하시느니라"(고후 9:7). 우리가 하나님께 연보를 드릴 때 기쁜 마음으로 드려야 하나님께서도 기쁘게 받아들이십니다.

"무릇 흠 있는 것을 너희는 드리지 말 것은 그것이 열납되지 못할 것임이니라"(레 22:20). 말씀과 같이 흠이 있는 예물은 하나님께서 받아들이지 않으십니다. 부정한 방법으로 얻은 소득(신 23:18)은 말할 것도 없거니와 인색함으로나 억지로 드리는 예물도 흠이 있는 예물이라고 할 수 있습니다. 체면치레로 드리는 예물이나 축복을 목적으로 욕심으로 드리는 예물도 흠이 있는 예물입니다. 우리가 아무리 예물을 드려도 하나님께서 기쁘시게 받으시지 아니하시면 축복은 있을 수가 없습니다.

"환난의 많은 시련 가운데서 저희 넘치는 기쁨과 극한 가난이 저희로 풍성한 연보를 넘치도록 하게 하였느니라"(고후 8:2). 연보는 어려운 가운데서도 기쁘게 드려야만 하나님께서 기쁘게 받으시는 것입니다.

정 리

"만군의 여호와가 이르노라. 너희의 온전한 십일조를 창고에 들여 나의 집에 양식이 있게 하고 그것으로 나를 시험하여 내가 하늘문을 열고 너희에게 복을 쌓을 곳이 없도록 붓지 아니하나 보라"(말 3:10). 말씀과 같이 하나님께서는 십일조를 드리는 손길에 반드시 복을 주신다고 약속하고 계십니다.

우리는 십일조와 헌물을 반드시 드려야 합니다. 드리되 기쁜 마음으로 드려야 합니다. 육신의 축복을 목적으로 한 탐욕적 연보를 드리지 말고 하나님의 영광을 목적으로 드려야 합니다. 드리는 것은 그리스도인의 임무이고, 축복은 하나님의 은혜인 것입니다. 썩어질 육신을 위하여 심는 어리석은 사람이 되지 말고, 그리스도 안에서 영생의 부활을 위하여 심는 지혜로운 사람이 되어야 되겠습니다.

제 4 장

구원의 주 삼위일체 하나님

제4장 제1과
'예수' 그 위대한 이름

오직 이것을 기록함은 너희로 예수께서 하나님의 아들 그리스도이심을 믿게 하려 함이요. 또 너희로 믿고 그 이름을 힘입어 생명을 얻게 하려 함이니라(요 20:31).

1. 이름을 소중히 여기는 하나님

사람은 누구나 이름을 소중히 여깁니다. 이 이름이 세상에서 훌륭하다고 일컬어질 때 '명예'(名譽)라 합니다. 그래서 사람들은 자신의 명예를 드높이고 손상이 가지 않도록 하기 위하여 노력합니다.

이 이름을 소중히 여기는 일은 하나님도 마찬가지입니다. "여호와의 이름을 망령되이 일컫지 말라"(출 20:7)고 10계명에 기록해 두고 있습니다. 이것은 사람이 하나님의 명예를 손상시키는 일을 해서는 안 된다는 것입니다. 하나님께서는 이스라엘을 애굽에서 구해낸 것도(겔 20:9), 광야에서 패역한 이스라엘을 멸하지 않은 것도(겔 20:14), 흩어진 열국 중에서 다시 이스라엘을 모은 것도(겔 20:22) 모두 당신의 "이름을 위하여" 했다고 하셨습니다. 참으로 하나님께서는 그 이름을 소중히 여기십니다.

2. '그리스도'에게 주어진 삼위일체 하나님의 이름 '예수'

"보라 네가 잉태하여 아들을 낳으리니 그 이름을 예수라 하라"(눅 1:31)라고 하나님께서는 천사를 통하여 마리아에게 성령으로 잉태하여 낳을 아들의 이름을 '예수'로 지으라고 일러 주셨습니다. 이처럼 '예수(Jesus)'라는 이름은 하나님께서 미리 지어주신 이름입니다.

'예수'라는 이름은 구약의 '여호수아'와 같은 것으로 "여호와는 구원이시라"는 뜻이 있습니다. 한편 마리아의 정혼자 요셉에게 나타난 천사도 마리아가 낳을 아들 예수는 "자기 백성을 그들의 죄에서 구원할 자"(마 1:21)라고 일러 주었습니다. 그러나 이 '예수'라는 이름은 다만 그 '아들'의 이름만을 의미하는 단순한 이름이 아닙니다.

예수님이 이 땅에 오실 때 "주의 이름으로(in the name of the Lord) 오시는 이"(요 12:13)라고 성경은 증언하고 있습니다. 또한 예수님께서는 스스로 "나는 내 아버지의 이름으로 왔다(I have come in my Father's name)"(요 5:43a)고 선언하셨습니다. 그리고 또 예수님은 "거룩한 아버지여 내게 주신 아버지의 이름(your name which you gave me)으로 저희를 보전하사 우리와 같이 저희도 하나가 되게 하옵소서"(요 17:11)라고 하여 자신이 받은 이름이 '아버지의 이름'임을 강조하고 있습니다.

이상의 성경 말씀에서 '예수'라는 이름은 '아버지'께서 '아들'에게 주신 '아버지의 이름'임을 우리가 깨달을 수 있습니다. 뿐만 아니라 예수님께서는 "보혜사 곧 아버지께서 내 이름으로 보내실(the Father will send in my name) 성령"(요 14:26a)이라 하여 성령도 '예수'라는 이름으로 오심을 증언하고 있습니다.

결과적으로 '예수'라는 이름은 '아들'의 이름일 뿐만 아니라 '아버지'와 '성령'의 이름도 되는 '위대한 이름'임을 알 수 있습니다. 그리고 '예수'라는 이름이 '아버지'와 '아들'과 '성령'의 이름임을 증언하는 성경 말씀은 또 있습니다. 예수님께서 승천하시기 직전에 분명히 "모든 족속으로 제자를 삼아 아버지와 아들과 성령의 이름으로 세례를 주라"(마 28:19)는 가르침을 제자들에게 남겼습니다.

그러나 사도행전에는 "예수 그리스도의 이름으로 세례를 주라"(행 2:38, 10:48), "주 예수의 이름으로 세례를 주라"(행 19:5)는 말씀이 여러 곳에 기록되어 있습니다. 이것은 바로 '예수'라는 이름이 삼위일체 하나님의 이름을 대표하고 있다는 증거가 되는 말씀들인 것입니다. 어쨌든 '예수'라는 이름은 아버지와 아들과 성령 하나님을 지칭하는 '위대한 이름'인 것입니다.

3. '예수'라는 이름에 부여된 능력

삼위일체 하나님의 이름이 되시는 '예수'라는 이름에는 많은 능력이 부여되어 있습니다.

첫째로, '예수'라는 이름은 모든 이름 위에 뛰어난 이름입니다.

아버지 하나님의 뜻에 순종하여 인간의 육을 입고 이 땅에 오신 아들에게 하나님께서는 "모든 이름 위에 뛰어난 이름으로 주사 하늘과 땅과 땅 아래 있는 자들로 모든 무릎을 예수의 이름에 꿇게 하셨다"(빌 2:9~10)고 성경이 증언하고 있습니다.

둘째로, '예수'라는 이름에는 구원의 능력이 있습니다.

"그 이름을 믿는 자에게는 하나님의 자녀가 되는 권세를 주셨으니"(요 1:12), "너희로 믿고 그 이름을 힘입어 생명을 얻게 하려 함이니라"(요 20:31b), "누구든지 주의 이름을 부르는 자는 구원을 얻을 것이요"(행 2:21), "다른 이로서는 구원을 얻을 수 없나니 천하 인간에 구원을 얻을 만한 다른 이름을 우리에게 주신 일이 없음이니라"(행 4:12)라고 성경은 증언하고 있습니다.

셋째로, 우리가 기도할 때 '예수'의 이름으로 구하면 이루어 주십니다.

"너희가 내 이름으로 무엇을 구하든지 내가 시행하리니 이는 아버지로 하여금 아들을 인하여 영광을 얻으시게 하려 함이라"(요 14:13)라고 예수님은 약속하고 계십니다. "은과 금은 내게 없으나 내게 있는 것으로 네게 주노니 곧 나사렛 예수 그리스도의 이름으로 걸으라"(행 3:6). 베드로는 '예수'의 이름으로 앉은뱅이를 일어나게 하는 응답을 받았습니다. "그 귀신에게 이르되 예수 그리스도의 이름으로 내가 네게 명하노니 그에게서 나오라 하니 귀신이 즉시 나오니라"(행 16:18). 바울은 '예수'의 이름으로 귀신들린 자로부터 귀신을 쫓아내는 응답을 받았습니다.

넷째로, 위대한 그 이름 '예수'는 믿음의 대상입니다.

"영접하는 자 곧 그 이름을 믿는 자들에게는 하나님의 자녀가 되는 권세를 주셨으니"(요 1:12), "내가 하나님의 아들의 이름을 믿는 너희에게 이것을 쓴 것은 너희로 하여금 너희에게 영생이 있음을 알게 하려 함이라"(요일 5:13)라고 하여 우리는 그 이름 예수를 믿어야 하며, 예수를 믿을 때 영생의 구원을 얻어 하나님의 자녀가 될 수 있습니다.

정 리

이름은 그 사람의 인격과 권위와 능력을 나타내는 상징(symbol)입니다. 세상에서 존경받는 사람의 이름으로 된 말이나 글은 권위가 있고 신뢰가 크며 영향력이 있습니다. 당신은 당신의 이름이 얼마나 인정을 받고 있다고 생각하십니까? 만약 당신 곁에 위대한 이름의 소유자가 있다면 그것만으로도 자랑스러울 것입니다.

'예수' 그 이름은 세상의 어떤 위대한 사람의 이름보다 더 위대하고 자랑스러운 이름입니다. 그 이름은 우리의 생명을 얻게 하는 이름입니다. 모든 그리스도인은 이 위대한 이름 '예수'를 믿고 섬기는 복을 누리고 있습니다. 우리 모두 '예수' 그 위대한 이름 앞에 신뢰와 영광과 존귀와 찬양을 드립시다.

제4장 제2과
참된 자유

진리를 알지니 진리가 너희를 자유케 하리라. 저희가 대답하되 우리가 아브라함의 자손이라 남의 종이 된 적이 없거늘 어찌하여 우리가 자유케 되리라 하느냐? 예수께서 대답하시되 진실로 진실로 너희에게 이르노니 죄를 범하는 자마다 죄의 종이라(요 8:32~34).

서 론

"진리를 알지니 진리가 너희를 자유케 하리라"(요 8:32)라는 예수님의 말씀을 듣고 유대인들은 "우리가 아브라함의 자손이라 남의 종이 된 적이 없거늘 어찌하여 우리가 자유케 되리라 하느냐?"(요 8:33)라고 이의를 제기했습니다.

우리는 여기서 예수님이 생각하는 '자유'와 유대인들이 생각하는 '자유'가 전혀 다른 의미임을 깨달아야 합니다. 뿐만 아니라 예수님께서 말씀하시는 '진리'도 세상이 생각하는 '진리'와는 전혀 다른 것임을 알아야 합니다. 식자우환

(識字憂患)이라는 말이 있듯이 세상의 진리는 알면 알수록 자유가 속박됨을 느끼게 되는 것입니다. 그렇다면 예수님이 말씀하시는 '진리'와 '자유'의 의미는 무엇이겠습니까?

1. '진리'와 '자유'의 의미

세상에서 말하는 '진리'의 의미는 참, 진실, 참된 이치, 참된 도리 등입니다. 그러나 예수님이 말씀하시는 '진리'의 의미는 전혀 다릅니다. "예수께서 가라사대 내가 곧 길이요, 진리요, 생명이니 나로 말미암지 않고는 아버지께로 올 자가 없느니라"(요 14:6). 말씀에서 증언하는 바와 같이 **첫째로**, '예수님'이 곧 진리입니다.

또한 "내가 아버지께 구하겠으니 그가 또 다른 보혜사를 너희에게 주사 영원토록 너희와 함께 있게 하시리니 저는 진리의 영이라"(요 14:16~17), 또한 "증거하시는 이는 성령이니 성령은 진리니라"(요일 5:7). 말씀이 증언하는 바와 같이 **둘째로**, '성령님'이 곧 진리입니다.

그리고 "주의 말씀의 강령은 진리오니 주의 의로운 모든 규례가 영원하리이다"(시 119:160), "저희를 진리로 거룩하게 하옵소서, 아버지의 말씀은 진리니이다"(요 17:17). 이상 말씀에서 보는 바와 같이 **셋째로**, '말씀'이 곧 진리입니다.

이상을 정리하면 예수님과 성령님 그리고 말씀이 곧 진리입니다. 그리고 또한 "태초에 말씀이 계시니라. 이 말씀이 하나님과 함께 계셨으니 이 말씀은 곧 하나님이시니라"(요 1:1) 하여 말씀이 곧 하나님이심을 증언하고 있습니다.

따라서 이상을 모두 정리하면 '진리'란 예수님이요, 성령님이요, 하나님이요, 말씀인 것입니다. 다시 말하면 삼위일체 하나님과 성경 말씀이 곧 진리입니다.

한편 '자유'란 무엇입니까? 속박에서 벗어나는 것이 자유입니다. 우리가 흔히 말하는 세상적 자유는 언론의 자유, 정치적 자유, 교육의 자유, 거주의 자유 등 주로 신체의 자유를 의미합니다. 그러나 예수님께서 말씀하시는 자유는 마음의 속박에서 벗어나는 자유 및 영적 속박에서 벗어나는 자유를 말합니다.

그것은 곧 죄로부터의 자유, 죽음으로부터의 자유, 탐욕으로부터의 자유를 의미합니다. "예수께서 대답하시되 진실로 진실로 너희에게 이르노니 죄를 범하는 자마다 죄의 종이라"(요 8:34). 그렇습니다. 죄를 지은 사람은 누구에게나 크든

작든 죄의식이 있고 이 죄의식에 마음이 속박당하고 있습니다. 또한 사람은 누구나 죽음에 대한 두려움을 가지고 있습니다. 따라서 죽지 않기 위해서는 수단과 방법을 가리지 않습니다. 뿐만 아니라 극심한 탐욕에 사로잡혀 있습니다. 물질에 대한 탐욕, 명예에 대한 탐욕, 쾌락에 대한 탐욕 등이 그것입니다.

이와 같이 사람들은 죄와 죽음과 탐욕에 속박되어 마음이 자유롭지 못합니다. 이러한 마음의 속박에서 벗어나는 것이 '참된 자유' 입니다.

2. 마음의 속박으로부터 자유케 되는 원리

사람의 신체적 자유는 나라의 법으로 보장받을 수가 있습니다. 오늘날 자유민주주의 사회에서는 모든 신체적, 사상적 자유가 보장되고 있습니다. 그러나 마음을 속박하는 죄나 죽음이나 탐욕 등은 법이나 제도로 보장받을 수 있는 성질의 것이 아닙니다. 오로지 그리스도 안에서 진리를 깨달아야 자유케 될 수 있습니다. 삼위일체 하나님을 믿고 말씀의 진리를 깨달을 때만이 우리는 마음의 속박에서 벗어나서 참 자유인이 될 수가 있는 것입니다. 이제 진리를 깨달으면 자유케 되는 원리를 생각해 봅니다.

첫째로, 그리스도 안에서 죄를 회개하면 죄의 속박으로부터 벗어날 수가 있습니다.

기독교 외에는 용서가 없습니다. 죄를 없애기 위해서 다른 종교에서는 고행이나 선행을 쌓아야 합니다. 그러나 이것은 영원히 불가능한 일입니다. 죄는 계속 지을 수밖에 없는 것이기 때문입니다. 예수님께서는 "하루에 일곱 번씩이라도 회개하면 용서하라"(눅 17:4)고 말씀하셨습니다. "너희 죄가 주홍 같을지라도 눈과 같이 희어질 것이요, 진홍같이 붉을지라도 양털같이 되리라"(사 1:18)라고 하나님께서 약속하셨습니다. 참으로 신기하게도 하나님 앞에서 죄를 회개하면 죄의식이 사라지고 죄로부터 자유롭게 됩니다.

둘째로, 그리스도 안에서 진리를 깨달으면 죽음의 두려움으로부터 벗어날 수가 있습니다.

사람의 생명이 유한하다고 생각하기 때문에 죽음이 두려운 것입니다. 사람이 영생의 확신을 갖게 되면 죽음의 속박에서 벗어나게 되는 것은 당연합니다. "예수께서 가라사대 나는 부활이요 생명이니 나를 믿는 자는 죽어도 살겠고, 무릇 살아서 나를 믿는 자는 영원히 죽지 아니하리니 이것을 네가 믿느냐?"(요 11:25~26). 그렇습니다. 우리가 예수를 믿고 진리를 깨달으면 부활과 영생에 대한 확신을 갖게 됩니다. 따라서 우리는 죽음으로부터 자유케 되는 것입니다.

셋째로, 그리스도 안에서 진리를 깨달으면 극심한 탐욕의 속박에서 벗어날 수가 있습니다.

죄의식이나 죽음보다도 현실적으로 더욱 사람을 속박하는 것은 지극히 이기적인 각종 탐욕인 것입니다. 이 탐욕에서 벗어나기 위해서는 인본주의에서 신본주의로 그 가치관이 바뀌어져야 합니다.

이를 위하여 우리는 진리를 깨달아야 합니다. "오직 우리의 시민권은 하늘에 있는지라"(빌 3:20), "우리는 이 세상에 빈손으로 왔다가 빈손으로 가게 되는"(딤전 6:7) "나그네"요(히 11:13), "잠깐 보이다가 없어지는 안개"(약 4:14)임을 깨달아야 합니다. 우리가 이 세상에서 황금성을 쌓는 것이 어리석고 무의미한 것이라는(눅 12:20) 진리를 깨닫고 오직 마음을 미래의 하늘나라에 둘 때 우리는 물질의 탐욕과 권력의 탐욕과 명예의 탐욕으로부터 자유케 될 수가 있습니다.

정 리

'참된 자유'는 마음의 속박으로부터 벗어나는 자유입니다. '죄로부터의 자유', '죽음으로부터의 자유', '탐욕으로부터의 자유'가 참된 자유입니다. 우리가 참된 자유를 얻기 위해서는 그리스도 안에서 진리를 깨달아야 합니다. 진리이신 삼위일체 하나님과 말씀을 깨닫게 되면 누구나 인본주의 가치관이 신본주의 가치관으로 바뀌게 됩니다. 삶의 가치를 세상에서 찾지 말고 하늘나라에서 찾게 되면 우리는 죄의 속박과 죽음의 속박과 탐욕의 속박에서 벗어나게 되고 참된 자유를 누릴 수 있게 되는 것입니다.

"진리를 알지니 진리가 너희를 자유케 하리라"(요 8:32). 사랑하는 여러분! 예수를 믿고 말씀에 거하면 진리를 깨닫게 되고, 진리를 깨달으면 참된 자유를 누리게 됩니다. 할렐루야!

제4장 제3과
예수의 피와 그 능력

그러면 이제 우리가 그 피를 인하여 의롭다 하심을 얻었은즉 더욱 그로 말미암아 진노하심에서 구원을 얻을 것이니 곧 우리가 원수 되었을 때에 그 아들의 죽으심으로 말미암아 하나님으로 더불어 화목 되었은즉 화목된 자로서는 더욱 그의 살으심을 인하여 구원을 얻을 것이니라(롬 5:9~10).

1. 생명과 피

사람이 사지나 몸의 일부가 손상되어도 죽지는 않지만 출혈이 심하면 죽게 됩니다. 이 피는 생명과 직결되어 있기 때문입니다. 그래서 성경은 "육체의 생명은 피에 있음이라"(레 17:11a), "모든 생물은 그 피가 생명과 일체라"(레 17:14a)라고 증언하고 있습니다. 또한 현대 과학도 생명이 피에 있음을 밝혀냈습니다. 어쨌든 하나님은 피를 생명처럼 소중히 여기시고 있습니다.

하나님께서 노아홍수 이후 동물을 사람의 식물(食物)로 허락하실 때 "무릇 산 동물은 너희의 식물이 될지라. 채소같이 내가 이것을 다 너희에게 주노라. 그러나 고기를 그 생명 되는 피채 먹지 말 것이니라"(창 9:3~4)라고 피의 식용을 금하셨습니다. 그 이유는 "모든 육체의 생명은 그 피인즉 무릇 피를 먹는 자는 끊쳐지리라"(레 17:14b) 하여 바로 하나님의 생명 존중 사상에 있습니다. 이 피의 식용 금지 문제는 신약에서는 새로이 언급되지 않았지만 생명 존중 사상은 깊이 간직되어야만 되겠습니다.

2. 죄(罪)와 피

그리스도 안에서 '죄'는 바로 '영적 사망'입니다. "죄의 삯은 사망이요"(롬 6:23), "죄가 장성한즉 사망을 낳느니라"(약 1:15)라고 성경은 증언하고 있습니다. 따라서 사람이 죄로 말미암아 죽은 영혼을 살리기 위해서는 생명을 수혈해야만 됩니다. 그 생명이 무엇입니까? 바로 피입니다. 죄에 물들지 않은 깨끗한 피입니다.

"육체의 생명은 피에 있음이라. 내가 이 피를 너희에게 주어 단에 뿌려 너희의 생명을 위하여 속하게 하였나니 생명이 피에 있으므로 피가 죄를 속하였느니라"(레 17:11). 말씀과 같이 성경은 하나님의 말씀으로 피의 속죄 능력을 증언하고 있습니다.

따라서 옛날 구약 때에는 사람이 죄를 지으면 송아지를 잡아 그 피를 가지고 제사장이 회막에 들어가 속죄제를 드림으로써 죄를 씻게 되는 것입니다(레 4:13-21). "율법을 좇아 거의 모든 물건이 피로써 정결케 되나니 피흘림이 없은즉 사하심이 없느니라"(히 9:22). 말씀과 같이 영적 사망인 '죄'를 씻기 위해서는 반드시 생명과 일체인 '피'를 흘려야만 된다는 것입니다.

3. 언약(言約)과 피

세상에 혈맹(血盟)이란 말이 있습니다. 피를 흘려 생사를 같이 하는 맹세라는 뜻입니다. 구약의 시내산 언약은 하나님과 이스라엘 간의 피의 언약입니다. 시내산 언약은 하나의 혈맹이었습니다. 이스라엘 백성이 하나님 앞에서 하나님의 계명과 율법을 지킬 것을 피를 증거로 해서 언약했습니다.

짐승의 피를 취하여 반은 하나님의 처소를 상징하는 회막의 단에 뿌리고 반은 이스라엘 백성들에게 뿌림으로써 언약을 하였습니다(출 24:5~8). 생명과 일체가 되는 '피'를 언약의 증거로 삼는다는 것은 바로 '생명'을 걸고 언약한다는 의미가 됩니다. 따라서 언약을 위반하는 백성, 즉 계명과 율법을 어기는 백성은 사망에 이를 수밖에 도리가 없습니다.

4. 예수의 피와 그 능력의 보편성

구약 때는 사람이 죄를 지을 때마다 짐승의 피를 가지고 제사장이 속죄제를 드려야 했습니다. 그러나 오늘날 그리스도인들은 한 번도 짐승의 피로 제사를 드리는 적이 없습니다. 그것은 예수님의 피가 우리의 죄를 영원히 대속해주셨기 때문입니다. 그렇다면 제사장이 드렸던 짐승의 피와 예수님의 피는 어떻게 다릅니까?

첫째로, 예수님의 피는 단 한 번으로 영구적입니다.

짐승의 피는 그 효력이 일회적이지만 예수님의 피는 단 한 번(once for all) 드림으로써 영구적입니다. "염소와 송아지의 피로 아니 하시고 오직 자기의 피로 영원한 속죄를 이루사 단번에 성소에 들어가셨느니라"(히 9:12), "제사장마다 매일 서서 섬기며 자주 같은 제사를 드리되, …, 오직 그리스도는 죄를 위하여 한 영원한 제사를 드리시고"(히 10:11~12)라고 하여 예수님의 피는 단 한 번 흘린 것으로 영구적인 속죄의 효과가 있는 것입니다.

둘째로, 예수님의 피는 단 한 번으로 전 인류를 위한 속죄의 피가 되었습니다.

짐승의 피는 사람마다 따로 흘려야지만 예수님의 피는 단 한 번으로 모든 인류를 위한 속죄의 피가 된 것입니다. "저 대제사장들이 먼저 자기 죄를 위하고, 다음에 백성들의 죄를 위하여 날마다 제사를 드리는 것과 같이 할 필요가 없으니 저가 단번에 자기를 드려 이루셨음이니라"(히 7:27)라고 성경이 증언하여 단 한 번 흘린 예수님의 피가 범인류적인 효력이 있음을 말해주고 있습니다.

셋째로, 예수님의 피는 단 한 번으로 모든 제사의 제물이 되었습니다.

짐승의 피는 제사의 종류마다 다른 피를 사용해야 되었지만 예수님의 피는 단 한 번으로 모든 제사에 효력이 있는 다목적적입니다. 예수님의 피는 모든 제사에 속죄의 능력이 있습니다. "그 아들 예수의 피가 우리를 모든 죄에서 깨끗하게 하실 것이요"(요일 1:7b), "이와 같이 그리스도도 많은 사람의 죄를 담당하시려고 단번에 드리신바 되셨고"(히 9:28a)라고 성경이 증언하고 있습니다.

넷째로, 예수의 피에는 각종 능력이 있습니다.

우선 구원(구속)의 능력이 있습니다. "이제 우리가 그 피를 인하여 의롭다 하심을 얻었은즉 더욱 그로 말미암아 진노하심에서 구원을 얻을 것이니"(롬 5:9)라고 하여 예수님 피의 구원의 능력을 증언하고 있습니다.

또한 화목하게 하는 능력이 있습니다. "그의 십자가의 피로 화평을 이루사, 만물 곧 땅에 있는 것들이나 하늘에 있는 것들을 그로 말미암아 자기와 화목 되기를 기뻐하심이라"(골 1:20)라고 화목의 능력을 증언하고 있습니다.

그리고 예수님의 피는 거룩하게 하는 능력이 있습니다. “예수 그리스도의 몸을 단번에 드리심으로 말미암아 우리가 거룩함을 얻었노라”(히 10:10)라고 히브리서 기자는 증언하고 있습니다. 뿐만 아니라 예수님의 피는 “죄 사함을 얻게 하려고 많은 사람을 위하여 흘린 바 새 언약의 피”(마 26:28)가 되었으며, 그리스도의 몸이 되는 “교회를 사신 피”(행 20:28)가 되었습니다.

정 리

결론적으로, “흠없고 점없는 어린양 같은 그리스도의 보배로운 피”(벧전 1:19)는 단 한 번(once for all) 드리심으로 말미암아 시간적으로는 영원히, 공간적으로는 모든 인류를 위하여, 제물의 종류로는 모든 제물에 다목적적으로 속죄와 구원 등 하나님의 크신 소망과 목적을 온전히 이루셨습니다.

제4장 제4과
예수님이 오신 목적

너희 안에 이 마음을 품으라. 곧 그리스도 예수의 마음이니 그는 근본 하나님의 본체시나 하나님과 동등됨을 취할 것으로 여기지 아니하시고, 오히려 자기를 비어 종의 형체를 가져 사람들과 같이 되었고, 사람의 모양으로 나타나셨으매 자기를 낮추시고 죽기까지 복종하셨으니 곧 십자가에 죽으심이라(빌 2:5~8).

1. 예수님의 정체

예수님은 어떤 분이십니까? 오늘 본문 말씀에 보니까 “그는 근본 하나님의 본체시나 …, 사람의 모양으로 나타나셨으매”(빌 2:6, 8)라고 예수님의 신분을 증언하고 있습니다. 예수님의 근본은 하나님의 본체이지만 모양은 사람의 육을 입고 이 땅에 오셨다는 것입니다. “말씀이 육신이 되어 우리 가운데 거하시매 우리가 그 영광을 보니 아버지의 독생자의 영광이요, 은혜와 진리가 충만하더라"(요 1:14). 이 말씀이 증거하는 바와 같이 예수님은 '말씀'이 '사람'으로 되시어 이 땅에 오셨습니다.

그렇다면 '말씀'의 정체는 무엇입니까? 요한복음 1장 1절에 보면 "태초에 말씀이 계시니라. 이 말씀이 하나님과 함께 계셨으니, 이 말씀은 곧 하나님이시니라"(요 1:1)라고 증언하고 있습니다. 이처럼 '말씀'은 태초에 하나님과 함께 계셨던 바로 '하나님'이신 것입니다.

또한 "만물이 그로 말미암아 지은 바 되었으니 지은 것이 하나도 그가 없이는 된 것이 없느니라"(요 1:2)라고 하여 '말씀' 즉 '예수님'은 태초에 하나님과 함께 천지와 만물을 창조하신 '창조주 하나님'이신 것입니다. 따라서 '예수님'은 그 신성(神性)은 '하나님'이시고 인성(人性)은 '사람'이신 참 하나님이시오, 참 사람이신 분입니다.

2. 예수님이 이 땅에 오신 목적

그렇다면 말씀이 육신이 되신 예수님은 왜 이 땅에 오셨습니까? 이 땅에 오신 궁극적인 목적은 모든 그리스도인이 잘 알고 있는 바와 같이 죄 가운데 있는 인류를 구원하기 위하여 오셨습니다. "하나님이 세상을 이처럼 사랑하사 독생자를 주셨으니 이는 저를 믿는 자마다 멸망치 않고 영생을 얻게 하려 하심이니라"(요 3:16). 부득이 죽을 수밖에 없는 죄 된 인간에게 영생의 구원을 주시기 위하여 예수님께서 이 땅에 오셨습니다. 그리고 예수님께서는 이 땅에 오신 목적인 인류의 구원을 이루시기 위하여 많은 일을 하셨습니다.

첫째로, 하나님과 사람 사이에서 중보(仲保)의 역할을 하셨습니다.

"하나님은 한 분이시요, 또 하나님과 사람 사이에 중보도 한 분이시니 곧 사람이신 그리스도 예수라"(딤전 2:5)라고 하여 예수님만이 유일하신 중보이심을 성경이 증언하고 있습니다. 하나님과 사람은 존재 방식이 다르기 때문에 서로 교통하기가 어렵습니다. 따라서 참 하나님이시요, 참 사람이신 예수님이야 말로 그 사이를 중계하시기에 알맞은 신분입니다.

둘째로, 예수님께서는 가르치시며, 전파하시며, 고치시는 일을 하셨습니다.

"예수께서 온 갈릴리에 두루 다니사 저희 회당에서 가르치시며, 천국 복음을 전파하시며, 백성 중에 모든 병과 모든 약한 것을 고치시니"(마 4:23)라고 성경이 증언하고 있습니다. 이와 같이 예수님께서는 하나님 나라의 기쁜 소식만 전하신 것이 아니라 천국 백성으로서 갖추어야 할 온갖 생각과 말과 행동을 가르치시고 병들고 연약한 자들을 고치심으로써 인류 구원을 위한 사역을 감당하셨습니다.

셋째로, 예수님께서는 마귀의 일을 멸하셨습니다.

"하나님의 아들이 나타나신 것은 마귀의 일을 멸하려 하심이니라"(요일 3:8)라는 말씀과 같이 예수님께서는 마귀의 세력을 꺾어 놓으셨습니다. 광야에서 있었던 마귀의 시험에서 승리하신(마 4:1~11) 후 군대 귀신들린 사람으로부터 귀신을 쫓아내시고(눅 8:22~39), 막달라 마리아에게서 일곱 귀신을 쫓아내시는(막 16:9) 등 귀신들을 제압하시며, "마귀에게 눌린 모든 자를 고치셨습니다."(행 10:38).

넷째로, 예수님께서는 사람의 죄를 대속하기 위하여 십자가에 못 박혀 죽으셨습니다.

"인자가 온 것은 …, 자기 목숨을 많은 사람의 대속물로 주려함이니라"(마 20:28)라고 말씀하시어 예수님께서는 스스로 오신 목적을 밝히시고 그대로 실천하셨습니다.

이상과 같이 예수님은 하나님과 사람 사이에 중보자의 일을 하시기 위하여, 사람들에게 가르치시며 천국 복음을 전파하시며 병든 자를 고치시기 위하여, 또 마귀의 일을 멸하시기 위하여, 그리고 십자가의 피로 구속 역사를 이루시기 위하여 이 땅에 오셨습니다.

3. 우리가 본받아야 할 예수님의 마음

한편 위에 열거한 사역 외에도 예수님께서는 모든 그리스도인의 본이 되시기 위하여 이 땅에 오셨습니다. 그리스도인이 본받아야 할 예수님의 마음은 많이 있습니다. 그 중에서도 오늘 본문에 명시된 겸손과 순종과 헌신적인 사랑을 본받으라고 야고보서 기자는 권면하고 있습니다.

첫째로, 겸손을 본받아야 합니다.

말씀으로 계신 하나님께서 사람의 육을 입고 이 땅에 오신 그 자체가 한없는 겸손인 것입니다. "그는 근본 하나님의 본체시나 하나님과 동등됨을 취할 것으로 여기지 아니하시고, 오히려 자기를 비어 종의 형체를 가져 사람들과 같이 되었고, 사람의 모양으로 나타나셨으매"(빌 2:6~7)라는 말씀과 같이 예수님은 한없이 자체를 낮추셨습니다. 또한 예수님께서는 바리새인들의 비난을 받으시면서도 세리와 죄인의 친구가 되셨으며(마 11:19), 제자들의 발을 씻겨주심으로써 제자들과 모든 그리스도인에게 겸손의 본을 보여 주셨습니다(요 13:14~15).

둘째로, 순종을 본받아야 합니다.

또한 예수님께서는 "내가 하늘로서 내려온 것은 내 뜻을 행하려 함이 아니요, 나를 보내신 이의 뜻을 행하려 함이니라"(요 6:38~39)라고 하시어 철저하게 하나님의 뜻에 순종하고 있음을 볼 수 있습니다. 인성을 가지신 예수님은 십자가의 고통을 면했으면 하는 간절한 인간적인 바람이 있었지만 "그러나 나의 원대로 마옵시고 아버지의 원대로 하옵소서"(마 26:39)라는 순종의 말씀으로 마지막 겟세마네 동산의 기도를 마치셨습니다. 그리고 십자가의 죽음으로써 죽기까지 순종하시는 순종의 본을 보이셨습니다.

셋째로, 사랑을 본받아야 합니다.

또한 예수님의 십자가의 죽음은 인간에 대한 사랑의 극치를 보여 주신 것입니다. "내가 곧 너희를 사랑한 것 같이 너희도 서로 사랑하라. 사람이 친구를 위하여 자기 목숨을 버리면 이에서 더 큰 사랑이 없나니 나의 명한대로 행하면 곧 나의 친구라"(요 15:12~14)라고 가르치시고 스스로 친구를 위하여 십자가 위에서 목숨을 버리는 사랑을 실천하셨습니다. 참으로 예수님께서는 인간을 위하여 헌신적인 사랑을 실천하셨습니다.

정 리

말씀이 육신이 되셔서 이 땅에 오신 예수님은 참 하나님이시며 또한 참 사람이십니다. 예수님께서 이 땅에 오신 궁극적인 목적은 죄 가운데 있는 인류의 구원입니다. 이를 위하여 예수님께서는 하나님과 사람 사이에 중보가 되시고, 가르치시고 전파하시며 고치시는 일을 하셨습니다. 또한 마귀의 일을 멸하시고, 인간의 죄를 대속하기 위하여 십자가에서 피흘려 죽으셨습니다. 뿐만 아니라 예수님께서는 그리스도인의 본이 되시기 위하여 이 땅에 오셨습니다. 우리는 그 분의 겸손과, 순종과 헌신적인 사랑을 본받아 하나님의 백성으로서의 거룩함을 갖추어 가야 되겠습니다.

제4장 제5과
성령 충만의 능력

오순절날이 이미 이르매 저희가 다 같이 한곳에 모였더니, 홀연히 하늘로부터 급하고 강한 바람 같은 소리가 있어 저희 앉은 온 집에 가득하며 불의 혀 같이 갈라지는 것이 저희에게 보여 각 사람 위에 임하여 있더니, 저희가 다 성령의 충만함을 받고 성령이 말하게 하심을 따라 다른 방언으로 말하기를 시작하니라(행 2:1~4).

1. 성령 충만(聖靈充滿)의 의미

성경에 보면 '성령 충만' 이란 말은 있어도 '성부 충만', '성자 충만' 이란 말은 없습니다. '성령' 은 '성부', '성자' 와 함께 삼위일체 하나님의 한 위격으로서 인격적 기능을 가지고 있으면서도 성부, 성자와는 전혀 다른 특성을 가지고 있습니다. 즉, "성령을 부어주심"(행 2:33, 딛 3:6~7), "성령 충만"(눅 4:1, 행 2:4, 6:5) 등의 표현에서 보는 바와 같이 가령 물을 어떤 그릇에 부어 덜 채울 수도 있고, 가득 채울 수도 있다는 의미와 비유가 되는 것입니다.

따라서 그릇에 물이 가득 채워진 것처럼 사람이 성령으로 가득 채워졌을 때를 성령으로 충만 되었다고 합니다. 사람이 '성령을 받았다'고 할 때는 아직 성령으로 덜 채워진 상태도 될 수 있고 가득 채워진 상태도 될 수가 있을 것입니다. 그러나 '성령 충만'이라고 할 때는 반드시 성령으로 가득 채워진 상태를 의미하게 되는 것입니다.

2. 성령 충만 된 사람에게 나타나는 표적

물이 가득 찬 병에 계속 물을 부으면 물이 넘쳐납니다. 그 병 안의 물이 보이지 않는다고 할지라도 넘쳐나는 물을 보면 물이 병에 가득 채워졌다는 것을 알 수 있습니다.

마찬가지로 성령으로 충만된 사람에게 계속 성령이 부어지면 넘쳐나는 성령은 여러 가지 표적으로 나타나게 됩니다. 따라서 사람이 성령으로 충만되었는 지를 눈으로는 볼 수 없지만 그 넘쳐나는 현상으로 봐서 성령으로 충만되었음을 알 수 있습니다.

성령이 충만된 사람은 방언을 말하거나(행 2:4), 성령의 말을 대언하거나(눅 1:41, 67, 행 4:8), 하늘보좌를 바라보거나(행 7:55~56), 권능을 받게 되고(행 1:8), 지혜와 총명과 지식으로 여러 가지 일을 하게 되고(출 35:31), 기쁨으로 충만됩니다(행 13:52).

또, 성령으로 충만된 사람은 눈물의 회개가 일어나며, 기도와 찬송과 감사의 말이 입술에서 터져 나오며, 말씀 읽는 것이 즐거우며 말씀을 잘 깨닫게 됩니다(고전 2:10). 그리고 기꺼이 예물을 드리고 싶은 생각과 전도하고, 봉사하고 싶은 생각이 마음속에서 터져 나오게 됩니다.

그리고 또, 사람의 성품과 행동에 "사랑과 희락과 화평과 오래 참음과 자비와 양선과 충성과 온유와 절제의 열매"(갈 5:22~23)가 열리게 되는 것입니다. 물론 사람이 성령으로 충만되었다고 해서 앞에서 열거한 모든 표적이 즉시 한꺼번에 나타나는 것은 아니고, 개인차에 따라서 서서히 또는 몇 가지씩 나타나게 되는 것입니다.

결론적으로 사람이 성령으로 충만되면 그 생각과 말과 행동에 변화가 나타나게 되는데 소극적인 사람이 적극적인 사람으로, 부정적인 사람이 긍정적인 사람으로, 성급한 사람이 참을성 있는 사람으로, 비관적인 사람이 낙관적인 사람으로, 불성실한 사람이 성실한 사람으로 변화를 받게 됩니다.

3. 사람을 변화시키는 성령 충만의 능력

예수님의 12제자들은 3년 동안이나 예수님의 교훈을 직접 받았지만 인본주의적 생각이 그대로 남아있었습니다. 그들은 물질을 추구했고(막 14:10~11), 벼슬을 좋아했으며(막 10:35~37), 죽음을 두려워했습니다(마 26:56). 또 그들은 예수님이 누구인지(막 4:41), 예수님의 말씀이 무엇인지 깨닫지 못했습니다(막 8:17~18).

그러나 오순절 성령 강림 후 성령으로 충만 된 그들은 메시야로서의 예수님에 대한 확신을 갖고 하늘나라 확장을 위하여 충성 봉사했습니다. 산헤드린 공회와 관원들 앞에서 담대히 예수 그리스도를 증언했으며(행 4:19~20, 5:29~32), 목숨을 걸고 복음 전파의 사역을 감당했습니다.

이제 12제자의 대표가 되는 베드로의 경우를 들어 변화된 모습을 간단히 살펴봅니다. 첫째로, 오순절 성령 강림 전에는 잠자는 상태였다면(마 26:40) 성령 충만 후에는 깨어있는 상태로 변했습니다(벧전 5:8~9). 둘째로, 충동적이고 세상적이었으나(요 18:10, 마 16:23) 신중하고 순종적으로 변했습니다. 셋째로, 자기 자랑에서(마 26:33) 예수 그리스도의 자랑으로 변화되었습니다(행 3:6). 넷째로, 겁쟁이 성격이(마 26:69~74) 담대한 성격으로 변화되었습니다(행 4:19~20, 5:29~32). 다섯째로, 성령으로 충만되기 전 베드로는 무지하고 잘 깨닫지 못한 상태에 있었으나(막 8:17~18) 오순절 성령 강림 이후 말씀을 잘 깨닫고 지혜롭게 변화되었습니다(행 4:13).

이 외에도 여러 측면에서 많은 변화를 찾아볼 수 있지만 어쨌든 이상에서 보는 바와 같이 성령 충만은 사람을 놀랍게 변화시키는 능력이 있음을 알 수 있습니다.

4. 그리스도인은 모두 성령으로 충만되어야 한다

예수를 수십년 믿고도 인본주의로 사는 사람이 많습니다. 이런 사람들이 성령 충만으로 성령 세례를 체험하면 신본주의 가치관으로 변화가 됩니다. 자타가 공인할 만큼 착실하고 성실한 믿음의 소유자라도 성령 충만 전후의 믿음의 느낌은 전혀 다른 것입니다.

"성령 충만의 체험이 없는 착실한 믿음을 흐린 날에 비유하면 성령 충만의 체험을 한 열정적인 믿음은 구름이 물러가고 맑은 하늘에서 밝은 태양빛이 비치는 것에 비유된다"고 내가 잘 아는 어느 집사님이 간증했습니다.

그는 그 후 초등학교 교사직을 그만 두고 신학을 공부해서 지금은 성공적으로 목회를 하고 있습니다. 그렇습니다. 우리가 성령 충만을 체험하면 믿음의 차원이 달라지게 됩니다. 그렇다면 어떻게 해야 성령 충만을 받게 되되는 것입니까?

우리가 성령 충만을 받기 위해서는 늘 "회개하고 그리스도의 이름으로 죄사함을 받아야"(행 2:38) 합니다. 또, "하나님의 말씀에 순종해야"(행 5:32) 하며, 확신을 가지고 성령을 사모하며(눅 11:13), 꾸준히 기다려야 합니다(눅 24:49).

그리스도인은 성령 충만을 받고 성령 충만의 표적을 체험함으로 말미암아 생각과 말과 행동에 있어서 놀라운 변화를 가져올 수 있습니다. '나' 중심의 인본주의적 가치관이 '하나님' 중심의 신본주의적 가치관으로 바뀌게 되는 것입니다. 참으로 성령 충만은 사람을 변화시키는 놀라운 능력이 있습니다. 우리 모두 성령 충만을 받읍시다.

제4장 제6과
'예수님의 제자'가 되는 길

또 다른 사람이 가로되 주여 내가 주를 좇겠나이다마는 나로 먼저 내 가족을 작별케 허락하소서. 예수께서 이르시되 손에 쟁기를 잡고 뒤를 돌아보는 자는 하나님의 나라에 합당치 아니하니라 하시니라(눅 9:61~62).

1. 그리스도인을 지칭하는 이름

'그리스도인' 이란 말은 초대 아디옥교회의 바울의 제자들이 처음으로 일컬음을 받게 된 명칭입니다(행 11:26). 너무 열심히 예수를 따랐기 때문에 세상 사람들로부터 말하자면 '예수쟁이' 란 말을 들었다는 것입니다. 사실 우리 모든 그리스도인은 '예수쟁이' 라는 말을 들을 만큼 열심히 예수를 믿어야 합니다. 여기서 '그리스도인' 을 지칭하는 몇 가지를 들어봅니다.

첫째로, '하나님의 아들' (자녀)이라는 호칭이 있습니다. "무릇 하나님의 영으로 인도함을 받는 그들은 곧 하나님의 아들이라"(롬 8:14). "성령이 친히 우리 영으로 더불어 우리가 하나님의 자녀인 것을 증거하나니"(롬 8:16). 말씀이 증언하는 바와 같이 그리스도인은 '하나님의 자녀' 입니다.

둘째로, 그리스도인을 '그리스도의 종' 또는 '하나님의 종' 이라고 부릅니다. 이 명칭은 그리스도인들이 주인에게 충성하고(마 25:21) 순종하여(마 8:9) 주인의 뜻을 따르는 종들(눅 12:47~48)처럼 하나님의 종이 되어야 한다는 의미입니다.

셋째로, 그리스도인을 '예수님의 제자' 라고 부릅니다. 12사도만 제자가 아니라 오늘날 모든 그리스도인들도 예수님의 제자의 제자의 … 제자로서 예수님의 제자가 되어야 합니다. "새 계명을 너희에게 주노니 서로 사랑하라. 너희가 서로 사랑하면 이로써 사람이 너희가 내 제자인 줄 알리라"(요 13:34~35). 말씀과 같이 '예수님의 제자' 란 이름에는 예수님의 성품을 닮는다는 의미가 있습니다.

이 외에도 그리스도인의 명칭에는 '교인', '성도', '하나님의 백성' 등이 있습니다. 여기서는 특별히 '예수님의 제자' 라는 명칭을 주목하여 '제자가 되는 길' 에 대하여 알아보기로 합니다.

2. 예수님의 제자가 되는 길

(1) 예수님의 제자가 되는 길은 현실의 축복을 목적으로 해서는 안 된다.

예수님께서 "길 가실 때 혹이 여짜오되 어디로 가든지 저는 좇으리이다"(눅 9:57)라고 제자 되기를 청했습니다. 어쩌면 이 사람의 마음속에는 예수님의 제자가 되는 것이 출세의 길이라는 생각이 들었을지도 모릅니다. 이 사람의 청에 대하여 예수님께서는 "여우도 굴이 있고 공중의 새도 집이 있으되 인자는 머리 둘 곳이 없도다"(눅 9:58)라고 말씀하시어 당신을 따르는 것이 현실적으로는 고난을 각오해야 될 것이라고 암시했습니다.

오늘날 정치인들에게는 줄을 잘 서야 한다는 말이 있습니다마는 예수님에게 줄서는 그리스도인들은 줄서는 목적을 분명히 알고 서야만 되겠습니다.

"너희 중 누구든지 자기의 모든 소유를 버리지 아니하면 능히 내 제자가 되지 못하리라"(눅 14:33). 그렇습니다. 예수님의 제자가 되기 위해서는 소유에 대한 욕심을 버려야 합니다. 예수님의 제자가 되는 것이 세상적 욕심을 채우기 위한 수단이 될 수는 없는 것입니다.

"예수께서 앉으사 열두 제자를 불러서 이르시되 아무든지 첫째가 되고자 하면 뭇 사람의 끝이 되며 뭇 사람을 섬기는 자가 되어야 하니라"(막 9:35). 또한 말씀과 같이 예수님의 제자는 겸손해야 합니다. 항상 앞자리보다 뒷자리에 앉아서 남을 섬기는 자세가 되어야만 합니다.

결론적으로 사람이 예수님의 제자가 되기 위해서는 물질, 명예, 권력 등 현실적인 축복을 목적으로 해서는 안 되며, 항상 낮은 자리에 앉아서 겸손한 자세로 이웃을 섬겨야만 합니다.

(2) 예수님의 제자가 되는 길은 그 시기를 뒤로 미루어서는 안 된다.

예수님께서 "또 다른 사람에게 나를 좇으라 하시니 그가 가로되 나를 먼저 가서 내 부친을 장사하게 하소서"(눅 9:59)라고 하여 제자로 초청을 받은 사람이 가정 사정으로 다소 말미를 주십사고 요청하였습니다. 부친의 임종 때까지는 부친께 효도해야 한다는 핑계입니다.

우리에겐 예수님의 제자가 되는 길에 방해가 되는 많은 장애물이 있습니다. 가정 문제, 친구 문제, 직장 문제, 사업 문제, 취미 오락 문제 등 많은 현실적인 문제가 가로 놓여 있습니다. 이에 대하여 예수님께서는 "죽은 자들로 죽은 자들을 장사하게 하고 너는 가서 하나님의 나라를 전파하라"(눅 9:60)라고 단호하게 명령하셨습니다.

이 말씀의 의미는 죽은 자들의 장례는 세상에 남아있는 자들이 많이 있으니 걱정할 것이 없다는 것입니다. 영적으로 볼 때 예수 믿지 않는 자들은 모두 죽은 자들입니다(롬 6:12). 위의 말씀에서 앞에 나온 '죽은 자들'은 예수 믿지 않는 세상 사람들을 지칭하는 말씀입니다.

결론적으로 사람이 예수님의 제자가 되는 시기를 부친의 장례를 치를 때까지

기다려서는 안 된다는 것입니다. 현실적이고 세상적인 장애는 희생을 각오하고 극복해야만 된다는 것입니다.

특별히 지명하여 초청받은 자는 세상적 소망을 미련없이 과감히 버려야만 되는 것입니다. 밭을 샀다는 이유로, 소를 샀다는 이유로, 장가들었다는 이유로 초청에 응하지 않은 사람들은 모두가 천국 잔치에 참여하는 기회를 놓치고 말았습니다(눅 14:16~20).

(3) 예수님의 제자가 된 사람은 세상에 미련을 두어서는 안 된다.

"또 다른 사람이 가로되 주여 내가 주를 좇겠나이다마는 나로 먼저 내 가족을 작별하게 허락하소서. 예수께서 이르시되 손에 쟁기를 잡고 뒤를 돌아보는 자는 하나님의 나라에 합당치 아니하니라 하시니라"(눅 9:61~62). 말씀에서 보는 바와 같이, 아무리 믿음이 중요하다 하더라도 가족과의 작별까지 허락받지 못하고 부친의 장례식 참석을 금지당하는 것은 윤리적으로도 이해할 수 없는 일이라 하겠습니다. 따라서 이 상황은 하나의 과장법으로 이해를 해야 되겠습니다.

예수님의 제자가 되는 길은 그만큼 단호하게 세상과의 인연을 끊어야 된다는 것을 강조하는 의미인 것입니다. 그것은 마치 "무릇 내게 오는 자가 자기 부모와 처자와 형제와 자매 및 자기 목숨까지 미워하지 아니하면 능히 나의 제자가 되지 못하고"(눅 14:26)라고 말씀하신 예수님의 말씀과 같은 맥락이라고도 할 수 있겠습니다. 이 말씀의 의미는 가족을 미워하라는 의미가 아니고 사랑하는 대상의 우선순위를 예수님에게 먼저 두어야 한다는 의미인 것입니다.

본문에서 "손에 쟁기를 잡고 뒤를 돌아본다"(눅 9:62)는 것은 두 가지 일을 한꺼번에 하겠다는 것인데 이러한 사람은 예수님의 제자로서 합당치 않다는 것입니다. 그래서 예수님께서는 "너희가 하나님과 재물을 겸하여 섬기지 못하느니라"(마 6:24)라고 말씀하셨습니다. 결국 예수님의 제자는 가치의 우선순위를 세상의 어떤 소중한 것보다도 예수님에게 먼저 두어야 한다는 것입니다.

정 리

모든 그리스도인은 예수님의 제자로서의 임무와 책임을 다 해야만 되는 것입니다. 예수님의 제자가 되기 위해서는 첫째로, 세상적인 축복에 목적을 두지 말고, 욕심을 버리며 겸손히 남을 섬길 줄 알아야 합니다. 둘째로, 제자가 되는 일을 뒤로 미루어선 안 됩니다. 세상의 온갖 어려운 장애를 극복하고 과감히 예수님을 좇아야만 합니다. 셋째로, 예수님의 제자가 된 자는 하나님과 하나님의 나라를 가치의 최우선순위에 두어야 합니다. 가족이나 재물이나 명예나 자신의 목숨까지도 예수님 다음으로 그 가치를 두어야 합니다.

결론적으로 우리가 예수님의 제자가 되기 위해서는 세상의 어떤 소중한 것보다 더 예수님을 가치의 최우선순위에 두어야만 합니다.

제4장 제7과
나와 예수님과의 거리

저희가 예수를 끌고 대제사장에게로 가니 대제사장들과 장로들과 서기관들이 다 모이더라. 베드로가 예수를 멀찍이 좇아 대제사장의 뜰안까지 들어가서 하속들과 함께 앉아 불을 쬐더라(막 14:53~54).

예수님께서 잡히시던 날 밤 베드로는 스승인 예수님을 세 번이나 부인했습니다. "베드로가 저주하며 맹세하되 나는 너희의 말하는 이 사람을 알지 못하노라 하니 닭이 곧 두 번째 울더라"(막 14:71). 말씀과 같이 베드로는 예수님의 예언대로 닭이 두 번 울기 전에 예수님을 세 번 부인했습니다. "내가 주와 함께 죽을지언정 주를 부인하지 않겠나이다"(막 14:31)라고 장담했던 베드로가 왜 주님을 세 번이나 부인했을까요?

1. 베드로가 예수님을 세 번 부인한 이유

첫째로, 베드로가 예수님을 부인하게 된 원인은 베드로가 예수님을 멀찍이 좇고 있었기 때문입니다.

“베드로가 멀찍이 예수를 좇아 대제사장의 집 뜰에까지 가서 그 결국을 보려고 안에 들어가 하속들과 함께 앉았더라”(마 26:58). 예수님과 가까이 있었을 때의 베드로는 늘 용감하고 충성스러웠습니다.

한 번은 예수님께서 물 위로 걸어오시는 것을 보고 예수님의 허락을 구해 자신이 물 위를 걷는 용기를 보여 주었습니다(마 14:29). 가이사랴 빌립보에서는 “주는 그리스도시요 살아계신 하나님의 아들이시니이다”(마 16:16)라고 고백하여 예수님으로부터 칭찬을 들었습니다. 또한 예수님이 잡히실 때에는 죽음을 무릅쓰고 칼을 빼어 대제사장의 종 말고의 귀를 베는 용기와 충성을 보였습니다(요 18:10).

사람이 주인과 떨어져 있으면 주인을 비판하고 자기를 옹호하기가 쉽습니다. 만약 베드로가 예수님과 함께 잡혀서 나란히 앉아 심문을 받았더라면 예수님을 절대로 부인하지 않았을 것입니다.

둘째로, 베드로가 예수님을 부인하게 된 원인은 베드로가 하속들과 함께 앉아 있었기 때문입니다.

하속들이 누구입니까? 바로 예수님을 잡아 죽이려고 하는 자들의 종들이요, 바로 예수님을 잡아온 장본인들입니다. 그들은 은근히 베드로를 위협했습니다. 베드로는 예수님의 대적들 속에 앉아 있었기 때문에 두려움을 느끼게 되었습니다. 순간 베드로는 잡혀있는 예수님의 능력에 회의를 느끼고, 신변의 안전을 위하여 예수님을 부인하게 되었습니다.

오늘날 그리스도인들도 예수님을 멀찍이 좇아가면서 하속들(세상 사람들)과 함께 자리를 하고 있으면 예수님을 부인하고 말게 되는 것입니다.

2. 회심(回心) 후 예수님을 부인한 적이 없는 바울

골수 바리새인이었던 사울(바울)이 그리스도인을 잡으러 가던 다메섹 도상에서 빛과 음성으로 예수님을 만나고 회심(回心)한(행 9장) 후로는 한 번이라도 예수님을 부인했다는 기록이 없습니다. 바울은 어떻게 해서 예수님을 한 번도 부인하지 않았을까요?

“내가 그리스도와 함께 십자가에 못 박혔나니 그런즉 이제는 내가 산 것이 아니요 오직 내 안에 그리스도께서 사신 것이라"(갈 2:20). 말씀과 같이 바울은 예수님을 만난 후 예수님을 멀찍이 좇아간 것이 아니라 아주 가까이 밀착해서 예수님과 하나가 되어 있었습니다.

가족이나 친구 등 대인 관계에서 아주 가까이 밀착되어 있을 때에는 상대방을 부인할 수가 없게 되는 것입니다. 따라서 바울이 예수님을 부인한 적이 없었던 것은 떨어져 있지 않고 항상 가까이 밀착되어 있었기 때문이었습니다.

"너희가 믿음에 있는가 너희 자신을 시험하고 너희 자신을 확증하라. 예수 그리스도께서 너희 안에 계신 줄을 너희가 스스로 알지 못하느냐? 그렇지 않으면 너희가 버리운 자니라"(고후 13:5). 예수를 믿는 마음이 있다는 것은 예수님께서 마음속에 들어와 함께 계신다는 것을 의미합니다. 비록 교회에 출석할지라도 예수님과 떨어져 있는 자는 버리운 자가 될 수밖에 없다는 것입니다.

3. 하나님이 그리스도인에게 바라시는 것

첫째로, 예수님과 늘 가까이 있어 하나가 되기를 원합니다.

"아버지께서 내 안에, 내가 아버지 안에 있는 것같이 저희도 다 하나가 되어 우리 안에 있게 하사 세상으로 아버지께서 나를 보내신 것을 믿게 하옵소서. 내게 주신 영광을 내가 저희에게 주었사오니 이는 우리가 하나가 된 것같이 저희도 하나가 되게 하려 함이니이다"(요 17:21~22).

말씀은 예수님께서 십자가에 달리시기 전 그리스도인을 위하여 하나님께 드린 중보기도의 한 대목입니다. 예수님께서 원하시는 것은 예수님이 아버지 하나님과 하나가 되신 것처럼 그리스도인들도 하나님 및 예수님과 하나가 되는 것입니다.

실제로 예수님께서 이 땅에 오신 목적 중의 하나는 죄로 말미암아 서로 떨어져 있던 하나님과 사람 사이를 화목하게 하심으로써 하나 되게 하는 화목제물로 오신 것입니다.

둘째로, 하나님의 백성은 세상 사람들과 함께 하지 말아야 한다는 것입니다.

"복 있는 사람은 악인의 꾀를 좇지 아니하며, 죄인의 길에 서지 아니하며, 오만한 자의 자리에 앉지 아니하고 오직 여호와의 율법을 즐거워하여 그 율법을 주야로 묵상하는 자로다"(시 1:1~2).

말씀에서 '복 있는 사람'은 바로 그리스도인을 말합니다. 그리스도인은 악인, 죄인, 오만한 자 등 세상 사람들의 자리에 함께 어울려서는 안 된다는 것입니다. 세상 사람들과 함께 하는 동안 자신도 모르게 예수님을 부인하게 되는 것입니다.

따라서 그리스도인은 율법, 즉 말씀을 묵상하면서 주님을 가까이 해야 합니다. 하나님께서는 그리스도인들로 하여금 세상 사람들을 멀리하고 예수님과 하나가 되기를 원하십니다.

4. 그리스도인은 예수님께 붙어 있어야 생명이 유지된다

베드로가 예수님을 부인할 때, 결코 예수님을 따르지 않은 것이 아니라 다만 멀찍이 따라갔을 뿐이었습니다. 혹시 나는 교회에 출석하는 것으로 만족하고 있지나 않습니까? 나와 예수님의 거리가 얼마나 되는 지 생각해본 적이 있습니까? 혹 멀찍이 따라가고 있지는 않습니까?

"나는 포도나무요 너희는 가지니 저가 내 안에, 내가 저 안에 있으면 이 사람은 과실을 많이 맺나니 나를 떠나서는 너희가 아무것도 할 수 없음이라. 사람이 내 안에 거하지 아니하면 가지처럼 밖에 버리워 말라지나니 사람들이 이것을 모아다가 불에 던져 사르느니라"(요 15:5~6).

예수님의 말씀입니다. 포도나무 가지가 나무에 붙어 있어야 생명이 유지되고 과실을 맺는 것처럼 그리스도인은 예수님께 붙어 있어야 생명이 유지되고 열매를 맺을 수가 있습니다. 가지가 나무에서 떠나면 말라져서 땔감이 되는 것처럼 예수님으로부터 떨어져 있는 그리스도인은 결국 땔감 신세가 될 수밖에 없다는 것입니다.

정 리

우리는 예수님 잡히시던 날 베드로처럼 멀찍이 예수님을 좇으면서 하속들(세상) 속에 앉아 있지 말고 열심히 말씀을 실천하면서 예수님과 하나가 되어야겠습니다. 말씀이 육신이 되신 분이 예수님이시기 때문에 오늘날 우리에게 예수님은 바로 말씀인 것입니다. 따라서 말씀을 가까이 하고 실천하는 것이 곧 예수님과 가까이 하고 하나가 되는 것입니다.

"너희가 내 안에 거하고 내 말이 너희 안에 거하면 무엇이든지 원하는 대로 구하라. 그리하면 이루리라"(요 15:7). 그렇습니다. 말씀이 내 안에 거하면 바로 예수님이 내 안에 거하시는 것입니다. 우리는 말씀의 실천으로 예수님과 하나가 되어야만 하겠습니다. 할렐루야!

제4장 제8과
인류 구원을 위한 삼위일체 하나님의 역사

오순절날이 이미 이르매 저희가 다 같이 한곳에 모였더니 홀연히 하늘로부터 급하고 강한 바람 같은 소리가 있어 저희 앉은 온 집에 가득하며 불의 혀 같이 갈라지는 것이 저희에게 보여 각 사람 위에 임하여 있더니 저희가 다 성령의 충만함을 받고 성령이 말하게 하심을 따라 다른 방언으로 말하기를 시작하니라(행 2:1~4).

1. 오순절과 성령강림절

"오순절날이 이미 이르매 저희가 다 같이 한 곳에 모였더니 홀연히 하늘로부터 급하고 강한 바람 같은 소리가 있어 저희 앉은 온 집에 가득하며…" (행 2:1~2), 말씀과 같이 성령 강림의 역사는 오순절날 이루어졌습니다. 따라서 오순절과 성령강림절은 같은 날입니다.

오순절(五旬節)은 구약 절기로 칠칠절(七七節), 또는 맥추절(麥秋節)이라고도 하는데(출 34:22) 유월절(逾越節 아빕월 14일)로부터 50일(五旬) 되는 날로 처음 익은 열매를 드리는 날(민 28:26)입니다. 성령강림절은 신약의 절기로 예수님 부활하신 날로부터 50일(승천하신 날로부터 10일) 되는 날입니다.

2. 예수님과 성령님의 임무 교대

그렇다면 오순절날에 있었던 성령 강림의 역사는 어떤 의미가 있습니까? "예루살렘을 떠나지 말고 기다리라. 요한은 물로 세례를 베풀었으나 너희는 몇 날이 못 되어 성령으로 세례를 받으리라"(행 1:4~5 요약). 승천하시기 직전 부활하신 예수님께서 제자들에게 약속하신 말씀입니다. 예수님의 이 예언의 말씀은 예상보다 속히 성취되었습니다. 우리는 예수님의 다음 말씀에서 그 이유를 알 수가 있습니다.

"내가 너희에게 실상을 말하노니 내가 떠나가는 것이 너희에게 유익이라. 내가 떠나가지 아니하면 보혜사가 너희에게로 오시지 아니할 것이요, 가면 내가 그를 너희에게로 보내리니 그가 와서 죄에 대하여, 의에 대하여, 심판에 대하여 세상을 책망하시리라"(요 16:7~8).

제자들로 하여금 성령 충만의 은혜로 권능을 받고 땅 끝까지 이르러 예수 그리스도의 증인이 되도록 하기 위하여(행 1:8) 성령 강림의 역사가 급하게 필요했던 것입니다. 제자들의 마음속에 들어가 예수님의 교훈을 깨닫게 하고 복음 전파의 열정을 솟구치게 하는 성령의 역사가 필요한 하나님의 때가 이르렀던 것입니다. 이를 위하여 예수님(보혜사)과 성령님(다른 보혜사, 요 14:16)이 급하게 임무 교대를 하신 것이 분명한 것입니다.

3. 삼위일체 하나님

"너희는 가서 모든 족속으로 제자를 삼아 아버지와 아들과 성령의 이름으로 세례를 주고, 내가 너희에게 분부한 모든 것을 가르쳐 지키게 하라"(마 28:19~20). 앞에서 예수님(성자 하나님)과 성령님(성령 하나님)이 임무 교대를 하셨다고 했습니다마는 예수님께서는 아버지(聖父 하나님), 아들(聖子 하나님), 성령(聖靈 하나님) 이렇게 세 분 하나님이 제자 세례에 함께 동참하고 있음을 말씀하십니다.

한편 "나는 여호와라. 나 외에 다른 이가 없나니 나밖에 신(神)이 없느니라"(사 45:5)라고 하시어 하나님께서는 유일신(唯一神)이심을 말씀하고 계십니다. 이처럼 한 분이시면서 세 분이신 하나님을 신학에서는 '삼위일체(三位一體) 하나님'이라 하여 "한 본질(本質) 세 위격(位格)의 하나님"으로 규정하고 있습니다. 우리가 섬기는 하나님은 성부 하나님, 성자 하나님, 성령 하나님으로 구분이 되되 그 본질은 하나로 통일이 되어 있다는 것입니다.

삼위일체 하나님께서 사람 앞에 찾아오신 것은 하나님을 떠나 죄악 가운데 빠져 있는 사람들을 구원하시기 위함입니다. 성부 하나님께서는 주로 구약 시대에, 성자 하나님께서는 주로 공생애 시대에 역사하셨고, 성령 하나님은 주로 오순절 성령 강림 후 오늘날 은혜 시대에 인류 구원을 위하여 역사하고 계십니다.

4. 인류 구원을 위한 삼위일체 하나님의 역사

첫째로, 성부 하나님은 공의롭고 두려운 하나님입니다. 따라서 죄인인 사람들은 성부하나님을 직접 대면할 수가 없습니다.

"여호와께서 모세에게 이르시되 내려가서 백성을 신칙하라. 백성이 돌파하고 나 여호와께로 와서 보려고 하다가 많이 죽을까 하노라. 또 여호와께 가까이 하는 제사장들도 그 몸을 성결히 하게 하라. 나 여호와가 그들을 돌격할까 하노라"(출 19:21~22). 말씀에서 '신칙하라'는 말은 "단단히 일러서 경계하라"는 의미입니다.

죄 가운데 있는 백성들이 하나님을 가까이 하면 죽을 수밖에 없습니다. 따라서 성부 하나님께서는 중보자 모세를 통해 백성들과 언약하고, 그 언약의 계명을 지킴으로써 구원에 이르게 하셨습니다. 비유로 말하면 죄악의 소굴에 빠져 있는 아들에게 종을 보내어 설득함으로써 돌아오도록 명령하고 기다리는 아버지와 같습니다.

둘째로, 성자 하나님(예수님)은 죄 가운데 있는 사람들을 구원하기 위하여 사람의 육신을 입고 이 땅에 직접 오셨습니다.

"예수께서 모든 성과 촌에 두루 다니사 저희 회당에서 가르치시며, 천국 복음을 전파하시며, 모든 병과 모든 약한 것을 고치시니라"(마 9:35). 말씀과 같이 예수님께서는 공생애 동안 인류 구원을 위하여 복음을 전파하시며, 사랑과 겸손과 봉사를 가르치시며, 병든 자와 연약한 자를 고치셨습니다.

드디어는 사람의 죄를 인하여 십자가 위에서 죽으시고, 이를 믿는 자의 생명을 위하여 부활하셨습니다. 비유로 말하면 악당들의 소굴에 빠져 있는 아들을 구원하기 위하여 직접 악당들의 소굴을 찾아가서 아들의 죄값을 치루어 주고 아들을 구원한 아버지와 같습니다.

셋째로, 성령 하나님은 오순절 성령 강림 이후 그리스도인들의 심령 속에 직접 오셔서 성령의 은사와 열매를 통하여 구원의 길로 인도하십니다.

“오직 성령이 너희에게 임하시면 너희가 권능을 받고 예루살렘과 온 유대와 사마리아와 땅 끝까지 이르러 내 증인이 되리라”(행 1:8). 제자들에게 성령이 충만하게 임하게 되면 예수 그리스도의 복음을 담대하게 증언할 능력을 받게 되는 것입니다. 확신을 가지고 복음을 담대히 증언할 “지혜의 말씀, 지식의 말씀, 믿음, 병 고치는 은사, 능력 행함, 예언함, 영들 분별함, 각종 방언 말함, 방언들 통역함”(고전 12:8~10) 등의 은사를 받게 됩니다.

“오직 성령의 열매는 사랑과 희락과 화평과 오래 참음과 자비와 양선과 충성과 온유와 절제니 이 같은 것을 금지할 법이 없느니라”(갈 5:22~23). 사람에게 성령이 임하시면 이상과 같은 성령의 열매가 맺어짐으로 말미암아 죄악 세상을 능히 이길 수 있는 예수님의 성품으로 거듭나게 되는 것입니다.

성령 하나님께서는 사람의 마음속에 직접 임하셔서 마음을 움직여 하나님과 천국을 깨닫게 하시고, 세상의 죄악을 능히 이기게 하심으로써 구원에 이르게 하십니다.

정 리

성부 하나님은 멀리 보좌에 계시는 공의의 하나님이십니다. 종들을 보내시어 사람들로 하여금 계명을 지킴으로써 죄악의 소굴에서 벗어나 하나님 앞으로 오기를 원하십니다. 성자 하나님은 사람의 육을 입고 죄악의 소굴인 사람들 가운데 오셔서 대속의 피를 흘림으로써 죄인을 구원하십니다. 성령 하나님은 사람의 마음속에 들어와 마음을 움직여 주심으로써 하늘나라를 깨닫게 하시고, 구원의 확신을 갖게 하십니다. 인류 구원의 역사(役事)는 성령 강림의 역사 이후 성령의 불길을 타고 전 세계로 왕성하게 전파되었습니다.

사람의 심령 속에 임하여 역사하시는 성령 하나님의 사역이야말로 인류 구원의 대로를 열어 놓게 된 것입니다.

제4장 제9과
구원의 주 초림 예수와 심판의 주 재림 예수

그러므로 사랑하는 자들아 너희가 이것을 바라보나니 주 앞에서 점도 없고 흠도 없이 평강 가운데서 나타나기를 힘쓰라(벧후 3:14).

1. 초림 예수와 재림 예수는 하시는 일이 다르다

"사랑하는 자들아 너희가 이것을 바라보나니 주 앞에서 점도 없고 흠도 없이 평강 가운데서 나타나기를 힘쓰라"(벧후 3:14). 오늘 본문 말씀은 재림 예수를 기다리는 성도들의 자세를 일러주고 있는 말씀입니다. 이 본문을 좀 더 쉬운 말씀으로 바꾸어 보면 "주님의 재림을 기다리고 있는 사랑하는 자들아, 점도 없고 흠도 없는 성결한(화해된) 모습으로 주님께 보이도록 노력하라"는 권면인 것입니다.

예수님의 재림을 고대하고 있는 그리스도인들이 많이 있습니다. 그러나 중요한 것은 우리가 예수님의 재림을 맞이하는 그 자체가 아니라 과연 내가 재림 예수님을 맞이할 준비가 제대로 되어 있는지 점검해봐야 된다는 것입니다.

이미 오셨다 가신 초림 예수님은 준비가 없는 상태에서 만나도 괜찮았습니다. 당장 이 시간에도 준비가 안 된 사람이 성령을 통하여 초림 예수님을 만나도 괜찮습니다. 왜냐하면 예수님은 사랑과 용서를 가지고 죄인을 구원하려 오셨기 때문입니다.

그러나 재림 예수님은 심판의 주로 오시기 때문에 죄인은 그 앞에 설 수가 없습니다. 공의를 가지고 의인과 죄인을 분명히 구분해서 심판하십니다. 준비되지 않은 사람도 구원의 주님이신 초림 예수님 앞에서는 회개하고 용서받을 기회가 있지만 심판의 주님이신 재림 예수님 앞에서는 회개할 기회가 없습니다. 점도 없고 흠도 없이 화평한 모습으로 준비된 자만이 재림 예수님을 맞이할 자격이 있습니다.

초림 예수님은 오신 목적이 죄인을 구원하는 데 있지만 재림 예수님은 오신 목적이 죄인을 심판하는 데 있습니다.

2. 초림 예수님의 하신 일

"오늘날 다윗의 동네에 너희를 위하여 구주(救主)가 나셨으니 곧 그리스도 주시니라"(눅 2:11). 말씀과 같이 예수님께서 처음 이 땅에 오실 때에는 구주, 곧 구원의 주로 오셨다고 성경이 분명히 증언하고 있습니다.

또한 예수님은 하나님과 사람과의 화해를 위하여 그 중보자로 이 땅에 오셨습니다. "우리가 원수 되었을 때에 그 아들의 죽으심으로 말미암아 하나님으로 더불어 화목되었다"(롬 5:10)라고 성경은 증언하고 있습니다. 하나님과 불화한 관계에 있는 사람이 하나님과의 화목을 회복하는 것이 곧 구원입니다.

아담이 저지른 불순종의 죄로 말미암아 모든 아담의 후손인 이 땅의 사람들은 하나님과의 교통이 끊어져서 하나님과 불화한 가운데 있게 되었습니다. 하나님과 불화 관계에 있는 사람을 하나님과 화해시키기 위하여 예수님은 사랑과 용서와 헌신이라는 수단을 가지고 이 땅에 오셨습니다.

"건강한 자에게는 의원이 쓸 데 없고 병든 자에게라야 쓸 데 있나니 내가 의인을 부르러 온 것이 아니요 죄인을 불러 회개시키러 왔노라"(눅 5:31~32)라고 예수님은 말씀하셨습니다. 이처럼 예수님은 죄인들과 세리들과 더불어 함께 식사도 하시고 교재하시면서 그들이 회개하고 하나님 앞으로 돌아오기를 촉구했습니다.

"회개하라 천국이 가까왔느니라"(마 4:17)라는 말씀으로 예수님은 복음 선포를 시작하셨으며 죄인이 회개할 때에는 "하루에 일곱 번이라도 용서하라"(눅 17:4)고 가르치셨습니다.

만일 하나님의 사랑과 용서가 없다면 구원을 얻을 사람은 아무도 없을 것입니다. 예수님은 "사람이 친구를 위하여 자기 목숨을 버리면 이에서 더 큰 사랑이 없다"(요 15:13)고 가르치셨습니다. 드디어 예수님은 자기 목숨을 바쳐 큰 사랑을 실천하셨습니다.

"모든 사람이 죄를 범하였으매 하나님의 영광에 이르지 못하더니 그리스도 예수 안에 있는 구속으로 말미암아 하나님의 은혜로 값없이 의롭다 하심을 얻은 자 되었느니라"(롬 3:23~24). 말씀과 같이 예수님께서는 죄없는 몸으로 십자가에 피를 흘려 우리들의 죄를 대신 갚아 주심으로 죄인들을 구원하셨습니다.

모든 그리스도인들은 예수님의 그 죄인을 위한 십자가 대속의 피로 말미암아 믿음으로 구원을 얻게 되었습니다. 이처럼 초림 예수님은 사랑과 용서와 헌신을 통하여 죄 가운데 있는 모든 사람들에게 구원의 길을 터놓았습니다.

3. 재림 예수님의 하실 일과 성도의 자세

"아버지께서 아무도 심판하시지 아니하시고 심판을 다 아들에게 맡기셨으니"(요 5:22) 예수님께서 이 세상에 다시 오실 때에는 세상을 심판하기 위하여 오시는 것입니다. 그 때에는 사랑과 용서를 가지고 오시는 것이 아니라 공의와 징벌을 가지고 오시게 됩니다.

"주 예수께서 저의 능력의 천사들과 함께 하늘로부터 불꽃 중에 나타나실 때에 하나님을 모르는 자들과 우리 주 예수의 복음을 복종치 않는 자들에게 형벌을 주시리니 이런 자들이 주의 얼굴과 그의 힘의 영광을 떠나 영원한 멸망의 형벌을 받으리로다"(살후 1:7~9). 말씀과 같이 재림 예수님께서는 불신자들에게 영원한 멸망의 형벌을 주시기 위하여 오십니다.

심판의 주 재림 예수님께서는 "각 사람에게 그의 일한 대로 갚아주며"(계 22:12), "손에 키를 들고 자기의 타작 마당을 정하게 하사 알곡은 모아 곡간에 들이고 쭉정이는 꺼지지 않는 불에 태우신다."(마 3:12)고 성경은 증언하고 있습니다.

또한 재림 예수님은 "생각지 않는 때에"(마 24:44) "도적 같이 오시기"(살전 5:2) 때문에 회개할 시간이 없습니다. 따라서 재림 예수님을 기다리는 그리스도인은 밤중에 신랑을 기다리는 슬기 있는 다섯 처녀처럼 늘 "기름을 준비해 가지고 있어야"(마 25:4) 하며, 어두움에 던져지지 않도록 예복을 준비해야 합니다(마 22:12~13).

그렇다면 우리가 심판의 주 재림 예수님 앞에서 어떻게 기름을 준비하고 예복을 준비합니까? 우리의 영과 혼과 몸이 점과 흠이 없는 온전히 거룩하고 화해된 모습으로 주님 앞에 보이도록 준비해야 합니다.(살전 5:23, 벧후 3:14). 구원의 주 초림 예수님께서 사랑과 용서와 헌신으로 이룩해 놓으신 하나님과의 화해의 상태가 잘 유지되어 있어야 합니다. 끊임없는 경건(영성)의 훈련으로 예수님을 닮아가는 성화(聖化)의 상태로 잘 준비되어 있어야 합니다.

정 리

초림 예수님은 죄 가운데 있는 사람을 회개시켜 하나님과 화해시키시는 중보자로 오셨고, 재림 예수님은 의인과 죄인을 구분하여 심판하러 오십니다.

초림 예수님 앞에서는 죄인이 회개할 기회가 있지만 재림 예수님 앞에서는 회개할 기회가 없습니다. 초림 예수님은 사랑을 가지고 죄인을 용서하러 오셨지만 재림 예수님은 공의를 가지고 죄인을 징벌하러 오십니다.

장차 심판의 주 재림 예수님 앞에 서야 할 우리 그리스도인들은 영과 혼과 몸이 점과 흠이 없는 온전히 거룩하고 성화(聖化)된 모습으로 주님 앞에 보여지도록 최선의 노력을 해야 합니다

제 5 장

그리스도인으로의 변화와 삶

제5장 제1과
가치의 전도

왕이 가로되 하만을 그 나무에 달라 하매 모르드개를 달고자 한 나무에 하만을 다니 왕의 노가 그치니라(에 7:9b~10).

1. 가치(價値)의 전도(轉倒)

바사국의 아하수에로왕 때의 일이었습니다. 하만이란 사람이 왕 다음으로 높은 지위를 얻게 되자 대궐 문을 지나는 모든 신복들로 하여금 자기에게 꿇어 엎드려 절을 하도록 하였습니다. 그런데 유대인 모르드개만은 꿇지도 아니하고 절하지도 아니하였습니다(에 3:1~2). 이에 하만이 심히 노하여 모르드개 뿐만 아니라 유다 민족 전체를 멸하고자 간계를 꾸몄습니다(에 3:5~6).

나라의 법을 어기는 민족이 있다고 왕에 간하여 유다 민족 남녀노소를 모두 죽이기로 하는 조서를 만들어 왕의 인을 치고 왕명으로 전국 각도에 급히 전달했습니다(에 3:10~15). 그리고 특별히 모르드개를 죽이기 위해서 50규빗(약 23m)이나 되는 높이의 교수대를 세웠습니다(에 5:14).

이 소식을 들은 모르드개와 수산성(수도)의 유다인들은 다급하게 옷을 찢고 굵은 베를 입으며 재를 무릅쓰고 통곡하며 금식기도를 시작했습니다(에 4:1~3). 한편 모르드개는 사촌 누이 동생인 왕후 에스더에게 구원을 요청했습니다(에 4:13~14). 왕후 에스더는 이때까지도 자기가 유다인임을 숨기고 있었습니다. 이 소식을 들은 왕후 에스더도 3일 간 금식을 선포하고 "죽으면 죽으리이다"(에 4:!6). 말씀과 같이 죽음을 각오하고 왕에게 하만의 간계를 고발하기로 결심했습니다.

드디어 왕과 하만과의 연회장에서 왕후 에스더의 입을 통하여 모르드개를 비롯하여 전 유다 민족을 멸절하려던 하만의 간계가 폭로되었습니다(에 7:4~8). 이에 진노한 왕은 모르드개를 달기 위하여 하만이 설치해 놓은 교수대에 하만 자신을 달도록 명령을 내렸습니다(에 7:9~10).

이 왕의 명령으로 말미암아 모르드개는 불의에서 의로, 하만은 의에서 불의로 그 처지가 바뀌에 되었습니다. 이와 같이 어떤 사건이나 사람의 처지가 정 반대로 바뀌게 되는 것을 '가치의 전도'라 합니다.

가령 한 정부에 대하여 쿠데타가 일어날 때 그 일어난 순간에 있어서는 기존 정부가 의이고, 쿠데타 세력은 불의입니다. 그러나 쿠데타가 성공하여 혁명이 될 때 기존 정부는 불의가 되고 혁명(쿠데타) 세력은 의가 됩니다. 그래서 '혁명'이란 한마디로 '가치의 전도' 현상이라 할 수가 있습니다.

2. 인격 내부에서의 가치의 전도

앞에서 말한 모르드개와 하만의 경우는 하나의 사회현상 내지는 대인관계에 있어서의 '가치의 전도'라 볼 수 있는 사례인 것입니다. 이 가치전도의 현상은 한 개인의 인격 내부에서도 일어날 수가 있는 것입니다.

"또한 모든 것을 해로 여김은 내 주 그리스도 예수를 아는 지식이 가장 고상함을 인함이라. 내가 그를 위하여 모든 것을 잃어버리고 배설물로 여김은 그리스도를 얻고 그 안에서 발견되려 함이니 내가 가진 의는 율법에서 난 것이 아니요 오직 그리스도를 믿음으로 말미암은 것이니 곧 믿음으로 하나님께로서 난 의라"(빌 3:8~9).

이 말씀은 바울 사도의 고백입니다. 바울 사도는 예수 믿는 자들을 체포하러 다메섹으로 가던 도중 빛과 음성으로 예수님을 만난 후 그 인격 내부에서 가치의 기준이 정 반대로 변하게 되었습니다. 그 때까지는 유대교와 세상에서 배운 학문이 모두 옳다고 여겼는데 예수님을 만난 후 그 모든 것을 해로 여기고 배설물처럼 여긴다고 했습니다. 대신 예수님을 아는 지식을 가장 고상한 것으로 여기게 되었다는 것입니다.

예수 믿는 자들을 잡으러 가던 사람이 갑자기 예수 믿는 사람이 되었던 것입니다. 참으로 놀랍고도 극적인 '가치의 전도'인 것입니다. 바울의 인격 내부에서 가치전도의 혁명이 일어난 것입니다. 과거에는 바리새인의 유대교가 의이고 기독교가 불의였던 것이 현재에는 바리새인의 유대교가 불의이고 기독교가 의로 변했습니다.

3. 그리스도인이 되는 변화

그리스도인이 되는 변화는 개인의 인격 내부에서 가치의 전도가 일어나는 변화입니다. "예수께서 대답하여 가라사대 진실로 진실로 네게 이르노니 사람이 거듭나지 아니하면 하나님의 나라를 볼 수 없느니라"(요 3:3). 말씀은 밤중에 몰래 찾아온 바리새인 관원인 니고데모의 질문에 대한 예수님의 답변입니다. '거듭난다' 는 것은 바로 인격의 변화를 말하는 것이요, 인격 내부에서 일어나는 가치의 전도를 의미하는 것입니다. 사람이 그리스도인이 되기 위해서는 그 인격 내부에서 혁명적인 가치의 전도가 일어나야 하는 것입니다.

"그런즉 누구든지 그리스도 안에 있으면 새로운 피조물이라, 이전 것은 다 지나갔으니 보라 새것이 되었도다"(고후 5:17). 말씀은 '그리스도 안에 있는 사람' 의 구체적인 변화를 설명해 주는 말씀입니다. '그리스도 안에 있는 사람' 이 누구입니까? 바로 예수 믿는 사람입니다. 따라서 '예수 믿는 사람' 은 새로운 피조물이 되어야 한다는 것입니다.

'새로운 피조물' 이란 바로 인격의 변화로 '거듭난 사람' 인 것입니다. "너희는 유혹의 욕심을 따라 썩어져 가는 구습을 좇는 옛 사람을 벗어버리고 오직 심령으로 새롭게 되어 하나님을 따라 의와 진리의 거룩함으로 지으심을 받은 새 사람을 입으라"(엡 4:22~24). 말씀과 같이 이전 것 곧 썩어져 가는 구습을 좇는 옛 사람을 버리고, 새 것 곧 의와 진리와 거룩함으로 갈아입은 새 사람이 되어야 한다는 것입니다. 이것은 바로 새로운 인격에로의 변화를 의미합니다. 즉, 인격 내부에서 가치관의 변화 곧 가치의 전도가 일어나야 된다는 것입니다.

결론적으로 그리스도인이 되는 변화는 인격 내부에서 가치의 전도가 일어나는 변화입니다. 세상 중심의 옛 사람이 하나님 중심의 새 사람으로 거듭나는 변화입니다. 세상 중심의 인본주의(人本主義)적 가치관이 하나님 중심의 신본주의(神本主義)적 가치관으로 바뀌는 변화입니다.

정 리

가치가 있던 것이 가치가 없어지고, 가치가 없던 것이 가치가 있게 되는 변화를 '가치의 전도' 라고 합니다. "그리스도인이 된다"는 것은 세상 중심으로 살던 사람이 하나님 중심으로 살게 되는 '가치의 전도' 가 일어나는 것을 말합니다.

즉, 인본주의적 인간이 신본주의적 인간으로 변화되는 것을 말합니다.

아무리 교회를 다녀도 인본주의에서 신본주의에로 가치의 전도가 일어나지 않은 사람은 거듭난 사람이 아닙니다. 당신은 당신의 인격 내부에서 '가치의 전도'가 일어나는 혁명적 사건을 체험했습니까? '나 중심'으로가 아니라 분명히 '하나님' 중심으로 살고 있다고 자신 있게 말할 수 있습니까? 아직도 아니라면 곧 '쿠데타'를 시도하십시오. 인격 내부에서 가치 전도의 혁명을 일으키십시오!

제5장 제2과
새 사람을 입으라

너희가 서로 거짓말을 말라. 옛 사람과 그 행위를 벗어버리고 새 사람을 입었으니 이는 자기를 창조하신 자의 형상을 좇아 지식에까지 새롭게 하심을 받는 자니라(골 3:9~10).

사람이 교회에 출석하고 헌금만 낸다고 그리스도인이 되는 것은 아닙니다. 습관적으로 교회에 다니는 사람, 가정의 전통에 따라 교회에 다니는 사람, 세상적인 목적을 위해 교회에 다니는 사람도 있기 때문입니다. 그렇다면 어떻게 해야 그리스도인이 되는 것입니까?

1. 그리스도인이 되는 변화

"예수께서 가라사대 진실로 진실로 네게 이르노니 사람이 거듭나지 아니하면 하나님의 나라를 볼 수 없느니라"(요 3:3). 말씀과 같이 예수님께서는 하나님의 나라를 볼 수 있는 참 그리스도인이 되기 위해서는 사람이 거듭나야 한다고 말씀하셨습니다. '거듭난다'는 말은 인격의 변화를 의미합니다. 예수님께서는 물과 성령으로 나야한다(요 3:5)고 하셨습니다. 물세례로 죄를 씻고 다시는 죄를 짓지 않도록 해야 하며 성령의 은혜로 영이 새로워져야 한다는 것입니다.

“그런즉 누구든지 그리스도 안에 있으면 새로운 피조물이라. 이전 것은 지나갔으니 보라 새것이 되었도다”(고후 5:17). 예수를 믿는 사람은 누구든지 인격이 새로 만들어진다는 말씀입니다. 바꾸어 말하면 인격이 새로 만들어져야 그리스도인이 된다는 것입니다. 세상에 소망을 둔 옛 가치관을 버리고, 그리스도를 바라보는 새로운 가치관이 형성되어야 그리스도인이 되는 것입니다.

“너희는 유혹의 욕심을 따라 썩어져가는 구습을 좇는 옛 사람을 버리고, 오직 심령으로 새롭게 되어 하나님을 따라 의와 진리의 거룩함으로 지으심을 받은 새 사람을 입으라”(엡 4:22~24). 말씀과 같이 그리스도인이 되기 위해서는 세상 욕심을 따라 세상을 좇는 옛 사람을 벗어버리고 하나님의 형상을 따라 거룩한 생활을 좇는 새 사람을 입어야 한다는 것입니다.

말씀을 통해서 알아본 바와 같이 ‘거듭난 삶’(요 3:3), ‘새로운 피조물이 되는 것’(고후 5:17), ‘옛 사람을 버리고 새 사람을 입는 것’(엡 4:22~24)이 바로 그리스도인이 되는 변화인 것입니다.

2. 옛 사람을 벗어야 한다

새 옷을 입기 위해 더러운 옷을 벗어야 하는 것처럼 새 사람을 입기 위해서는 옛 사람을 벗어야 합니다. 그렇다면 우리가 벗어야 할 옛 사람은 어떤 것입니까?

첫째로, 각종 육체적 탐욕을 벗어야 합니다. “곧 음란과 부정과 사욕과 악한 정욕과 탐심이니 탐심은 우상숭배니라. 이것들을 인하여 하나님의 진노가 임하느니라”(골 3:5~6). 말씀과 같이 음란과 쾌락에 대한 탐욕을 벗어야 하고, 물질에 대한 탐욕을 벗어야 하고, 명예와 권력에 대한 탐욕을 벗어야 합니다. 이 모든 탐욕은 세속적인 것이며 하나님의 진노가 임하게 되는 우상인 것입니다.

둘째로는 각종 배타적인 육신적 감정을 벗어야 합니다. “너희도 전에 그 가운데 살 때에는 그 가운데서 행하였으나 이제는 너희가 이 모든 것을 벗어버리라. 곧 분노와 악의와 훼방과 너희 입의 부끄러운 말이라”(골 3:7~8). 말씀과 같이 함부로 혈기를 내지 말아야 하며, 악한 말로 남을 저주하지 말아야 하며, 남을 비방하거나 욕설을 하지 말아야 합니다. 그리고 특히 거짓말을 하지 말아야 합니다(골 3:9a).

그렇다면 우리가 어떻게 해야 탐욕적인 감정이나 배타적인 감정에서 벗어날 수가 있단 말입니까? "땅에 있는 지체를 죽이라"(골 3:5a)고 했습니다. 곧 육적인 감정을 죽이라는 말씀입니다. "우리가 알거니와 우리 옛 사람이 예수와 함께 십자가에 못 박힌 것은 죄의 몸이 멸하여 다시는 우리가 죄에게 종노릇하지 아니하려 함이니 이는 죽은 자가 죄에서 벗어나 의롭다 하심을 얻었음이니라"(롬 6:6~7).

그리스도인이 되기 위해서는 감정에 사로잡히기 쉬운 육신은 예수님과 함께 십자가에 못 박아 죽어야 한다는 것입니다. 죽은 사람은 감정도 없고 죽은 사람은 죄를 지을 수도 없기 때문입니다. 육에서 우러나오는 모든 세속적 감정은 육이 죽어야만 벗을 수 있기 때문입니다. 그리고 이 육 곧 옛 사람을 죽이는 일은 십자가의 예수님을 바라볼 때에만 가능한 것입니다.

3. 새 사람을 입어야 한다

그리스도인이 되기 위해서는 옛 사람을 벗어버리고 새 사람을 입어야 한다고 했습니다. 그렇다면 '새 사람을 입는다는 것'은 무엇입니까? "새 사람을 입었으니 이는 자기를 창조하신 자의 형상을 좇아 지식에까지 새롭게 하심을 받는 자니라"(골 3:10). 말씀과 같이 새 사람을 입는다는 것은 창조하신 자의 형상, 즉 하나님의 형상을 닮기 위하여 새로운 지식을 습득해야 된다는 것입니다.

첫째로, 긍휼과 자비와 겸손과 온유와 오래 참음을 옷 입어야 합니다. 또한 남의 혐의를 용납하고 피차 용서해야 합니다. 그리고 이 모든 성품에 사랑의 띠를 매어야 합니다(골 3:12~14). 사랑이 없이는 "모든 것으로 구제하고 내 몸을 불사르게 내어줄지라도"(고전 13:3) 하나님의 형상이 아니기 때문입니다.

둘째로, 그리스도인은 그리스도의 평강이 마음을 주장하게 해야 합니다. "그리스도의 평강이 너희 마음을 주장하게 하라. 평강을 위하여 너희가 한 몸으로 부르심을 받았나니 또한 너희는 감사하는 자가 되라"(골 3:15). 말씀과 같이 새 사람은 평강의 옷을 입어야 합니다. 이를 위하여는 그리스도인과 그리스도인 간에, 하나님과 그리스도인 간에 하나가 되는 화해의 역사가 일어나야 합니다. 예수님께서는 십자가 위에서 화목제물이 되시어 이 화해의 역사를 이루셨습니다. 그리스도인은 교회의 지체로서 교회 안에서 한 몸이 됨으로써 그리스도의 평강을 입어야 합니다.

셋째로는, 그리스도인은 하나님께 감사하는 생활을 해야 합니다. "그리스도의 말씀이 너희 속에 풍성히 거하여 모든 지혜로 피차 가르치며 권면하고, 시와 찬미와 신령한 노래를 부르며, 마음에 감사함으로 하나님을 찬양하고, 또 무엇을 하든지 말에나 일에나 다 주 예수의 이름으로 하고 그를 힘입어 하나님 아버지께 감사하라"(골 3:16~17). 아멘!

그리스도인은 말씀을 많이 읽고 익혀서 말씀에서 얻은 지혜로 서로 가르치고 권면해야 합니다. 세속적인 노래를 부르지 말고 신령한 노래를 부르며 감사하는 마음으로 하나님을 찬양해야 합니다. 또한 말을 하거나 일을 하거나 항상 주님의 이름으로 하고, 주님을 통해서 하나님 아버지께 감사를 드려야 합니다.

정 리

사람이 그리스도인이 되기 위해서는 옛 사람을 벗어버리고 새 사람을 입어야 합니다. 이것은 인격의 변화요 가치관의 변화인 것입니다. 세상에 소망을 둔 인본주의 가치관에서 하나님의 나라에 소망을 둔 신본주의 가치관으로 바뀌는 변화인 것입니다.

그리스도인이 되는 변화는 탐욕으로 구습을 좇던 옛 사람을 벗어버리고 의와 진리의 거룩함으로 지으심을 받은 새 사람을 입는 것입니다. 이기적이고 배타적인 육신적 감정을 벗어버리고, 하나님의 형상을 따라 사랑의 띠를 맨 긍휼과 자비와 온유와 인내 그리고 용서하는 성품에 그리스도의 평강의 마음과 항상 하나님께 감사하는 생활을 입는 것입니다. 할렐루야!

제5장 제3과
그리스도인은 예수님의 지체이다

만일 한 지체가 고통을 받으면 모든 지체도 함께 고통을 받고 한 지체가 영광을 얻으면 모든 지체도 함께 즐거워하나니 너희는 그리스도의 몸이요 지체의 각 부분이라(고전 12:26~27).

1. 예수님과 그리스도인과의 관계

첫째로, 그리스도인은 예수님을 '주님'이라고 부릅니다. 예수님은 주인(主人)이고 그리스도인은 종이라는 의미입니다. "주 안에서, 부르심을 받은 자는 그리스도의 종이니라"(고전 7:22). 말씀과 같이 예수님과 그리스도인은 주종(主從) 관계에 있습니다.

둘째로, 예수님과 그리스도인은 사제(師弟) 관계에 있습니다. "예수께서는 고물에서 베개를 베시고 주무시더니 제자들이 깨우며 가로되 선생님이여 우리의 죽게 된 것을 돌아보지 아니하시나이까?"(막 4:38). 말씀과 같이 예수님은 그 제자들로부터 선생님, 또는 랍비(요 4:31, 막 9:17 외)라고 불리어졌습니다.

셋째로, 예수님과 그리스도인은 친구 관계에 있습니다. "내가 내 친구 너희에게 말하노니 몸을 죽이고 그 후에는 능히 더 못하는 자들을 두려워하지 말라"(눅 12:4). 말씀과 같이 예수님은 제자들을 종종 친구라고 불렀습니다(요 11:11, 15:13~14 외).

넷째로, 예수님과 그리스도인은 목자와 양의 관계에 있습니다. "나는 선한 목자라. 선한 목자는 양을 위하여 목숨을 버리거니와 삯군은 목자도 아니요, 양도 제 양이 아니라"(요 10:11~12). 말씀과 같이 예수님은 선한 목자가 양을 돌보는 것처럼 목숨을 바쳐 그리스도인들을 돌보셨습니다.

다섯째로, 예수님과 그리스도인과의 관계는 포도나무와 가지의 관계에 있습니다. "나는 포도나무요, 너희는 가지이니 저가 내 안에, 내가 저 안에 있으면 이 사람은 과실을 많이 맺나니 나를 떠나서는 너희가 아무것도 할 수 없음이라"(요 15:5). 포도나무 가지가 나무를 떠나서는 과실을 맺지 못하는 것처럼 그리스도인은 예수님을 떠나서는 아무것도 할 수가 없습니다.

여섯째로, 그리스도는 머리요, 그리스도인은 그 몸의 지체입니다. "그리스도는 몸인 교회의 머리라"(골 1:18), "우리 많은 사람이 그리스도 안에서 한 몸이 되어 서로 지체가 되었느니라"(롬 12:5). 말씀과 같이 교회는 그리스도를 머리로, 그리스도인을 몸의 지체로 하는 유기체입니다.

2. 머리와 지체는 고통과 영광을 함께 나눈다

앞에서 말한 예수님과 그리스도인과의 관계에서 가장 가까운 관계의 표현인 머리와 지체와의 관계를 생각해 봅니다. "만일 한 지체가 고통을 받으면 모든 지체도 함께 고통을 받고, 한 지체가 영광을 얻으면 모든 지체도 함께 즐거워하나니 너희는 그리스도의 몸이요 지체의 각 부분이라"(고전 12:26~27).

가령 손가락이 가시에 찔리면 온몸이 고통을 느끼는 것처럼 교회 안에서는 한 성도의 고통이나 영광을 함께 느낄 수 있을 때 참된 지체로서 그리스도의 몸이 되는 것입니다. 손가락이 가시에 찔려도 온몸이 느끼지 못하면 그 사람은 마비되었거나 반신불수가 된 것입니다. 교회 안에서 고통과 영광을 함께 느끼지 못한다면 자신은 예수님의 지체가 못되고 포도나무에서 잘라진 가지가 되고 마는 것입니다.

모든 그리스도인은 자신이 몸 된 교회의 지체인지 아닌지를 스스로 점검해봐야 할 것입니다. 모든 그리스도인은 포도나무에 붙어 있는 가지가 되고, 머리에 붙어 있는 몸의 지체가 되어야 합니다. 이리하여 머리와 지체, 지체와 지체 사이에는 항상 영광과 고통을 함께 나누는 사이가 되어야 합니다.

3. 그리스도인의 고통과 죄와 저주를 감당하시는 예수님

예수님은 그리스도인의 머리이시기 때문에 그리스도인이 받는 고통과 핍박이 바로 예수님이 받는 고통이요 핍박인 것입니다. "사울이 땅에 엎드러져 들으매 소리 있어 가라사대 사울아, 사울아 네가 어찌하여 나를 핍박하느냐? 하시거늘 대답하되 주여 뉘시오니까? 가라사대 나는 네가 핍박하는 예수라"(행 9:4~5).

사울은 예수님을 핍박한 적이 없었습니다. 다만 그리스도인들을 핍박하였을 뿐입니다. 예수님은 그리스도인들을 핍박한 사울에게 자신을 핍박하였다고 책망하셨습니다. 그렇습니다. 사람이 그리스도인을 핍박하면 곧 예수님을 핍박하게 되는 것입니다. 예수님은 그리스도인의 핍박을 짊어지십니다. 이와 같이 우리가 받을 핍박이 예수님의 핍박이 되고, 우리가 받을 죄가 예수님의 죄가 되며, 우리가 받을 저주가 예수님의 저주가 됩니다.

"그리스도께서 우리를 위하여 저주를 받은바 되사 율법의 저주에서 우리를 속량하셨으니 기록된바 나무에 달린 자마다 저주 아래 있는 자라"(갈 3:13). 말씀과 같이 예수님께서는 십자가에 달려 피를 흘리심으로써 우리를 율법의 저주에서 벗어나게 해주셨습니다. 여기서 '율법의 저주'란 "율법을 모두 실행치 못하는 자가 받아야 하는 저주"(신 27:26)를 의미합니다.

모든 율법을 다 행할 수 있는 사람은 아무도 없기 때문에 누구나 율법 아래 있는 자는 저주 아래 있는 자가 되는 것입니다(갈 3:10). 결론적으로 우리가 받아야 할 고난, 죄, 저주를 머리 되시는 예수님께서 모두 받으셨습니다.

4. 지체로서 그리스도인이 해야 할 일

첫째, 소극적으로는 머리와 다른 지체에게 고통을 주지 않도록 조심해야만 됩니다.

나 하나가 잘못하면 나뿐만 아니라 머리이신 예수님과 같은 지체인 다른 성도들에게도 폐가 되고 고통이 되는 것입니다.

"하나님의 선한 말씀과 내세의 능력을 맛보고 타락한 자들은 다시 새롭게 하여 회개케 할 수 없나니 이는 자기가 하나님의 아들을 다시 십자가에 못 박아 현저히 욕을 보임이라"(히 6:5~6). 말씀과 같이 은혜 받은 그리스도인이 타락하게 되면 본인이 다시 회개하기도 어렵거니와 예수님에게는 십자가에 다시 못을 박아야 하는 고통과 욕이 되는 것입니다.

둘째, 적극적으로는 머리와 다른 지체에 영광을 주도록 최선을 다해야 합니다.

예수님의 지체로서 그리스도인이 해야 할 두 번째 일은 머리와 다른 지체에 영광을 주도록 해야 합니다. 나 하나의 영광은 머리이신 예수님의 영광이요, 또한 다른 지체에게도 영광이 되는 것입니다. "이같이 너희 빛을 사람 앞에 비치게 하여 저희로 너희 착한 행실을 보고 하늘에 계신 너희 아버지께 영광을 돌리게 하라"(마 5: 16). 말씀과 같이 하나님은 그리스도인으로 하여금 세상의 빛이 되기를 원하십니다.

정 리

예수님과 성도들과의 관계는 주종(主從) 간, 사제 간, 친구 간 등 여러 가지 관계가 있으나 가장 유기적 관계의 표현은 교회로 비유되는 머리와 지체와의 관계입니다. 예수님과 그리스도인은 유기적인 한 몸이기 때문에 고통과 영광을 함께 나누게 됩니다.

머리이신 예수님께서는 지체들인 그리스도인의 죄와 저주를 대신 감당하기 위하여 십자가에 달리셨습니다. 따라서 우리 지체들은 나 하나의 잘못으로 예수님과 다른 지체들의 근심과 고통이 되지 않도록 해야 됩니다. 더 나아가서 우리는 예수님과 다른 지체들에게 영광이 될 수 있도록 빛과 소금의 직분을 감당해야 합니다.

제5장 제4과
그리스도인으로의 신분 변화

너희가 아들인고로 하나님이 그 아들의 영을 우리 마음 가운데 보내사 아바 아버지라 부르게 하셨느니라. 그러므로 네가 이 후로는 종이 아니요 아들이니 아들이면 하나님으로 말미암아 유업을 이을 자니라(갈 4:6~7).

1. 신분 변화

일반적으로 개인의 사회적 지위나 서열을 신분(身分)이라 합니다. 대한민국 국민이란 신분이 있고, 학생, 군인, 공무원, 교사, 교수 등의 신분이 있습니다. 옛날 봉건 사회에서는 종, 노예의 신분이 있었고, 상전, 귀족 등의 신분이 있었습니다.

한편 신분의 변화는 입학, 취업, 승진, 결혼, 결연 등에 따라 이루어지게 됩니다. 학생이 직장인의 신분으로 변화되고, 계장이 과장의 신분으로 변화됩니다. 그렇다면 그리스도인의 신분은 어떻게 이루어지는 것입니까? 일단 예수를 믿으면 비그리스도인의 신분에서 그리스도인의 신분으로 변하게 되는 것입니다.

"예수께서 대답하여 가라사대 진실로 진실로 네게 이르노니 사람이 거듭나지 아니하면 하나님 나라를 볼 수 없느니라"(요 3:3). 예수를 믿는다는 것은 거듭나는 일인데 사람이 그리스도 안에서 거듭날 때 그리스도인으로서의 신분 변화가 일어나게 되는 것입니다.

사람이 그리스도 안에서 거듭날 때 여러 가지 신분 변화가 일어나지만 그 중에서 다음 세 가지 경우만 생각해 봅니다. 첫째로, 죄의 종에서 의의 종으로의 신분 변화가 일어납니다. 둘째로, 종에서 자유자로의 신분 변화가 일어납니다. 셋째로, 마귀의 종에서 하나님의 아들로의 신분 변화가 일어납니다.

2. 죄의 종에서 의의 종으로의 신분 변화

"너희 자신을 종으로 드려 누구에게 순종하든지 그 순종함을 받는 자의 종이 되는 줄을 너희가 알지 못하느냐?"(롬 6:16a) '종'의 의미를 정의하는 성경 말씀입니다. 사람이 누구에게, 또는 무엇에게 순종했을 때 그 순종함을 받는 자의 종이 된다는 것입니다. 가령 사람이 자기의 감정에서 우러나오는 죄의 욕구에 순종하여 죄를 범하게 되면 죄의 종이 된다는 것입니다(요 8:34).

"하나님께 감사하리로다. 너희가 본래 죄의 종이더니 너희에게 전하여 준 바 교훈의 본을 마음으로 순종하여 죄에게서 해방되어 의에게 종이 되었느니라"(롬 6:17~18). 그리스도인도 예수 믿기 전에는 세상에서 모든 죄의 유혹에 순종하는 죄의 종이었습니다. 그러나 예수 믿고 예수님의 교훈에 순종함으로 말미암아, 곧 의의 말씀에 순종하는 의의 종이 되었습니다.

세상에서 죄의 종의 신분으로 있던 우리가 예수를 믿고 거듭남으로써 의의 종의 신분으로 변하게 된 것은 엄청난 신분의 변화인 것입니다.

3. 종의 신분에서 자유자로의 신분 변화

"그러므로 예수께서 자기를 믿는 유대인들에게 이르시되 너희가 내 말에 거하면 참 내 제자가 되고, 진리를 알지니 진리가 너희를 자유케 하리라"(요 8:31~32). 말씀과 같이 우선 예수님의 참 제자가 되기 위해서는 예수님의 말씀대로 행해야만 됩니다. 그리고 진리를 깨닫게 되면 참 자유를 누릴 수 있게 된다는 것입니다.

자유를 누리게 된다는 예수님의 말씀에 대하여 유대인들은 다음과 같이 반문을 제기했습니다. "우리가 아브라함의 자손이라 남의 종이 된 적이 없거늘 어찌하여 우리가 자유케 되리라 하느냐?"(요 8:33). 유대인들은 종을 다만 사람 상전을 섬기는 사람들로만 생각했습니다. 이들의 반문에 대하여 예수님께서는 "진실로 진실로 너희에게 이르노니 죄를 범하는 자마다 죄의 종이라"(요 8:34)라고 대답하셨습니다. 이처럼 유대인들이 생각하는 종의 개념과 예수님이 생각하는 종의 개념은 달랐습니다.

죄를 범하게 되면 죄의 종, 죽음을 두려워하면 죽음의 종, 탐욕을 따라 행하면 탐욕의 종이 되는 것입니다. 따라서 그리스도의 진리를 깨닫지 못한 세상 사람들은 죄의식으로부터 자유롭지 못하고, 사망의 두려움으로부터 자유롭지 못하고, 억제할 수 없는 탐욕으로부터 자유롭지 못합니다.

그렇다면 "진리를 안다"는 것이 무엇입니까? 그리스도 안에서 구원의 원리를 깨닫는 것입니다. 십자가 대속의 원리와 부활과 영생의 원리를 깨닫는 것입니다. 십자가 대속의 진리를 깨닫게 되면 죄의 속박에서 벗어나 자유롭게 됩니다. 부활의 진리를 깨닫게 되면 사망의 불안에서 벗어나 자유롭게 됩니다. 인생은 나그네 길이요, 천국에서의 영생 복락하게 되는 진리를 깨닫게 되면 극심한 탐욕의 굴레에서 벗어나 자유롭게 됩니다.

예수 믿고 진리를 깨닫게 되면 각종 속박의 종으로부터 해방되어 완전히 자유케 되는 것입니다. 즉 종의 신분에서 자유자의 신분으로 변하게 됩니다.

4. 마귀의 종에서 하나님의 아들로의 신분 변화

"죄를 짓는 자는 마귀에게 속하나니 마귀는 처음부터 범죄함이니라"(요일 3:8). 말씀과 같이 죄를 짓는 세상 사람들은 마귀에 속한 마귀의 종들입니다. 그러나 "영접하는 자 곧, 그 이름을 믿는 자들에게는 하나님의 자녀가 되는 권세를 주셨으니"(요 1:12), 말씀과 같이 세상 사람들은 예수를 믿음으로써 하나님의 자녀가 되는 권세를 갖게 됩니다.

그렇다면 예수를 믿고 하나님의 아들이 된다는 것은 무엇입니까? "무릇 하나님의 영으로 인도함을 받는 그들은 곧 하나님의 아들이라"(롬 8:14). 예수를 믿되 하나님의 영, 곧 성령으로 인도함을 받는 일이 중요합니다. 사람이 예수 믿고 하나님으로부터 '의롭다' 칭함을 받아야만 성령, 곧 하나님의 영으로 인도함을 받게 됩니다. 그리고 하나님의 영으로 인도함을 받게 되는 그리스도인은 모두 하나님의 아들이 됩니다.

“너희가 아들인고로 하나님이 그 아들의 영을 우리 마음 가운데 보내사 아바 아버지라 부르게 하셨느니라”(갈 4:6). 말씀과 같이 더욱더 예수 믿고 하나님의 아들이 되면 하나님께서는 아들의 영(성령)을 보내사 그리스도인으로 하여금 아바 아버지라 부르게 하십니다.

“그러므로 네가 이후로는 종이 아니요 아들이니 아들이면 하나님으로 말미암아 유업을 이을 자니라(갈 4:7). 죄의 종의 신분으로 살던 사람이 예수를 믿게 되면 하나님의 유업을 이을 하나님의 아들의 신분으로 변하게 됩니다. 사람은 누구나 예수를 믿음으로써 마귀의 종의 신분에서 하나님의 아들의 신분으로 바뀌는 엄청난 신분의 변화가 일어나게 되는 것입니다.

정 리

사람이 예수를 바로 믿게 되면 거듭나게 되는데 거듭난다는 것은 곧 신분 변화를 의미합니다. 죄의 종의 신분에서 의의 종의 신분으로 변하게 됩니다. 범사에 속박된 종의 신분에서 모든 속박에서 벗어나는 자유자의 신분으로 변하게 됩니다. 마귀의 종의 신분에서 하나님의 아들의 신분으로 변하게 됩니다. 이상과 같이 사람이 예수를 바로만 믿게 되면 엄청난 신분의 변화가 일어나게 됩니다.

학생이 학생의 신분에, 군인이 군인의 신분에 어긋남이 없이 행동해야 되는 것처럼 그리스도인은 변화된 신분, 즉 의의 종의 신분, 참 자유자의 신분, 하나님의 아들의 신분에 어긋나지 않도록 행동해야 합니다.

제5장 제5과
그리스도인의 신분

오직 우리의 시민권은 하늘에 있는지라. 거기로서 구원하는 자 곧 주 예수 그리스도를 기다리노니 그가 만물을 자기에게 복종케 하실 수 있는 자의 역사로 우리의 낮은 몸을 자기 영광의 몸의 형체와 같이 변케 하시

리라(빌 3:20~21).

1. 그리스도인의 신분

개인의 사회적 지위나 서열 또는 법률상의 지위나 자격을 신분이라 합니다. 학생의 신분이 있고, 군인의 신분이 있고, 공무원의 신분이 있습니다. 한 나라의 국민은 국민으로서의 신분이 있고, 그리스도인은 그리스도인으로서의 신분이 있습니다. 그리고 신분마다 그 신분에 합당한 권리와 의무와 책임이 따르게 됩니다. 사람은 자기 신분을 분명히 파악하고 그 신분에 합당한 행동을 해야만 사회에 기여할 수 있고 인격적으로 존중을 받게 됩니다.

그렇다면 그리스도인은 어떤 신분을 가지고 있습니까? 물론 그리스도인도 세상에 속한 국민으로서의 신분, 직업인으로서의 신분도 가지고 있습니다만 여기서는 그리스도인이기 때문에 가지고 있는 신분에 대해서만 알아보기로 하겠습니다.

우선 인격적 신분으로서는 주의 종, 예수님의 제자, 천국 시민 또는 하나님의 백성, 그리고 하나님의 아들 또는 하나님의 자녀라는 신분이 있습니다. 다음에 도구적 신분으로는 하나님께 드리는 제물, 하나님의 성전, 그리고 그리스도의 지체라는 신분이 있습니다. 마지막으로 비유적 신분으로는 빛의 자녀, 하나님의 양 또는 그리스도의 양이라는 신분이 있습니다. 이제 이들 몇 가지에 대해 좀 더 구체적으로 알아보겠습니다.

2. 그리스도인의 인격적 신분

첫째로, 그리스도인의 신분은 '주의 종'입니다.

"너희 자신을 종으로 드려 누구에게 순종하든지 그 순종함을 받는 자의 종이 되는 줄을 너희가 알지 못하느냐? 혹은 죄의 종으로 사망에 이르고, 혹은 순종의 종으로 의에 이르느니라"(롬 6:16). 그렇습니다. 하나님의 말씀에 순종하는 그리스도인은 하나님의 종입니다.

그리스도인도 본래 죄의 종이었는데 하나님께서 전하여주신 교훈의 본을 마음으로 순종함으로써 죄에서 해방되어 의의 종, 즉 하나님의 종이 되었습니다(롬 6:17). 죄에서 해방이 되고 하나님께 종이 되어 거룩함에 이르게 된 그리스도인의 마지막은 영생입니다(롬 6:22). 하나님의 종이라는 신분은 영생이 보장되는 신분입니다.

둘째로, 그리스도인의 신분은 '예수님의 제자' 입니다.

예수님께서는 승천하시기 전 "너희는 가서 모든 족속으로 제자를 삼아 아버지와 아들과 성령의 이름으로 세례를 주고 내가 너희에게 분부한 모든 것을 가르쳐 지키게 하라"(마 28:19~20)고 분부하셨습니다. 모든 그리스도인은 예수님의 제자의, 제자의, …, 제자로서 결과적으로 예수님의 제자입니다. 그리스도인은 제자의 신분을 지키기 위하여 늘 예수님의 말씀에 거해야 하며(요 8:31), 자기 십자가를 지고 예수님을 좇아야 하며(눅 14:27), 자기의 모든 소유를 버려야 하며(눅 14:33), 그리스도 안에서 많은 과실을 맺어야 합니다(요 15:7~8).

셋째로, 그리스도인의 신분은 '하나님의 백성', 즉 '천국 시민' 입니다.

"오직 우리의 시민권은 하늘에 있는지라"(빌 3:20). 예수 믿고 구원받은 그리스도인의 시민권은 하늘에 있습니다. "너희가 전에는 백성이 아니더니 이제는 하나님의 백성이요, 전에는 긍휼을 얻지 못하였더니 이제는 긍휼을 얻은 자니라"(벧전 2:10). 그렇습니다. 죄 가운데 있는 백성도 예수 믿고 구원받으면 하나님의 백성이 될 수 있고 늘 긍휼히 여김을 받게 됩니다. 하나님의 백성은 종말론적으로 하나님의 나라에서 하나님과 함께 영생복락을 누리는 신분인 것입니다.

넷째로, 그리스도인의 신분은 '하나님의 아들', 곧 '하나님의 자녀' 입니다.

"영접하는 자 곧 그 이름을 믿는 자들에게는 하나님의 자녀가 되는 권세를 주셨으니 이는 혈통으로나 육정으로나 사람의 뜻으로 나지 아니하고 오직 하나님께로서 난 자들이니라"(요 1:12~13). 참으로 은혜롭게도 누구든지 예수님의 이름을 믿음으로써 하나님의 자녀가 될 수 있습니다. 또한 성경은 "너희가 다 믿음으로 말미암아 그리스도 예수 안에서 하나님의 아들이 되었으니"(갈 3:26), "하나님의 영으로 인도함을 받아 하나님의 아들이 되었다"(롬 8:14)고 증언하고 있습니다. 그리고 하나님의 자녀는 그리스도와 함께 하나님의 후사(상속자)가 되는 영광 받을 신분입니다(롬 8:17).

3. 그리스도인의 도구적인 신분

첫째로, 그리스도인의 신분은 '하나님 앞에 드리는 제물' 입니다.

"그러므로 형제들아 내가 하나님의 모든 자비하심으로 너희를 권한노니 너희 몸을 하나님이 기뻐하시는 거룩한 산제사로 드리라. 이는 너희의 드릴 영적 예배니라"(롬 12:1). 그렇습니다. 그리스도인은 "세대를 본받지 말고 오직 마음을 새롭게 함으로 변화를 받아 하나님의 선하시고 기뻐하시는 뜻"(롬 12:2)을 올바로 깨달아 행함으로 드리는 산 제물이 되어야 합니다.

둘째로, 그리스도인의 신분은 '하나님의 성전' 입니다.

"너희 몸은 너희가 하나님께로부터 받은바 너희 가운데 계신 성령의 전인 줄을 알지 못하느냐? 너희는 너희의 것이 아니라 값으로 산 것이 되었으니 그런즉 너희 몸으로 하나님께 영광을 돌리라"(고전 6:19~20). 그렇습니다. 우리의 몸은 하나님께서 핏값으로 사신 하나님의 성전입니다. 또한 "누구든지 하나님의 성전을 더럽히면 하나님이 그 사람을 멸하시리라."(고전 3:17a)라고 성경은 경고하고 있습니다. 그러므로 우리는 하나님의 성전인 우리의 몸을 통하여 하나님께 영광을 돌릴 수 있도록 늘 성결하게 유지해야 합니다.

셋째로, 그리스도인의 신분은 '그리스도의 지체' 입니다.

"너희 몸이 그리스도의 지체인 줄을 알지 못하느냐?"(고전6:15a) "우리가 한 몸에 많은 지체를 가졌으나 모든 지체가 같은 직분을 가진 것이 아니니 이와 같이 우리 많은 사람이 그리스도 안에서 한 몸이 되어 서로 지체가 되었느니라"(롬 12:4~5). 이상의 말씀과 같이 그리스도인은 그리스도의 지체인 것입니다. 따라서 우리는 그리스도의 지체를 가지고 창기의 지체처럼 함부로 취급해서는 절대로 안 됩니다(고전 16:15b).

이 밖에도 그리스도인의 신분은 '하나님의 양', '그리스도의 양' 으로 비유되기도 하고 '빛의 자녀' 로, '그리스도의 친구' 로 비유되기도 합니다.

정 리

사람은 자기 신분에 합당한 권리와 책임을 충실히 수행함으로써 사회에 기여할 수 있고 인격적으로 존경을 받게 됩니다. 그리스도인도 그리스도인으로서의 신분에 합당한 권리와 책임을 수행함으로써 하늘나라에 기여할 수 있고 하나님께 영광을 돌릴 수 있습니다. 이를 위하여 그리스도인은 그리스도인으로서의 신분을 분명히 알아야 합니다.

그리스도인의 인격적 신분은 첫째로 주님의 종이요, 둘째는 예수님의 제자요, 셋째는 하나님의 백성(천국 시민)이요, 넷째는 하나님의 자녀입니다. 또한 그리스도인의 도구적인 신분은 하나님께 드리는 제물이요, 하나님의 성전이요, 그리스도의 지체입니다. 그리고 비유적인 신분으로는 빛의 자녀요, 하나님의 양이요, 그리스도의 양입니다.

따라서 그리스도인은 공의와 사랑을 실천하는 거룩한 인격체가 되어야 하고 하나님 앞에 쓰임 받는 선한 도구가 되어야 합니다.

제5장 제6과
그리스도인의 자기 관리

만일 네 오른 눈이 너로 실족케 하거든 빼어 내버리라. 네 백체 중 하나가 없어지고 온 몸이 지옥에 던지우지 않는 것이 유익하며, 또한 만일 네 오른손이 너로 실족케 하거든 찍어 내버리라. 네 백체 중 하나가 없어지고 온 몸이 지옥에 던지우지 않는 것이 유익하니라(마 5:29~30).

서 론

오늘날 정치적으로나 사회적으로 저명한 인사들이 물질이나 이성에 대한 유혹을 극복하지 못해서 망신을 당하는 경우를 흔히 볼 수가 있습니다. 정부 고위직 인준을 위한 국회 청문회에서 보는 바와 같이 표면적으로는 상당히 신망이 있는 사람도 숨겨진 비위 사실이 있다는 현실입니다. 또한 방송, 연예계의 인기인들이 물질이나 이성 문제로 얼굴을 드러내지 못하는 부끄러움을 당하고 있습니다.

1. 유혹에 약한 인간

"이는 세상에 있는 모든 것이 육신의 정욕과 안목의 정욕과 이생의 자랑이니 다 아버지께로 좇아 온 것이 아니오 세상으로 좇아 온 것이라"(요일 2:16). 세상에서 좋다고 하는 모든 것은 육신을 즐겁게 하는 욕심을 유발하고, 눈을 즐겁게 하는 욕심을 유발하고, 삶을 자랑하기 위한 허세를 유발하는 것들입니다. 인류의 조상 하와도 세상의 유혹에 넘어가고 말았습니다.

"여자가 그 나무를 본즉 먹음직도 하고, 보암직도 하고, 지혜롭게 할 만큼 탐스럽기도 한 나무인지라. 여자가 그 실과를 따먹고 자기와 함께 한 남편에게도 주매 그도 먹은지라"(창 3:6). 하와도 결국 육신의 정욕(먹음직도 하고)과 안목의 정욕(보암직도 하고)과 이생의 자랑(탐스럽기도 한)을 극복하지 못하고 실족하고 말았습니다.

"오직 각 사람이 시험을 받는 것은 자기 욕심에 끌려 미혹됨이니 욕심이 잉태한즉 죄를 낳고, 죄가 장성한즉 사망을 낳느니라"(약 1:14~15). 그렇습니다. 사람이 세상의 유혹에 넘어가는 것은 자기 욕심 때문입니다. 그리스도인은 무엇보다도 세상의 유혹을 극복해야 합니다. 세상의 유혹을 극복하지 못하면 죄를 짓게 되고 죄가 장성하여 결국 사망에 이르게 되는 것입니다.

2. 자신에게 관대한 인간

사람의 약점 중 또 하나는 남은 잘 비판하면서도 자신에게는 관대하다는 것입니다. 가령 운동권 학생들은 정의를 위하여 투쟁한다 하면서 스스로 범법을 저지르고 있습니다. 불법적으로 시위를 한다든가 보도블록을 부수고 기물을 파괴합니다. 차량 사고나 어떤 문제가 생겼을 때에 보면 사람들은 무조건 상대방에 과오나 책임을 떠넘기려고 우겨댑니다.

"어찌하여 형제의 눈 속에 있는 티는 보고 네 눈 속에 있는 들보는 깨닫지 못하느냐? 보라, 네 눈 속에 들보가 있는데 어찌하여 형제에게 말하기를 나로 네 눈 속에 있는 티를 빼게 하라 하겠느냐? 외식하는 자여 먼저 네 눈 속에서 들보를 빼어라. 그 후에야 밝히 보고 형제의 눈 속에서 티를 빼리라"(마 7:3~5).

사람들은 자신에게 있는 큰 잘못은 보지 못하고 남에게 있는 작은 잘못만 보고 비판한다는 것입니다. 이것은 사람들이 남에게는 엄격하지만 자신에게는 관대하기 때문에 일어나는 자가당착입니다. 남을 비판하려거든 자신의 과오를 먼저 회개하고 바로 선 다음에 비판하라는 교훈입니다.

"서기관들과 바리새인들이 간음 중에 잡힌 여자를 끌고 와서 가운데 세우고"(요 8:3), 예수님을 시험하기 위하여 모세의 율법에 따라 돌로 칠 것인지, 아니면 어떻게 할 것인지를 질문했습니다. 예수님께서는 "너희 중에 죄 없는 자가 먼저 돌로 치라"(요 8:7)고 말씀하셨습니다. 참으로 질문자들을 당황하게 하는 정곡을 찌르는 명쾌한 답변이었습니다.

중심을 보시는 하나님 앞에서 남을 돌로 칠 자격이 있는 사람은 아무도 없습니다. 질문자들은 "이 말씀을 듣고 양심의 가책을 받아 어른으로 시작하여 젊은이까지 하나씩 하나씩 나가고"(요 8:9) 예수님과 여자만 남게 되었습니다. 예수님도 그 여자를 정죄하지 아니하시고 "다시는 죄를 범치 말라"(요 8:11)는 당부 말씀을 하시고 용서해 주셨습니다.

그리스도인들은 항상 자신에게 엄격해야 되며 남을 비판하거나 정죄하는데 조심해야 합니다. 그리스도인이 자신에게 엄격하지 아니하면 사탄의 올무에 걸리기가 쉽습니다.

3. 그리스도인의 마음 관리

"너희는 세상의 빛이라. 이같이 너희 빛을 사람 앞에 비취게 하여 저희로 너희 착한 행실을 보고 하늘에 계신 너희 아버지께 영광을 돌리게 하라"(마 5:14a,16). 말씀과 같이 그리스도인은 그 언행이 세상 사람들에게 모범이 됨으로써 하나님께 영광을 돌려야 합니다. 그리스도인들이 세상의 모범이 되기 위해서는 앞에서 알아본 것처럼 세상의 것에 유혹되지 말고 남을 비판하기보다는 자신에게 엄격해야 합니다. 그리고 이를 위해서는 무엇보다도 마음을 잘 다스려야 합니다.

"무릇 지킬만한 것보다 더욱 네 마음을 지키라. 생명의 근원이 이에서 남이니라"(잠 4:23). 우리가 지켜야 할 많은 것 중에서 최우선적으로 지켜야 할 것이 마음이라는 것입니다. 마음을 잘 지켜야 세상에 유혹되지 않습니다. 마음을 잘 지켜야 자신에게 엄격할 수가 있습니다. 따라서 마음을 잘 지키면 세상에서 실족하지 않고 영생을 얻게 되는 것입니다. 그래서 성경은 "자기의 마음을 다스리는 자는 성을 빼앗는 자보다 나으니라"(잠 16:32)라고 교훈하고 있습니다. 마음을 다스리는 데서 오는 유익은 성을 소유하는 데서 오는 유익보다 크다는 의미인 것입니다.

"만일 네 오른 눈이 너로 실족케 하거든 빼어 내버리라. 네 백체 중 하나가 없어지고 온 몸이 지옥에 던지우지 않는 것이 유익하며, 또한 만일 네 오른 손이 너로 실족케 하거든 찍어 내버리라. 네 백체 중 하나가 없어지고 온 몸이 지옥에 던지우지 않는 것이 유익하니라"(마 5:29~30).

견물생심(見物生心)이란 말이 있습니다. 눈은 매우 유익한 몸의 기관이지만 안목의 정욕을 유발하여 사람을 실족하게 할 수가 있습니다. 손도 매우 중요한 기관이지만 폭행, 절도, 강도, 살인 등 끔찍한 죄를 짓게 하기도 합니다. 모든 신체의 기관은 죄를 짓게 하는 약점이 있습니다. 작은 죄가 습관화 되면 큰 죄가 되고 결국 사망에 이르게 됩니다.

몸에 생긴 암을 그대로 두면 결국 사람이 죽게 됩니다. 암은 퍼지기 전에 수술을 해야 합니다. 마찬가지로 육신의 약점 때문에 죄를 범했다면 그 죄가 커지기 전에 육신을 잘라 내는 결단을 내려야 합니다. 눈알을 빼내고 손목을 찍어 내버리는 결단과 고통을 참아 내야 합니다.

그리스도인은 작은 것을 버리고 큰 것을 바라볼 줄 알아야 합니다. 바울 사도는 그리스도를 위하여 세속적인 귀한 전통을 배설물처럼 버렸다고 했습니다. 그리스도인은 현실보다는 영원한 내세에 소망을 두어야 합니다.

정 리

사람은 누구나 자기의 유익을 위한 탐욕이 있기 때문에 자신에게 엄격하기가 어렵습니다. 욕심을 죽이고 자신에게 엄격하기만 하면 세속적 유혹을 이길 수가 있습니다. "그리스도 예수의 사람들은 육체와 함께 그 정과 욕심을 십자가에 못 박았느니라"(갈 5:24). 말씀과 같이 그리스도인은 혈기와 욕정과 욕심을 십자가에 못 박아 죽인 사람이 되어야 합니다.

혹 죄를 범했을 때에는 보다 큰 죄를 방지하기 위하여 눈알을 빼고 손목을 자르는 결단과 고통을 감수해야 합니다. 세상적인 고통과 손해가 있더라도 영원한 천국에 들어갈 수 있도록 자기 관리를 잘 해야 합니다.

제5장 제7과
그리스도인의 몸 관리

너희 몸은 너희가 하나님께로부터 받은바 너희 가운데 계신 성령의 전인 줄을 알지 못하느냐? 너희는 너희 것이 아니라 값으로 산 것이 되었으니 그런즉 너희 몸으로 하나님께 영광을 돌리라(고전 6:19~20).

노예제도가 있던 시대에는 노예의 몸의 주인은 그 상전입니다. 따라서 노예는 그 몸을 자기 마음대로 사용하는 것이 아니라 그 주인인 상전의 뜻에 따라 사용하게 되는 것입니다. 오늘날 인권이 신장된 자유주의 사회에서는 몸의 주인은 그 자신이라고 생각합니다. 따라서 사람들은 자기 몸을 자기 마음대로 사용하고 있습니다. 그러나 그리스도인에게 있어서 몸의 주인은 자신이 아닙니다.

1. 몸의 주인은 누구인가

그렇다면 그리스도인들의 몸의 주인은 누구입니까? “너희는 너희 것이 아니라. 값으로 산 것이 되었으니 그런즉 너희 몸으로 하나님께 영광을 돌리라”(고전 6:19b~20). 말씀과 같이 그리스도인의 몸은 하나님이 예수님께서 흘리신 핏값으로 사신 것입니다. 주인이 종을 사오면 그 종은 주인의 소유가 되는 것입니다. 따라서 그리스도인의 몸은 하나님이 그 주인인 것입니다.

“또 이와 같이 자유자로 있을 때 부르심을 받은 자는 그리스도의 종이니라”(고전 7:22b). 말씀과 같이 그리스도의 부르심을 받고 그리스도인이 된 자는 모두 그리스도의 종인 것입니다. 그래서 목사를 비롯한 교역자를 주의 종이라고 부르는 것입니다. 교역자뿐만 아니라 사실은 모든 그리스도인은 주님의 종들인 것입니다.

"우리가 살아도 주를 위하여 살고, 죽어도 주를 위하여 죽나니 그러므로 사나 죽으나 주의 것이로다"(롬 14:8). 이 바울 사도의 고백처럼 어쨌든 그리스도인의 몸의 주인은 주님인 것입니다.

2. 그리스도인의 몸의 중요성

첫째로, 그리스도인의 몸은 '그리스도의 지체' 입니다.

"이와 같이 우리 많은 사람이 그리스도 안에서 한 몸이 되어 서로 지체가 되었느니라"(롬 12:5). 그리스도인이 그리스도의 지체가 된다는 말은 그리스도와 그리스도인이 한 몸이란 의미입니다. 이 관계는 교회 공동체에서 잘 이해가 됩니다.

교회란 그리스도인들이 모인 공동체입니다(고전 1:2). 그리고 교회의 머리는 예수 그리스도이십니다(엡 1:23, 고전 6:15). 다시 말하면 교회 공동체를 하나의 사람으로 생각하면 예수님은 머리가 되시고 모든 성도들은 그 지체가 된다는 것입니다. 이와 같이 그리스도인의 몸은 그리스도의 지체이므로 자신의 것이 아니라 그리스도의 것입니다.

둘째로, 그리스도인의 몸은 '성령의 전' 입니다.

"너희 몸은 너희가 하나님께로부터 받은바 너희 가운데 계신 성령의 전인 줄을 알지 못하느냐? 너희는 너희 것이 아니라"(고전 6:19). 말씀과 같이 하나님께서 그리스도인들에게 보내주신 성령께서는 그리스도인의 몸을 성전 삼아 임재하시게 되는 것입니다. 따라서 그리스도인들은 교회의 성전을 깨끗하고 성별되이 관리하듯이 개개인의 몸성전도 거룩하게 관리해야 됩니다.

"너희가 하나님의 성전인 것과 하나님의 성령이 너희 안에 거하시는 것을 알지 못하느냐? 누구든지 하나님의 성전을 더럽히면 하나님이 그 사람을 멸하시리라. 하나님의 성전은 거룩하니 너희도 그러하니라"(고전 3:16~17). 말씀과 같이 그리스도인의 몸은 성령의 전이기 때문에 더럽히면 안 됩니다. 예루살렘의 솔로몬 성전이 더럽혀졌을 때(렘 7:8~15), 무참히도 파괴된 것처럼(렘 52:4~20) 몸 성전도 더럽혀지면 하나님께서 그 사람을 멸하신다는 것입니다.

셋째로, 그리스도인의 몸은 '신령한 몸으로 부활될 몸'인 것입니다.

"하나님이 주를 다시 살리셨고 또한 그의 권능으로 우리를 다시 살리시리라"(고전 6:14). 말씀과 같이 죽으신 예수님을 부활로 인도하신 하나님께서는 그 권능으로 그리스도인도 부활로 인도하신다는 것입니다.

"죽은 자의 부활도 이와 같으니 육의 몸으로 심고 신령한 몸으로 다시 사나니 육의 몸이 있은즉 또 신령한 몸이 있느니라"(고전 15:42a, 44). 그렇습니다. 현재 육신의 몸이 흠없이 잘 보전되어야(살전 5:23) 신령한 부활의 몸을 얻을 수가 있는 것입니다.

3. 그리스도인은 몸을 함부로 사용하지 말아야 한다

첫째로, 그리스도인은 그 몸을 '탐욕의 도구'로 사용하지 말아야 합니다.

"식물은 배를 위하고 배는 식물을 위하나 하나님이 이것저것 다 폐하시리라"(고전 6:13). "음식물은 배를 위하여 있고, 배는 음식물을 위하여 있다"는 속담이 있지만 마지막 날에는 하나님께서 두 가지를 다 폐하신다는 말씀입니다. "이 같은 자들은 우리 주 그리스도를 섬기지 아니하고 다만 자기의 배만 섬기나니 공교하고 아첨하는 말로 순진한 자들의 마음을 미혹하느니라"(롬 16:18). 또한 말씀과 같이 세상 사람들은 육신의 배를 채우기 위한 탐욕으로 사는데 그리스도인들은 그들에게 미혹되지 말고 그리스도를 섬기는 삶을 살아야만 되는 것입니다.

둘째로, 그리스도인들은 몸을 '음란의 도구'로 사용하지 말아야 합니다.

"창기와 합하는 자는 저와 한 몸인 줄을 알지 못하느냐? 일렀으되 둘이 한 육체가 된다 하셨나니 주와 합하는 자는 한 영이니라"(고전 6:16~17). 그렇습니다. 사람이 창기와 합하면 창기의 몸이 되고 주님과 합하면 주님과 한 영이 되는 것입니다.

"음행을 피하라. 사람이 범하는 죄마다 몸 밖에 있거니와 음행하는 자는 자기 몸에 죄를 범하느니라"(고전 6:18). 음행은 어떤 죄보다도 몸을 더욱 직접 더럽히는 죄입니다. 그리스도의 지체요 성령의 전인 몸을 음행으로 더럽히는 일이 절대로 있어서는 안 되겠습니다.

셋째로, 그리스도인은 몸을 '사탄의 도구'로 사용하지 말아야 합니다.

"너희 자신을 종으로 드려 누구에게 순종하든지 그 순종함을 받는 자의 종이 되는 줄을 너희가 알지 못하느냐? 혹은 죄의 종으로 사망에 이르고 혹은 순종의 종으로 의에 이르느니라"(롬 6:16). 우리가 세상의 죄와 악을 따라 행하면 우리는 죄의 종, 곧 사탄의 종이 되는 것입니다. 우리가 죄의 종이 되면 결국 사망에 이르게 되고, 하나님께 순종하여 하나님의 종이 되면 구원(의)에 이르게 되는 것입니다. 그래서 그리스도인은 그 몸을 사탄에게 주어 불의의 병기가 되게 하지 말고 하나님께 드려 의의 병기가 되도록 해야 합니다(롬 6:13).

정 리

그리스도인의 몸은 하나님께서 그리스도의 핏값으로 사신 그리스도의 지체이며, 성령의 전이며 장차 부활될 몸입니다. 따라서 그리스도인의 몸의 주인은 하나님입니다. 그러므로 그리스도인은 그 몸을 거룩하게 보존해야 하며 하나님의 뜻에 따라 하나님의 도구로 사용해야 합니다.

"모든 것이 내게 가하나 다 유익한 것이 아니요, 모든 것이 내게 가하나 내가 아무에게든지 제재를 받지 아니하리라"(고전 6:12). 바울 사도의 고백입니다. 그리스도인은 그 몸을 자유로이 사용할 수 있지만 모두가 유익한 것이 아니기 때문에 욕심에 이끌리지 말고 절제해야 된다는 것입니다.

"너희는 너희의 것이 아니라 값으로 산 것이 되었으니 그런즉 너희 몸으로 하나님께 영광을 돌리라"(고전 6:19b~20). 그렇습니다. 그리스도인의 몸은 하나님께 종으로 팔린 몸이므로 오직 주인 되시는 하나님께 영광이 되도록 사용되어야 합니다.

제5장 제8과
그리스도인의 피해(被害) 관리

그 때에 베드로가 나아와 가로되 주여 형제가 내게 죄를 범하면 몇 번

이나 용서하여 주리이까, 일곱 번까지 하오리이까? 예수께서 가라사대 네게 이르노니 일곱 번 뿐 아니라 일흔 번씩 일곱 번이라도 할지니라(마 18:21~22).

1. 예레미야의 저주와 예수님의 용서

예레미야는 유다 말기의 선지자로 조국의 멸망을 예언해야 하는 불행한 선지자였습니다. 그는 하나님께 자신의 고충을 고백했습니다. "내가 말할 때마다 외치며 파멸과 멸망을 부르짖으오니 여호와의 말씀으로 말미암아 내가 종일토록 치욕과 모욕거리가 됨이니이다"(렘 20:8). 또한 그는 "어찌하여 내가 태에서 나와서 고생과 슬픔을 보며 나의 날을 부끄러움으로 보내는고"(렘 20:18)라고 자탄했습니다. 유다 관원들은 그를 감옥에 가두기도 하고(렘 20:1~6, 37:1~16) 죽이려고 구덩이에 쳐 넣기도 했습니다(렘 38:1~6).

예레미야는 자신의 대적에 대하여 저주의 기도로 하나님께 호소했습니다. "여호와여 그들이 나를 죽이려 하는 계략을 주께서 다 아시오니 그 악을 사하지 마옵시며 그들의 죄를 주의 목전에서 지우지 마시고 그들을 주 앞에서 넘어지게 하시되 주께서 노하시는 때에 이같이 그들에게 행하시옵소서"(렘 18:23).

한편 예수님은 복음을 전파한다는 이유 때문에 유대 장로들과 서기관들의 미움을 사게 되었습니다. 드디어 체포당한 후 로마 총독에게 넘기어지게 되었고 억울하게도 온갖 수모와 고통을 당한 후 십자가에 사형수로 못 박히게 되었습니다.

그러나 예수님께서는 저주의 기도 대신 용서의 기도를 했습니다. "이에 대하여 예수께서 가라사대 아버지여 저희를 사하여 주옵소서. 자기의 하는 것을 알지 못함이니이다 하시더라"(눅 23:34).

예레미야의 저주의 기도와 예수님의 용서의 기도는 엄청난 차이가 있지만 공통점은 모두가 그 결과를 하나님께 맡긴다는 것입니다.

사람이 살다 보면 남으로부터 억울하게 육신적, 정신적 또는 물질적 피해를 입을 때가 있습니다. 이런 경우 그리스도인들은 어떻게 대처해야 하는지 성경의 교훈을 들어보기로 합니다.

2. 피해에 대한 구약의 기준

"그러나 다른 해가 있으면 갚되 생명은 생명으로, 눈은 눈으로, 이는 이로, 손은 손으로, 발은 발로, 데운 것은 데움으로, 상하게 한 것은 상함으로, 때린 것은 때림으로 갚을지니라"(출 21:23~25). 말씀과 같이 모세 율법은 피해 받은 정도로 갚으라는 것입니다. 이것은 2배, 3배로 갚으려고 하는 감정적 보복의 악순환을 막기 위한 동해보복법(同害報復法)적 규정인 것입니다. 또한 이 규정은 반드시 법에 의해 보복을 해야 하며(출 21:22), 본토인이나 외국인에게 동일하게 적용되었습니다(레 24:22).

한편 다윗의 경우를 보면 예레미야와 같이 그 대적을 하나님께 저주의 기도로 고발하는 것을 볼 수 있습니다. "하나님이여 그들의 입에서 이를 꺾으소서. 여호와여 젊은 사자의 어금니를 꺾어 내시며, 그들이 급히 흐르는 물같이 살아지게 하시며, 겨누는 화살이 꺾임 같게 하시며, 소멸하여 가는 달팽이 같게 하시며, 만삭되지 못하여 출생한 아이가 햇빛을 보지 못함 같게 하소서"(시 58:6~8).

다윗의 저주의 기도가 심한 것처럼 보이지만 다윗은 하나님께 의지하였을 뿐 자신의 손으로는 보복을 하지 않았습니다. 다윗의 첫째 대적은 사울왕이었습니다. 사울은 다윗을 시기하여 다윗을 죽이려고 정병 3,000 명을 거느리고 늘 다윗을 뒤쫓아 다녔습니다(삼상 24:2, 26:2). 그러나 오히려 다윗이 사울왕을 죽일 수 있는 기회가 두 번 있었지만(삼상 24:3~7, 26:6~12) 다윗은 사울이 하나님의 기름 부음을 받은 자라 하여 수행자들의 권유를 물리치고 죽이지 아니하였습니다.

구약 율법의 동해보복법(同害報復法)적 규정이나 다윗이나 예레미야의 저주성 기도가 어떻게 보면 심한 것처럼 보이지만 그래도 피해자의 감정대로 행하지 않고 재판의 판결이나 하나님의 뜻에 맡긴다는 것은 상당히 바람직한 방법이라고 생각이 됩니다.

3. 피해에 대한 신약의 기준

피해에 대한 신약의 기준은 예수님의 가르침입니다. 예수님의 가르침의 핵심은 사랑과 용서입니다. "또 눈은 눈으로, 이는 이로 갚으라 하였다는 것을 너희가 들었으나, 나는 너희에게 이르노니 너희 원수를 사랑하며 너희를 핍박하는 자를 위하여 기도하라. 너희가 너희를 사랑하는 자를 사랑하면 무슨 상이 있으리요,

세리도 이같이 아니하느냐? 그러므로 하늘에 계신 너희 아버지의 온전하심과 같이 너희도 온전하라"(마 5:38, 44~48 요약).

말씀과 같이 예수님은 율법의 동해보복적 규정을 초월하여 보복을 행하지 말고 원수를 사랑하라고 가르치십니다. 오히려 핍박하는 자를 위하여 기도할 수 있는 하나님의 온전하신 사랑을 본받으라는 것입니다.

우리가 원수를 사랑하기 위해서는 먼저 용서의 덕목이 필요하다는 것입니다. "너희가 사람의 과실을 용서하면 너희 천부께서도 너희 과실을 용서하시려니와 너희가 사람의 과실을 용서하지 아니하면 너희 아버지께서도 너희 과실을 용서하시지 아니하시리라"(마 6:14~15).

사람은 누구나 죄인이기 때문에 하나님으로부터 내 죄를 용서받기 위해서는 내가 먼저 남의 과실을 용서해 주어야 된다는 것입니다. 따라서 자신의 죄를 용서받고 영생을 얻기를 원하는 그리스도인들에게 남의 과실을 용서하는 것은 필수적인 일입니다.

"그 때에 베드로가 나아와 가로되 주여 형제가 내게 죄를 범하면 몇 번이나 용서하여 주리이까? 일곱 번까지 하오리이까? 예수께서 가라사대 네게 이르노니 일곱 번 뿐만 아니라 일흔 번씩 일곱 번이라도 할지니라"(마 18:21~22). 우리가 용서하기로 작정하면 과실을 아무리 되풀이해도 일단 회개하기만 하면(눅 17:4) 끝까지 용서해야 한다는 것입니다.

"예수께서 가라사대 아버지여 저희를 사하여 주옵소서. 자기의 하는 것을 알지 못함이니이다 하시더라"(눅 23:34). 말씀과 같이 예수님께서는 당신을 십자가에 못 박아 죽인 원수들을 용서하시고 사랑하셨습니다.

정 리

사람이 피해 감정을 잘 관리한다는 것은 쉬운 일이 아닙니다. 많은 사람에게 피해보다 더 큰 보복을 하려는 심리가 작용합니다. 그리스도인은 예수님의 교훈을 생각하면서 냉정을 찾아야 합니다. 그리스도인은 예수님의 기준을 따라야 합니다. 용서와 사랑의 교훈을 따라야 합니다.

"내 사랑하는 자들아 너희가 친히 원수를 갚지 말고 진노하심에 맡기라. 기록되었으되 원수 갚는 것이 내게 있으니 내가 갚으리라고 주께서 말씀하시니라. 네 원수가 주리거든 먹이고, 목마르거든 마시우라. 그리함으로 네가 숯불을 그 머리에 쌓아 놓으리라. 악에게 지지 말고 선으로 악을 이기라"(롬 12:19~21).

악을 악으로 대하면 나도 악인이 되고 말게 되는 것입니다. 악을 용서와 사랑과 선으로 대할 때 내가 승리하게 되는 것입니다. 그리스도인의 피해 감정 관리에 있어서 사랑과 용서는 내가 승리할 수 있는 가장 강력한 무기인 것입니다.

제 6 장

믿음과 행함 그리고 기도

제6장 제1과
'예수를 믿는다'는 말의 의미

저희를 데리고 나가 가로되, 선생들아 내가 어떻게 하여야 구원을 얻으리이까 하거늘 가로되, 주 예수를 믿으라 그리하면 너와 네 집이 구원을 얻으리라 하고 주의 말씀을 그 사람과 그 집에 있는 모든 사람에게 전하더라(행 16:30~32).

1. 예수와 복음

신약성서의 4복음서는 예수님의 교훈과 행적을 기록한 책입니다. 그래서 마가복음에 보면 "하나님의 아들 예수 그리스도 복음의 시작이라"(막 1:1)라는 말씀으로 시작이 됩니다. 또한 "이 복음은 하나님이 선지자로 말미암아 그의 아들에 관하여 성경에 미리 약속하신 것이라"(롬 1:2) 하여 아들 예수에 관하여 미리 약속하신 내용이 복음인 것입니다. 그리고 또 바울은 "이 복음은 모든 믿는 자에게 구원을 주시는 하나님의 능력이 됨이라"(롬 1:16) 하여 복음은 구원을 주시는 하나님의 능력임을 증언하고 있습니다.

복음의 문자적인 의미는 '기쁜 소식', '좋은 소식'(good news)인데 예수님의 인류 구원을 위한 과거 행적이나 미래 행적을 말합니다. "요한이 잡히신 후 예수께서 갈릴리에 오셔서 하나님의 복음을 전파하여 가라사대 때가 찾고 하나님의 나라가 가까웠으니 회개하고 복음을 믿으라"(막 1:14)라고 하여 예수님 스스로가 당신이 전파하고 가르치는 내용이 복음임을 증언하고 있으며, 또 그것을 믿으라고 명령하고 있습니다.

결론적으로 '예수를 믿는다'는 것은 바로 '예수님의 복음을 믿는다'는 의미가 됩니다. 그렇다면 우리가 믿어야 할 복음의 내용에는 어떤 것이 있는지 하나씩 알아보도록 하겠습니다.

2. 그리스도인이 믿어야 할 복음의 내용

첫째로, 예수님은 하나님의 아들 그리스도이심을 믿어야 합니다.

'예수님은 하나님의 아들 그리스도(메시야)이시며, 그를 믿으면 구원이 된다' 는 것을 믿어야 합니다. "주는 그리스도시요 살아계신 하나님의 아들이시니이다"(마 16:16)라고 베드로는 고백했습니다. 그리고 요한복음은 "오직 이것을 기록함은 너희로 예수께서 하나님의 아들 그리스도이심을 믿게 하려 함이요, 또 너희로 믿고 그 이름을 힘입어 생명을 얻게 하려 함이니라"(요 20:31). 또한 "하나님이 세상을 이처럼 사랑하사 독생자를 주셨으니 이는 저를 믿는 자마다 멸망치 않고 영생을 얻게 하려 하심이니라"(요 3:16)라고 증언하고 있습니다.

둘째로, 나의 구원을 위한 예수님의 십자가 대속의 피를 믿어야 합니다.

'예수님께서 십자가에 못 박혀 죽으신 것은 내 죄를 대신 갚기 위함이라는 것' 을 믿어야 합니다. 즉, "모든 사람이 죄를 범하였으매 하나님의 영광에 이르지 못하더니 그리스도 예수 안에 있는 구속으로 말미암아 하나님의 은혜로 값없이 의롭다 함을 얻은 자 되었느니라"(롬 3:23~24)라는 말씀을 믿어야 합니다.

셋째로, 예수님의 부활과 우리의 부활을 믿어야 합니다.

"예수께서 가라사대 나는 부활이요 생명이니 나를 믿는 자는 죽어도 살겠고, 무릇 살아서 나를 믿는 자는 영원히 죽지 아니하리니 이것을 네가 믿느냐?"(요 11:25~26) '아멘! 주여 믿습니다' 라고 대답하는 여러분이 되시기를 바랍니다. 실제로 예수님은 장사한지 3일 만에 부활하셨습니다. "만일 그리스도 안에서 우리의 바라는 것이 다만 이생뿐이면 모든 사람 가운데 우리가 더욱 불쌍한 자리라"(고전 15:19)라고 바울은 고백했습니다. 이처럼 부활은 영생의 소망입니다. 이 부활을 믿는 것이 곧 예수를 믿는 것입니다.

넷째로, 예수님의 재림과 심판을 믿어야 합니다.

"인자가 아버지의 영광으로 그 천사들과 함께 오리니 그 때에 각 사람의 행한대로 갚으리라"(마 16:27)라고 예수님께서 직접 당신의 재림을 약속하셨습니다.

또한 "주께서 호령과 천사장의 소리와 하나님의 나팔로 친히 하늘로 좇아 강림하시리니"(살전 4:16)라고 성경이 예언하고 있습니다. 성경에 있는 대부분의 예언이 성취되었습니다. 다만 예수님의 재림과 심판만이 남아 있습니다. 따라서 예수님의 재림과 심판도 반드시 이루어질 것입니다. 예수님께서는 분명히 "산 자와 죽은 자를 심판하러 오신다"(딤후 4:1)고 성경이 증언하고 있습니다.

다섯째로, 예수님은 교회의 머리이심을 믿어야 합니다.

"하나님께서는 만물을 그리스도의 발 아래 굴복시키시고, 그 분을 만물 위에 교회의 머리로 삼으셨습니다. 교회는 그리스도의 몸이요, 만물 안에서 만물을 충만케 하시는 분의 충만함입니다"(엡 1:22~23, 표준새번역). 그렇습니다. '교회'는 예수님과 이 땅의 모든 그리스도인들로 구성되는 하나의 유기체입니다. 여기서 모든 그리스도인은 교회의 몸이 되고 예수님은 교회의 머리가 되십니다. 모든 그리스도인은 예수님께서 교회의 머리되심을 믿어야 합니다.

여섯째로, 예수님은 태초부터 하나님과 함께 말씀으로 계신 하나님의 본체이심을 믿어야 합니다.

"태초에 말씀이 계시니라. 이 말씀이 하나님과 함께 계셨으니 이 말씀은 곧 하나님이시라"(요 1:1). "말씀이 육신이 되어 우리 가운데 거하시매 우리가 그 영광을 보니 아버지의 독생자의 영광이요 은혜와 진리가 충만하더라"(요 1:14). 그렇습니다. 태초에 하나님과 함께 계셨던 말씀이 사람의 육신을 입고(成肉身) 이 땅에 오신 분이 바로 예수님입니다. "그는 근본 하나님의 본체시나 하나님과 동등 됨을 취할 것으로 여기지 아니하시고 오히려 자기를 비어 종의 형체를 가져 사람과 같이 되었고, 사람의 모양으로 나타나셨으매 자기를 낮추시고 죽기까지 복종하셨으니 곧 십자가에 죽으심이라"(빌 2:6~8). 이상의 말씀이 증거하는 바와 같이 예수님은 하나님의 본체시지만 자기를 낮추시고 사람의 육을 입고 이 땅에 오셨습니다.

일곱째로, 예수님은 우주와 만물의 창조주이심을 믿어야 합니다.

태초에 하나님께서는 말씀으로 우주 만물을 창조하셨습니다. "믿음으로 모든 세계가 하나님의 말씀으로 지어진 줄을 우리가 아나니"(히 11:3), "만물이 그로 말미암아 지은 바 되었으니 지은 것이 하나도 그가 없이는 된 것이 없느니라"(요 1:3). 이와 같이 모든 만물은 말씀으로 창조되었습니다. 따라서 말씀이 바로 창조주 하나님이십니다.

정 리

'예수를 믿는다'는 말의 의미는 그리스도의 복음, 즉 인류 구원을 위한 예수님의 말씀과 행적을 믿는 것입니다. 예수님은 하나님의 아들 그리스도이심을 믿어야 합니다. 예수님은 우리의 죄를 대속하시려고 십자가에 못 박혀 죽으셨음을 믿어야 합니다. 예수님께서는 부활하셨고, 모든 그리스도인도 부활하게 될 것임을 믿어야 합니다. 예수님은 분명히 재림하실 것이며 심판주로 오실 것임을 믿어야 합니다. 예수님은 교회의 머리이시며 모든 그리스도인은 교회의 몸(지체)이 됨을 믿어야 합니다. 예수님의 본체는 말씀으로 계신 하나님이시나 사람의 육을 입고 이 땅에 오셨음을 믿어야 합니다. 예수님은 우주와 만물의 창조주이심을 믿어야 합니다. 이상과 같이 예수를 믿으면 생명이 구원되어 영생하게 됨을 또한 믿어야 합니다.

第6장 第2과
믿음과 행함

나더러 주여 주여 하는 자마다 천국에 다 들어갈 것이 아니요 다만 하늘에 계신 내 아버지의 뜻대로 행하는 자라야 들어가리라(마 7:21).

1. 행함으로 얻게 되는 의

"아브라함의 99세 때에 여호와께서 아브라함에게 나타나서 그에게 이르시되 나는 전능한 하나님이라 너는 내 앞에서 행하여 완전하라"(창 17:1). 말씀과 같이 아브라함은 하나님 앞에서 행함으로써 완전하게 되라는 명령을 받았습니다. 세월이 지난 후 아브라함은 100세에 얻은 외아들 이삭을 번제로 드리라는 엄청난 행함의 시험을 당하게 되었습니다.

"여호와께서 가라사대 네 아들 네 사랑하는 독자 이삭을 데리고 모리아 땅으로 가서 내가 네게 지시하는 한 산 거기서 그를 번제로 드리라"(창 22:2). 이 청천벽력 같은 하나님의 명령에 대하여 아브라함은 하나님을 믿고 순종함으로써 아들 이삭도 구하고, 하나님으로부터 "내가 이제야 네가 하나님을 경외하는 줄을 아노라"(창 22:12b)는 인정을 받게 되었습니다. 행함은 믿음이 있어야 이루어질 수가 있습니다.

"너희가 내 말을 잘 듣고 내 언약을 지키면 너희는 열국 중에서 내 소유가 되겠고 너희가 내게 대하여 제사장 나라가 되며 거룩한 백성이 되리라"(출 19:5~6). 이스라엘 백성이 거룩한 백성, 즉 하나님의 백성이 되기 위해서는 하나님의 말씀을 잘 듣고, 또한 하나님과의 약속을 잘 지켜야 한다는 것입니다.

이것이 곧 행함으로 의롭게 될 수 있는 원리인 것입니다. 그러나 하나님에 대한 믿음이 없는 사람이 행함으로 의롭게 되기는 참으로 어려운 일입니다.

그래서 성경은 "의인은 없나니 하나도 없으며 깨닫는 자도 없고, 하나님을 찾는 자도 없고, 다 치우쳐 한가지로 무익하게 되고 선을 행하는 자는 없나니 하나도 없도다"(롬 3:10~12)라고 하여 율법의 행위로는 의롭게 되는 자가 없다는 것입니다. "그러므로 율법의 행위로 그의 앞에 의롭다 하심을 얻을 육체가 없나니 율법으로는 죄를 깨달음이니라"(롬 3:20). 말씀과 같이 다만 율법으로는 내가 죄인임을 깨닫게 된다는 것입니다.

2. 믿음으로 의롭게 되는 원리

"모든 사람이 죄를 범하였으매 하나님의 영광에 이르지 못하더니 그리스도 예수 안에 있는 구속으로 말미암아 하나님의 은혜로 값없이 의롭다 하심을 얻은 자 되었느니라"(롬 3:23~24). 말씀과 같이 '예수님이 내 죄를 대신해서 십자가에 못 박혀 죽으셨다' 는 것을 믿을 때 하나님의 은혜로 내가 의롭게 되는 원리입니다.

다시 말하면 율법을 행하지 않고도 믿음만으로 의롭게 되는 원리입니다. 그래서 성경은 "사람이 의롭다 하심을 얻는 것은 율법의 행위에 있지 않고 믿음으로 되는 줄 우리가 인정하노라"(롬 3:28)라고 진술하고 있습니다.

그러나 한편 성경은 "영혼 없는 몸이 죽는 것 같이 행함이 없는 믿음은 죽은 것이니라"(약 2:26)라고 하여 믿음에는 행함이 따라야 함을 분명히 말씀하고 있습니다. "우리가 다 하나님의 아들을 믿는 것과 아는 일에 하나가 되어 온전한 사람을 이루어 그리스도의 장성한 분량이 충만한 데까지 이르리니, 이는 우리가 이제부터 어린아이가 되지아니하여 사람의 궤술과 간사한 유혹에 빠져 모든 교훈의 풍조에 밀려 요동치 않게 하려 함이라"(엡 4:13~14).

세상의 속임수와 유혹에 빠지지 않고 믿음을 지키기 위해서는 행함으로 그리스도를 본받아 믿음의 뿌리를 튼튼히 해야 되는 것입니다. "오직 사랑 안에서 참된 것을 하여 범사에 그에게까지 자랄지라"(엡 4:15). 우리가 행함으로 예수님을 능히 본받기 위해서는 오직 '사랑' 안에 있어야만 가능한 것입니다.

3. 사랑으로 율법을 완성하는 원리

"간음하지 말라. 살인하지 말라. 도적질하지 말라. 탐내지 말라 한 것과 그 외의 다른 계명이 있을지라도 네 이웃을 네 자신과 같이 사랑하라 하신 그 말씀 가운데 다 들었느니라. 사랑은 이웃에게 악을 행치 아니하나니 그러므로 사랑은 율법의 완성이니라"(롬 13:9~10).

예수 믿지 않는 세상 사람이나 사랑이 없는 사람이 십계명(출 20:1~17)을 모두 지켜 행한다는 것은 거의 불가능한 일입니다. 그러나 예수 믿고 사랑으로 충만된 사람에겐 행하기가 별로 어렵지 않는 계명입니다. 따라서 모든 그리스도인은 사랑의 은사를 받음으로서 성경 말씀대로 사는 행함이 있는 믿음을 소유할 수가 있는 것입니다.

사랑은 성령의 은사(고전 12:4~11)와 성령의 열매(갈 5:22)로 얻을 수가 있습니다. 따라서 우리는 먼저 성령 충만함을 받아야 합니다. "베드로가 가로되 너희가 회개하여 각각 예수 그리스도의 이름으로 세례를 받고 죄 사함을 얻으라. 그리하면 성령을 선물로 받으리니"(행 2:38). 말씀과 같이 우리가 모든 죄를 회개하고 예수 믿고 세례를 받을 때 성령 충만을 받을 수가 있습니다.

또한 세례를 받는다는 것은 예수님과 함께 십자가에 못 박힌다는 의미입니다(롬 6:4). "우리가 알거니와 우리 옛사람이 십자가에 못 박힌 것은 죄의 몸이 멸하여 다시는 우리가 죄에게 종노릇하지 아니하려 함이니 이는 죽은 자가 죄에서 벗어나 의롭다 하심을 얻었음이니라"(롬 6:6~7). 우리가 세례를 받을 때 우리의 죄성이 십자가에 못 박혀 죽음으로써 죄의 유혹에 끌려가지 않게 되는 것입니다.

"내게 능력 주시는 자 안에서 내가 모든 것을 할 수 있느니라"(빌 4:13). 바울 사도는 자신의 안에 예수님이 함께 하시면 모든 것을 행할 수 있다고 확신했습니다. "새 계명을 너희에게 주노니 서로 사랑하라. 내가 너희를 사랑한 것 같이 너희도 서로 사랑하라. 너희가 서로 사랑하면 이로써 모든 사람이 너희가 내 제자인 줄 알리라"(요 13:34~35). 우리 안에 능력 주시는 자인 성령 하나님이 함께 하시고, 또한 그의 은사와 열매로 사랑이 충만 되면 능히 행함의 믿음으로 예수님의 제자가 될 수 있습니다.

4. 행하는 자의 믿음과 행치 않는 자의 믿음

"그러므로 누구든지 나의 이 말을 듣고 행하는 자는 그 집을 반석 위에 지은 지혜로운 사람 같으리니 비가 내리고 창수가 나고 바람이 불어 그 집에 부딪히되 무너지지 아니하나니 이는 주초를 반석 위에 놓은 연고요"(마 7:24~25). 말씀과 같이 말씀대로 행하는 자의 믿음은 반석 위에 집을 지은 지혜로운 자와 같아서 어떠한 시험과 환난에도 그 믿음이 무너지지가 않습니다.

"나의 이 말을 듣고 행치 아니하는 자는 그 집을 모래 위에 지은 어리석은 사람 같으리니 비가 내리고 창수가 나고 바람이 불어 그 집에 부딪히매 무너져 그 무너짐이 심하니라"(마 7:26~27). 말씀과 같이 말씀대로 행치 않는 자의 믿음은 모래 위에 집을 지은 어리석은 자 같아서 시험과 환난이 닥치면 믿음이 여지없이 무너지게 되는 것입니다.

그리스도인은 누구나 우선 믿음으로 구원을 받게 되는 것이지만 그 구원을 완성하기 위해서는 도중에 실족하지 않는 한결같은 믿음이 필요합니다. 이를 위하여 모든 그리스도인은 말씀대로 행하는 삶을 통하여 믿음의 뿌리를 튼튼히 내려놓아야만 합니다.

"나더러 주여 주여 하는 자마다 천국에 다 들어갈 것이 아니요, 다만 하늘에 계신 내 아버지의 뜻대로 행하는 자라야 들어가리라"(마 7:21).

성도 여러분! 행함이 있는 믿음으로 다 같이 천국에서 만납시다.

제6장 제3과
믿음의 시련과 그 영광

그러므로 너희가 이제 여러 가지 시험을 인하여 잠간 근심하게 되지 않을 수 없었으나 오히려 크게 기뻐하도다. 너희 믿음의 시련이 불로 연단하여도 없어질 금보다 더 귀하여 예수 그리스도의 나타나실 때에 칭찬과 영광과 존귀를 얻게 하려함이라(벧전 1:6~7).

서 론

녹이 많이 슨 쇠는 쓸모가 없습니다. 죄를 많이 지은 사람도 쓸모가 없습니다. 특히 하나님의 나라에서는 백성으로서의 자격조차 얻을 수가 없습니다. 쇠에 녹이 스는 원인과 사람이 죄를 짓게 되는 원인, 쇠의 녹을 제거하는 과정과 사람의 죄를 제거하는 과정, 그리고 쇠에 녹이 슬지 않게 하는 방법과 사람이 죄를 짓지 않게 하는 방법은 잘 비유가 됩니다.

이 시간에는 공기 중에 있는 쇠와 세상 중에 있는 사람을 비유해서 그리스도인의 믿음의 시련과 그 영광에 대하여 은혜를 나누기로 합니다.

1. 공기 중에 있는 쇠와 세상 중에 있는 사람

철사나 못을 공기 중에 오래 두면 녹이 슬게 됩니다. 녹이 심하게 슨 쇠를 보면 썩어서 허물어집니다. 그 원인은 쇠가 공기 중에 있는 산소와 결합하여 산화철(녹)이 되기 때문입니다. 공기에는 어디서나 산소가 포함되어 있기 때문에 공기 중에 쇠를 두면 녹이 슬지 않을 수가 없는 것입니다. 녹이 슬면 그 쇠는 전기도 통하지 않게 되고 썩어서 못쓰게 됩니다.

한편 이 세상은 공중 권세를 잡은 자(엡 2:2), 곧 마귀의 죄와 악으로 오염되어 있습니다. 거짓과 탐욕과 살인행위로 얼룩져 있습니다(요 8:44). 먹물을 가까이 하면 검어지게 되는 것처럼 사람은 이러한 세상 가운데서 자신도 모르는 사이에 죄로 물들게 되고, 만사를 이기적, 탐욕적으로 판단하는 죄인이 될 수밖에 없습니다. 거짓과 탐욕의 아비인 마귀(요 8:44)의 속성을 닮게 되고 맙니다.

그것은 마치 공기 중의 쇠가 녹슬지 않을 수 없는 것처럼 세상 중에 있는 사람은 죄를 짓지 않을 수가 없기 때문입니다. 그리하여 녹슨 쇠가 전기를 통하지 않는 것처럼 죄를 지은 사람은 하나님과 교통이 되지 않습니다. 여기서 우리에게 요구되는 것은 녹슨 쇠는 녹을 제거해야 되고 죄로 물든 사람은 죄를 제거해야 된다는 것입니다.

2. 녹을 제거하는 방법과 죄를 제거하는 방법

쇠에 녹을 제거하려면 높은 온도로 가열해야 합니다. 이렇게 쇠를 높은 온도로 가열하는 것을 연단(鍊鍛) 또는 단련(鍛鍊)이라 합니다. 쇠의 녹에 고열을 가하면 녹(산화철)에 포함되어 있던 산소가 분리되어 나가고 순수한 쇠로 환원(還元)이 됩니다. 실제로 철광석은 모두 산화철(녹)로 되어 있는데 제련소의 용광로에서 고열을 가하여 산소를 제거하면 순수한 쇠를 얻을 수가 있습니다. 이처럼 녹슨 쇠가 순수한 쇠로 되면 다시 전기도 통하게 되고 쓸모가 있게 됩니다.

죄로 물든 사람도 녹슨 쇠를 용광로에서 가열하는 것처럼 연단을 받아야 죄를 깨닫게 되고, 하나님 앞에서 회개함으로써 용서를 받고, 죄에서 떠나 구원에 이를 수가 있습니다. "도가니는 은을, 풀무는 금을 연단하거니와 여호와는 마음을 연단하느니라"(잠 17:3)라고 성경은 증언하고 있습니다. 그렇습니다. 쇠붙이는 불로 연단을 하지만 사람은 하나님께서 그 삶의 자리에 각종 시험을 주어서 그 마음을 연단하시는 것입니다.

또한 "내가 그 삼분지 일을 불 가운데 던져 은같이 연단하며 금같이 시험할 것이라. 그들이 내 이름을 부르리니 내가 들을 것이며"(슥 13:9)라고 성경이 증언하고 있습니다. 마치 쇠붙이를 불 가운데 넣는 것처럼 사람을 어려운 환경으로 몰아넣어 연단함으로써 죄를 깨닫게 하고 하나님을 찾게 하신다는 것입니다. 이와 같은 모든 과정이 그리스도인에게 있어서 믿음을 얻고 지키기 위한 시련인 것입니다.

3. 녹을 방지하는 방법과 죄를 방지하는 방법

쇠에 녹이 슬지 않게 하기 위해서는 쇠로부터 산소를 차단해야 합니다. 백열전구처럼 쇠(필라멘트) 주위를 진공으로 하거나 산소가 아닌 공기(질소 등)로 채워

주면 됩니다. 또한 철사를 P.V.C.나 에나멜로 피복하거나 녹슬지 않는 쇠붙이로 도금(鍍金)을 하면 산소가 차단됩니다.

마찬가지로 그리스도인은 세상과의 접촉을 피해야 합니다. 시편 1편에 보면 악인과 죄인과 오만한 자들과는 접촉을 피하라고 교훈하고 있습니다. 또한 "너희는 이 세대를 본받지 말라"(롬 12:2)고 성경은 명령하고 있습니다.

그러나 우리가 세상에 살면서 세상과 접촉하지 않는 다는 것은 불가능한 일입니다. 그래서 우리는 말씀과 믿음으로 승리하는 적극적인 방법을 강구해야만 합니다.

쇠에 녹이 슬지 않게 하는 방법에도 적극적인 방법이 있습니다. 쇠를 크롬 또는 니켈 등과 섞어서 합금을 만들면 공기 중에 두어도 녹이 슬지 않는 스테인레스스틸이 됩니다. 마찬가지로 우리 그리스도인이 세상에 나가서도 죄를 짓지 않기 위해서는 믿음과 말씀과 진리의 행위로 무장된 하나님의 전신갑주를 입어야 합니다(엡 6:11~17).

그렇습니다. 쇠를 크롬과 혼합하여 합금을 만들면 공기 중에서도 녹이 슬지 않는 새로운 쇠붙이가 되는 것처럼 우리 그리스도인들도 믿음과 말씀과 의의 행위로 예수 그리스도와 연합하여 하나가 되는 합금을 만들면 이 세상의 죄와 악에 다시는 오염되지 않는 참 그리스도인이 될 수 있습니다.

정 리

사랑하는 성도 여러분! 그러나 우리가 그리스도와 연합(합금)한다는 것은 쉬운 일이 아닙니다. 헌신적인 믿음의 시련을 감당해야 합니다. 자신을 완전히 버리고 그리스도에게로 나아가야 합니다.

"내가 그리스도와 함께 십자가에 못 박혔나니 그런즉 이제는 내가 산 것이 아니요, 오직 내 안에 그리스도께서 사신 것이라"(갈 2:20). "우리가 살아도 주를 위하여 살고 죽어도 주를 위하여 죽나니 그러므로 사나 죽으나 주의 것이로다"(롬 14:8). 이상 말씀은 바울 사도의 고백입니다. 이 얼마나 합금이 잘 되었습니까! 우리가 이쯤만 되면 세상에 내동댕이쳐도 절대로 녹(범죄)이 슬지 않을 것입니다.

가혹한 믿음의 시련만이 우리로 하여금 죄를 깨닫게 하고, 죄를 피하게 하고,

하나님의 전신갑주를 입혀서 죄를 이기게 합니다. 믿음의 시련만이 우리로 하여금 하나님 앞에 바로 서게 함으로써 칭찬과 영광과 존귀를 얻게 합니다(벧전 1:6~7). 믿음의 시련이 아무리 가혹해도 "현재의 고난은 장차 우리에게 나타날 영광과 족히 비교할 수 없습니다"(롬 8:18).

제6장 제4과
빛과 소금의 직분

너희는 세상의 소금이니 소금이 만일 그 맛을 잃으면 무엇으로 짜게 하리요 후에는 아무 쓸 데 없어 다만 밖에 버리워 사람에게 밟힐 뿐이니라. 너희는 세상의 빛이라 산위에 있는 동네가 숨기우지 못할 것이요, 사람이 등불을 켜서 말 아래 두지 아니하고 등경 위에 두나니 이러므로 집안 모든 사람에게 비취느니라. 이같이 너희 빛을 사람 앞에 비취게 하여 저희로 너희 착한 행실을 보고 하늘에 계신 너희 아버지께 영광을 돌리게 하라(마 5:13~16).

1. 사람이 사는 목적

웨스트민스터(Westminster) 신앙고백의 성경 소요리문답 제1문에 보면 "사람의 제일 되는 목적은 무엇인가?"라는 질문이 있습니다. 이 질문에 대한 답으로 "사람의 제일 되는 목적은 하나님을 영화롭게 하는 것과 영원토록 그를 즐거워하는 것이다"라고 진술되어 있습니다. 그리고 그 성경적 근거로는 "그런즉 너희가 먹든지 마시든지 무엇을 하든지 다 하나님의 영광을 위하여 하라"(고전 10:31)라는 말씀을 제시하고 있습니다.

또한 "이는 만물이 주에게서 나오고, 주로 말미암고, 주에게로 돌아감이라. 영광이 그에게 세세에 있으리로다. 아멘!"(롬 11:36)이란 말씀도 인생의 목적을 잘 증언하고 있습니다. 모든 만물과 함께 사람은 하나님으로부터 왔으며, 하나님에 의하여 현재 존재하고 있으며, 앞으로 하나님께로 돌아가게 되어 있습니다. 따라서 사람들은 하나님의 영광을 위하여 사는 것이 마땅한 일입니다.

오늘 본문에도 보니까 "이와 같이 너희 빛을 사람 위에 비취게 하여 저희로 너희 착한 행실을 보고 하늘에 계신 너희 아버지께 영광을 돌리게 하라"(마 5:16)라고 하여 사람이 하나님께 영광을 돌리는 방법을 가르쳐 주고 있습니다. 또한 오늘 본문 말씀은 사람이 세상에서 빛과 소금의 직분을 다 감당함으로써 하나님께 영광을 돌려야 한다고 권면하고 있습니다.

2. 소금의 직분과 그 역할

"너희는 세상의 소금이니 소금이 그 맛을 잃으면 무엇으로 짜게 하리요. 후에는 아무 쓸데 없어 다만 밖으로 버리어 사람에게 밟힐 뿐이니라"(마 5:13). 말씀에서 보는 바와 같이 예수님께서는 그리스도인을 소금이라고 지칭하십니다. 따라서 그리스도인은 소금의 역할을 감당해야 합니다. 소금의 역할에는 두 가지가 있습니다. 첫째는 변하지 않게 하는 역할이고, 둘째는 맛을 내는 역할입니다.

첫째로, 그리스도인은 변하기 쉽고 부패하기 쉬운 세상에서 부패를 방지하는 소금의 역할을 감당해야 합니다. "이스라엘 하나님 여호와께서 소금 언약으로 이스라엘 나라를 영원히 다윗과 그 자손에게 준 것을 네가 알 것이 아니냐?"(대하 13:5)라는 말씀에서 보는 바와 같이 하나님은 소금을 변하지 않는 것의 대명사로 사용하셨습니다. 하나님께서는 그리스도인이 소금처럼 변하지 말며 부패를 방지하기를 원하십니다.

둘째로, 음식에 소금을 쳐야 맛이 나는 것처럼 그리스도인이 있는 세상에는 살맛이 나야 합니다. "너희 말을 항상 은혜 가운데서 소금으로 고르게 함같이 하라"(골 4:6). 말씀과 같이 그리스도인은 대화를 할 때에도 음식에 소금을 알맞게 친 것처럼 은혜로운 말을 골라서 감칠맛 나게 말을 해야 된다는 것입니다. 참으로 그리스도인은 살기 힘든 현실 가운데서 살맛나게 하는 맛난이가 되어야 합니다.

3. 빛의 직분과 그 역할

"너희는 세상의 빛이라. 산 위에 있는 동네가 숨기우지 못할 것이요, 사람이 등불을 켜서 말 아래 두지 아니하고 등경 위에 두나니 이러므로 집안 모든 사람에게 비춰느니라”(마 5:14~15). 말씀에서 보는 바와 같이 예수님은 그리스도인을 세상의 빛이라고 지칭하십니다. 따라서 그리스도인은 빛의 역할을 감당해야 합니다.

“예수께서 또 일러 가라사대 나는 세상의 빛이니 나를 따르는 자는 어두움에 다니지 아니하고 생명의 빛을 얻으리라”(요 8:12) 하시어 예수님도 이 땅에 빛으로 오셨다고 하셨습니다. 따라서 그리스도인은 빛인 예수님을 본받아야 합니다. 빛의 역할은 어두움을 밝히는 것입니다. 등불은 말 아래 감추어 두는 것이 아니라 반드시 등경 위에 두어 모든 사람을 비추어야 합니다.

그렇다면 그리스도인이 등불이 아닌데 어떻게 어두움을 밝힐 수가 있습니까? “너희가 전에는 어두움이더니 이제는 주 안에 빛이라. 빛의 자녀들처럼 행하라. 빛의 열매는 모든 착함과 의로움과 진실함에 있느니라”(엡 5:8~9). 말씀과 같이 그리스도인은 빛의 열매인 행위로써 어두움을 밝혀야 합니다. 착한 행위와 의로운 행위와 진실된 행위로 세상 사람들 앞에서 본이 되어야 합니다.

예수님께서 그리스도인의 본이 되신 것처럼 그리스도인은 세상 사람들의 본이 되어야 합니다. 이것이 곧 어두움을 밝히는 빛의 역할이요, 하나님께 영광 돌리는 그리스도인의 역할인 것입니다.

4. 빛과 소금이 주는 교훈

그리스도인이 빛과 소금의 직분을 잘 감당하기 위해서는 빛과 소금이 주는 교훈을 잘 습득해야 합니다.

첫째로, 빛과 소금은 스스로 변하지 않습니다. 빛은 그 밝음을, 소금은 그 짠맛을 잃지 않습니다. 세상의 모든 것이 변하고 부패하지만 빛과 소금은 그 본질이 변하지 않습니다. 마찬가지로 그리스도인은 하나님에 대한 믿음과 소망과 사랑이 변하지 않아야 합니다. 자신이 변하지 않아야 그 이웃을 변화시킬 수 있는 것입니다.

둘째로, 빛과 소금은 그 이웃을 위하여 스스로는 헌신하고 희생을 합니다. 빛은 어두움을 밝히고 그 빛 에너지는 사라집니다. 양초는 스스로 몸을 태워 희생하면서 주위의 어두움을 밝힙니다. 또한 소금은 스스로는 녹으면서 부패를 방지하고 음식의 맛을 냅니다. 마찬가지로 그리스도인도 세상의 부패와 어두움을 방지하기 위하여 헌신하고 희생하는 삶을 살아야만 합니다.

정 리

사람의 제일 되는 목적은 하나님께 영광을 돌리는 삶인 것입니다. 그리스도인이 하나님께 영광을 돌리기 위해서는 이 세상에서 빛과 소금의 직분을 잘 감당해야 합니다. 빛과 소금은 자신을 희생하여 어두움을 밝히고, 맛을 내며 부패를 방지합니다.

그리스도인은 빛과 소금처럼 스스로는 희생하면서 살맛나는 세상을 만들기 위하여 선(善)과 의(義)와 진실(眞實)을 행함으로 세상의 본이 되어야 합니다. 이것이 바로 하나님께 영광을 돌리는 그리스도인의 본분인 것입니다.

제6장 제5과

교회 중심의 믿음생활과 생활 중심의 믿음생활

사람아 주께서 선한 것이 무엇임을 네게 보이셨나니 여호와께서 네게 구하시는 것이 오직 공의를 행하며 인자를 사랑하며 겸손히 네 하나님과 함께 행하는 것이 아니냐(미 6:8). **나더러 주여 주여 하는 자마다 천국에 다 들어갈 것이 아니요, 다만 하늘에 계신 아버지의 뜻대로 행하는 자라야 들어가리라**(마 7:21).

1. 교회 중심의 믿음생활

"예수 믿는다"는 말과 "교회 다닌다"는 말이 같은 의미로 통용이 되고 있습니다. 그러니까 '교회 다니는 사람'은 곧 '예수 믿는 사람'이라는 것입니다. 그래서 '예수 믿는 생활'이란 곧 '교회에 가서 예배드리는 생활'로 이해가 되고 있다는 것입니다. 주일날 교회에`가서 예배를 드리고, 설교를 듣고, 십일조를 드리고, 헌금을 드리고, 기도를 드리고, 찬송을 부르면 교회 다니는 사람이 되고 예수 믿는 사람이 됩니다.

좀 더 열심히 교회 다니는 사람은 삼일 예배에도 참석하고, 금요 기도회에도 참석하고, 구역 예배에도 참석하면 됩니다. 더욱 열심히 믿는 사람은 새벽 기도회에도 출석하고 가끔식 금식 기도나 작정 기도에도 참석하고, 각종 교육 프로그램에 참석하여 성경 공부를 하면 됩니다.

이와 같이 철저하게 교회의 계획과 프로그램에 따라 열심히 하면 스스로 생각해도 그렇고 남이 보아도 분명히 예수 잘 믿고 교회에 충성을 다하는 사람으로 보입니다. 그리고 틀림없이 담임 목사로부터는 알곡 성도로 인정을 받게 될 것입니다.

그런데 유감스럽게도 하나님께서는 이러한 교회 중심 생활만으로는 그 사람을 기뻐하지 않으신다고 성경은 교훈하고 있습니다.

2. 교회 중심 믿음 생활의 문제점

예수님께서는 바리새인들의 믿음 생활을 책망하셨습니다. 그들은 안식일과 절기도 잘 지키고, 십일조와 헌물도 잘 드리고, 기도와 금식도 잘 했습니다. 그러나 그들은 예수님으로부터 외식하는 바리새인이라고 책망을 받았습니다. 그렇습니다. 교회에서 행해지는 모든 믿음의 행위는 모두 의식적(儀式的)인 행위입니다. 의식적인 행위는 매주일 같은 행사를 하다가 보면 타성화 되고 간절한 관심이 결여된 채 기계적으로 되풀이되기 쉽습니다.

이제 '교회 중심의 믿음 생활하는 사람들'을 향한 하나님의 책망 몇 가지를 먼저 들어보기로 하겠습니다. 우리가 세상에 나가서 생활하는 가운데 부지불식간에 지은 죄와 허물은 하나님 앞에서 회개하고 쉽게 용서를 받을 수가 있습니다.

그러나 분명히 알고도 같은 죄와 악을 되풀이하고 교회에 와서 "내가 구원을 얻었나이다"(렘 7:10)라고 고백하는 자에게는 "교회가 너희 눈에는 도적의 소굴로 보이느냐?"(렘 7:11)라는 책망을 받습니다. 이것은 교회에 다니는 것만이 능사가 아니라하는 교훈인 것입니다.

또한 온갖 죄를 짓고도 그 손으로 제물을 가져온다면 기뻐하지 아니하시며(사 1:11), "너희가 내 앞에 보이러 오니, …, 내 마당만 밟을 뿐이니라. 헛된 제물을 다시 가져오지 말라, …, 성회와 아울러 악을 행하는 것을 내가 견디지 못하겠노라"(사 1:12~13)라고 하여 악행한 손으로 드리는 예배와 제물은 거절하십니다.

뿐만 아니라 "네 노래 소리를 내 앞에서 그칠지어다. 네 비파 소리도 내가 듣지 아니하리라"(암 5:23) 하여 저주를 말한 입으로 부르는 찬송은 마땅치 아니하다고 하셨습니다. 그리고 또한 기도도, 외식하는 기도(마 6, 5), 남을 용서하지 않고 하는 기도(마 6:15), 사랑이 없는 기도(잠 21:13) 등 선행이 없는 사람의 기도는 듣지 않으신다고 하셨습니다. 심지어 금식 기도를 할지라도 악한 주먹으로 다투며 하는 금식은 기뻐하지 아니하시며 열납되지도 아니한다고 하셨습니다.

결론적으로 하나님께서는 세상에 나가 공의와 인자와 겸손을 행하는 선행을 하지 않는 한 교회 중심의 모든 의식적(儀式的)인 행위는 전혀 열납하지 않으시겠다는 충고인 것입니다.

3. 하나님께서 기뻐하시는 생활 중심의 믿음 생활

"그러므로 형제들아 내가 하나님의 모든 자비하심으로 너희를 권하노니 너희 몸을 하나님이 기뻐하시는 거룩한 산 제사로 드리라"(롬 12:1), "오직 선을 행함과 서로 나누어 주기를 잊지 말라. 이 같은 제사는 하나님이 기뻐하시느니라"(히 13:16). 그렇습니다. 하나님께서는 몸을 바쳐 선행을 함으로 드리는 산 제사를 기뻐하십니다. 특별히 오늘 본문에서는 하나님께서 기뻐하시는 선행의 덕목 중에서 "공의를 행하며, 인자를 사랑하며, 겸손히 하나님과 함께 행하는 것"(미 6:8)을 원하고 계십니다.

첫째로, 하나님께서는 공의로운 행위를 원하십니다.

"오직 공법을 물같이, 정의를 하수같이 흘릴지로다"(암 6:24). 또한 "선행을 배우며 공의를 구하며 학대받는 자를 도와주며, 고아를 위하여 신원하며, 과부를 위하여 변호하라"(사 1:17)고 가르치고 있습니다. 그리스도인들은 흔히 특별한 소청을 위하여는 금식을 행하지만 하나님께서는 식음을 폐하고 엎드려 기도하는 것이 금식이 아니라 남의 "흉악의 결박을 풀어주며, 멍에의 줄을 끌러주며, 압제당하는 자를 자유케 하며, 모든 멍에를 꺾는 것"(사 58:6)이 기뻐하시는 금식이라 하셨습니다. 금식 그 자체보다도 공의를 행해야만 기뻐하십니다.

둘째로, 하나님께서는 인자를 사랑함을 원하십니다

인자가 무엇입니까? 남을 긍휼히 여기고 불상히 여기는 일입니다. 하나님께서 "우리를 구원하시되 우리의 행한 바 의로운 행위로 말미암지 아니하시고, 오직 그의 긍휼하심을 좇아"(딛 3:5) 구원하셨습니다. 그래서 하나님께서는 우리들에게도 "서로 인자하게 하며 불상히 여기며 서로 용서하기를 하나님이 그리스도 안에서 너희를 용서하심 같이 하라"(엡 4:32)고 가르치십니다. 또한 하나님께서 기뻐하시는 금식은 "주린 자에게 식물을 나눠주며, 유리하는 빈민을 네 집에 들이며, 벗은 자를 보면 입히며"(사 58:7) 긍휼을 베푸는 것이라고 말씀하셨습니다. 참으로 하나님께서는 긍휼 베푸는 자를 기뻐하십니다.

셋째로, 하나님께서는 겸손히 하나님을 따라 행하는 것을 원하십니다

예수님께서는 "인자가 온 것은 섬김을 받으려 함이 아니라 도리어 섬기려 하고, 자기 목숨을 많은 사람의 대속물로 주려 함이니라"(마 20:28)라고 말씀하시고 또한 제자들의 발을 씻기시며(요 13:4~5) 겸손의 본을 보이셨습니다. 예수님께서 교훈하시기를 "누구든지 어린아이와 같이 자기를 낮추며"(마 18:4), "누구든지 으뜸이 되고자 하거든 남의 종이 되라"(마 20:27)고 하셨습니다. 참으로 하나님께서는 겸손한 자를 기뻐하십니다.

정 리

"사람이 선을 행할 줄 알고도 행치 아니하면 죄니라"(약 4:17)라고 성경은 가르치고 있습니다. 하나님께서 우리에게 먼저 구하는 것은 예배와 헌물이 아니고 선행입니다. 습관적으로 되풀이 하는 교회 중심의 믿음 생활이 아니고 공의와 인자와 겸손을 행하는 것입니다.

다시 말하면 공의와 인자와 겸손과 같은 선행이 없는 형식적이고 의식적(儀式的)인 예배와 헌물과 기도와 찬양은 열납하지 않으신다는 것입니다. 그렇다고 교회 중심의 믿음 생활이 필요 없다는 것은 절대로 아닙니다. 교회 중심의 믿음 생활이 성화(聖化) 차원에서 생활 중심의 믿음생활로 연장이 되어야 합니다.

결론적으로 생활 현장에서는 행함이 없이 다만 교회 안에서의 형식적인 믿음 생활은 하나님께서 기뻐하시지 않으신다는 것입니다. "나더러 주여 주여 하는 자마다 천국에 다 들어갈 것이 아니요, 다만 하늘에 계신 아버지의 뜻대로 행하는 자라야 들어가리라"(마 7:21). 아멘!

제6장 제6과
기도와 마음의 자세

너희가 내 이름으로 무엇을 구하든지 내가 시행하리니 이는 아버지로 하여금 아들을 인하여 영광을 얻으시게 하려 함이라. 내 이름으로 무엇이든지 내게 구하면 내가 시행하리라(요 14:13~14).

서 론

기도(祈禱, prayer)가 무엇입니까? 결론적으로 기도는 신(神)과 사람과의 소통수단, 즉 교제의 수단입니다. 사람과 사람이 교제할 때에는 기도가 필요 없습니다. 직접 대화로 하든지 전화나 문자나 e-mail이나 편지 등으로 할 수 있습니다.

그러나 하나님과 사람은 존재방식이 다르기 때문에 직접 대화를 하거나 전화 또는 편지를 보내는 것은 불가능합니다. 오직 기도만이 사람의 뜻을 하나님께 전하는 유일한 수단입니다. "아무것도 염려하지 말고 오직 모든 일에 기도와 간구로 너희 구할 것을 감사함으로 하나님께 아뢰라"(빌 4:6) 말씀과 같이 사람이 하나님께 아뢰고 싶은 모든 일은 기도로 아뢰어야 합니다.

1. 기도는 하나님과의 교제의 수단이다

처음 기도할 때에는 대상을 감지하지 못하기 때문에 허공을 치는 것 같지만 계속 기도를 하게 되면 대상이 뚜렷해지고 드디어 하나님의 응답을 받아 하나님과 사람과의 교통이 이루어지게 되는 것입니다. 응답받는 방법에는 개인차가 있겠지만 어쨌든 기도를 많이 하는 그리스도인은 누구나 하나님과 교통이 이루어지게 되는 것은 사실입니다.

그리고 기도는 모든 피조물 중에서 사람만이 할 수 있는 하나님의 형상인 것입니다. 세상에는 많은 피조물이 있지만 신에게 기도할 줄 아는 피조물은 사람뿐입니다. 가히 인간의 역사는 기도(제사)의 역사라고 할 수 있습니다. 기도의 대상을 올바로 찾지 못하고 잡신과 우상을 그 대상으로 하는 사람도 있지만 어쨌든 기도하는 능력은 사람에게만 있는 것입니다.

우리는 성경을 통해서 예수님께서 기도하시는 모습을 많이 보고 있으며, 또한 성령님께서도 사람을 도와 하나님께 기도하십니다(롬 8:26-27). 이와 같이 기도는 하나님의 속성이며, 따라서 사람에게 있는 하나님의 속성인 기도는 하나님의 형상인 것입니다.

한편 동물은 아무리 고등동물이라 할지라도 기도하는 능력이 없습니다. 동물 중에 영리하다고 하는 원숭이나 돌고래가 기도하는 것 봤습니까? 만약에 사람이 동물로부터 진화가 되었다면 어느 시점부터 기도를 하기 시작했단 말입니까? 이러한 관점에서도 사람은 진화된 것이 아니라 하나님의 형상대로 창조된 것이 분명한 것입니다.

2. 기도하는 방법으로서의 마음의 자세

아무렇게나 기도로 하나님께 아뢴다고 해서 하나님이 그 기도를 받으시고 교통이 이루어지는 것은 아닙니다. 따라서 사람들은 하나님께서 받으실만한 기도를 해야 하는 것입니다.

첫째로, 기도는 회개기도부터 먼저 해서 성결한 마음의 자세가 되어야 합니다.

"내가 내 마음에 죄악을 품으면 주께서 듣지 아니하시리라"(시 66:18)라고 시편 기자는 고백했습니다. 하나님께서 보시기에 죄 가운데 있는 자의 기도는 듣지 않으십니다. 그래서 하나님께서는 "내 이름으로 일컫는 내 백성이 그 악한 길에서 떠나 스스로 겸비하고 기도하여 내 얼굴을 구하면 내가 하늘에서 듣고 그 죄를 사하고 그 땅을 고칠지라"(대하 7:14)라고 말씀하시어 반드시 먼저 회개부터 하고 기도할 것을 가르치셨습니다.

둘째로, 기도는 믿음으로 해야 합니다.

예수님께서 제자들에게 말씀하셨습니다. "내가 너희에게 말하노니 무엇이든지 기도하고 구하는 것은 받은 줄로 믿으라. 그리하면 너희에게 그대로 되리라"(막 11:24) 이 말씀은 구하는 것을 받은 줄로 믿어야 그대로 이루어진다는 의미이지만 반대로 믿음이 없는 기도는 응답을 받지 못한다는 의미도 내포되어 있습니다.

그래서 야고보서는 "오직 믿음으로 구하고 조금도 의심하지 말라. 의심하는 자는 마치 바람에 밀려 요동하는 바다 물결 같으니 이런 사람은 무엇이든지 주께 얻기를 생각하지 말라"(약 1:6~7)고 교훈하고 있습니다. 예수님께서는 믿음이 없는 고향 사람들 앞에서는 권능도 행하지 않으셨습니다(막 6:5~6). 마찬가지로 믿음이 없는 기도의 내용은 이루어질 수가 없는 것입니다.

셋째로, 기도는 하나님의 뜻에 합당하게 해야 됩니다.

"하나님을 향하여 우리의 가진 바 담대한 것이 이것이니 하나님의 뜻대로 무엇을 구하면 들으심이라"(요일 5:14). 말씀과 같이 우리가 기도할 때 구하는 내용이 하나님의 뜻에 합당해야만 응답이 되는 것입니다. "아버지여 만일 아버지의 뜻이어든 이 잔을 내게서 옮기시옵소서 그러나 내 원대로 마옵시고 아버지의 원대로 되기를 원하나이다"(눅 22:42).

예수님께서도 아주 절박한 상황에서 십자가의 고통을 면하게 해 달라고 기도하셨지만 하나님의 뜻과 원대로 하시라고 하셨습니다. 그래서 야고보서는 "너희가 얻지 못함은 구하지 아니함이요, 구하여도 받지 못함은 정욕으로 쓰려고 잘못 구함이니라"(약 4:2b~3)라고 교훈하고 있습니다. 하나님의 뜻을 생각하지 않고 욕심을 내어 내 뜻대로 구하는 기도는 응답이 이루어지지 않는 것입니다.

넷째로, 기도는 낙심하지 말고 끈기 있게 해야 합니다.

하나님의 뜻에 따라 즉시 응답되는 기도도 있지만 때로는 수 년 수십 년이 걸려야 응답되는 기도도 있습니다. 한나는 아들 사무엘을 얻기 위하여 수 년 동안 기도했으며(삼상 1:2~3), 사가랴와 그 아내 엘리사벳은 세례 요한을 얻기 위해 적어도 10년 이상 기도했음에 틀림이 없습니다(눅 1:7).

예수님께서는 "항상 기도하고 낙망치 말아야 될 것을"(눅 18:1) 제자들에게 교훈하기 위하여 한 과부의 끈질긴 간청이 교만하고 불의한 재판관을 감동시켜 자기의 문제를 해결했다는 비유를 들어 주셨습니다. 그리고 계속하여 "하물며 하나님께서 그 밤낮 부르짖는 택하신 자들의 원한을 풀어주시지 아니하시겠느냐? 저희에게 오래 참으시겠느냐?"(눅 18:7)라고 말씀하시어 끈질긴 기도는 응답이 됨을 보증하셨습니다.

다섯째로, 기도는 예수님의 이름으로 해야 합니다.

"너희가 내 이름으로 무엇을 구하든지 내가 시행하리니 이는 아버지로 하여금 아들을 인하여 영광을 얻으시게 하려 함이니라. 내 이름으로 무엇이든지 내게 구하면 내가 시행하리라"(요 14:13~14). 예수님은 하나님과 사람 사이를 중재하시는 유일한 중보자가 되십니다. "하나님은 한 분이시오, 또 하나님과 사람 사이에 중보도 한 분이시니 곧 사람이신 예수 그리스도시라"(딤전 2:5). 따라서 우리는 유일한 중보자 되시는 예수님의 이름으로 기도를 해야 합니다.

정 리

기도는 사람에게 있어서 창조주 하나님과의 교제를 위한 유일한 교통수단입니다. 또한 기도는 모든 피조물 중에 사람에게만 주어진 하나님의 형상입니다. 사람이 하나님과의 관계를 유지하고 필요할 때 하나님의 도움을 받기 위해서는 반드시 기도를 해야 합니다.

기도할 때에는 먼저 회개기도부터 하여 하나님께서 받으실만한 성결한 마음을 준비해야 합니다. 기도는 응답될 것을 믿고 해야 하며 하나님의 뜻에 합당한 내용으로 해야 합니다. 또한 응답이 있을 때까지 끝까지 인내를 가지고 해야 하며 반드시 유일한 중보자이신 예수님의 이름으로 해야 합니다.

사랑하는 성도 여러분! 올바른 기도 방법으로 늘 하나님과 교제하는 믿음 생활이 되시기를 바랍니다.

제6장 제7과
중보기도(仲保祈禱)

내가 저희를 위하여 비옵나니 내가 비옵는 것은 세상을 위함이 아니요 내게 주신 자들을 위함이니이다 저희는 아버지의 것이로소이다. 내 것은 다 아버지의 것이요 아버지의 것은 내 것이온데 내가 저희로 말미암아 영광을 받았나이다. 나는 세상에 더 있지 아니하오나 저희는 세상에 있사옵고 나는 아버지께로 가옵나니 거룩하신 아버지여 내게 주신 아버지의 이름으로 저희를 보전하사 우리와 같이 저희도 하나가 되게 하옵소서(요 17:9~11).

1. '중보기도'란

"내가 그들을 위해 기도합니다. 내가 기도하는 것은 세상을 위해서가 아니라 아버지께서 내게 주신 사람들을 위해서입니다. 그들은 아버지의 것이기 때문입니다. 나는 이제 세상을 떠나 아버지께로 가지만 그들은 세상에 남아있습니다. 거룩하신 아버지, 내게 주신 아버지의 이름으로 그들을 지켜주시고 아버지와 내가 하나인 것처럼 그들도 하나가 되게 하소서"(요 17:9, 11; 현대인의 성경).

이상의 말씀은 예수님께서 그의 제자들을 위하여 아버지 하나님께 기도하신 내용 중의 일부입니다. 예수님께서는 제자들과 공생애의 마지막 만찬을 마치시고 마지막 기도를 위하여 겟세마네 동산으로 가시기 전 제자들과(요 17:6~19) 모든 그리스도인들을 위하여(요 17:20~26) 아버지 하나님께 간절히 기도를 드렸습니다.

이와 같이 예수님처럼 하나님과 사람 사이를 중재하고 그 교제를 유지시키기 위해 하는 기도를 중보기도라 합니다. 그리고 예수님과 같이 중보기도를 할 자격이 있는 사람을 중보(仲保) 또는 중보자(仲保者)라 합니다.

2. 중보자(仲保者)의 자격

구약 시대에는 선지자나 제사장이 하나님과 사람 사이에서 중보자의 역할을 하도록 하나님께서 정해 주셨습니다. "이제 그 사람의 아내를 돌려보내라. 그는 선지자라. 그가 너를 위하여 기도하리니 네가 살려니와 돌려보내지 아니하면 너와 네게 속한 자가 다 정녕 죽을 줄 알지니라"(창 20:7). 이 말씀은 아브라함의 아내를 취한 그랄의 아비멜렉왕에게 선지자 아브라함의 기도가 있어야만 살려주시겠다는 하나님의 말씀인 것입니다. 여기서 우리는 선지자에게 중보기도권이 있음을 알 수 있습니다.

또한 하나님께서는 "모세에게 일러 가라사대 아론과 그 아들들에게 고하여 이르기를 너희는 이스라엘 자손을 위하여 축복기도를 하라"(민 6:22~23)라고 하여 제사장인 아론과 그 아들들에게 중보기도권이 있음을 말씀해 주고 있습니다. 이상에서 알아본 바와 같이 구약시대에는 선지자와 제사장에게 중보기도권이 있었음을 알 수 있습니다.

한편 신약에서는 오직 예수 그리스도만이 중보자임을 성경이 증거해주고 있습니다. "하나님은 한 분이시오, 또 하나님과 사람 사이에 중보도 한 분이시니 곧 사람이신 그리스도 예수라"(딤전 2:5)라고 하여 예수 그리스도만이 중보자임을 분명히 하고 있습니다.

그렇다면 오늘날 주의 종을 비롯한 모든 그리스도인들은 중보기도를 할 수 없다는 것입니까? 그렇지는 않습니다. 모든 그리스도인은 직접 하나님께 기도할 자격은 없지만 유일하신 중보자 예수 그리스도의 이름에 의존하여 중보기도를 할 수 있도록 예수님께서 가르쳐 주셨습니다.

3. '예수 그리스도의 이름'으로 기도해야 하는 이유

모든 그리스도인은 만인 제사장으로서(벧전 2:5, 9) 하나님께 기도할 자격은 있지만 직접 기도할 수는 없고 유일한 중보자이신 '예수님의 이름'에 의지해서 기도할 수 있습니다. "너희가 내 이름으로 무엇을 구하든지 내가 시행하리니 이는 아버지로 하여금 아들을 인하여 영광을 얻으시게 하려 함이라. 내 이름으로 무엇이든지 내게 구하면 내가 시행하리라"(요 14:13~14)라고 예수님께서 직접 '예수님의 이름'으로 구하도록 가르치고 있습니다.

또한 "내가 진실로 진실로 너희에게 이르노니 너희가 무엇이든 아버지께 구하는 것을 내 이름으로 주시리라. 지금까지는 너희가 내 이름으로 아무것도 구하지 아니하였으나 구하라. 그리하면 받으리니 너희 기쁨이 충만하리라"(요 16:23~24)라고 말씀하시어 아버지 하나님께 구할 것도 '예수님의 이름'으로 구하라고 가르치십니다.

따라서 모든 그리스도인들은 하나님께 기도드릴 때 예수님의 가르침대로 유일한 중보자이신 '예수 그리스도의 이름'에 의존하여 기도를 드려야만 됩니다.

4. 중보기도의 필요성

"일을 행하는 여호와, 그것을 지어 성취하는 여호와, 그 이름을 여호와라 하는 자가 이같이 이르노라. 너는 내게 부르짖으라. 내가 네게 응답하겠고, 네가 알지 못하는 크고 비밀한 일을 네게 보이리라"(렘 33:2~3). 이 말씀처럼 하나님의 역사는 기도에 의해서만 이루어지게 됩니다.

하나님께서는 모든 그리스도인들의 기도를 원하시고 그 기도를 받아서 하나님의 뜻에 합당할 때 그 기도의 내용을 이루어주십니다. 따라서 모든 그리스도인들은 자신의 문제뿐만 아니라 주의 종을 위해서, 성도들을 위해서, 나라와 민족을 위해서 늘 중보기도를 해야 합니다.

첫째로, 모든 그리스도인들은 주의 종을 위해 중보기도를 해야 합니다.

"기도를 항상 힘쓰고 기도에 감사함으로 깨어 있으라. 또한 우리를 위하여 기도하되 하나님이 전도할 문을 우리에게 열어 주사 그리스도의 비밀을 말하게 하기를 구하라"(골 4:2~3). "또 나를 위하여 구할 것은 내게 말씀을 주사 나로 입을 벌려 복음의 비밀을 담대히 알리게 하옵소서 하라"(엡 6:19)라고 바울 사도는 자신의 전도의 능력과 말씀의 능력을 위해 중보기도해 줄 것을 여러 교회의 성도들에게 간절히 부탁했습니다.

이처럼 목회 사역을 하는 주의 종에게는 성도들의 많은 중보기도가 절대적으로 요구됩니다. 또한 주의 종을 위하여 중보기도를 많이 하는 사람만이 능력의 말씀과 은혜의 말씀을 받을 수 있습니다. 주의 종을 위하여 중보기도를 많이 하는 교회만이 전도의 문이 열리고 부흥의 문이 열리게 되는 것입니다.

둘째로, 모든 성도들을 위하여 중보기도를 해야 합니다.

"모든 기도와 간구로 하되 무시로 성령 안에서 기도하고, 이를 위하여 깨어 구하기를 항상 힘쓰며 여러 성도를 위하여 구하고"(엡 6:18), "누구든지 형제가 사망에 이르지 아니하는 죄 범하는 것을 보거든 구하라"(요일 5:16)라고 형제들과 성도들을 위하여 중보기도 할 것을 성경은 가르치고 있습니다.

이와 같이 모든 그리스도인들은 서로 서로 이웃을 위하여 중보기도를 하면서 친교를 나누어야 합니다. 특별히 어떤 문제가 생겼을 때에는 집중적으로 중보기도를 해주어야 되겠습니다.

또한 우리는 교회와 하나님 나라를 위하여 항상 깨어 기도하고, 나라와 민족을 위해서, 세계 평화를 위해서도 중보기도에 힘써야 합니다. 예수님께서는 원수를 위해서도, 핍박하는 자를 위해서도 기도하라고 교훈하십니다(마 5:44).

정 리

하나님과 사람 사이를 화해시키고, 교제를 유지하게 하며, 문제가 해결되도록 간구하는 제3자의 기도를 중보기도라 합니다. 그러나 예수 그리스도만이 유일한 중보자이시기 때문에 그리스도인들이 기도할 때에는 '예수 그리스도의 이름'에 의존하여 기도해야 합니다.

또한 하나님의 역사는 기도에 의해서만 이루어지기 때문에 모든 그리스도인은 교회와 주의 종을 위하여, 이웃 성도들을 위하여 열심히 중보기도를 해야 합니다. 뿐만 아니라 나라와 민족을 위해서도, 세계 평화를 위해서도 기도해야 합니다.

제6장 제8과
행위로 하는 기도

만물의 마지막이 가까왔으니 그러므로 너희는 정신을 차리고 근신하여 기도하라. 무엇보다도 열심으로 서로 사랑할지니 사랑은 허다한 죄를 덮느니라. 서로 대접하기를 원망 없이 하고, 각각 은사를 받은 대로 하나님

의 각양 은혜를 맡은 선한 청지기 같이 서로 봉사하라(벧전 4:7~10).

1. 기도의 개념

"기도한다"는 말은 사람이 어떤 장소를 잡고 꿇어 엎드리든지, 앉든지 또는 서서 하나님 앞에 자신이 지은 죄와 허물을 회개하고 감사를 드리며 자신의 소원을 간구하는 모습을 연상하게 합니다. 때로는 손을 높이 들고 방언이나 통성으로 간구하는 모습을 연상하게 합니다. 그런데 여러분은 '행위로 기도한다'는 말을 들어본 적이 있습니까?

1991년 4월 어느 날 스위스 바젤대학 조직 신학 교수인 하인리히 오트(H.Ott) 박사가 당시 제가 공부하던 강남신학교에 와서 강연을 한 적이 있었습니다. 그는 신학자이면서 스위스의 국회 부의장으로 당시 평양에서 있었던 I.P.U.(국제의원연맹) 총회에 참석차 온 김에 서울에 들렸던 것이었습니다.

강연이 끝난 다음 질문 시간에 저는 "유럽에서는 기도를 별로 하지 않는다는데 어떻게 생각하십니까?" 하고 질문을 했습니다. 그는 "기도는 정적인 믿음 생활이 아니고, 동적인 즉, 실천적인 믿음 생활로 분류됩니다"라고 대답하였습니다. 즉, 자리를 잡고 앉아서 하는 기도만이 기도가 아니고, 기도는 생활 가운데서 행동으로 해야 된다는 것이었습니다. 저는 의외의 대답을 들으면서도 동의할 수밖에 없었습니다. 그것은 옳은 말이라고 깨달았기 때문입니다.

언행일치(言行一致), 또는 지행일치(知行一致)란 말이 있습니다. 뜻은 누구나 알고 있지만 실천은 그리 쉽지 않습니다. 사람이 언행일치가 되고, 지행일치가 되면 인격적으로 인정을 받게 됩니다. 우리 그리스도인들은 이에서 더 나아가 신행일치(信行一致), 기행일치(祈行一致)가 되어야 된다고 저는 생각하고 있습니다. 믿는 대로 실천해야 하고, 기도한 대로 실천해야 한다는 뜻입니다. 이 기행일치가 바로 행위로 하는 기도라고 생각합니다. 기도 시간에 회개한 잘못을 다시 행위로 되풀이 한다면 기도가 무슨 의미가 있겠습니까? 행위로 하는 기도만이 참된 기도인 것입니다.

2. 행위로 하는 기도란

본문 말씀에 보니까 "너희가 정신을 차리고 근신하여 기도하라"(벧전 4:7)고 하였습니다. 다시 말하면 기도하는 사람은 맑은 정신으로 말이나 행동을 삼가서 조심해야 된다는 의미입니다. 첫째로는 서로 사랑하고(벧전 4:8), 둘째로는 서로 봉사하며(벧전 4:9~10), 셋째로는 하나님께 영광이 되도록(벧전 4:11) 행동하라는 것입니다.

첫째로, "무엇보다도 열심히 서로 사랑하는 것"이 행위로 하는 기도입니다 (벧전 4:8).

예수님께서 말씀하시기를 "마음을 다하고 목숨을 다하고 뜻을 다하여 하나님을 사랑하는 것과 이웃을 자기 몸과 같이 사랑하는 것이 온 율법과 선지자의 강령이라"(마 22:37~40 정리)고 하셨습니다.

또한 예수님께서는 "새 계명을 너희에게 주노니 서로 사랑하라. 내가 너희를 사랑한 것같이 너희도 서로 사랑하라"(요 13:34)라고 말씀하시면서 사랑을 새 계명으로 주셨습니다. 그리고 바울 사도는 로마서를 통하여 "사랑은 이웃에게 악을 행치 아니하나니 사랑은 율법의 완성이니라"(롬 13:10)라고 사랑의 위력을 대언하고 있습니다. 참으로 사랑은 모든 율법을 완성하고, 모든 허물을 가리어주는(잠 10:12) 위대한 행위의 기도인 것입니다.

둘째로, 봉사하는 생활이 행위로 하는 기도인 것입니다(벧전 4:9~10).

서로 대접하고 봉사하는 일은 원망과 불평이 없이 해야 합니다. 또한 봉사를 한다고 하면서 보상을 바라서는 안 됩니다. 보상을 바란다면 그것은 봉사가 아니고 직업인 것입니다. 봉사하고 보상을 바랄 때 원망과 불평이 나타나게 됩니다. 내가 교회에서 무슨 일(기도, 전도, 헌금, 봉사, 교사 등)을 많이 했는데 목사나 장로가 알아주지 않는다는 불평이 생기게 되는 것입니다. 기도를 바로 하고, 행위로 기도하는 사람은 원망과 불평이 생기지 않습니다.

또한 봉사는 받은 은사(달란트)대로 해야 합니다(벧전 4:10). 예수 그리스도께서는 교회의 머리시고(엡 1:22), 모든 그리스도인들은 몸된 교회의 지체로서(롬 12:5) 맡은 바 은사대로 직분을 감당해야 합니다. 예언, 섬기는 일, 권위하는 자, 구제하는 자, 다스리는 자, 긍휼을 베푸는 자 등이 그것들입니다(롬 12:6~8).

우리 몸의 수많은 지체 중 어느 하나가 맡은 구실을 못하면 온 몸이 불편한 것처럼 교회의 지체인 그리스도인이 자기 달란트를 감당하지 못하면 그리스도와 교회를 고통스럽게 하는 결과가 되는 것입니다. 행위로 기도하는 사람은 자기 은사를 잘 감당하게 됩니다.

그리고 봉사는 선한 청지기 같이 해야 합니다(벧전 4:9). 청지기는 주인을 대신해서 주인의 재물을 관리하는 사람입니다. 그리스도인의 주인은 예수님입니다. 선한 청지기는 자신의 유익을 탐하지 않고(딛 1:8) 주인의 유익을 위해서 일합니다. 그리스도인은 자신의 유익을 위해 일하지 말고 하늘나라와 삼위일체 하나님의 유익을 위해 선한 청지기의 사명을 다해 봉사해야 합니다.

셋째로, 하나님께 영광을 돌리는 생활이 행위로 하는 기도입니다(벧전 4:11).

앞에서 말한 사랑하는 생활과 봉사하는 생활은 모두 하나님께 영광을 돌리는 생활인 것입니다. 그리고 더 나아가 그리스도인들은 말을 할 때 하나님의 말씀을 하는 것같이 해야 합니다. 그리스도인은 전도할 때 "그리스도를 대신하는 사신이 되어"(고후 5:20), "땅끝까지 이르러 복음을 전파하는 증인이 되어야"(행 1:8) 합니다. 또한 설교자가 말씀을 선포할 때에는 하나님의 말씀으로 해야 하고, 성도들이 그 말씀을 받을 때에도 하나님의 말씀으로 받아야 합니다(살전 2:13).

뿐만 아니라 그리스도인이 봉사할 때에는 하나님의 공급하시는 힘으로 하는 것같이 해야(벧전 4:11) 합니다. 그것은 우리에게 있는 은사(달란트)는 모두 하나님께서 주신 선물이기 때문입니다. 따라서 우리가 구제품이나 구제금을 낼 때에도 하나님의 이름으로 내어야만 됩니다.

마지막으로, 지금까지 말한 사랑하는 생활과 봉사하는 생활과 하나님께 영광 돌리는 생활이 비록 우리에게서 나왔다 할지라도 그것이 우리의 힘으로 하나님께 영광 돌려지게 되는 것이 아니라 예수 그리스도를 통해서만 하나님께 영광이 되는 줄 깨달아야만 합니다. 왜냐하면 그리스도 밖에 있는 세상 사람들은 아무리 사랑을 베풀고 봉사를 할지라도 그것은 하나님께 영광이 될 수 없기 때문인 것입니다.

정 리

"만물의 마지막 때가 가까웠으니 그러므로 너희는 정신을 차리고 근신하여 기도하라"(벧전 4:7). 이 말씀은 오늘 본문 말씀의 첫 마디입니다. 그리스도인은 늘 종말적 의식을 가지고 행위로 하는 기도 생활을 해야 된다는 말씀입니다. 오늘은 세상을 즐기다가 죽을 때 가서 회개하고 구원받으면 된다는 생각은 심히 위험한 발상인 것입니다.

"보라 지금은 은혜 받을 만한 때요, 보라 지금은 구원의 날이로다"(고후 6:2). 개인의 육신적 종말이 언제 올는지는 하나님 외에 아무도 알지 못합니다. 그래서 행위로 하는 기도 생활이 필요합니다. "기도를 항상 힘쓰고 기도에 감사함으로 깨어 있으라"(골 4:2)는 말씀이 있습니다. 우리는 사랑하는 생활, 봉사하는 생활 그리고 하나님께 영광을 돌리는 생활로 늘 깨어 있어야 합니다. 이러한 모든 것이 행위로 하는 기도인 것입니다.

제 7 장

하나님을 바로 섬기자

제7장 제1과
하나님의 이름을 존중히 생각하자

그 때에 여호와를 경외하는 자들이 피차에 말하매 여호와께서 그것을 분명히 들으시고 여호와를 경외하는 자와 그 이름을 존중히 생각하는 자를 위하여 여호와 앞에 있는 기념책에 기록하셨느니라(말 3:16).

서 론

"호랑이는 죽어서 가죽을 남기고, 사람은 죽어서 이름을 남긴다"는 속담이 있습니다. 이 속담은 이름의 중요성을 강조해주고 있다고 하겠습니다. 이름으로 얻은 존엄과 품위를 '명예'(名譽)라고 하여 누구나 소중히 여기고 있으며, 이름이 더럽혀지는 것을 명예훼손이라 합니다. 또한 사람의 이름을 높혀 주는 많은 용어들이 있습니다. 명성(名聲), 명사(名士), 명필(名筆), 명문(名文), 명문가(名文家) 등이 모두 이름을 높혀 주는 말들입니다.

한편 하나님께서도 사람 못지않게, 오히려 사람보다 훨씬 더 이름을 소중히 여기시며 그 이름이 더럽혀지지 않기를 원하십니다.

1. 이름을 위해 일하시는 하나님

"여호와는 나의 목자시니 내가 부족함이 없으리로다. 그가 나를 푸른 초장에 누이시며 쉴만한 물가으로 인도하시는도다. 내 영혼을 소생시키시고 자기 이름을 위하여 의의 길로 인도하시는도다"(시 23:1~3). 말씀과 같이 하나님께서는 우리를 구원의 길로 인도하시는 것도 당신의 이름을 위해 하신다는 것입니다.

"내가 그들의 거하는 이방인의 목전에서 그들에게 나타나서 그들을 애굽 땅에서 인도하여 내었나니 이는 내 이름을 위함이라. 내 이름을 그 이방인의 목전에서 더럽히지 않으려 하여 행하였음이로라"(겔 20:9). 또한 말씀과 같이 하나님께서는 이방인에게 핍박을 받는 하나님의 백성을 구원해 내신 것도 당신의 이름을 위하여, 그 이름을 더럽히지 않기 위하여 하셨다고 말씀하셨습니다.

그리고 하나님께서는 그 이름이 장차 세계만방에서 크게 명성을 떨치게 될 것을 예언하셨습니다. "만군의 여호와가 이르노라. 해 뜨는 곳에서 해 지는 곳까지의 이방 민족 중에서 내 이름이 크게 될 것이라. 각처에서 내 이름을 위하여 분향하며 깨끗한 제물을 드리리니 이는 내 이름이 이방 민족 중에서 크게 될 것임이니라"(말 1:11). 이 말씀은 하나님이 다만 유대인의 신으로 인정되었던 약 2,500년 전에 기록된 말씀입니다. 그러나 오늘날 과연 하나님의 예언대로 그 이름이 세계만방에서 크게 되었음을 볼 수 있습니다.

2. 여호와의 이름을 망령되이 일컫지 말라

한편 이름을 소중히 여기시는 하나님께서는 이름을 함부로 사용하거나 욕되게 하지 말라고 경고하십니다. "너는 너의 하나님 여호와의 이름을 망령되이 일컫지 말라. 나 여호와는 나의 이름을 망령되이 일컫는 자를 죄 없다 하지 아니하리라"(출 20:7). 하나님께서는 그 이름을 함부로 불러 이용하지 말라는 것입니다. 함부로 불러 이름을 더럽히면 정죄를 하시겠다는 말씀인 것입니다.

"너희는 내 이름으로 거짓 맹세함으로 네 하나님의 이름을 욕되게 하지 말라. 나는 여호와니라"(레 19:12). "네가 여호와의 이름을 빙자하여 거짓말을 하니 살지 못하리라"(슥 13:3). 하나님께서는 거짓말을 싫어하시며 거짓말하는 자는 절대로 천국에 들어갈 수 없도록 정해 놓으셨습니다(계 21:27, 22:15). 더구나 하나님의 이름으로 거짓 맹세하고, 그 이름을 빙자하여 거짓말을 한다면 당연히 죽고 살지 못한다는 것입니다.

3. 이름을 존귀히 여기는 자에게 약하신 하나님

"가나안 사람과 이 땅 모든 거민들이 이를 듣고 우리를 둘러싸고 우리 이름을 세상에서 끊으리니 주의 크신 이름을 위하여 어떻게 하시려나이까?"(수 7:9). 아간의 범죄로 말미암아 아이성 전투에서 패한 여호수아가 주의 크신 이름을 위하여 이스라엘 백성을 용서하고 구원해 달라고 간구하고 있습니다.

"주는 나의 반석과 산성이시니 그러므로 주의 이름을 인하여 나를 인도하시고 지도하소서"(시 31:3). 다윗은 자주 주의 이름을 위하여 용서해 달라고 회개기도를 했습니다.

"여호와여 우리의 죄악이 우리에게 대하여 증거할지라도 주의 이름을 위하여 일하소서. 우리의 타락함이 많으니이다. 우리가 주께 범죄하였나이다"(렘 14:7). 가뭄과 재난으로 나라가 어려울 때 예레미야 선지자가 한 회개기도입니다. 하나님께서는 하나님의 이름을 위하여 기도하면 잘 응답하여 주십니다.

따라서 하나님께서는 그 이름을 경외하고 존중히 여기는 자에게는 구원과 상급을 주십니다. "그 때 여호와를 경외하는 자들이 피차에 말하매 여호와께서 그것을 분명히 들으시고 여호와를 경외하는 자와 그 이름을 존중히 생각하는 자를 위하여 여호와의 앞에 있는 기념책에 기록하셨느니라"(말 3:!6).

사람이 하나님을 경외하고 그 이름을 존중히 생각하면 천국의 생명록에 기록해 주신다는 것입니다. 또한 하나님의 이름을 경외하는 자들에게는 치료의 광선을 발하여 영육간의 건강을 회복시켜 자유롭게 해 주신다는 것입니다(말 4:2).

4. 하나님의 이름을 영화롭게 하고 찬양과 감사를 드리자

우리는 모두 하나님의 영광을 위하여, 또한 우리의 구원과 축복을 위하여 여호와의 이름을 경외하고 존귀히 여기며 찬양과 감사를 드려야 합니다. "만군의 여호와가 이르노라. 너희가 만일 듣지 아니하며 마음에 두지 아니하여 내 이름을 영화롭게 하지 아니하면 내가 너희에게 저주를 내려 너희의 복을 저주하리라"(말 2:2). 우리가 하나님의 말씀을 듣고 늘 마음에 간직하는 것이 일차적으로 하나님의 이름을 영화롭게 하는 것입니다. 하나님의 말씀을 거역하여 듣지 아니하면 하나님의 이름을 영화롭게 하지 아니하는 것이요, 따라서 하나님의 저주를 면치 못하게 되는 것입니다.

더 나아가 우리는 하나님의 이름에 찬양과 감사를 드려야 합니다. "다 여호와의 이름을 찬양할지어다. 그 이름이 홀로 높으시며 그 영광이 천지에 뛰어나심이로다"(시 148:13). "내가 낙헌제로 주께 제사하리이다. 여호와여 주의 이름에 감사하오리니 주의 이름이 선하심이니이다"(시 54:6). 우리도 시편 기자들처럼 우리의 창조주요, 구원의 주이신 하나님의 그 존귀하신 이름에 한없는 찬양과 감사를 드리고 그 이름을 영화롭게 하고 크게 높히십시다.

정 리

하나님께서는 무엇보다도 그 이름을 소중히 여기십니다. 하나님은 그 거룩하신 이름을 위하여 그 이름이 더럽혀지지 않도록 일하십니다. 따라서 우리는 하나님의 이름을 함부로 욕되게, 망령되이 부르지 말아야 합니다. 하나님의 이름을 두고 거짓 맹세하거나 거짓말을 하거나 악을 행하여서 하나님의 이름을 더럽히지 말아야 합니다.

하나님은 그 이름을 경외하고 그 이름을 존중히 여기는 사람에게는 구원의 은혜와 상급을 주십니다. 따라서 우리가 하나님의 자녀로서 하나님의 존귀하신 이름을 붙잡고 회개하고 간구하면 하나님의 마음을 움직일 수가 있습니다.

우리도 세상에서 우리 이름을 소중히 여기고, 이름이 더럽혀지지 않는 삶을 삶으로써 하나님께 영광을 돌려드려야 하겠습니다.

제7장 제2과
나의 기업(基業)은 하나님

그들은 기업이 있으리니 내가 곧 그 기업이라. 너희는 이스라엘 가운데서 그들에게 산업을 주지 말라. 나는 그 산업이 됨이니라(겔 44:28).

1. 기업(基業; inheritance)이란

구약 성경에 보면 '기업'이란 말이 많이 나옵니다. 이 말은 사업체를 의미하는 기업(企業)이 아니고 조상의 유산을 의미하는 기업(基業)입니다. 영어 성경에는 인헤리턴스(inheritance)로 번역이 되어 있는데 역시 '유산', '상속'을 의미합니다. 또 본문에는 '기업'을 대신하는 말로 '산업'(産業)이란 말을 사용하고 있는데 이 말은 '소유지'(공동 번역), '소유할 재산'(현대인의 성경), '소유물'(영어 성경)을 의미합니다.

민수기에 보면 "여호와께서 모세에게 일러 가라사대 너는 이스라엘 자손에게 명하여 그들에게 이르라. 너희가 가나안 땅에 들어가는 때에 그 땅은 너희의 '기업'이 되리니 곧 가나안 사방 지경이라"(민 34:1~2)라고 기록되어 있습니다. 즉,

하나님께서는 가나안 땅을 이스라엘 백성에게 기업으로 주셨습니다. 결론적으로 '기업' 이란 '유산' 또는 '분배받은 재산' 을 의미합니다.

2. 나의 기업(基業)은 '하나님'

또 신명기에 보면 "레위는 그 형제 중에 분깃이 없으며 기업이 없고, 네 하나님 여호와께서 그에게 말씀하심 같이 여호와가 그의 기업이시니라"(신 10:9)라고 증언하여 레위 지파의 기업은 가나안 땅이 아니라 '여호와 하나님 자신' 이라는 것입니다. 한편 "너는 너의 하나님 여호와의 성민이라. 여호와께서 지상 만민 중에서 너를 택하여 자기의 기업의 백성으로 삼으셨느니라"(신 14:2)라고 하여 하나님의 기업은 '이스라엘 백성' 이라는 것을 모세가 증언하고 있습니다.

이상을 정리하면 이스라엘 백성의 기업은 가나안 땅이요, 레위인의 기업은 여호와 하나님이요, 하나님의 기업은 이스라엘 백성인 것입니다.

그런데 오늘 본문에 보면 "그들은 기업이 있으리니 내가 곧 그 기업이라. 너희는 이스라엘 가운데서 그들에게 산업을 주지 말라. 나는 그 산업이 됨이니라"(겔 44:28)라고 하나님께서 말씀하셨습니다. 여기서 '그들' 은 누구입니까? '그들' 은 바로 '제사장들' 입니다. 이스라엘의 제사장들은 레위 족속이요 그들의 기업은 바로 '하나님' 입니다.

그러면 오늘날 제사장들은 누구입니까? 목회자만을 지칭하는 말입니까? 그렇지 않습니다. "너희도 산돌 같이 신령한 집으로 세워지고 예수 그리스도로 말미암아 하나님이 기쁘게 받으실 신령한 제사를 드릴 거룩한 제상장이 될지니라"(벧전 2:5)라고 증언하여, 오늘날 모든 그리스도인은 예수 그리스도의 은혜로 말미암아 만인 제사장 시대에 살고 있습니다. 따라서 제사장인 나의 기업은 '하나님' 인 것입니다.

3. 하나님의 기업은 '나'

나의 기업은 '하나님' 입니다. 그렇다면 하나님의 기업은 무엇입니까? 앞에서도 말했지만 하나님의 '기업은 이스라엘 백성' 입니다(신 14:2). 오늘날 이스라엘 백성은 누구입니까? "너희가 그리스도께 속한 자면 곧 아브라함의 자손이요, 약속대로 유업을 이은자니라"(갈 3:28). "그런즉 믿음으로 말미암은 자들은 아브라함의 아들인 줄 알지어다"(갈 3:7)라고 성경은 증언하여 오늘날 모든 그리스도인들은 영적인 아브라함의 자손이요, 영적인 이스라엘 백성입니다.

따라서 하나님의 기업은 이스라엘 백성이요, 영적 이스라엘 백성인 바로 '나' 인 것입니다. 결과적으로 나의 기업은 '하나님' 이요, 하나님의 기업은 '나' 인 것입니다. '하나님' 과 '나' 는 서로서로 기업이 되는 것입니다.

기업은 대단히 소중한 것입니다. 아합왕 때 나봇이란 사람은 하나님으로부터 분배받은 자기의 기업인 포도원을 지키려다가 목숨까지 잃었습니다(왕상 21:1~16). 하나님께서는 당신의 기업인 그리스도인을 위하여 독생자 예수 그리스도를 십자가에 내주셨습니다. 하나님의 한결같은 소원은 "나는 너희 하나님이 되겠고 너희는 내 백성이 되리라"(렘 7:23)는 것입니다. 서로 기업이 되고 서로 소중히 여기자는 것입니다. 아버지와 아들이 되고(고후 6:18) 서로 사랑하자는 것입니다. 우리도 이 세상에서 가장 귀한 어떤 것보다도 우리의 기업인 하나님을 더욱 소중히 여기고 사랑해야 되겠습니다.

4. 제사장들에게 다른 기업을 주지 말라

"너희는 이스라엘 가운데서 그들에게 산업을 주지 말라. 나는 그 산업이 됨이니라"(겔 44:28b). 제사장들에게는 기업을 주지 말라는 말씀입니다. 하나님이 바로 그 기업이기 때문입니다. 모든 그리스도인은 왕같은 제사장입니다(벧전 2:9). 따라서 모든 그리스도인은 하나님이 기업이 되어야 하고, 하나님이 가장 소중한 소유물이 되어야 합니다. 하나님 외에 이 세상에서 좋은 어떤 것도 기업이 되어서는 안 됩니다.

첫째로, 물질이 기업이 되어서는 안 됩니다. "돈을 사랑함이 일만 악의 뿌리요"(딤전 6:10), "하나님과 재물을 겸하여 섬기지 못하느니라"(마 6:24)라고 성경은 교훈하고 있습니다. 아간은 여리고성의 전리품을 탐내어 감추었다가 가족과 함께 돌로 쳐 죽임을 당했습니다(수 7:1~26).

둘째로, 권력이 기업이 되어서는 안 됩니다. 다윗왕의 아들 압살롬은 권력이 탐이 나서 부왕에 대항하여 반란을 일으켰다가 결국 전사하고 말았습니다(삼하 15~18장).

셋째로, 명예가 기업이 되어서는 안 됩니다. 명예를 소중히 여기는 자는 조금만 인기가 떨어져도 스스로 낙망하여 인생을 망치게 됩니다. 예수님께서는 섬김을 받으려 이 땅에 오신 것이 아니라 남을 섬기기 위하여 오셨다고 하셨습니다(마 20:28). 그리고 마지막으로 취미 오락이나 향락이 기업이 되어서도 안 되겠습니다.

정 리

세상에서 소중하다고 생각되는 물질, 권력, 명에, 취미 오락 향락 등이 기업이 되고 소중히 여겨지면 온갖 부작용이 생깁니다. 그 목적을 달성하기 위하여 수단과 방법을 가리지 않기 때문에 비리, 부정, 부패, 살인, 강도 등 온갖 사회악이 범람하게 됩니다.

하나님이 기업이 되고 하나님을 소중이 여길 때는 절대로 부작용이 생기지 않습니다. 하나님이 나의 기업이 되면 하나님을 섬기는 목적뿐만 아니라 수단과 방법도 선하게 됩니다. 선한 수단과 선한 방법에서는 절대로 부작용이 있을 수가 없습니다. 따라서 하나님이 나의 기업이 될 때에만 나의 인생은 안전하고 행복해 집니다

제7장 제3과
일은 예수님의 이름으로, 감사는 하나님께

그리스도의 말씀이 너희 속에 풍성히 거하여 모든 지혜로 피차 가르치며 권면하고 시와 찬미와 신령한 노래를 부르며 마음에 감사함으로 하나님을 찬양하고, 또 무엇을 하든지 말에나 일에나 다 주 예수의 이름으로 하고 그를 힘입어 하나님 아버지께 감사하라(골 3:16~17).

서 론

세상 사람들은 자기를 드러내기를 좋아합니다. 자기 이름으로 말하고, 자기 이

름으로 일하고, 자기가 칭찬 받고 영광 받기를 좋아합니다. 조그만 일이라도 자기가 감사 받기를 원합니다. 직업의 속성상 정치인, 경제인, 연예인 등이 더욱 그렇습니다. 힘이 있고 돈이 있는 사람들은 남을 시켜서 한 일도 자기 이름을 드러내고 있습니다. 구제 의연금도 많이 낸 사람은 이름을 큰 글자로 써주고 적게 낸 사람은 작은 글자로 써 줍니다.

심지어 교회에서도 세상에 물든 사람이 있어서 가령 장로 피택 투표에서 낙방을 하게 되면 교회를 떠나는 사람이 있다고 합니다.

1. 자기를 드러내지 말라

예수님께서는 어디서나 자기를 드러내지 말라고 교훈하십니다. "그러므로 구제할 때에 외식하는 자가 사람에게 영광을 얻으려고 회당과 거리에서 하는 것같이 너희 앞에 나팔을 불지 말라. 진실로 너희에게 이르노니 저희는 자기 상을 이미 받았느니라"(마 6:2). 비록 남을 구제하는 좋은 일을 할지라도 떠들석하게 드러내어 요란스럽게 하면 사람의 칭찬을 받은 결과가 되므로 하나님으로부터의 상급은 없다는 것입니다.

"너는 구제할 때에 오른손이 하는 것을 왼손이 모르게 하여 네 구제함이 은밀하게 하라. 은밀한 중에 보시는 너의 아버지가 갚으시리라"(마 6:3). 우리가 구제할 때에는 가장 가까운 사람도 모르게 은밀하게 해야 하나님으로부터 상금을 받게 된다는 것입니다.

그래서 그리스도인은 말이나 일은 예수님의 이름으로 하고, 감사와 영광은 하나님께 드려야 되는 것입니다.

2. 말과 일은 예수님의 이름으로 하자

오늘 본문 말씀에 보면 "무엇을 하든지 말에나 일에나 다 주 예수의 이름으로 하라"(골 3:17)고 교훈하고 있습니다. 말이나 일을 함에 있어서 자기의 뜻으로 하거나 자기를 드러내지 말라는 교훈인 것입니다.

"만일 누가 말하려면 하나님의 말씀하는 것같이 하고, 누가 봉사하려면 하나님의 공급하시는 힘으로 하는 것같이 하라"(벧전 4:11a). 그리스도인의 말은 하나님께서 원하시는 대로 해야 합니다. 하나님의 뜻에 맞는지 안 맞는지 늘 생각하면서 말을 해야 합니다. 불신앙적인 세속적인 말이나 거짓말 등은 하나님의 말씀이 될 수가 없습니다. 따라서 목회자가 설교를 할 때에도 하나님의 말씀, 즉 성경 말씀을 해야지 성경을 확대 해석해서 자기의 생각과 주장을 말해서는 안 됩니다.

한편 일을 하거나 봉사를 하는 경우도 예수님의 이름으로 하고, 시간이나 힘이나 돈이나 물품은 모두 하나님께서 공급해 주시는 것으로 한다고 생각해야만 되는 것입니다. 그리스도인은 주인을 섬기는 종이요, 청지기요, 관리인인 것입니다. 따라서 종인 그리스도인은 자기 것을 가지고 자기의 이름으로 자기의 일을 하는 것이 아니라 주인의 것을 가지고 주인의 이름으로 주인의 일을 해야만 합니다.

3. 감사와 영광을 하나님께 돌려드리자

"우리가 너희를 위하여 기도할 때마다 하나님, 곧 우리 주 예수 그리스도의 아버지께 감사하노라. 이는 그리스도 예수 안에 너희의 믿음과 모든 성도에 대한 사랑을 들음이요, 너희를 위하여 하늘에 쌓아둔 소망을 인함이니, 곧 너희가 전에 복음 진리의 말씀을 들은 것이라"(골 1:3~5).

바울 사도는 골로새 교인들의 믿음과 사랑과 하늘에 쌓아둔 소망이 크다는 소식을 듣고 기쁜 나머지 하나님께 감사를 드렸습니다. 여기서 중요한 것은 골로새 교인들에게 감사를 드린 것이 아니라 하나님께 감사를 드렸다는 것입니다. 세상에서는 일을 잘한 당사자들에게 감사를 드리는 것이지만 그리스도 안에서는 그 일을 잘하도록 해주신 하나님께 감사를 드리는 것입니다.

가령 교회에 갑자기 큰 부채가 생겼는데 교회 재정 능력으로는 속수무책이었습니다. 그런데 다행스럽게도 예기치 않았던 성도가 이 부채를 해결해 주었습니다. 이 일에 대해서 누구에게 감사와 영광을 돌려야 되겠습니까? 인본주의적으로 보면 사람이 주인이기 때문에 당연히 부채를 갚아준 사람이 감사와 영광을 받아야만 합니다. 그러나 신본주의적으로 보면 하나님이 주인이기 때문에 그 문제를 해결하도록 해주신 하나님이 감사와 영광을 받으셔야 되는 것입니다.

"그런즉 너희가 먹든지 마시든지 무엇을 하든지 다 하나님의 영광을 위하여 하라"(고전 10:31). 장로교회 '소요리문답'에 보면 사람의 제일 되는 목적은 하나님을 영화롭게 하는 것과 영원토록 그를 즐거워하는 것입니다.

"만일 누가 말하려면 하나님의 말씀을 하는 것같이 하고, 누가 봉사하려면 하나님의 공급하는 힘으로 하는 것같이 하라. 이는 범사에 예수 그리스도로 말미암아 하나님이 영광을 받으시게 하려 함이니 그에게 영광과 권능이 세세에 무궁토록 있느니라. 아멘"(벧전 4:11).

말씀과 같이 하나님께 감사와 영광을 돌리기 위해서는 그리스도인은 자신의 이름과 공로는 드러내지 말고, 하나님의 주시는 힘으로 하나님의 일을 하는 종이 되어야만 되는 것입니다. 또 그렇게 해야만 하늘나라에서 상급을 받게 되는 것입니다.

정 리

"명한대로 하였다고 종에게 사례하겠느냐? 이와 같이 너희도 명령을 받은 것을 다 행한 후에 이르기를 우리는 무익한 종이라. 우리의 하여야 할 일을 한 것뿐이라 할지니라"(눅 17:9~10). 말씀은 종의 처신을 잘 대변해주고 있습니다. 그리스도인은 모두 하나님 앞에서 종의 신분입니다. 종은 주인이 시키는 대로 주인의 일을 주인의 이름으로 해야 합니다. 종은 아무리 좋은 말을 하고 힘든 일을 해도 자기의 이름을 드러내거나 감사와 영광을 받아서는 안 됩니다.

따라서 모든 그리스도인은 교회생활이나 범사에서 이름이 드러나지 않는다고 해서, 또는 인정을 받지 못한다고 해서 불평을 하거나 불만을 품어서는 안 됩니다. 말과 일은 내가 하고 그 이름과 감사와 영광은 예수님과 하나님께 돌려드려야 합니다. 할렐루야!

제7장 제4과

하나님이 기뻐 받으시는 제사

오직 공법을 물같이, 정의를 하수같이 흘릴지로다(암 5:24). **너희는 이 세대를 본받지 말고 오직 마음을 새롭게 함으로 변화를 받아 하나님**

의 선하시고 기뻐하시고 온전하신 뜻이 무엇인지 분별하도록 하라"(롬 12:2).

1. 그리스도인에게 제사란…

하나님께 존경을 나타내고 최고의 가치를 돌리는 것을 구약에서는 제사라 하고, 신약에서는 예배라 합니다. 제사나 예배의 목적은 죄의 속량, 하나님과의 교제, 하나님께 대한 감사의 목적으로 드려지는 것입니다.

구약의 제사는 본질적으로 희생제사로서 동물을 사람 대신 제물로 해서 드리는 피흘림이 있는 제사인 것입니다. 그런데 구약의 희생제사는 예수 그리스도께서 단 한 번 십자가에 피를 흘리심으로 말미암아 완성이 된 것입니다(히 9:12).

따라서 신약의 예배는 피흘림의 제사를 드리지 않아도 되는 것입니다. "오직 그리스도는 죄를 위하여 한 영원한 제사를 드리시고"(히 10:12), "저희 죄와 저희 불법을 내가 다시 기억하지 아니하리라 하셨으니, 다시 죄를 위하여 제사 드릴 것이 없느니라"(히 10:17~18)라고 성경이 증거하고 있습니다. 예수님께서 내 죄를 위하여 피를 흘리셨다고 믿는 모든 그리스도인은 다시 죄를 위하여 피흘림의 제사를 드릴 필요가 없다는 것입니다.

대신 신약의 예배는 "하나님은 영이시니 예배하는 자가 신령과 진정으로 예배할지니라"(요 4:24)라고 강조하고 있습니다. 또한 "너희 몸을 하나님이 기뻐하시는 거룩한 산제사로 드리라"(롬 12:1)고 명령하고 있습니다. 신약의 예배는 희생제사 대신 영적인 교통이 이루어지는 제사, 진실함으로 드리는 제사를 강조하고 있습니다.

2. 하나님께서 받지 않으시는 제사

첫째로, 하나님께서는 형식적이고 의식적인 제사는 받지 않으십니다.

"여호와께서 말씀하시되 너희의 무수한 제물이 내게 무엇이 유익하뇨? 나는 수양의 번제와 살진 짐승의 기름에 배불렀고, 나는 수송아지나 어린 양이나 수염소의 피를 기뻐하지 아니하노라. 너희가 내 앞에 보이려 오니 그것을 누가 너희에게 요구하였느뇨? 내 마당만 밟을 뿐이니라"(사 1:11~12). 말씀과 같이 형식적이고 의식적인 제사는 받지 않으십니다. 오늘날 우리 그리스도인들이 다만 습관적으로 주일날 교회에 나오고 있지 않는지 반성해 봐야 할 일입니다.

둘째로, 하나님께서는 불결한 제물로 드리는 제사는 받지 않으십니다.

"창기의 번 돈과 개 같은 자의 소득은 아무 서원하는 일로든지 네 하나님 여호와의 전에 가져 오지 말라. 이 둘은 다 네 하나님 여호와께 가증한 것임이니라"(신 23:18). "만군의 여호와가 이르노라. 너희가 또 말하기를 이 일이 얼마나 번폐스러운 일인고 하며 코웃음하고 토색한 물건과 저는 것, 병든 것을 가져왔느니라. 너희가 이같이 헌물을 가져오니 내가 그것을 너희 손에서 받겠느냐? 여호와의 말이니라"(말 1:13).

말씀과 같이 불의한 방법으로 얻은 소득이나 흠이 있는 물건으로 드리는 제물은 하나님께서 받지 않으십니다. 오늘날 내가 하나님께 드리는 헌금이나 헌물은 그 소득원이 깨끗하고 좋은 것으로 정성 것 드리고 있는지 반성해 봐야 할 일입니다.

셋째로, 하나님께서는 법을 지키지 않고 의를 행하지 않으면서 드리는 제사는 받지 않으십니다.

"내가 너희 절기를 미워하여 멸시하며 너희 성회들을 기뻐하지 아니하나니 너희가 내게 번제나 소제를 드릴지라도 내가 받지 아니할 것이요, 너희 살진 희생의 화목제도 내가 돌아보지 아니하리라. 네 노래 소리를 내 앞에서 그칠지어다. 네 비파 소리도 내가 듣지 아니하리라. 오직 공법을 물같이 정의를 하수같이 흘릴지로다"(암 5:21~24). 절기를 따라 드리는 번제와 소제도 좋고, 노래 소리와 악기 소리도 좋지만 그 모든 것들보다 법을 지키고 의를 행하는 것이 앞서야 한다는 것입니다.

나는 혹 교통 규칙을 위반하거나 거짓말을 하지는 않았습니까? 만약 그랬다면 하나님께서는 내가 드리는 기도와 찬양과 헌금은 받지 않으실 것입니다.

하나님께서는 형식적이고 의식적인 제사를 받지 않으시며, 부정한 방법으로 얻는 소득의 제물도 받지 않으시며, 공법과 정의를 행하지 않는 사람의 제사도 받지 않으십니다.

3. 하나님이 기뻐 받으시는 제사

첫째로, 마음을 찢어 회개하는 제사를 기뻐 받으십니다.

"하나님이 구하는 제사는 상한 심령이라. 하나님이여 상하고 통회하는 마음을 주께서 멸시치 아니하시리이다"(시 51:17). 사람은 연약하기 때문에 부지불식간에 잘못을 저지를 수가 있습니다. 잘못을 깨달을 때 우선 하나님께 마음을 찢어 회개하는 제사부터 드려야 합니다.

둘째로, 하나님께서는 공법과 공의와 인자와 겸손을 기뻐하십니다.

"오직 공법을 물같이, 정의를 하수같이 흘릴지로다"(암 5:24). "사람아, 주께서 선한 것이 무엇임을 네게 보이셨나니 여호와께서 네게 구하시는 것이 오직 공의를 행하며, 인자를 사랑하며, 겸손히 네 하나님과 함께 행하는 것이 아니냐?"(미 6:8). 말씀과 같이 하나님께서는 사람에게 법을 지키고, 의와 사랑과 겸손을 행하는 선한 삶을 원하시고 또한 이를 기뻐하십니다.

동일한 내용을 가지고 신약에서는 거룩한 산 제사로 드리라고 교훈하고 있습니다. "너희 몸을 하나님이 기뻐하시는 거룩한 산 제사로 드리라. 이는 너희의 드릴 영적 예배니라. 너희는 이 세대를 본받지 말고 오직 마음을 새롭게 함으로 변화를 받아 하나님의 선하시고 기뻐하시고 온전하신 뜻이 무엇인지 분별하도록 하라"(롬 12:1~2).

말씀과 같이 하나님이 원하시는 뜻이 무엇인지를 분별하여 삶의 현장에서 행함으로 하나님께 제사를 드려야 한다는 것입니다. 과연 나는 교회에서 배운 대로 사회에서 실천을 하고 있는지 반성해 봐야 할 일입니다.

셋째로, 하나님께서는 신령과 진정으로 드리는 예배를 원하십니다.

"아버지께 참으로 예배하는 자들은 신령과 진정으로 예배할 때가 오나니 곧 이 때라. 아버지께서는 이렇게 자기에게 예배하는 자들을 찾으시느니라. 하나님은 영이시니 예배하는 자가 신령과 진정으로 예배할지니라"(요 4:23~24).

여기서 '신령과 진정으로'(in spirit and truth) 예배를 드리라는 말씀은 하나님과 영적으로 교통하는 참된 예배를 드리라는 말씀입니다. 이 말씀은 형식적이고 의식적인 예배나 거짓된 예배가 많다는 반증이 되는 것입니다. 과연 나는 신령과 진정으로 예배에 임하고 있는지 반성해 봐야 할 일입니다.

정 리

"순종이 제사보다 낫고, 듣는 것이 수양의 기름보다 낫다"(삼상 15:22b)고 사무엘 선지자는 말했습니다. "나는 인애를 원하고 제사를 원치 아니하며, 번제보다 하나님을 아는 것을 원하노라"(호 6:6). 하나님의 말씀입니다. 제사에 앞서 순종과 행함이 있어야 한다는 말씀입니다. 공의, 사랑, 겸손 같은 행함이 없는 형식적이고 의식적인 예배와 기도와 헌물과 찬양은 하나님께서 열납하시지 않으십니다.

"나더러 주여 주여 하는 자마다 천국에 다 들어가는 것이 아니요, 다만 하늘에 계신 아버지의 뜻대로 행하는 자라야 들어가리라"(마 7:21). 우리는 하나님의 뜻대로 행하는 삶을 통하여 하나님께서 기뻐 받으시는 거룩한 산 제사로 드려야만 합니다.

제7장 제5과
하나님을 바로 섬기자

화 있을진저 외식하는 서기관들과 바리새인들이여, 회칠한 무덤 같으니 겉으로는 아름답게 보이나 그 안에는 죽은 사람의 뼈와 모든 더러운 것이 가득하도다. 이와 같이 너희도 겉으로는 사람에게 옳게 보이되 안으로는 외식과 불법이 가득하도다(마 23:27~28).

하나님께서는 아모스 선지자의 입을 빌려서 죄를 범하고 외식하는 이스라엘 백성들을 책망하셨습니다. 우리는 세상 사람들이 행하는 것처럼 허망한 짓을 하지 말아야 되겠습니다. 그들은 총명이 어두워지고, 하나님을 알지 못하는 무지와 굳어진 마음으로 인해 하나님의 생명에서 떠나 있는 자들입니다.

1. 성지에서 범죄하는 이스라엘 백성들

이스라엘 백성들은 "벧엘에 가서 범죄하고 길갈에 가서 죄를 더하고"(암 4:4) 있습니다. 벧엘이 어떤 곳입니까? 믿음의 조상 아브라함이 하나님의 지시로 가나안에 들어온 후 처음 제단을 쌓았던 곳입니다(창 13:3~4). 야곱이 형 에서를 피해 하란 외삼촌댁으로 가던 도중 꿈에 하늘을 오르내리는 사닥다리를 본 후 제단을 쌓고 벧엘(하나님의 집)이라 이름한 곳입니다(창 28:10~19). 이스라엘의 가나안 정복 초기 베냐민 지파의 성읍이었으며(수 18:22), 사무엘 선지자의 활동 중심지(삼상 7:15~16)였습니다.

한편 길갈은 어떤 곳입니까? 길갈은 이스라엘의 가나안 정복 당시와 왕국 초기의 정치, 군사, 종교의 중심지였습니다. 광야의 이스라엘이 요단강을 건넌 후 처음으로 진을 치고 요단에서 가져온 열두 돌을 기념물로 세운 곳입니다(수 4:19~24). 또한 길갈은 사울이 이스라엘 초대왕으로 옹립된 곳입니다.

이상에서 알아본 바와 같이 벧엘과 길갈은 초기 이스라엘 백성들에게는 성지와 같은 곳입니다. 그러나 후세 사람들에 의해 우상숭배의 중심지로 전락되고 말았습니다. 북이스라엘의 여러보암왕은 금송아지 상을 만들어 벧엘에 두고 신으로 섬기도록 백성들에게 명하였습니다(왕상 12:28~33).

드디어 하나님께서는 우상숭배와 범죄의 중심지가 된 벧엘과 길갈에 징벌을 가하시겠다고 하셨습니다. "벧엘을 찾지 말며, 길갈로 들어가지 말며, 브엘세바로도 나아가지 말라. 길갈은 정녕 사로잡히겠고, 벧엘은 허무하게 될 것임이라"(암 5:5). "저희의 모든 악이 길갈에 있으므로 내가 거기서 저희를 미워했노라. 그 행위가 악하므로 내 집에서 쫓아내고 다시는 사랑하지 아니하리라. 그 방백들은 다 패역한 자니라"(호 9:15).

참으로 놀라운 경고입니다. 하나님께서 초기에 이스라엘과 친밀한 관계를 맺었던 성지와 같은 벧엘과 길갈도 범좌하면 버리시겠다는 것입니다. 사람으로 말하면 한 때 아무리 신실했던 성도라 하더라도 계속 범죄하면 버림을 받게 된다는 것입니다.

2. 성전에서 외식하는 이스라엘 백성들

"아침마다 너희 희생을, 삼일마다 너희 십일조를 드리며, 누룩 넣은 것을 불살라 수은제로 드리며, 낙헌제를 소리내어 광포하려무나. 이스라엘 자손들아, 이것이 너희의 기뻐하는 바니라. 이는 주 여호와의 말씀이니라"(암 4:4b~5). 말씀은 이스라엘 백성들의 제물 드리는 행위를 하나님께서 책망하시는 내용입니다.

부지런히, 떠들썩하게 예물을 드리지만 저희들의 기쁨이지 하나님과는 상관이 없다는 말씀인 것입니다. 이스라엘 백성들이 희생제, 십일조, 수은제(감사제), 낙헌제(화목제의 하나) 등을 부지런히, 떠들석하게 드리지만 흠이 없는 제물을 규정에 따라 믿음으로 정성껏 드리지 못하고 지극히 형식적이고 습관적으로 드린다는 것입니다.

"여호와께서 말씀하시되 너희의 무수한 제물이 내게 무엇이 유익하뇨? 나는 수양의 번제와 살진 짐승의 기름에 배불렀고, 나는 수송아지나 어린 양이나 수염소의 피를 기뻐하지 아니하노라. 너희가 내 앞에 보이러 오니 그것을 누가 너희에게 요구하였느뇨? 내 마당만 밟을 뿐이니라. 헛된 제물을 다시 가져 오지 말라. 분향은 나의 가증히 여기는 바요, 월삭과 안식일과 대회로 모이는 것도 그러하니 성회와 아울러 악을 행하는 것을 내가 견디지 못하겠노라"(사 1:11~13).

아무리 많은 제물을 드리고 기름진 좋은 제물을 드려도 세상에 나가 악을 행한다면 이것은 하나님에게 형식적으로 보이기 위함이요, 성전 마당만 밟는 가증한 일이기 때문에 하나님은 기뻐하시지 않을 뿐더러 기도와 간구를 듣지 않으시겠다는 것입니다.

"화 있을진저 외식하는 서기관들과 바리새인들이여, 회칠한 무덤 같으니 겉으로는 아름답게 보이나 그 안에는 죽은 사람의 뼈와 모든 더러운 것이 가득하도다. 이와 같이 너희도 겉으로는 사람에게 옳게 보이되 안으로는 외식과 불법이 가득하도다"(마 23:27~28). 예수님의 말씀입니다. 예수님께서도 외식하는 서기관들과 바리새인들을 책망하셨습니다. 당시 유대인들은 율법의 형식에 얽매여 하나님보다 사람을 의식하여 사람 앞에서는 율법을 잘 지키는 척하지만 사람이 없는 곳에서는 불법을 했던 것입니다.

3. 나는 어떤가

이상의 모든 하나님의 책망과 경고는 결코 구약의 이스라엘인이나 신약의 유대인들에게만 주어진 것은 아닌 것입니다. 여기서 우리는 우리 자신들을 되돌아보아야 합니다. 나는 외식하는 그리스도인이 아닌가? 점검해 봐야 합니다. 내가 주일을 성수하고 십일조와 헌물을 드리는 것이 하나의 습관이나 사람을 의식한 체면 때문은 아닌지? 교회에 출석하는 것이 예수님보다 목사님이나 친구를 보고 출석하는 것은 아닌지?

사교나 친목이나 체면이나 어떤 사업상의 목적을 위하여 교회에 출석해서는 안 됩니다. 하나님보다 목사님이나 성도님이나 다른 세상적인 목적이 마음 가운데 더 있으면 아직 내 믿음이 연약한 증거입니다.

교회에 출석하는 목적은 하나님의 말씀을 잘 듣고 배워서 세상에 나아가 말씀대로 행하여 아버지 하나님께 영광을 돌리는 데 있습니다. 교회에 출석하는 목적은 무엇보다도 예수님을 믿고 사랑하며 예수님의 십자가 구속의 피에 의지하여 영원한 생명을 얻는 데 있습니다.

정 리

교회 안에서의 사교와 친목은 예수를 잘 믿고 하나님을 잘 섬기기 위한 하나의 수단이 되어야지 결코 목적이 될 수는 없습니다. “이스라엘 자손들아, 이것이 너희의 기뻐하는 바니라. 이는 주 여호와의 말이니라”(암 4:5b). 이 말씀은 교회에서 형식적으로 떠들석하게 행사하는 데만 기쁨을 누려서는 안 된다는 하나님의 책망과 경고인 것입니다.

우리는 자신의 믿음 생활 가운데서 무의식중에라도 범죄함은 없는지, 혹은 외식함은 없는지 수시로 점검해서 하나님을 바로 섬기도록 해야 되겠습니다.

아무리 신실한 그리스도인이라 할지라도 외식하는 습관이 생기고 세상과 타협하여 허망한 짓을 하게 되면 **첫째로**, 총명이 어두워지게 됩니다. 교회 생활이 형식화 되고 세상에 나아가 범죄하게 되면 하나님의 빛이 들어가지 않기 때문에 총명이 어두워지게 됩니다.

둘째로, 무지하게 되고 굳어진 마음이 됩니다. 총명이 어두워지니까 하나님의 나라를 볼 줄 모르는 무지가 되고 그 마음이 눈앞의 세속적인 목표만 향해 굳어지게 됩니다.

셋째로, 결국은 하나님의 생명에서 떠나게 됩니다. 하나님의 나라를 볼 수 있는 영안이 감기고 세속적인 목표만 바라보는 눈으로 굳어지게 되면 천국 백성이 될 자격은 당연히 상실 되는 것입니다.

우리는 말씀과 행위를 일치시키는 바른 믿음으로 하나님을 바로 섬김으로써 우리의 생명이 하나님의 생명에서 떠나지 않도록 해야만 합니다.

제7장 제6과
오직 하나님께 경배하라

이것들을 보고 들은 자는 나 요한이니 내가 듣고 볼 때에 이 일을 내게 보이던 천사의 발 앞에 경배하려고 엎드렸더니, 저가 내게 말하기를 나는 너와 네 형제 선지자들과 또 이 책의 말을 지키는 자들과 함께 된 종이니 그리하지 말고 오직 하나님께 경배하라 하더라(계 22:8~9).

1. 하나님이 사람을 창조하신 목적

"무릇 내 이름으로 일컫는 자, 곧 내가 내 영광을 위하여 창조한 자를 오게 하라. 그들을 내가 지었고 만들었느니라"(사 43:7). 말씀과 같이 하나님께서는 하나님의 영광을 위하여 사람을 창조하셨습니다. "이 백성은 내가 나를 위하여 지었나니 나의 찬송을 부르게 하려 함이니라"(사 43:21). 또한 말씀과 같이 하나님께서는 하나님의 찬송을 부르게 하기 위하여 사람을 창조하셨습니다.

따라서 사람은 하나님께서 창조하신 목적대로 오직 하나님의 영광을 위하여 살고, 하나님을 찬송하면서 살아야 합니다. 그래서 하나님께서는 "너는 나 외에는 다른 신들을 네게 있게 말지니라. 너를 위하여 새긴 우상을 만들지 말고, 또 위로 하늘에 있는 것이나 아래로 땅에 있는 것이나 땅 아래 물속에 있는 것의 아무 형상이든지 만들지 말며, 그것들에게 절하지 말며 그것들을 섬기지 말라"(출

20:2b~5a)라고 하여 하나님 외에는 우상도 만들지 말고 섬기지도 말라고 명령하셨습니다.

그러나 이러한 사실을 알고도 사악한 마귀는 “만일 내게 엎드려 절하면 천하만국을 네게 주리라”(마 4:9)라고 심지어 예수님에게까지 유혹의 마수를 뻗혔습니다. 한편 선한 천사는 경배를 자청하는 사람에게도 “오직 하나님께 경배하라”(계 22:9)고 하면서 그 본분을 지켰습니다.

모든 그리스도인들은 오직 하나님께만 경배해야 합니다. 이를 위하여 그리스도인은 첫째 우상을 섬기지 말아야 하며, 둘째 스스로 우상이 되지 말아야 합니다.

2. 그리스도인은 우상을 섬기지 말아야 한다

“너희는 자기를 위하여 우상을 만들지 말지니 목상이나 주상을 세우지 말며, 너희 땅에 조각한 석상을 세우고 그에게 경배하지 말라. 나는 너희 하나님 여호와임이니라”(레 26:1). 말씀과 같이 하나님께서는 각종 우상을 만들어 세우는 것을 금하시며 그것에 경배하는 것도 금하십니다.

또한 “너는 다른 신에게 절하지 말라. 여호와는 질투라 이름 하는 질투의 하나님이니라”(출 34:14)라고 하여 하나님께서는 이방신과 우상을 섬기는 백성에 대하여 질투하신다고 하셨습니다. 따라서 그리스도인은 하나님의 노여움을 사지 않도록 이방신이나 우상물을 섬기는 일이 없도록 해야만 되겠습니다.

그러나 그리스도인은 이방신이나 우상물을 섬기지 않는 것으로 만족해서는 절대로 안 됩니다. 사람들의 마음속에 깊이 자리 잡고 있는 악한 정욕과 탐심은 곧 우상숭배입니다(골 3:5). 하나님을 밀쳐내고 내 마음속을 사로잡고 있는 온갖 이기적인 탐욕은 모두가 우상인 것입니다.

“돈을 사랑함이 일만 악의 뿌리가 되나니 이것을 사모하는 자들이 미혹을 받아 마음에서 떠나 많은 근심으로써 자기를 찔렀도다”(딤전 6:10). 돈을 사랑하는 자에게는 돈이 우상인 것입니다. 권력을 사랑하는 자에게는 권력이 우상이며, 명예를 사랑하는 자에게는 명예가 우상입니다. 뿐만 아니라 자식을 하나님보다 더 사랑하면 자식이 우상이 되고, 애인을 하나님보다 더 사랑하면 애인이 우상이 되는 것입니다.

그래서 예수님께서는 “아비나 어미를 나보다 더 사랑하는 자는 내게 합당치 아니하고, 아들이나 딸을 나보다 더 사랑하는 자도 내게 합당치 아니하고"(마 10:37)라고 말씀하셨습니다. 사랑하는 가족이나 친구보다도, 온갖 이기적인 탐욕보다도 항상 하나님이 내 마음을 먼저 채우고 있을 때엔 내게 우상이 없어진 것입니다.

3. 그리스도인은 스스로 우상이 되지 말아야 한다

"마귀가 또 그를 데리고 지극히 높은 산으로 가서 천하만국과 그 영광을 보여 가로되 만일 내게 엎드려 경배하면 이 모든 것을 네게 주리라"(마 4:8~9). 말씀에서 보는 바와 같이 마귀는 자기를 드러내고 경배받기를 좋아합니다. 마찬가지로 사람에게도 누구나 자기를 드러내고 칭찬 받기를 좋아하는 마귀의 속성이 있습니다.

교회 안에서도 교회를 갑자기 크게 부흥시킨 목사나, 대가족이 교회에 출석하고 전도를 많이 한 권사나, 물질을 많이 드리고 봉사를 많이 한 장로나, 또는 성령의 은사를 크게 받아 특별한 능력이 나타나는 집사 등은 자기를 드러내려고 하는 마귀의 속성에 빠지기 쉽습니다.

세상 만물의 주인은 하나님이요, 사람은 단지 그 청지기요 종인 것입니다. 종이 그 본분을 망각하고 자기의 한 일에 대해서 칭찬받기를 좋아한다면 이것은 주인의 영광을 가로채는 것이요, 스스로 우상이 되기를 원하는 것입니다.

"명한대로 하였다고 종에게 사례하겠느냐? 이와 같이 너희들도 명령받은 것을 다 행한 후에 이르기를 우리는 무익한 종이라 우리의 하여야 할 일을 한 것뿐이라 할지니라"(눅 17:9~10). 그렇습니다. 예수님의 말씀과 같이 우리가 어떤 훌륭한 일을 했을지라도 마땅히 해야 할 일을 했을 뿐입니다.

"그러므로 구제할 때에 외식하는 자가 사람에게 영광을 얻으려고 회당과 거리에서 하는 것같이 너희 앞에 나팔을 불지 말라. … 너희는 구제할 때에 오른손의 하는 것을 왼손이 모르게 하여 네 구제함이 은밀하게 하라. 은밀한 중에 보시는 너희 아버지가 갚으시리라"(마 6:2~3). 그리스도인은 일을 할 때 세상 사람들처럼 영광을 받으려고 드러내어서는 안 되며 오른손이 하는 일을 왼손이 모를 정도로 조용히 해야만 하나님으로부터 상급을 받을 수 있다는 것입니다.

"만일 누가 봉사하려면 하나님이 공급하시는 힘으로 하는 것같이 하라. 이는 범사에 예수 그리스도로 말미암아 하나님이 영광을 받으시게 하려 함이니라"(벧전 4:11 요약)라고 성경은 교훈하고 있습니다.

자기의 한 일을 드러내어 칭찬받으려고 하는 것은 자기의 우상화요 마귀의 속성입니다. 반대로 자기의 공로를 숨기는 것은 겸손이요 그리스도인의 미덕이요 본분입니다. 그리스도인의 노력으로 이루어지는 모든 영광은 하나님께로 돌려야만 합니다.

정 리

하나님께서는 영광과 찬양을 받으시기 위해 사람을 창조하셨습니다. 따라서 사람은 하나님만 섬기고 사랑하며, 이방신과 우상은 만들거나 섬기지 말아야 합니다. 뿐만 아니라 하나님보다 더 사랑하는 대상은 모두 우상이 되므로 우리는 세상의 어떤 소중한 것보다도 하나님을 가치의 최우선 순위에 두어야 합니다.

결론적으로 모든 그리스도인들은 모든 소유에 대하여 하나님의 청지기로서 그 주인의 뜻에 따라 관리해야 하며, 그 주인에게만 찬양과 영광을 돌려야 합니다.

더 나아가 자기가 스스로 공로를 드러내어 스스로 우상화하고 하나님의 영광을 가로채는 일이 없어야 합니다. 그리스도인의 머리와 마음속에는 이방신과 우상과 세속적인 탐욕을 제거하고 항상 하나님으로 가득 차 있어야 합니다. 오직 하나님께만 경배해야 합니다(계 22:9).

제7장 제7과
힘써 여호와를 알자

오라 우리가 여호와께로 돌아가자. 여호와께서 우리를 찢으셨으나 도로 낫게 하실 것이요 우리를 치셨으나 싸매어 주실 것임이라. 그러므로 우리가 여호와를 알자. 힘써 여호와를 알자. 그의 나오심은 새벽 빛 같이 일정하니 비와 같이, 땅을 적시는 늦은 비와 같이 우리에게 임하시리라

하리라(호 6:1, 3).

1. '사람을 안다'는 말의 의미

사람이 사람을 안다고 할 때 크게 세 가지 의미를 생각할 수가 있습니다. **첫째는** 일방적으로 '그 사람에 대하여 안다'는 경우입니다. 다시 말하면 역사적인 인물이나 세상에 드러난 인물에 대한 일반적인 지식이나 정보를 의미합니다. **둘째는** '그 사람과 아는 사이다'라는 경우입니다. 사람들은 직장 동료나 동네 사람, 또는 학교나 교회에서 많은 사람을 만나게 되고 서로 인사하고 지냅니다. 단순히 서로 '아는 사이'란 서로 알아보고 인사도 하고 지내지만 그 마음은 알지 못하는 사이를 의미합니다.

마지막으로 **셋째는** '그 사람과 친하다'는 경우입니다. 부부, 부모와 자식, 형제자매, 친구 사이처럼 서로 마음을 알고 신뢰할 수 있는 정도까지 알게 되는 경우를 의미합니다. 따라서 아무리 부부나 가족 사이라도 서로 마음을 모르고 비밀이 많으면 신뢰할 수 없기 때문에 참된 의미의 '아는 사이'라고 하기는 어려운 것입니다.

결론적으로 '사람을 안다'는 참된 의미는 서로 비밀이 없이 마음으로 하나가 되는 친밀한 사이를 말합니다.

2. '하나님을 안다'는 말의 의미

'하나님을 안다'는 말의 의미도 '사람을 안다'는 말의 경우처럼 세 가지의 단계를 생각할 수가 있습니다. 그 **첫째** 단계는 하나님이나 예수님에 대한 단순한 지식의 단계입니다. 하나님을 우주와 만물의 창조주로 생각하거나, 예수님을 세계 4대 성인의 한 분인 역사적 인물로, 또는 기독교를 창시한 사람으로 아는 단계입니다.

하나님을 아는 **둘째** 단계는 교회에 출석하며 하나님을 믿는 단계입니다. 그러나 1주일에 한 번 정도 주일날 교회에도 출석하고 헌금도 드리지만 하나님과의 교제가 이루어지지 않는 상태의 단계입니다.

마지막 **셋째** 단계는 하나님과의 교제가 이루어지고 친밀한 사이가 되는 단계입니다. 다시 말하면 하나님과 예수님을 사랑하게 되는 단계입니다. 사랑하는 사람에게 무엇을 주고 싶은 것처럼 헌금을 드려도 아깝지 않고 봉사를 할수록 즐거운 단계입니다.

결론적으로 '하나님을 안다'는 참된 의미는 하나님과 교제가 이루어지며 사랑으로 하나님과 하나가 되는 단계를 말합니다. 그렇다면 우리가 어떻게 해야 하나님을 잘 알 수가 있겠습니까? 성경 말씀에서 찾아보기로 하겠습니다.

3. 하나님과 잘 아는 사이가 되려면…

첫째로, 늘 기도를 해야 합니다.

"너희는 내게 부르짖으며 와서 내게 기도하면 내가 너희를 들을 것이요, 너희가 전심으로 나를 찾고 찾으면 나를 만나리라. 나 여호와가 말하노라"(렘 29:12~13). 말씀과 같이 우리가 기도할 때 하나님께서는 들어주시고 만나주십니다. 온 가족이 하나님을 경외하며 백성을 많이 구제하고 하나님께 항상 기도하던(행 10:2) 백부장 고넬료에게 하나님의 사자가 환상 중에 나타나 "네 기도와 구제가 하나님 앞에 상달하여 기억하신 바가 되었으니"(행 10:4) 베드로를 초청하라고 했습니다. 이리하여 고넬료 가족은 베드로를 통하여 성령 충만의 은혜를 받고 하나님과의 친밀한 관계가 이루어지게 되었습니다.

둘째로, 늘 감사를 드려야 합니다.

하나님과 잘 아는 사이가 되려면 하나님께 늘 감사를 드려야 합니다. "감사로 하나님께 제사를 드리며 지극히 높으신 자에게 네 서원을 갚으며 환난 날에 나를 부르라. 내가 너를 건지리니 네가 나를 영화롭게 하리로다"(시 50:14~15). 말씀과 같이 늘 감사하는 마음으로 하나님을 섬기는 사람은 어려울 때 하나님의 도움을 받을 수 있으며, 또한 감사 생활 자체가 하나님을 영화롭게 한다는 것입니다.

"아무것도 염려하지 말고 오직 모든 일에 기도와 간구로 너희 구할 것을 감사함으로 하나님께 아뢰라. 그리하면 모든 지각에 뛰어난 하나님의 평강이 그리스도 예수 안에서 너희 마음과 생각을 지키시리라"(빌 4:6~7). 마음의 평강은 하나님의 응답입니다. 우리가 기도하고 간구할 때에도 감사함으로 하면 하나님께서 곧 평강으로 응답하신다는 것입니다.

셋째로, 늘 찬송을 불러야 합니다.

하나님과 잘 아는 사이가 되려면 늘 찬송을 불러야 합니다. "이 백성은 내가 나를 위하여 지었나니 나의 찬송을 부르게 하려 함이니라"(사 43:21). 하나님께서 사람을 창조하신 목적 중의 하나는 바로 찬송을 부르게 하는 데 있습니다. 따라서 하나님은 찬송 중에 거하시며(시 22:3), 우리가 찬송을 부를 때 간구함을 들어주십니다(시 28:6). "내가 노래로 하나님의 이름을 찬송하며 감사함으로 하나님을 광대하시다 하리니 이것은 소, 곧 뿔과 굽이 있는 황소를 드림보다 여호와를 더욱 기쁘시게 함이 될 것이라" (시 69:30~31). 말씀과 같이 찬송은 기름진 제물보다도 하나님을 기쁘시게 합니다.

넷째로, 늘 사랑을 해야 합니다.

하나님과 잘 아는 사이가 되려면 늘 사랑을 해야 합니다. "사랑하는 자들아 우리가 서로 사랑하자. 사랑은 하나님께 속한 것이니 사랑하는 자마다 하나님께로 나서 하나님을 알고, 사랑하지 아니하는 자는 하나님을 알지 못하나니, 이는 하나님은 사랑이심이라"(요일 4:7~8). 말씀과 같이 하나님은 사랑이시기 때문에 우리가 하나님을 사랑해야만 하나님을 알 수가 있습니다. "하나님이 가라사대 저가 나를 사랑한즉 내가 저를 건지리라. 저가 내 이름을 안즉 내가 저를 높이리라"(시 91:14). 또한 말씀과 같이 하나님은 사랑하는 자를 구원해 주시며, 하나님을 아는 자를 높여줍니다. 따라서 우리가 하나님을 사랑해야 하나님을 잘 알게 되고 도움을 받을 수 있습니다.

다섯째로, 하나님의 뜻대로 행해야 합니다.

하나님과 잘 아는 사이가 되려면 하나님의 뜻대로 행해야 합니다. "나더러 주여, 주여 하는 자마다 천국에 다 들어갈 것이 아니요, 다만 하늘에 계신 내 아버지의 뜻대로 행하는 자라야 들어가리라. 그날에 많은 사람이 나더러 이르되 주여, 주여 우리가 주의 이름으로 귀신을 쫓아내며, 주의 이름으로 많은 권능을 행치 아니 하였나이까 하리니, 그 때에 내가 저희에게 밝히 말하되 내가 너희를 도무지 알지 못하니 불법을 행하는 자들아 내게서 떠나가라 하리라"(마 7:21~23).

비록 한 때 하나님께서 주신 은사로 이적과 기사를 행하였다 할지라도 불법을 행하게 되면 하나님의 기억에서 완전히 사라지게 되는 것입니다. 따라서 모든 그리스도인은 하나님께 잘 알려져 있도록 늘 하나님의 뜻대로 행해야만 합니다.

정 리

오늘날은 만인 제사장 시대입니다. 제사장이 율법을 잊어버리고 하나님에 대한 지식이 없으면 망하게 됩니다. "그러므로 여호와를 알자, 힘써 여호와를 알자! 그의 나타나심은 동이 트는 것처럼 확실하다. 비와 같이 땅을 적시는 봄비와 같이 그가 우리에게 나아오실 것이다"(호 6:3). 그렇습니다. 우리의 기도생활, 감사생활, 찬송생활, 사랑하는 생활을 통하여 그 분의 뜻대로 행하면 하나님께서는 가뭄에 단비와 같은 좋은 선물을 가지고 새벽에 동이 트는 것처럼 확실히 우리에게 다가오실 것입니다.

제7장 제8과
목양의 세 가지 원칙

너희 중에 있는 하나님의 양 무리를 치되 부득이함으로 하지 말고 오직 하나님의 뜻을 좇아 자원함으로 하며, 더러운 이를 위하여 하지 말고 오직 즐거운 뜻으로 하며, 맡기운 자들에게 주장하는 자세를 하지 말고 오직 양 무리의 본이 되라(벧전 5:2~3).

1. 베드로 사도의 당부

원로 장로인 베드로 사도는 새로이 장로 된 사람들에게 목양의 몇 가지 원칙을 당부하고 있습니다. 헬라어 '프레스뷔테로스'(πρεσβύτερος)의 번역인 '장로'는 일반적으로 연장자, 나이 많은 사람을 의미하지만 교회에서는 말씀을 맡은 자, 즉 오늘날 목사나 또는 관리를 맡은 자, 즉 오늘날 장로를 의미합니다. 특별히 오늘 본문에서는 이제 곧 목사 안수를 받고 양 무리를 치게 될 예비 목사를 지칭하는 것으로 보고 말씀을 증거하겠습니다.

베드로 사도는 "믿음을 잘 지키라"거나 "기도를 많이 하라"는 등의 기본적인 문제를 당부한 것이 아닙니다. 이것은 목양할 사람이 자기의 믿음을 걱정할 수준에 있어서는 안 된다는 의미도 되겠습니다. 베드로 장로님은 스스로 말하기를 장차 "나타날 영광에 참예할 자로라"(벧전 5:1)라고 하여 자신이 천국행에 대한 확신을 가졌습니다. 사랑하는 여러분! 천국행에 확신을 가지는 믿음이 되시기를 바랍니다.

이 시간 베드로 장로님이 당부한 목양의 세 가지 원칙은 **첫째로**, 양 무리를 치되 부득이함으로 하지 말고 자원함으로 하며, **둘째로**, 더러운 이를 탐하지 말고 즐거운 뜻으로 하며, **셋째로**, 양 무리에게 주장하는 자세로 하지 말고 오직 양 무리의 본이 되라는 것입니다. 이제 이 세 가지 원칙에 대하여 알아보도록 하겠습니다.

2. 부득이함으로 하지 말고 자원함으로 하라

남에게 고용된 사람 중에는 부득이함으로 일하는 사람이 많고, 자기 일을 하는 사람 중에는 자원하는 마음으로 일하는 사람이 많습니다. 공산주의 집단농장의 일꾼 중에는 부득이함으로 일하는 사람이 많고, 자유민주주의 시장경제 체제의 일꾼 중에는 자원하는 마음으로 일하는 사람이 많습니다. 같은 일을 해도 부득이함으로 하는 사람보다 자원함으로 하는 사람이 보다 능률적입니다. 같은 일을 해도 부득이함으로 하면 일이 고달프고 지루하지만 자원하는 마음으로 하면 즐겁고 보람이 있습니다.

예수 믿고 목양하는 일은 부득이함으로 하지 말고 자원함으로 해야 합니다. 그렇다면 우리가 어떻게 자원함으로 일을 할 수가 있겠습니까? "너희 중에 있는 하나님의 양 무리를 치되 부득이함으로 하지 말고, 오직 하나님의 뜻을 좇아 자원함으로 하며"(벧전 5:2a), 말씀과 같이 자원함으로 일을 하기 위해서는 하나님의 뜻을 좇아 해야 합니다. 사람은 누구에게나 타고난 달란트가 있습니다. 달란트란 하나님께서 주신 일, 즉 천직을 의미합니다.

오늘날 3D 업종이라 하여 '더러운'(Dirty) 일, '어려운'(Difficult) 일, '위험한'(Dangerous) 일 등은 사람들이 기피하고 있습니다. 그러나 3D 업종이라도 사람들이 천직 의식, 즉 하나님이 주신 일이라는 것을 깨닫게 되면 자원하는 마음으로 보람 있게 일을 할 수가 있습니다.

오늘 목사 임직을 받게 되는 여러분은 부득이함으로가 아니라 하나님의 뜻을 좇아 자원하는 마음으로 목양사역에 임하게 되기를 바랍니다.

3. 더러운 이를 탐하지 말고 즐거운 뜻으로 일을 하라

일을 하는 목적은 크게 두 가지로 생각할 수가 있습니다. 그 하나는 소득을 얻기 위하여 일을 합니다. 다른 하나는 맡은 바 사명을 감당하기 위하여 일을 합니다. 만약 일하는 목적을 소득에만 취중하게 되면 항상 소득에 불만족하게 되고, 그 일에도 불평과 불만을 갖게 됩니다. 일에 쉽게 실증을 느끼게 되고 성의가 없어집니다. 드디어 불노소득을 생각하게 되고 더러운 이를 바라게 됩니다. 착취, 횡령, 뇌물, 사기, 절도 등 죄악의 유혹을 받게 됩니다. 목회자가 소득에 취중하게 되면 물질에 대한 탐욕이 생기고, 목회가 생활의 수단이나 치부의 수단으로 전락하게 됩니다.

그러나 일하는 목적을 사명감, 즉 천직관에 취중하게 되면 일에 불평불만이 없어지고, 소득에도 불만족이 없어집니다. 일하는 즐거움과 보람을 느끼게 되고 행복해집니다.

성전 건축장에 두 석공이 있었습니다. 한 사람은 생각하기를 배운 것이 없으니 좋은 직장도 얻지 못하고, 처자식을 먹여 살리려고 돌이나 깨고 있으니 내 신세가 처량하다고 탄식을 했습니다. 다른 사람은 생각하기를 아름다운 성전을 건축하는데 동참하고 있으니 이 얼마나 보람 있는 일인가! 돌을 다듬는 일이 예술이며 참으로 행복한 직업이라고 생각했습니다.

하나님의 양 무리를 치되 "더러운 이를 위하여 하지 말고, 오직 즐거운 뜻으로 하며"(벧전 5:2b), 오늘 목사로 임직 받게 되는 여러분은 목양의 일을 하되 직업의식을 버리고, 하나님의 뜻이라는 천직의식을 가지고 즐거운 마음으로 해서 보람과 행복을 느끼게 되기를 바랍니다.

4. 주장하는 자세를 하지 말고 양 무리의 본이 되라

"맡기운 자들에게 주장하는 자세를 하지 말고 오직 양 무리의 본이 되라"(벧전

5:3). 말씀에서 "주장하는 자세"란 지배하는 자세를 의미합니다. 일반적으로 사람을 교육하고 다스리는 데는 크게 두 가지 방법이 있습니다. 그 하나는 독제자처럼 통치권, 즉 지배권을 가지고 명령하는 방법이고, 다른 하나는 지도자가 먼저 본을 보임으로써 따르게 하는 방법입니다.

예수님께서는 후자를 택하셔서 제자들에게 본을 보임으로써 가르치셨습니다. "내가 주와 또는 선생이 되어 너희 발을 씻겼으니 너희도 서로 발을 씻기는 것이 옳으니라. 내가 너희에게 행한 것 같이 너희도 행하게 하려하여 본을 보였노라"(요 13:14~15). 예수님은 제자들의 발을 씻기시는 본을 보임으로써 겸손과 봉사와 헌신의 교육을 하셨습니다.

"새 계명을 너희에게 주노니 서로 사랑하라. 내가 너희를 사랑한 것 같이 너희도 서로 사랑하라. 너희가 서로 사랑하면 이로써 모든 사람이 너희가 내 제자인 줄 알리라"(요 13:34~35). 또한 예수님께서는 사랑의 본을 보여 주심으로써 서로 사랑하라고 교훈하셨습니다.

지도자는 무엇보다도 언행일치가 되고 지행일치가 되어야 합니다. 따라서 목회자는 설교한 내용을 먼저 실천하여 본을 보임으로써 인격적으로 신뢰를 받아야 합니다. 목양하는 자는 양 무리 앞에서 예수님처럼 순종, 겸손, 사랑, 헌신할 수 있는 작은 예수로서의 본을 보여야 합니다.

이제 오늘 목사로 임직을 받게 되는 여러분은 앞으로 목회 현장에서 양 무리의 본이 되시기를 바랍니다.

정 리

"그리하면 목자장이 나타나실 때에 시들지 아니하는 영광의 면류관을 얻으리라"(벧전 5:4). 말씀에서처럼 '그리하면' 즉, 목양하는 자가 양 무리를 칠 때 첫째로, 부득이함으로 하지 말고 자원함으로 하며, 둘째로, 더러운 이를 탐하지 말고 즐거운 뜻으로 하며, 셋째로, 주장하는 자세로 하지 말고 먼저 본을 보이게 되면 영광의 면류관을 받게 된다는 것입니다.

'영광의 면류관'이란 생명의 구원을 상징하는 의의 면류관이나 생명의 면류관과는 달리 이미 구원받은 자가 일을 많이 한 공로로 받는 상급인 것입니다. 목회자는 믿음의 차원을 넘어서 양 무리를 치는 행함의 차원에서 많은 공로를 쌓아

시들지 않는 영광의 면류관을 얻도록 해야 합니다.

이 시간 목사로 임직 받게 되는 여러분은 목양의 세 가지 원칙을 잘 지켜 행함으로써 시들지 아니하는 영광의 면류관을 얻게 되기를 축원합니다.

제 8 장

마음을 바로 다스리자

제8장 제1과
마음관리의 중요성

만물보다 거짓되고 심히 부패한 것은 마음이라. 누가 능히 이를 알리요마는 나 여호와는 심장을 살피며 폐부를 시험하고 각각 그 행위와 그 행실대로 보응하나니 불의로 치부하는 자는 자고새가 낳지 아니한 알을 품음 같아서 그 중년에 그것이 떠나겠고 필경은 어리석은 자가 되리라 (렘 17:9~11).

1. 기독교와 인격 도야

사람의 나이가 40이 넘으면 그 외모에 인격이 나타나게 된다고 합니다. 즉, 직업이나 성품이 그 외모에 풍겨 나게 된다는 것입니다. 인격 형성의 과정을 생각해 보면 마음(생각) → 말 → 행동 → 습관 → 인격의 순으로 형성이 되어 그 시발점이 마음에 있습니다. 따라서 그 마음이 선하면 선한 인격이 형성되고, 그 마음이 악하면 악한 인격이 형성되는 것입니다.

예수를 믿는 목적은 크게 두 가지를 생각할 수가 있습니다. 그 하나는 인격 도야이고, 보다 궁극적인 목적은 영생의 구원입니다. 한편 인격 도야는 모든 건실한 종교의 공통된 목적인 것입니다. 일반적으로 모든 종교는 교육과 수양을 통하여 인격을 도야합니다.

대체로 기독교 신도가 보다 빨리 인격이 도야될 수 있는 것은 인격 도야의 시발점인 마음을 다스리는 교육이 잘 되어 있기 때문입니다. 그것은 성령님께서 마음을 지켜 주시고 선한 길로 인도해 주시기 때문입니다. 그리고 때로는 하나님께서 징계를 통해서 잘못을 깨닫게 해 주시기 때문입니다. 뿐만 아니라 신실한 그리스도인은 중심을 보시는 하나님을 늘 의식하고 있기 때문에 생각이나 말이나 행동을 조심하게 되는 것입니다.

2. 마음이 하나님을 떠난 사람이 받는 저주

"나 여호와가 이같이 말하노라. 무릇 사람을 믿으며 혈육으로 그 권력을 삼고 마음이 여호와에게서 떠난 그 사람은 저주를 받을 것이라"(렘 17:5). 사람의 능력을 믿고 세상의 재물이나 권력에 의지하는 자는 하나님에게서 그 마음이 떠난 자입니다. 그 마음이 하나님에게서 떠나 사람과 세상으로 간 자는 하나님의 저주를 받게 된다는 것입니다.

"애굽은 사람이요 신이 아니며, 그 말들은 육체요 영이 아니라. 여호와께서 그 손을 드시면 돕는 자도 넘어지며, 도움을 받는 자도 엎드러져서 다 함께 멸망하리라"(사 31:3). 사람이나 세상은 하나님께 비하면 너무나 연약하다는 것입니다. 유다가 때로는 애굽에 의지하지만 애굽이 아무리 강대국이라 할지라도 하나님께서 손을 쓰시면 돕는 자와 도움을 받는 자가 함께 멸망하게 되는 것입니다.

그렇다면 마음이 하나님을 떠난 자들은 어떤 저주를 받게 되는 것입니까? "그는 사막의 떨기나무 같아서 좋은 일의 오는 것을 보지 못하고 광야 간조한 곳, 건건한 땅, 사람이 거하지 않는 땅에 거하리라"(렘 17:6).

저주를 받을 사람은 물과 거름기가 없는 모래 땅, 메마르고 소금기가 있는 죽은 땅, 즉 사람이 살지 못하는 사막에서 자라는 윤기 없는 떨기나무 신세가 된다는 것입니다. 결과적으로 하나님이 주시는 좋은 일의 오는 것을 보지 못하고, 즉 마지막 때 새 하늘과 새 땅에 들어가지 못하고 지옥 불에 떨어지게 된다는 것입니다.

3. 마음이 하나님을 의지하는 사람이 받는 복

"그러나 무릇 여호와를 의지하며 여호와를 의뢰하는 그 사람은 복을 받을 것이라"(렘 17:7). 말씀에서 '의지한다'는 말과 '의뢰한다'는 말은 다 같이 신뢰하다, 확신하다, 의지하다 등의 의미가 있습니다. 결국 그 마음이 하나님을 의지하는 사람은 하나님께서 복을 주신다는 것입니다.

"주께 의지하는 자는 복이 있나이다"(시 84:12). "여호와를 의지하는 자가 복이 있느니라"(잠 16:20). "여호와를 의지하는 자는 풍족하게 되느니라"(잠 28:25). "여호와를 의지하는 자는 안전하리라"(잠 29:25). 이상과 같이 하나님을 의지하는 자는 복을 받는다고 성경은 거듭거듭 약속하고 있습니다.

그렇다면 하나님을 의지하는 사람이 받을 복은 어떤 것입니까? "그는 물가에 심기운 나무가 그 뿌리를 강변에 뻗치고 더위가 올지라도 두려워 아니하며, 그

잎이 청청하며, 가무는 해에도 걱정이 없고, 결실이 그치지 아니함 같으리라"(렘 17:8). 마음이 하나님을 떠난 사람이 받는 저주가 사막의 떨기나무에 비유된다면 하나님을 의지하는 사람이 받는 복은 물가에 심기운 나무에 비유가 됩니다.

물가에 심기운 나무가 받는 복을 생각해 봅니다. 뿌리가 강변에 뻗쳐 있기 때문에 더위에도 걱정이 없고 가뭄에도 걱정이 없습니다. 물과 양분이 충분한 좋은 환경이기 때문에 결실이 그치지 않습니다. "저는 시냇가에 심은 나무가 시절을 좇아 과실을 맺으며 그 잎사귀가 마르지 아니함 같으니 그 행사가 다 형통하리로다"(시 1:3). 말씀과 같이 물가에 심기운 나무는 항상 청청하고, 절기를 따라 풍성한 과실을 맺는 것처럼 하나님을 의지하는 사람은 범사에 형통한 복을 받게 되는 것입니다.

"또 저가 수정같이 맑은 생명수의 강을 내게 보이니 하나님과 및 어린 양의 보좌로부터 나서 길 가운데로 흐르더라. 강 좌우에 생명나무가 있어 열두 가지 실과를 맺히되 달마다 그 실과를 맺히고, 그 나무 잎사귀들은 만국을 소성하기 위하여 있더라"(계 22:1~2). 말씀은 새 하늘과 새 땅의 아름답고 풍요한 환경입니다. 마음이 하나님을 의지하는 사람이 마지막 때 받을 복은 새 하늘과 새 땅을 소유할 수 있게 되는 것입니다.

4. 마음을 살피시는 하나님 앞에 서자

"만물보다 거짓되고 심히 부패한 것은 마음이라"(렘 17:9). "마음에서 나오는 것은 악한 생각과 살인과 간음과 음란과 도적질과 거짓 증거와 훼방이니 이런 것들이 사람을 더럽게 하는 것이요"(마 15:19~20). 사람의 생각과 말과 행동을 비롯한 인품이 그 마음으로부터 출발됩니다. 다시 말하면 사람이 그 인격을 도야하는 것도, 천국에 가게 되는 것도 그 시발점은 모두 마음에 있습니다. 그런데 유감스럽게도 그 마음은 부패하기 쉽다는 것입니다. 따라서 사람들은 무엇보다도 마음 관리를 잘 해야 합니다.

"무릇 지킬만한 것보다 네 마음을 지키라. 생명의 근원이 이에서 남이니라"(잠 4:23). "영생을 얻게 되느냐, 지옥 불에 떨어지게 되느냐?"는 생명의 근원 문제까지도 마음에서 출발하기 때문에 사람이 지켜야 하는 그 무엇보다도 마음을 지키는 문제가 가장 중요한 것입니다.

그렇다면 사람이 어떻게 그 부패하기 쉬운 마음을 지킬 수가 있겠습니까? 사람의 중심을 보시고 마음을 보시는 하나님께 의지해야만 합니다. "누가 능히 이를 알리오마는 나 여호와는 심장을 살피며, 폐부를 시험하고"(렘 17:10), "나의 보는 것은 사람과 같지 아니하니 사람은 외모를 보거니와 여호와는 중심을 보느니라"(삼상 16:7b). 말씀과 같이 전지전능하신 하나님께서는 사람의 마음의 움직임을 꿰뚫어 보십니다. 그리고 불의한 자는 정죄하십니다.

정 리

"불의로 치부하는 자는 자고새가 낳지 아니한 알을 품음 같아서 그 중년에 그것이 떠나겠고 필경은 어리석은 자가 되리라"(렘 17:11). 그 마음이 하나님을 떠나 불의를 행한 자는 반드시 정죄되며 결국 저주를 받고 지옥 불에 떨어지는 어리석은 자가 되는 것입니다.

사람은 중심을 보시는 하나님께 그 마음을 의지해야 마음을 바로 관리할 수가 있습니다. 늘 하나님을 의식하는 마음으로 하나님 앞에 설 때에 인격도 도야되고, 영생 구원의 복도 누리게 됩니다.

제8장 제2과
마음을 바로 다스리자

무릇 지킬만한 것보다 더욱 네 마음을 지키라. 생명의 근원이 이에서 남이니라"(잠 4:23). **노하기를 더디 하는 자는 용사보다 낫고, 자기의 마음을 다스리는 자는 성을 빼앗는 자보다 나으니라**(잠 16:32). **자기의 마음을 제어하지 아니하는 자는 성읍이 무너지고 성벽이 없는 것 같으니라**(잠 25:28).

1. 행동은 마음으로부터 나온다

사람의 행동은 그 마음으로부터 나옵니다. 선한 마음에서 선한 행동이 나오고 악한 마음에서 악한 행동이 나옵니다. 그리고 이러한 마음을 움직이는 품성에는 크게 감성(感性)과 이성(理性)과 영성(靈性)으로 구분해서 생각해 볼 수가 있습니다.

이 중에 감성은 육적, 동물적 본능으로부터 유발됩니다. 따라서 이성이 없는 동물(벧후 2:12)은 전적으로 감성의 지배를 받아 행동하게 됩니다. 그리고 합리적이고 도덕적으로 생각하고 판단할 수 있는 능력을 이성이라 합니다. 이 이성은 양심이나 지성의 지배를 받습니다. 사람은 이성이 있기 때문에 이성적 동물이라고도 합니다. 마지막으로 영성은 하나님, 즉 성령의 지배를 받습니다. 영성이란 바로 하나님의 뜻, 즉 하나님의 가르침을 말합니다.

가령 어떤 사람이 무고히 폭행을 당해 큰 손해를 입었을 때, 반사적으로 보복행위를 하는 사람은 감성적인 사람입니다. 그러나 냉정을 찾아 법에 호소하여 손해 배상을 구하는 사람은 이성적인 사람입니다. 더 나아가서 가해자를 용서해 주고 모든 것을 하나님께 맡기는 사람은 영성의 지배를 받아 행동하는 사람입니다.

2. 감성 · 이성 · 영성의 지배를 받는 마음과 그 행위

세상 사람의 마음은 감성과 이성의 지배를 받게 되고, 그리스도인의 마음은 감성과 이성 및 영성의 지배를 받게 됩니다. 감성과 이성과 영성의 관계에 있어서 바람직한 것은 감성은 이성의 지배를 받고, 이성은 영성의 지배를 받게 되는 것입니다.

만약 감성이 이성의 지배를 받지 못할 때 그 사람은 이성이 없는 짐승처럼 행동하게 됩니다. 감성은 육적, 동물적 속성입니다. 본능에 따라 반사적으로 혈기를 부리며, 탐욕적이고 쾌락적입니다. 사람이 지나치게 감성에 사로잡힐 때 "그 사람 이성을 잃었다"고 말합니다. 그래서 우리는 이성이 감성을 지배하고 다스리는 사람이 되어야 합니다.

그러나 이성이 감성을 지배하기란 그리 쉬운 일은 아닙니다. "나의 행하는 것을 내가 알지 못하노니 곧 원하는 이것은 행하지 아니하고, 도리어 미워하는 그것을 행함이라"(롬 7:15)라고 바울사도는 고백했습니다.

가령 과음이 건강에 좋지 못하고 그리스도인의 처신에 옳지 않다는 것을 알면서도 과음을 하는 사람이 있다면 그는 이성이 감성을 다스리지 못하고 있는 사람입니다.

그러나 감성이 이성의 지배를 받는다고 문제가 다 해결되는 것은 아닙니다. 여기에도 두 가지 문제가 있습니다. 그 첫째는 이성은 양심의 지배를 받는데 그 양심이 화인(火印)을 맞아(딤전 4:2) 더러운 양심(딛 1:15), 죽은 양심(렘 6:15)으로 전락될 수도 있기 때문입니다. 화인 맞은 양심은 그 이성에 명령하여 지능범의 계책을 도와줄 수도 있다는 것입니다.

그 둘째는 선한 양심(벧전 3:21)에 따른 이성으로 합리적이고 도덕적인 행위를 한다 할지라도 하나님 앞에서는 죄인이 될 수도 있다는 것입니다. 아무리 인격적으로 훌륭한 사람이라도 영성을 거부하여 예수 믿지 않으면 하나님 앞에서는 죄인이기 때문입니다.

문제의 완전한 해결을 위해서는 마음과 행동이 영성의 지배를 받아야만 합니다. 이성의 지시보다 비합리적으로 보이는 영성의 지시를 따른다는 것은 쉬운 일이 아닙니다. 수만리 타국 이스라엘에서 그것도 2,000년 전 십자가에 못 박혀 죽은 예수가 내 죄를 대속했다는 말이 이성적 논리로 볼 때 될법이나 한 말입니까? 그러나 이 성경 말씀을 믿는 것이 영성을 따르는 일입니다.

결론적으로 감성은 이성의 지배를 받고, 이성은 영성의 지배를 받아야만 참된 그리스도인이 될 수 있습니다.

3. 네 마음을 지키라

"무릇 지킬만한 것보다 더욱 네 마음을 지키라"(잠 4:23)라고 성경은 교훈합니다. 여기서 지켜야 할 마음은 어떤 마음입니까? 마음에는 선한 마음도 있고 악한 마음도 있습니다. 물론 우리가 지켜야 할 마음은 선한 마음입니다. 대체로 악한 마음은 감성이나 타락한 이성의 지배를 받아 생기게 되고, 선한 마음은 선한 이성이나 영성의 재배를 받아 생기게 됩니다. 따라서 우리가 마음을 잘 지킨다는 것은 결국 악한 마음이 생기지 않도록 감성을 잘 다스려야 한다는 것입니다.

"자기의 마음을 제어하지 아니하는 자는 성읍이 무너지고 성벽이 없는 것 같으니라"(잠 25:28)라고 성경은 교훈하고 있습니다. 이성으로 감성을 다스리지 못하면 결국 이성의 성벽이 무너지게 되고 감성의 지배를 받는 악한 마음이 침입하여 나를 지배하게 됨으로 내 인생은 파멸되고 만다는 것입니다.

그러나 "노하기를 더디하는 자는 용사보다 낫고, 자기의 마음을 다스리는 자는 성을 빼앗는 자보다 나으니라"(잠 16:32)라고 또한 성경은 교훈하고 있습니다. 이성으로 감성을 다스리는 것은 참으로 어려운 일이지만 이성의 벽을 튼튼히 쌓아서 감성의 폭발을 억제할 수 있다면 큰 성을 빼앗는 것보다 더 큰 유익이 되며 성공적인 인생을 누릴 수 있다는 것입니다.

그렇다면 우리가 어떻게 해야 악한 마음을 다스리고 선한 마음을 지킬 수가 있습니까? 그것은 오직 우리의 감성과 이성이 영성의 지배를 받아야만 가능하게 됩니다. "내가 원하는 바 선은 행하지 아니하고 도리어 원치 아니하는 바 악은 행하는도다. 오호라 나는 곤고한 사람이로다. 이 사망의 몸에서 누가 나를 건져내랴! 우리 주 예수 그리스도로 말미암아 하나님께 감사하리로다"(롬 7:19, 24~25)라고 바울은 고백했습니다.

오직 하나님만이 그리스도를 통해서 악을 이기고 선을 행하게 하신다는 고백입니다. 다시 말하면 감성과 이성이 모두 영성의 지배를 받을 때에만 우리의 선한 마음은 지켜지고 생명이 보존된다는 것입니다.

정 리

사람의 행동을 지배하는 품성에는 감성(感性)과 이성(理性)과 영성(靈性)이 있습니다. 감성은 육적, 본능적 속성이기 때문에 반사적이고 탐욕적이며 쾌락적입니다. 이성은 정신적, 양심적 속성이기 때문에 합리적이고 도덕적입니다. 영성은 영적, 신적 속성이기 때문에 사랑과 공의와 능력을 동반합니다.

일반적으로 감성이 이성의 지배를 받을 때 사람은 바람직한 행동을 하게 됩니다. 그러나 화인(火印)맞은 이성도 있기 때문에 이성은 영성의 지배를 받을 때에만 선한 마음을 지킬 수가 있습니다.

오늘날 교회에서 부르짖고 있는 영성 훈련은 바로 마음(감성) 다스리기 훈련, 마음(이성) 지키기 훈련, 하나님의 뜻(영성)대로 살기 훈련인 것입니다. 그리스도인은 부단한 영성 훈련으로 영성이 감성과 이성을 넉넉히 지배할 때에 마음과 행동을 선하게 바로 다스릴 수가 있습니다.

제8장 제3과
땅에 있는 지체를 죽이라

우리 생명이신 그리스도께서 나타나실 그 때에 너희도 그와 함께 영광 중에 나타나리라. 그러므로 땅에 있는 지체를 죽이라. 곧 음란과 부정과 사욕과 악한 정욕과 탐심이니 탐심은 우상 숭배니라. 이것들을 인하여 하나님의 진노가 임하느니라(골 3:4~6).

1. 육신에 기생하는 죄

"내 속 곧 내 육신에 선한 것이 거하지 아니하는 줄을 아노니 원함은 내게 있으나 선을 행하는 것은 없노라. 내가 원하는 바 선은 하지 아니하고 도리어 원치 아니하는 바 악은 행하는도다. 만일 내가 원치 아니하는 그것을 하면 이를 행하는 자가 내가 아니요 내 속에 거하는 죄니라"(롬 7:18~20). 말씀과 같이 바울 사도는 자신이 원하는 바 선은 행하지 않고 도리어 원하지도 않는 악을 행하게 되는데 이것은 자신이 아니라 자신의 육신 속에 들어있는 죄라고 고백을 했습니다.

그리고 육신 속에 들어 있는 죄들은, 예를 들면 "음란과 부정(不淨)과 사욕(邪慾)과 악한 정욕과 탐심"(골 3:5)이라고 하였습니다. 특히 탐심은 바로 우상숭배라고 했습니다. 이상의 다섯 가지 죄성을 크게 두 가지로 구분하면 음란과 탐욕으로 볼 수 있습니다.

일반적으로 사람의 지체가 범하기 쉬운 세 가지 죄악은 음란과 탐욕과 교만입니다. 여기서는 본문에 따라 음란의 죄와 탐심의 죄에 대해서만 알아보기로 합니다.

2. 음란의 죄와 탐심의 죄

"저희의 행위가 저희로 자기 하나님에게 돌아가지 못하게 하나니 이는 음란한 마음이 그 속에 있어 여호와를 알지 못하는 까닭이라"(호 5:4). 믿음이 큰 사람도 음란에 빠지는 경우가 있고, 한 번 빠지게 되면 하나님을 보는 눈이 가리워지게 된다는 것입니다. 곧 멸망으로 전락되고 마는 것입니다. 왜냐하면 "저희가 마음에 하나님 두기를 싫어하면 하나님께서 저희를 그 상실한 마음대로 내어 버려두시기"(롬 1:28) 때문입니다.

이성이나 동성을 대상으로 하는 육신적 음란도 문제이지만 특히 그리스도인들에게는 영적 음란도 조심해야 합니다. 그리스도인들이 다른 신들을 곁눈질하여 섬기거나 우상을 숭배하는 것은 하나의 영적 음란 행위입니다. "그들이 그 사사도 청종치 아니하고 돌이켜 다른 신들을 음란한 듯 좇아 그들에게 절하고"(삿 2:17)라고 성경은 영적 음란 행위를 책망하고 있습니다.

"은을 사랑하는 자는 은으로 만족함이 없고, 풍부를 사랑하는 자는 소득으로 만족함이 없나니"(전 5:10), 사람의 탐심에는 만족함이 없습니다. "돈을 사랑함이 일만 악의 뿌리가 되나니 이것을 사모하는 자들이 미혹을 받아 믿음에서 떠나 많은 근심으로써 자기를 찔렀도다"(딤전 6:10). 물질에 대한 사람의 탐심은 하나님보다 돈을 더 사랑하게 되고, 이 돈 때문에 불의와 부정을 저지르게 되고, 따라서 하나님을 떠나게 되며, 죄를 짓고 사망에 이르게 되는 것입니다. 그래서 야고보서는 "욕심이 잉태한즉 죄를 낳고 죄가 장성한 즉 사망을 낳느니라"(약 1:15)라고 경고하고 있습니다.

아간의 탐심은 여리고성의 전리품인 금은패물과 외투를 숨겼다가 결국 그 죄로 죽임을 당하게 되었고(수 7:20~26), 가룟 유다의 탐심은 스승인 예수님을 은 30에 팔았다가 결국 죽음을 자초하게 되었습니다. 아나니아와 삽비라 부부의 탐심은 밭을 팔아 하나님께 바치기로 한 돈 중 절반을 감추었다가 하나님을 속인 죄로 죽음의 징벌을 받았습니다(행 5:1~11).

물질에 대한 탐심이든, 쾌락에 대한 탐심이든, 명예에 대한 탐심이든, 권력에 대한 탐심이든 "탐심은 우상숭배니라"(골 3:5)라고 하였습니다. 유일신이신 하나님께서는 우상숭배를 제일 싫어하십니다(제2계명; 출 20:3~6). 따라서 아무리 그리스도인이라 할지라도 탐심으로 말미암아 우상숭배의 죄를 범하게 된다면 구원에서 벗어나 멸망에 이르게 될 것입니다.

3. 지체를 죽이라

"너희가 육신대로 살면 반드시 죽을 것이로되"(롬 8:13), 말씀과 같이 사람이 육신의 욕구대로 살게 되면 반드시 죽게 된다는 것입니다. 왜냐하면 육신에는 음란, 탐심, 교만 같은 죄가 기생하여 육신을 주장하고 있기 때문입니다. 그러면 어떻게 해야 우리가 이 육신의 죄에서 벗어날 수가 있단 말입니까?

"그러므로 땅에 있는 지체를 죽이라"(골 3:5). 말씀과 같이 육신을 죽이면 되는 것입니다. 우리가 어떻게 육신을 죽일 수가 있습니까? 예수님과 함께 십자가에 못을 박아서 죽여야 한다는 것입니다. "우리가 알거니와 우리 옛 사람이 예수와 함께 십자가에 못 박힌 것은 죄의 몸이 멸하여 다시는 우리가 죄에게 종노릇하지 아니하려 함이니 이는 죽은 자가 죄에서 벗어나 의롭다 하심을 얻었음이니라"(롬 6:6~7). 그렇습니다. 육신이 죽으면 됩니다. 죽은 육신에 죄가 기생할 수 없고, 죽은 자가 죄를 저지를 수 없기 때문입니다.

그러나 원리는 그렇지만 모든 그리스도인들은 육신을 그대로 가지고 살고 있는 것이 현실입니다. 그렇다면 현실적으로 육신을 죽인다는 의미는 무엇입니까?

"너희가 육신대로 살면 반드시 죽을 것이로되 영으로써 몸의 행실을 죽이면 살리니"(롬 8:13), 그렇습니다. 그리스도인은 성령의 능력을 힘입어 육신의 행실을 죽여야 합니다. 나는 연약하므로 육신의 욕구를 다 제압할 수가 없지만 성령께서 함께 하시면 그 능력으로 내 육신의 욕구를 제압할 수 있는 것입니다.

"내가 그리스도와 함께 십자가에 못 박혔나니 그런즉 이제는 내가 산 것이 아니요, 오직 내 안에 그리스도께서 사신 것이라"(갈 2:20a). 그렇습니다. 내 안에 항상 그리스도께서 함께 사시면 내 육신을 그리스도와 함께 십자가에 못 박아 죽인 효과를 누릴 수가 있는 것입니다.

그래서 예수님께서 말씀하셨습니다. "너희가 내 안에 거하고, 내 말이 너희 안에 거하면 무엇이든지 원하는 대로 구하라. 그리하면 이루리라"(요 15:7). 내 육신의 욕구를 죽이고 내가 원하는 선한 일을 하기 위해서는 내가 예수님과 하나가 되어야만 되는 것입니다. 우리가 그리스도 안에서 늘 기도하면서 말씀대로 살기로 노력하면 예수님(성령님)께서는 늘 우리와 함께 하실 것입니다. 그리고 음란과 탐심과 교만의 육신은 죽게 될 것입니다.

정 리

"음행과 온갖 더러운 것과 탐욕은 너희 중에서 그 이름이라도 부르지 말라. 이는 성도의 마땅한 바니라. 너희도 이것을 정녕히 알거니와 음행하는 자나 더러운 자나 탐하는 자, 곧 우상 숭배자는 다 그리스도와 하나님의 나라에서 기업을 얻지 못하리라"(엡 5:3, 5). 음행과 온갖 더러운 것과 탐욕은 모두 육신의 욕구입니다. 따라서 사람이 육신의 욕구대로 살면 하나님의 나라에 들어갈 수가 없습니다. 우리는 육신의 욕구를 죽여야 합니다. 즉, 땅의 지체를 죽여야 합니다. 그러나 우리의 힘으로는 불가능하기 때문에 예수님의 능력에 의지해야 합니다. 이를 위하여 우리는 예수님과 하나가 되어야 합니다.

"아버지께서 내 안에, 내가 아버지 안에 있는 것 같이 저희도 다 하나가 되어 우리 안에 있게 하사 세상으로 아버지께서 나를 보내신 것을 믿게 하옵소서"(요 17:21), 말씀과 같이 예수님은 그리스도인과 하나 되기를 원하십니다.

녹이 잘 스는 쇠가 녹 안 스는 쇠와 합금하면 녹이 안 스는 스테인레스 강철이 되듯이 죄 잘 짓는 사람이 죄 안 짓는 예수님과 하나가 되어 다시는 죄를 짓지 않는 예수님과의 합금이 되어야 합니다. 성령님과 늘 함께 하여 예수님과 하나가 되는 방법이 곧, 땅의 지체를 죽이는 방법인 것입니다.

제8장 제4과
스스로 자랑하지 말자

내가 의로 옷을 삼아 입었으며 나의 공의는 도포와 면류관 같았었느니라. 나는 소경의 눈도 되고 절뚝발이의 발도 되고, 빈궁한 자의 아비도 되며, 생소한 자의 일을 사실하여 주었으며, 불의한 자의 어금니를 꺾고 그 잇사이에서 겁탈한 물건을 빼어 내었었느니라(욥 29:14~17).

1. 현대는 자기 자랑 시대이다

현대는 자기 자랑 시대입니다. 기업이나 상품은 제마다 자기 자랑을 합니다. 영화, 연극, 스포츠 등도 자기 자랑을 늘어놓습니다. 은행이나 보험도 자기 상품들의 장점을 강조합니다. 심지어 정치인들은 입만 벌리면 스스로 자기 자랑을 늘어놓습니다. 이처럼 현대 사회는 막대한 광고비를 들여가면서도 자기 자랑을 해야만 경쟁에서 뒤떨어지지 않게 됩니다.

그러나 성경에는 어떠한 경우에도 자기 자랑을 하라는 교훈은 없습니다. 예수님께서는 이적과 기사를 베푸시고도 여러 번 아무에게도 말하지 말라고 하셨습니다(막 1:44, 5:43, 7:36, 8:26, 9:9, 마 9:30, 17:9 외). 또한 제자들에게 "너는 구제할 때에 오른손의 하는 것을 왼손이 모르게 하여 네 구제함이 은밀하게 하라"(마 6:4)라고 오히려 자랑할만한 것도 드러내지 못하도록 교훈하셨습니다.

2. 욥의 자기 자랑과 하나님의 책망

사탄의 참소로 말미암아 일시에 자녀 10남매와 모든 가산을 함께 잃은 욥은 설상가상으로 전신에 악창이 나서 극심한 고난을 겪고 있었습니다. 이 소문을 듣고 멀리서 위로 차 온 친구들은 위로보다는 욥이 고난을 받게 된 것은 욥이 지은 죄의 결과일 것이라고 우겨댔습니다. 참다못한 욥은 이를 변명하기 위하여 자신의 의로운 행위를 증거했습니다.

"내가 의로 옷을 삼아 입었으며, 나의 공의는 도포와 면류관 같았었느니라. 나는 소경의 눈도 되고, 절뚝발이의 발도 되고, 빈궁한 자의 아비도 되며, 생소한 자의 일을 사실하여 주었으며, 불의한 자의 어금니를 꺾고 그 잇사이에서 겁탈한 물건을 빼어내었느니라"(욥 29:14~17). 욥은 친구들 앞에서 거침없이 자신의 의로움을 증언했습니다. 그리고 이 욥의 증언은 사실이었을 것입니다.

왜냐하면 욥은 하나님으로부터도 "그와 같이 순전하고 정직하여 하나님을 경외하며 악에서 떠난 자가 세상에 없느니라"(욥 1:8)라고 칭찬을 들을만큼 의로운 사람이었기 때문입니다.

그럼에도 불구하고 욥은 하나님으로부터 심한 책망과 꾸중을 들었습니다. 하나님께서는 "네가 내 심판을 폐하려느냐? 스스로 의롭다 하려 하여 나를 불의하다 하느냐?"(욥 40:8)라고 질책하셨습니다. "무지한 말로 이치를 어둡게 하는 자가 누구냐?"(욥 38:2)라고 하시면서 하나님처럼 지식과 능력이 있느냐고 질문하셨습니다.

창조의 과정과 천문학과 기상학과 물리학과 생물학에 관한 광범위한 질문을 하셨습니다. 당시의 욥에게는 도무지 상상하기도 어려운 감당할 수 없는 질문이었습니다. 뿐만 아니라 하나님께서는 욥에게 "너는 교만한 자들을 찾아 너의 분노를 쏟고 그들을 낮추라. 다시 말하지만 교만한 자들을 모조리 찾아서 낮추고 악인들을 그들이 있는 곳에서 짓밟아 모두 땅 속에 묻고 그 얼굴을 싸서 무덤에 두어라. 그러면 네 오른손이 너를 구원할 수 있다고 내가 인정해 주겠다"(욥 40:10~14)라고 하시어 하나님을 대신해서 교만한 자와 악인을 심판하라고 다구치셨습니다.

욥은 하나님의 능력 앞에서 자신의 무지함과 교만성을 깨닫고 회개했습니다(욥 42:5~6). 그리고 그 후 갑절의 축복을 받게 되었습니다. 우리는 욥의 이야기를 통하여 우리의 자랑과 교만이 얼마나 하나님을 노여우시게 하는 것인가를 깨달아야 하겠습니다.

3. 자랑에 대한 성경의 교훈

첫째로, 그리스도인은 스스로 자랑을 하지 말아야 합니다.

"지혜로운 자는 그 지혜를 자랑치 말라. 용사는 그 용맹을 자랑치 말라. 부자는 그 부를 자랑치 말라"(렘 9:23)라고 하나님께서 교훈하십니다. 그리스도인은 세상적인 권력이나 명예나 능력이나 물질을 자랑하지 말아야 합니다. 뿐만 아니라 믿음 생활에 따르는 헌금, 기도, 전도, 구제, 봉사 등도 스스로 많이 하고 잘했다고 자랑해서는 안 됩니다. "이제 너희가 허탄한 자랑을 자랑하니 이러한 자랑은 다 악한 것이라"(약 4:16)라고 성경은 교훈하고 있습니다.

둘째로, 스스로 자랑하는 자는 이미 자기 상을 다 받은 사람입니다.

"구제할 때에 외식하는 자가 사람에게 영광을 얻으려고 회당과 거리에서 하는 것 같이 너희 앞에 나팔을 불지 말라. 진실로 너희에게 이르노니 저희는 자기 상을 이미 받았느니라"(마 6:2)라고 예수님께서 교훈하십니다. 비록 우리가 어려운 사람을 구제한다 할지라도 드러내어 요란을 피우게 되면 하나님으로부터의 상급은 없다는 것입니다. 구제뿐만 아니라 기도할 때나(마 6:5), 금식할 때도(마 6:16) 요란하게 외식하는 자들은 이미 자기 상을 받았으므로 하나님의 상은 없다는 것입니다. 그리스도인은 모든 일을 함에 있어서 "오른손이 하는 것을 왼손이 모르게 해야 된다"(마 6:3)는 것입니다.

셋째로, 자랑(칭찬)은 스스로 할 것이 아니라 타인이나 주님으로부터 받아야 합니다.

"너는 내일 일을 자랑하지 말라. 하루 동안에 무슨 일이 날는지 네가 알 수 없음이니라. 타인으로 너를 칭찬하게 하고 네 입으로는 말며, 외인으로 너를 칭찬하게 하고 네 입술로는 말지니라"(잠 27:1~2)라고 성경은 교훈하고 있습니다.

타인으로부터 받는 칭찬이야말로 참된 자랑이 될 수 있습니다. 또한 "옳다 인정함을 받는 자는 자기를 칭찬하는 자가 아니요, 오직 주께서 칭찬하시는 자니라"(고후 10:18)라고 성경은 증언하고 있습니다. 그렇습니다. 주님의 칭찬을 받는 사람이야말로 참으로 올바른 사람인 것입니다.

넷째로, 우리는 다만 주님과 교회를 자랑해야 합니다.

"자랑하는 자는 이것으로 자랑할지니 곧 명철하여 나를 아는 것과 나 여호와는 인애와 공평과 정직을 땅에 행하는 자인 줄 깨닫는 것이라. 나는 이 일을 기뻐하노라. 여호와의 말이니라"(렘 9:24). 우리는 사랑과 공의의 하나님을 자랑해야 합니다. 우리가 하나님을 자랑할수록 하나님께서는 기뻐하십니다. 또, 바울 사도는 "내게는 우리 주 예수 그리스도의 십자가 외에 자랑할 것이 없으니"(갈 6:14)라고 하여 우리는 그리스도의 십자가를 자랑해야 된다고 강조하고 있습니다.

그리고 우리가 마지막으로 자랑해야 될 것은 교회와 교우들입니다. 우리는 모든 그리스도인들로 이루어진 주님의 몸된 교회를 자랑하고 하늘나라를 자랑해야 됩니다. 이상과 같이 우리는 다만 삼위일체 하나님과 그리스도의 십자가와 주님의 몸된 교회를 자랑해야 합니다.

정 리

아무리 선하고 의로운 일을 했어도 스스로 자랑하면 하나님 앞에서는 교만이 되고 하나님의 노여움을 사게 됩니다. 따라서 그리스도인은 스스로 자랑하지 말아야 합니다. 자신의 사회적 지위, 능력, 명예, 부 뿐만 아니라 믿음 생활에 있어서의 헌물, 기도, 전도, 구제, 봉사 등도 자랑하지 말아야 합니다. 자랑하는 자는 자기 상을 이미 받았으므로 하나님으로부터의 상급은 없습니다. 모든 그리스도인은 다만 삼위일체 하나님과 그리스도의 십자가와 주님의 몸된 교회를 자랑해야 할 뿐입니다.

제8장 제5과
완벽한 감찰자 하나님

여호와여 주께서 나를 감찰하시고 아셨나이다. 주께서 나의 앉고 일어섬을 아시며 멀리서도 나의 생각을 통촉하시오며, 나의 길과 눕는 것을 감찰하시며 나의 모든 행위를 익히 아시오니 여호와여 내 혀의 말을 알지 못하시는 것이 하나도 없으시니이다(시 139:1~4).

1. 사람은 스스로 다스리기가 어렵다

사람에게는 옳고 바람직한 일을 행하기보다는 쉽고 편한 일을 행하려는 본능이 있습니다. 예수님은 "마음은 원이로되 육신이 약하도다"(마 26:41)라고 기도 시간에 졸고 있는 제자들을 안타까이 여겼으며, 바울도 "내가 원하는 바 선은 하지 아니하고, 도리어 원치 아니하는 바 악을 행하는도다"(롬 7:19)라고 육신의 연약함을 고백했습니다. 그래서 잠언 기자는 "노하기를 더디하는 자는 용사보다 낫고, 자기의 마음을 다스리는 자는 성을 빼앗는 자보다 낫다"(잠 16:32)라고 마음 다스림의 중요성을 강조했습니다.

사람이 그 마음을 스스로 다스릴 수 있다면 인격적으로 훌륭한 사람입니다. 이를 위해서는 타율(他律)에 의한 많은 교육과 끊임없는 훈련을 쌓아야 합니다. 그래서 우리는 우리의 일거일동을 살펴주고 가르쳐주는 좋은 감찰자(監察者)를 세워야 합니다. 가령 부모는 그 자녀에게, 스승은 그 제자에게 감찰자가 되는 것입니다. 그렇다면 과연 어떠한 감찰자가 우리에게 가장 좋은 감찰자가 되겠습니까?

2. 사람 감찰자와 그 약점

번잡한 네거리에 교통 신호는 꺼지고 교통경찰마저 없다면 어떻게 되겠습니까? 순식간에 교통이 마비되고 수라장이 될 것입니다. 이것은 사람의 이기적 욕심 때문에 생기는 무질서입니다.

따라서 사회에는 질서와 치안을 위해서 경찰이라는 감찰자를 두어야 합니다. 외침으로부터 나라를 지키기 위해서는 군(軍)이라는 감찰자를 두어야 합니다. 공사장이나 공장 등 노동 현장에는 감독이란 감찰자를 두어야 합니다. 북한의 집단농장에 무서운 감독자가 있다는 말을 많이 들어 왔습니다.

이스라엘 백성이 애굽에서 종살이를 할 때에도 공사장에 감독자가 있었습니다. "감독을 그들 위에 세우고 그들에게 무거운 짐을 지워 괴롭게 하여 그들로 바로를 위하여 국고성 비돔과 라암셋을 건축하게 하니라"(출 1:11)라고 성경이 증언하고 있습니다.

그러나 이상과 같은 사람 감찰자를 두는 데는 많은 약점이 있습니다. 우선 애굽의 감독자들이나 북한의 강제 노역 감독자들처럼 너무 가혹하게 감정으로 사람을 다룰 가능성이 있습니다. 또 사람 감찰자는 24시간 감찰할 수가 없습니다. "열 사람이 도둑 하나를 지키지 못한다"는 속담이 있습니다. 죄수가 탈옥하거나 군인이 탈영하는 것은 감찰자가 잠간 눈을 돌리는 사이에 일어나는 사람 감찰자의 약점을 보여주는 사건들입니다.

그리고 사람 감찰자는 사람의 마음을 감찰할 수는 없습니다. 감찰자 앞에서 마음속으로 분통을 터뜨리고 격심한 증오와 온갖 저주를 다 해도 감찰자는 알 수가 없습니다. 만약에 교육 현장에서 이런 일이 일어난다면 그 피교육자에게는 교육의 효과를 기대할 수가 없습니다.

때로는 사람이 스스로 감찰자가 되기 위하여 자신의 의지(意志)와 양심에 호소하기도 합니다. 그러나 작심삼일(作心三日)이란 말이 있듯이 의지도 본능 앞에서는 무력하며, 또 양심은 남에게는 가혹하리만치 냉철하지만 자기 자신에게는 너그러울 때가 많습니다. 이처럼 사람이 사람을 바로 세운다는 것은 참으로 어려운 일입니다.

3. 하나님을 나의 감찰자로 세우자

하나님은 눈에 보이지 않는 대상이기 때문에 우리의 감찰자로 세운다는 것은 매우 어려운 일입니다. 그러나 우리가 예수님을 믿고 은혜를 받아서 하나님의 살아계심을 확신하게 된다면 가장 완벽한 감찰자를 세우게 되는 것입니다.

첫째로, 하나님은 24시간 우리를 감찰하십니다. "이스라엘을 지키시는 자는 졸지도 아니하시고 주무시지도 안니하시리로다"(시 121:4)라고 성경은 증언하고 있습니다.

둘째로, 하나님은 장소에 관계 없이 어디서나 감찰하십니다. "내가 주의 신을 떠나 어디로 가며 주의 앞에서 어디로 피하리이까? 내가 하늘에 올라갈지라도 거기 계시며 음부에 내 자리를 펼지라도 거기 계시니이다. 내가 새벽 날개를 치며 바다 끝에 가서 거할지라도 곧 거기서도 주의 손이 나를 인도하시며 주의 오른손이 나를 붙드시리이다"(시 139:7~10).

셋째로, 하나님은 우리의 생각과 말과 행위를 모두 감찰하십니다. "주께서 나의 앉고 일어섬을 아시며, 멀리서도 나의 생각을 통촉하시오며, 나의 길과 눕는 것을 감찰하시며, 나의 모든 행위를 익히 아시오니 여호와여 내 혀의 말을 알지 못하는 것이 하나도 없으시니이다"(시 139:2~4).

넷째로, 하나님께서는 우리를 위험으로부터 보호해 주십니다. "여호와는 너를 지키시는 자라. 여호와께서 네 우편에서 네 그늘이 되시나니 낮의 해가 너를 상치 아니하며 밤의 달도 너를 해치 아니하리로다. 여호와께서 너를 지켜 모든 환난을 면케 하시며, 또 네 영혼을 지키시리로다. 여호와께서 너의 출입을 지금부터 영원까지 지키시리로다"(시 121:5~8)라고 성경은 증언하고 있습니다.

뿐만 아니라 하나님 감찰자는 우리의 잘못을 그때그때 지적해서 바로 세워주시고 마지막 불심판에 이르지 않도록 보호해 주십니다. "대저 여호와께서 그 사랑하시는 자를 징계하시기를 마치 아비가 그 기뻐하는 아들을 징계함 같이 하시느니라"(잠 3:12). "무릇 내가 사랑하는 자를 책망하여 징계하노니 그러므로 네가 열심을 내라 회개하라"(계 3:19). 이와 같이 하나님은 우리의 잘못을 징계로 다스려서 바로 세워 주십니다.

우리의 일거일동을 24시간 감찰하시고 보호하시며 잘못을 깨우쳐 바로 세우시는 하나님이야 말로 가장 완벽한 감찰자인 것입니다.

정 리

사람은 연약하기 때문에 감찰자가 없으면 본능에 따라 행하여 나쁜 길로 빠지기 쉽습니다. 따라서 사람은 좋은 감찰자를 세워서 자신을 좋은 길로 인도하도록 해야 합니다. 시간적, 공간적 제한이 없고 인격적으로 완벽하며 전지전능하신 하나님은 가장 완벽한 감찰자이십니다. 하나님을 나의 감찰자로 세우면 나의 육신과 영혼을 온전케 보호하여 바른 길로 인도해 주십니다.

우리가 자녀들에게 큰 믿음을 심어 하나님을 감찰자로 세워주면 자녀 교육은 성공한 것입니다. 항상 나와 내 가정을 지켜주시고 나와 내 가족의 영혼을 지켜주시는 하나님은 우리의 완벽한 감찰자이십니다.

제8장 제6과
교만을 다스리는 세 가지 교훈

만일 누구든지 무엇을 아는 줄로 생각하면 아직도 마땅히 알 것을 알지 못하는 것이요. 또 누구든지 하나님을 사랑하면 이 사람은 하나님의 아시는 바 되었느니라(고전 8:2~3).

1. 교만과 그 폐해

'잘난 체 하는 태도로 겸손함이 없이 방자한 것' 을 교만이라 합니다. 성경은 교만한 자의 폐해를 누누이 지적하고 있습니다.

"교만은 패망의 선봉이요, 거만한 마음은 넘어짐의 앞잡이니라"(잠 16:18). 거만한 마음이 곧 교만입니다. 사람의 교만은 그 사람을 넘어지게 하는 시작이며 출발점이 된다는 것입니다. "사람의 마음의 교만은 멸망의 선봉이요, 겸손은 존귀의 앞잡이니라"(잠 18:12). 교만(驕慢)에 대응되는 마음은 겸손(謙遜)입니다. 교만은 멸망의 시작이 되지만 겸손은 존귀함의 시작이 된다는 것입니다.

또한 "겸손한 자와 함께 하여 마음을 낮추는 것이 교만한 자와 함께 하여 탈취물을 나누는 것보다 나으니라"(잠 16:19)라고 성경은 교훈하고 있습니다. 왜냐하면 하나님은 “교만한 자는 대적하시되 겸손한 자들에게는 은혜를 주시기”(벧전 5:5) 때문입니다. 우리는 여기서 사람을 넘어지게 하고 멸망케 하는 교만을 다스리기 위한 성경의 가르침을 들어 봅니다.

2. 교만을 다스리는 세 가지 교훈

(1) 첫째로, 스스로 아는 줄로 생각하지 말자.

“만일 누구든지 무엇을 아는 줄로 생각하면 아직도 마땅히 알 것을 알지 못하는 것이요”(고전 8:2). 스스로 아는 줄로 생각하는 것이 교만입니다. 공부를 많이 한 지식인들 중에는 스스로 아는 줄로 생각하여 자신도 모르게 교만에 빠져 있는 사람들이 많이 있습니다. 이들은 예수 믿기가 어렵습니다. 왜냐하면 하나님께서는 “세상이 자기 지혜로는 하나님을 알지 못하게”(고전 1:21) 하셨기 때문입니다. 세상의 지식인들은 자기의 지식이나 지혜로 사물을 이해하고, 판단하고, 비판하기 때문에 예수 믿기가 어렵습니다. 사람은 아는 것이 많을수록 겸손해져야 합니다. “아무도 자기를 속이지 말라. 너희 중에 누구든지 이 세상에서 지혜 있는 줄로 생각하거든 미련한 자가 되어라. 그리하여야 지혜로운 자가 되리라”(고전 3:18). 사람이 스스로 지혜롭다, 즉 무엇을 잘 알고 있다고 생각하면 결국 자기를 속이는 결과가 된다는 것입니다.

사람이 전지전능하신 하나님 앞에서 무엇을 안다고 말할 수가 있겠습니까? 스스로 미련한 자라고 생각하는 자라야 참 지혜로운 자라는 것입니다. 여기서 우리는 “무지의 자각이야 말로 참된 앎의 출발점이다”라고 한 소크라테스의 겸손을 생각하게 합니다.

결론적으로 세상 사람들이 스스로 안다고 하는 지식으로는 예수를 믿을 수도 없고 구원에 이를 수도 없습니다.

(2) 둘째로, 스스로 된 줄로 생각하지 말자.

“만일 누가 아무것도 되지 못하고 된 줄로 생각하면 스스로 속임이니라”(갈 6:3). 이 말씀을 현대인의 성경에서는 “아무것도 아니면서 대단한 사람이나 되는 것처럼 생각한다면 그것은 자기를 속이는 것입니다”라고 번역하고 있습니다.

사람이 자기를 스스로 된 줄로 과장해서 나타내는 것이 교만입니다. 오늘날 세상에는 무엇이나 된 것처럼 자기의 능력 이상으로 으스대는 사람들이 많이 있습니다. 이는 일종의 교만이요 자기를 속이는 짓입니다.

"내가 너희에게 이르노니 이 사람이 저보다 의롭다 하심을 받고 집에 내려갔느니라. 무릇 자기를 높이는 자는 낮아지고, 자기를 낮추는 자는 높아지리라"(눅 18:14). 예수님의 말씀입니다. 기도할 때 자기의 잘한 점만 들추고 열거하는 바리새인보다 가슴을 치며 "나는 죄인이로소이다"라고 고백하는 세리가 하나님으로부터 의롭다하심을 받았다는 것입니다. 그래서 예수님께서는 "스스로 자기를 높이는 자는 낮아지고, 자기를 낮추는 자는 높아지게 된다"고 말씀하셨습니다.

(3) 셋째로, 스스로 선 줄로 생각하지 말자.

"그런즉 선줄로 생각하는 자는 넘어질까 조심하라"(고전 10:12). 사람이 스스로 선 줄로 생각하는 것이 교만입니다. 사람이 남보다 앞에 서기도 어렵지만 계속 바르게 서는 것은 더욱 어렵습니다.

사울왕은 왕이 되기 전에 아주 겸손한 사람이었지만 왕으로 선 후 교만하여져서 결국은 넘어지고 말았습니다. 오늘날 정계에나 재계에나 문화계 등에도 섰다가 넘어지는 사람들이 얼마나 많이 있습니까! 일단 선 자는 넘어지지 않도록 특별히 조심해야 되겠습니다.

"남의 하인을 판단하는 너는 누구뇨? 그 섰는 것이나 넘어지는 것이 제 주인에게 있으매 저가 세움을 받으리니 이는 저를 세우시는 권능이 주께 있음이니라"(롬 14:4). 하인은 주인에 의하여 세워지게도 되고 넘어지게도 됩니다. 그리스도인의 세우심은 주님의 권능에 속한 것이니 우리는 스스로 섰다고 생각하지 말아야 합니다. 스스로 섰다고 생각하는 사람은 곧 넘어지게 됩니다.

삶의 현장에서 내가 무엇으로 세움을 받았든지 이것은 모두가 주인이신 하나님의 은혜인 것입니다. 따라서 우리가 오직 하나님께 의지할 때만 넘어지지 않고 계속 서있을 수 있게 되는 것입니다.

정 리

스스로 아는 줄로 생각하면 교만입니다. 스스로 된 줄로 생각하면 교만입니다.

스스로 선 줄로 생각하면 교만입니다. 이제 결론적으로 바울 사도의 고백을 들어 교훈을 삼고자 합니다.

"내가 이미 얻었다 함도 아니요, 온전히 이루었다 함도 아니라. 오직 내가 그리스도 예수께 잡힌바 된 그것을 잡으려고 좇아가노라"(빌 3:12). 이미 얻었다고도 말고, 이미 이루었다고도 말고 오직 그리스도 예수님의 뜻을 좇아 따라가야 합니다. 아직 아무것도 잡은 줄로 여기지 말고 오직 그리스도의 푯대를 향하여 좇아가야 합니다. 우리가 지금 어디에 이르러 있든지 자만하지 말고 그리스도의 장성한 분량이 충만한 데까지 그 푯대를 향하여 그대로 행해야 합니다.

우리는 교만을 잘 다스려서 멸망에 이르지 않도록 해야 합니다.

제8장 제7과
나는 '두 마음의 믿음'이 아닌가

이와 같이 저희가 여호와도 경외하고 또한 어디서부터 옮겨왔든지 그 민족의 풍속대로 자기의 신들도 섬겼더라(왕하 17:33).

1. '두 마음의 믿음'

민속 신앙에서는 한 집 안이나 한 동네 안에도 여러 가지 신이 있습니다. 마루에는 성주신, 안방에는 삼신, 부엌에는 조앙(살강)신, 그리고 마을의 동구에는 골막이신, 산제당에는 산신 등이 있습니다. 그래서 주민들은 이 모든 신을 수호신으로 여겨 믿게 되는 것입니다. 뿐만 아니라 점장이와 무당도 믿고, 큰 바위나 큰 나무에 절을 하기도 하고, 막연히 물을 떠놓고 천지신명께 빌기도 합니다.

이런 형태의 신앙을 다신교적 민속 신앙이라 할 수 있으며 우리 민족의 전통적 풍속으로 전해 왔습니다. "이와 같이 저희가 여호와를 경외하고 또한 어디서부터 옮겨왔든지 그 민족의 풍속대로 자기의 신들도 섬겼더라"(왕하 17:33)라고 성경은 '두 마음의 믿음'을 개탄하고 있습니다.

오늘 여기서 '두 마음의 믿음'이라고 제목을 정한 것은 비 그리스도인들이 이것도 믿고 저것도 믿어 두 가지를 믿는다는 의미가 아니고 성경 말씀에서 보는 바와 같이 하나님을 믿는다고 하면서 한편 전통적인 관습에 따라 다른 신이나 우상에 의지하고 있는 것을 의미합니다.

2. '두 마음의 믿음'을 용납하지 않으시는 하나님

하나님께서는 '두 마음의 믿음'을 엄격히 금하고 계십니다. "너는 나 외에 다른 신들을 네게 있게 하지 말라. 너를 위하여 새긴 우상을 만들지 말고, 또 위로 하늘에 있는 것이나 아래로 땅에 있는 것이나 땅 아래 물속에 있는 것의 아무 형상이든지 만들지 말며, 그것들에게 절하지 말며 그것들을 섬기지 말라"(출 20:3~5a)라고 하나님은 명령하십니다.

이처럼 하나님은 두 마음의 믿음을 용납하지 않으십니다. 따라서 기독교는 그 교리에 있어서는 융통성이 없는 종교입니다. 기독교 정치인들이 타종교의 의식에 의도적으로 참여하는 경우가 있는데 이것은 잘못입니다. 우리는 이방신과 우상을 섬기는 전통적인 풍속에서 벗어나야 합니다. 또 "안식일을 기억하여 거룩하게 지키라"(출 20:8)는 하나님의 명령에 순종하여 주일 성수를 해야 하며, 따라서 주일날은 관혼상제나 친목행사에 참석하지 않도록 해야 합니다.

우리 그리스도인은 교리적인 부분과 비교리적인 부분을 엄격히 구분해서 생활해야 합니다. 하나님께서는 철저하게 이러한 전통적인 풍속을 멸절하라고 하셨습니다. "오직 너희가 그들에게 행할 것은 이러하니 그들의 단을 헐며 주상을 깨뜨리며 아세라 목상을 찍으며 조각한 우상들을 불살을 것이니라"(신 7:5). 그리스도인은 하나님의 백성이므로 철저하게 하나님의 율례와 계명을 따라야 합니다.

3. 하나님의 책망을 받은 '두 마음의 믿음'

(1) 성전이 도적의 굴혈이냐?

"너희가 무익한 거짓말을 의뢰하는도다. 너희가 도적질하며 살인하며 간음하며 거짓 맹세하며, 바알에게 분향하며, 너희의 알지 못하는 다른 신들을 좇으면서 내 이름으로 일컬음을 받는 이 집에 들어와서 내 앞에 서서 말하기를 우리가 구원을 얻었나이다 하느냐? 이는 이 모든 가증한 일을 행하려 함이로다. 내 이름으로 일컬음을 받는 이 집이 너희 눈에는 도적의 굴혈로 보이느냐? 보라 나 곧 내가 그것을 보았노라. 여호와의 말이니라"(렘 7:8~11). 마치 이것은 온갖 도적질을 다 하고 무사히 자기들의 소굴에 들어와서는 "오늘도 살았다"고 안심하는 도적들의 비유와 같다는 것입니다.

이 시간 나에게는 혹시 내 생활에 남아 있는 옛 습관은 없는지 점검해 보십시다. 성경에는 조상에 대한 제사 제도가 없습니다. 제사 문제로 우상 숭배는 범하고 있지 않는가? 주일날 관혼상제 참여 문제, 각종 행사의 택일 문제, 사주, 관상, 토정비결, 점, 굿, 부적 등에 관한 관심은 깨끗이 씻어졌는가? 음주, 흡연, 도박, 오락, 쾌락 등의 악습은 깨끗이 제거되었는가? 거리질서 위반, 관습적인 거짓말과 도적질, 남을 미워하는 살인, 음욕을 품는 간음, 남의 소유에 대한 탐욕 등은 나와 상관이 없는 일들인가?

이러한 모든 악습들을 알고도 아직 내가 행하는 사람이라면 나는 성전을 도적의 굴혈로 만드는 사람이 아니고 무엇인가! 더욱더 그리스도인의 몸은 성령의 전이거늘 나의 생각과 말과 행동이 아직도 악습에 젖어 있다면 나야말로 하나님의 전을 도적의 굴혈로 만드는 가증한 자가 아닌가!

(2) 하나님과 재물을 겸하여 섬길 수 없다.

"한 사람이 두 주인을 섬기지 못할 것이니 혹 이를 미워하며 저를 사랑하거나 혹 이를 중히 여기며 저를 경히 여김이라. 너희가 하나님과 재물을 겸하여 섬기지 못하느니라"(마 6:24)라고 예수님은 두 마음의 믿음의 불가능성을 말씀하십니다.

사람은 누구나 눈에 보이지 않는 하나님보다 눈에 보이는 재물에 관심이 기울어지기 쉽습니다. 눈에 보이는 세상에 관심이 많은 자는 눈에 보이지 않는 하나님을 섬기기가 어렵다는 말씀입니다. 따라서 위의 성경 말씀은 하나님과 세상을 겸하여 섬길 수가 없으니 하나님만 섬기라는 말씀인 것입니다.

우리가 어떻게 하나님만 섬길 수 있습니까? 나를 버리고 하나님 중심으로 살 때 가능합니다. "우리가 살아도 주를 위하여 살고 죽어도 주를 위하여 죽나니,

그러므로 사나 죽으나 주의 것이로다"(롬 14:8)라고 바울은 고백했습니다.

그렇습니다. 나를 하나님의 것으로 맡겨야 합니다. 내가 하나님의 종이 되어야 합니다. 종의 것은 주인의 것입니다. 내가 내 것을 별도로 챙기지 않을 때 오직 하나님만 섬길 수가 있는 것입니다. 내가 하나님과 맞서서 내 것을 따로 챙길 때는 세상을 섬길 수밖에 없습니다. 우리는 하나님과 세상을 겸하여 섬길 수가 없습니다.

정 리

하나님을 섬기면서도 이방신 및 우상에 관심을 가지고 있거나 전통적인 관습을 아직 버리지 못한 사람은 '두 마음의 믿음'이라 할 수 있습니다. 하나님께서는 이 두 마음의 믿음이 있는 사람을 하나님을 믿는 사람으로 여기지 않습니다. 또한 예수님은 하나님과 재물을 겸하여 섬길 수 없다고 말씀하십니다. 재물을 섬기고 중히 여기는 자는 하나님을 섬길 수 없다는 말씀입니다.

결국 두 마음의 믿음은 있을 수 없으며, 오직 하나님만 섬겨야 한다는 가르침이 됩니다. 오직 하나님만 섬기기 위해서는 나를 버리고 내가 하나님의 종이 되어 나의 모든 소유를 하나님의 것으로 인정해야 합니다.

나는 혹 두 가지 믿음이 아닌가? 이 시간에도 반성해 봅시다.

제8장 제8과
자족하는 삶

내가 궁핍하므로 말하는 것이 아니라 어떠한 형편에든지 내가 자족하기를 배웠노니 내가 비천에 처할 줄도 알고 풍부에 처할 줄도 알아 모든 일에 배부르며 배고픔과 풍부와 궁핍에도 일체의 비결을 배웠노라. 내게 능력 주시는 자 안에서 내가 모든 것을 할 수 있느니라(빌 4:11~13).

1. 인생의 목적

인생의 목적은 '행복을 누리는 삶'에 있습니다. 그렇다면 행복의 조건은 무엇입니까? 물질, 명예, 권력, 쾌락 등 세상에서 좋아 보이는 것들은 삶에 필요한 것들이지만 부작용도 크기 때문에 행복의 충분조건은 못됩니다.

행복의 조건은 '가치의 창조'와 '자족하는 삶'인 것입니다. '가치의 창조'란 진 · 선 · 미 · 성(眞善美聖)을 이루는 것입니다. 진리를 탐구하고, 선을 베풀고, 아름다움을 창조하고, 거룩한 생활을 하는데 싫증나지 않는 행복이 있습니다. 특히 그리스도인으로서 하나님을 경외하고 그 계명을 지키며 하나님께 영광을 돌리는 거룩한 삶이야말로 무한한 행복을 가져다줍니다. 또한 빈부귀천 어떠한 형편에서도 자족(自足)할 수 있는 삶이야말로 참으로 행복한 삶이라고 할 수 있습니다.

이 자족한 삶이란 비단 빈부귀천의 문제 뿐 아니라 건강 문제, 지적인 문제, 직업 문제, 가족 관계 등 범사에 자족할 줄 알아야 합니다. 그러나 "혹 내가 배불러서 하나님을 모른다, 여호와가 누구냐 할까 하오며, 혹 내가 가난하여 도적질하고 내 하나님의 이름을 욕되게 할까 두려워 함이니이다"(잠 30:9)라고 고백한 아굴의 잠언처럼 우리가 범사에 자족하기란 그리 쉬운 일은 아닙니다.

2. 부족한 가운데서 자족할 줄 아는 지혜

사람이 물질적으로 궁핍할 때, 신체적으로 병약하거나 지체가 부자유할 때, 가정적으로 불화하거나 가족에 결손이 있을 때, 지식이 부족하거나 학력이 낮을 때, 직업이 비천하거나 신분이 낮다고 생각할 때, 큰 죄를 짓고 사람들로부터 인정을 받지 못할 때, 그리고 불의의 사고나 큰 환난을 당할 때 누구나 좌절하고 낙심하여 자포자기하기가 쉽습니다. 인생을 자포자기하는 것은 곧 큰 불행입니다.

그렇다면 이러한 부족한 가운데서도 삶에 자족하고 행복을 누릴 수 있는 지혜는 무엇입니까?

첫째로, 항상 부족하고 연약한 자의 편에 서서 위로해 주시는 예수를 믿어야 합니다. 하나님께서는 항상 고아와 과부와 나그네를 긍휼히 여기시며, 예수님께서는 병든 자와 죄인을 위하여 이 땅에 오셨다고 하십니다(막 2:16~17). 어려운 처지를 이해해 주시는 분과 함께 하면 위로를 받을 수 있습니다.

둘째로, 내가 부족하기 때문에 구원의 은혜를 받게 되었음을 감사해야 합니다. 예수님께서는 부자는 천국에 들어가기가 매우 어렵다고 하십니다(마 19:23~24). 그래서 소록도에 사는 한센병 환자들은 병약했기 때문에 예수 믿게 된 것을 감사하게 여긴다고 합니다.

셋째로, 옳고 작은 일의 성취에 보람을 찾고 하나님께 감사를 드려야 합니다. "적은 소득이 의를 겸하면 많은 소득이 불의를 겸한 것보다 나으니라"(잠 16:8)라고 성경은 증언하고 있습니다. 힘이 있고 풍부한 사람들은 부정부패로 죄를 범하기 쉽습니다. 나는 연약하기 때문에 큰일은 못하지만 소박하나마 범사에 바르게 살아가는데 긍지와 자부심을 느껴야 합니다.

넷째로, 현실이 어렵더라도 미래에의 소망을 가지고 하박국 선지자의 고백처럼 하나님 한 분으로 만족할 수 있는 지혜를 터득해야 됩니다.

"비록 무화과나무가 무성치 못하며 포도나무에 열매가 없으며 감람나무에 소출이 없으며 밭에 식물이 없으며 우리에 양이 없으며 외양간에 소가 없을지라도, 나는 여호와를 인하여 즐거워하며 나의 구원의 하나님을 인하여 기뻐하리로다. 주 여호와는 나의 힘이시라, 나의 발을 사슴과 같게 하사 나로 나의 높은 곳에 다니게 하시리로다"(합 3:17~19a). 아멘!

3. 풍부한 가운데서 겸손하고 자족할 수 있는 지혜

사람이 물질적으로 풍부할 때, 신체적으로 건강하고 특출한 기능이 있을 때, 환경적으로 유복하고 세상적 배경이 좋을 때, 학벌이 좋고 지식이 많을 때, 좋은 직장과 큰 명예를 가지고 있을 때, 윤리적으로 완벽하여 사람들로부터 인격적 신뢰와 존경을 받을 때, 그리고 자기 마음먹은 대로 세상 일이 잘 되어가고 있을 때, 누구나 자만하고 교만하게 되며 범사에 더욱 탐욕을 부리게 됩니다. 이러한 자만과 교만과 탐욕은 그 자체가 불행이며 인생을 곧 파멸로 이끄는 요인이 되는 것입니다.

그렇다면 이러한 풍부함 가운데서도 어떻게 겸손할 수 있고 자족할 수가 있겠습니까?

첫째로, 소유의 개념을 바꾸어야 합니다. 물질, 건강, 학식, 권력, 명예 등 모든 것은 내가 스스로 노력해서 취득한 것이 아니라 하나님께서 내게 관리하라고 맡겨 주신 것이라고 생각해야 됩니다. 소유에 대한 주인 의식이 아니라 소유에 대한 청지기 의식을 가져야 한다는 것입니다. 나의 우수한 지능도 성품도 환경도 가족도 모두 하나님의 것이라 생각하면 저절로 겸손해지고 감사의 마음이 우러나게 됩니다.

둘째로, 모든 소유는 하나님의 것이기 때문에 내 뜻대로 사용하지 말고 하나님의 뜻대로 사용해야만 됩니다. 모든 소유는 하나님께서 내게 주신 달란트이므로 하늘나라를 위해서 그 달란트를 감당하는데 인색하지 말아야 합니다. 맡겨진 소유를 하늘나라를 위해 사용할 때에는 즐거움이 있을지언정 교만이 있을 수 없습니다.

셋째로, 풍부한 소유로 인해 나에게 돌아오는 영광을 모두 하나님께 돌려야 합니다. 독재자나 공산주의자는 자기 영광을 위하여 기념비를 세우고 동상을 세우기도 합니다. 풍부한 자가 자기의 영광을 누릴 때 불행을 자초하게 됩니다. 청지기는 주인에게 그 영광을 돌려야 합니다. 풍부함으로 인하여 얻은 모든 영광을 하나님께 돌릴 때 우리는 교만에 빠지지 않게 되며 우러나는 겸손으로 말미암아 자족함을 누릴 수 있습니다.

정 리

내가 어떠한 형편에든지 자족할 수 있는 것은 나의 힘으로 되는 것이 아니라 "내게 능력주시는 자 안에서 내가 모든 것을 할 수 있느니라"(빌 4:13)고 바울은 고백했습니다.

"낮은 형제는 자기의 높음을 자랑하고, 부한 형제는 자기의 낮아짐을 자랑할지니"(약 1:9)라고 성경이 증거하는 바와 같이 우리가 그리스도 안에 있으면 열등의식에서도 벗어날 수 있고, 자만과 교만에서도 벗어날 수가 있다는 것입니다.

참으로 우리가 하나님 앞에서 나의 소유는 아무것도 없다는 청지기적 의식으로 모든 탐욕을 버린다면 자족한 삶을 누릴 수가 있습니다. "우리가 세상에 아무것도 가지고 온 것이 없으매 또한 아무것도 가지고 가지 못하리니, 우리가 먹을 것과 입을 것이 있은즉 족한 줄로 알 것이니라"(딤전 6:7~8). 아멘!

제8장 제9과
그리스도인의 감사 생활

다니엘이 이 조서에 어인이 찍힌 것을 알고도 자기 집에 돌아가서는 그 방의 예루살렘으로 향하여 열린 창에서 전에 행하던 대로 하루 세 번씩 무릎을 꿇고 기도하며 그 하나님께 감사하였더라(단 6:10).

1. 감사의 조건과 감사의 대상

일반적으로 세상 사람들은 자기에게 유익을 준 사람이나 대상에 대해 감사를 합니다. 가령 낯선 길을 안내해 주거나 무거운 짐을 들어 주는 등 어려울 때 도움을 준 사람들에게 감사를 표합니다. 돈을 꾸어 주거나 직장을 알선해 주거나 위기에서 구원해 주는 사람에게 감사를 표합니다. 이리하여 주로 자기에게 유익을 준 사람이 감사의 대상이 됩니다.

그러나 그리스도인들에게는 감사의 대상이 하나님에게까지 확장됩니다. 농사를 잘 지어도, 사업이 잘 되어도, 질병이 치유되어도 하나님께 감사를 드려야 합니다. 봄부터 지은 농사의 결실을 추수하고 하나님께 감사를 드리는 일이 추수감사절 행사입니다.

1621년 가을 지난해 겨울 영국에서 신대륙으로 건너온 청교도들이 1년 동안 지은 농사를 처음 추수하여 하나님께 감사제를 드린 것이 오늘날 추수감사주일의 시작이 되었습니다.

그런데 세상 사람들은 뚜렷한 감사의 조건이 있을 때에만 감사를 하게 되는 것입니다. 세상 사람들처럼 감사할 일이 있을 때 감사하는 것은 누구나 할 수 있는 것입니다. 그러나 그리스도인들에게는 감사의 조건이 따로 있을 수가 없습니다. 예수님께서 "범사에 감사하라"(살전 5:18)고 명령하셨기 때문입니다.

2. 그리스도인의 감사 생활

그리스도인들은 세상 사람이 볼 때 평범한 일에도, 심지어 원망이나 저주나 혈기를 내야 할 조건에도 감사를 드려야 합니다.

첫째로, 모든 제사는 감사하는 마음으로 드려야 합니다.

"감사로 제사를 드리는 자가 나를 영화롭게 하나니 그 행위를 옳게 하는 자에게 내가 하나님의 구원을 보이리라"(시 50:23). 제사에는 감사제, 화목제, 서원제, 속죄제 등 여러 가지 제사가 있습니다. 감사제가 아닌 모든 제사에도 감사하는 마음으로 드려야만 하나님을 영화롭게 하며 동시에 구원을 얻게 된다는 것입니다. 심지어 회개하고 속죄의 제사를 드릴 때에도 감사의 조건을 찾아야 합니다. 감사드릴 대상인 하나님을 알게 된 것을 감사해야 합니다. 회개할 수 있는 지혜와 기회를 주셨음을 감사해야 합니다. 모든 제사는 감사하는 마음으로 드려야 합니다.

둘째로, 기도하며 간구할 때 감사함으로 하나님께 아뢰어야 합니다.

"아무것도 염려하지 말고 오직 모든 일에 기도와 간구로 너희 구할 것을 감사함으로 하나님께 아뢰라"(빌 4:6). 기도는 형편이 좋은 경우에도 하고 형편이 어려운 경우에도 하게 됩니다. 형편이 좋은 경우에는 감사가 저절로 나오지만 형편이 어려운 경우에는 감사의 마음이나 감사의 말이 나오기가 쉽지 않습니다.

그러나 그리스도인은 중한 질병이나 사업 실패나 실직 등 환난이나 고난을 당했을 때에도 감사의 조건을 찾아 감사의 기도를 해야 합니다. "환난 날에 나를 부르라"(시 50:15). 환난을 호소하고 기도할 수 있는 대상인 하나님을 알게 된 그 자체가 감사한 일입니다. 고난 중 하나님께 기도드림으로써 마음의 위로를 얻을 수 있으니 이 또한 감사한 일입니다.

현재 내 형편이 어렵지만 이보다 더 어렵게 되지 아니한 것이 또한 감사한 일입니다. 천재지변이나 불의의 사고로 가족을 잃거나 죽은 사람도 많이 있는데 중상을 당해도 죽지 않은 것이 참으로 감사한 일인 것입니다.

셋째로, 그리스도인은 핍박을 받을 때에도 감사를 드려야 합니다.

"다니엘이 이 조서에 어인이 찍힌 것을 알고도 자기 집에 돌아가서는 그 방의 예루살렘으로 향하여 열린 창에서 전에 행하던 대로 하루 세 번씩 무릎을 꿇고 기도하며 그 하나님께 감사하였더라"(단 6:10).

하나님을 경외하며 심혈을 기우려 충성을 다하는 데도 하나님께서 당신을 사지로 몰아넣는다면 당신은 하나님을 어떻게 대하겠습니까? 당신을 죽음의 함정에 빠뜨리기 위하여 계책을 꾸며놓은 정적들을 당신은 어떻게 대하겠습니까? 보통 사람이라면 하나님을 원망하고, 정적들에 대해서는 저주를 하거나 혈기를 낼 수도 있을 것입니다. 그러나 다니엘은 하나님을 원망하거나 대적들을 저주하지 않고 오직 하나님께 감사 기도를 드렸습니다.

다니엘의 정적들은 다니엘을 해치기 위하여 "이제부터 30일 동안에 누구든지 왕 외에 어느 신에게나 사람에게 무엇을 구하면 사자굴에 던져 넣기로 한"(단 6:7b) 금령을 정하고 변개할 수 없도록 왕의 어인을 찍게 하였던 것입니다. 다니엘이 조서에 어인이 찍힌 것을 알고도 평소대로 하루 세 번씩 하나님께 감사 기도를 드렸다는 것은 순교를 각오하고, 어떤 핍박과 고난을 받더라도 하나님께 기도할 수 있다는 그 자체를 감사하게 생각했던 것입니다. 결국 다니엘은 사자굴에 던져졌으나 하나님께서 구원해 주셨습니다.

넷째로, 이 땅에 복음이 전파될 때 감사를 드려야 합니다.

"첫째는 내가 예수 그리스도로 말미암아 너희 모든 사람을 인하여 내 하나님께 감사함은 너희 믿음이 온 세상에 전파됨이로다"(롬 1:8). 하나님의 가장 큰 관심사는 이 세상에 복음이 전파되는 일입니다. 따라서 사람에게 복음이 전파된다는 것은 그리스도인으로서 하나님께 감사 드려야 할 일입니다.

"하나님께 감사하리로다. 너희가 본래 죄의 종이더니 너희에게 전하여 준 바 교훈의 본을 마음으로 순종하여 죄에게서 해방되어 의에게 종이 되었느니라"(롬 6;17~18). 바울 사도는 복음의 전도자로서 자신의 사역을 통하여 한 사람씩 한 사람씩 구원이 되는 것에 대하여 하나님께 감사를 드렸습니다.

"사촌이 땅을 사면 배가 아프다"라는 속담이 말하듯이 일반적으로 사람들은 남이 잘 되는 일에 대해서 하나님께 감사드린다는 것은 그리 쉬운 일이 아닙니다. 그러나 그리스도인들은 남이 잘 되는 일이 하나님께서 원하시는 것이라면 하나님께 감사를 드려야 합니다.

3. 범사에 감사하라

"범사에 감사하라. 이는 그리스도 예수 안에서 너희를 향하신 하나님의 뜻이니라"(살전 5:18). 말씀과 같이 하나님께서는 모든 그리스도인들이 범사에 감사하기를 원하십니다. 따라서 그리스도인들은 현실적으로 어려운 일이 내 앞에 있을지라도 불평, 불만이나 원망이나 실망하지 말고 하나님께 감사의 기도를 드려야 합니다.

"또 무엇을 하든지 말에나 일에나 다 주 예수의 이름으로 하고, 그를 힘입어 하나님 아버지께 감사하라"(골 3:17). 그리스도인은 말을 할 때에도 예수님이라면 어떻게 말씀하실 것인가, 일을 할 때에도 예수님이라면 어떻게 일을 하실 것인가를 생각해서 예수님이 하신 것처럼 해야 하고, 이처럼 예수님의 뜻을 따르게 된 것도 하나님께 감사 드려야 합니다.

"누추함과 어리석은 말이나 희롱의 말이 마땅치 아니하니 돌이켜 감사하는 말을 하라"(엡 5:4). 그리스도인은 아무리 사정이 어려워도 함부로 더러운 말이나 어리석은 말이나 남을 희롱하는 말을 하지 말고 감사의 말로 바꾸어야 합니다.

"감사로 하나님께 제사를 드리며, 지극히 높으신 자에게 네 서원을 갚으며, 환난 날에 나를 부르라. 내가 너를 건지리니 네가 나를 영화롭게 하리로다"(시 50:14~15). 늘 하나님께 감사를 드리며 범사에 감사 생활하는 사람은 환난 날에 하나님의 구원을 얻게 되는 것입니다. 우리는 평소 범사에 감사하는 생활로 환난을 예방하고, 어려운 문제를 해결해야 되겠습니다. 아멘!

제 9 장

예수님이 함께 하시는 가정

제9장 제1과
영광스러운 교회로 세운 가정

아내들이여 자기 남편에게 복종하기를 주께 하듯 하라. 남편들아 아내 사랑하기를 그리스도께서 교회를 사랑하시고 위하여 자신을 주심 같이 하라(엡 5:22, 25).

1. 교회의 구성과 질서

"내가 네게 이르노니 너는 베드로라. 내가 이 반석 위에 내 교회를 세우리니 음부의 권세가 이기지 못하리라"(마 16:18). 예수님께서는 반석을 토대로 해서 그 위에 교회를 세우시겠다고 하셨습니다.

그렇다면 반석이 무엇입니까? "시몬 베드로가 대답하여 가로되 주는 그리스도시오 살아 계신 하나님의 아들이시니이다"(마 16:16). 바로 이 '베드로의 신앙고백'이 반석인 것입니다. 예수님을 그리스도로, 하나님의 아들로 믿는 그 '믿음'이 바로 반석인 것입니다. 따라서 교회는 믿음의 토대 위에 세워지는 것입니다.

한편 교회의 구성원은 누구입니까? "그리스도 예수 안에서 거룩하여지고 성도라 부르심을 입은 자들과 또, 우리의 주 되신 예수 그리스도의 이름을 부르는 자들"(고전 1:2)의 모임이 교회입니다. 그리고 "두 세 사람이 내 이름으로 모인 곳에는 나도 그들 중에 있느니라"(마 18:20)라고 예수님이 말씀하신 바와 같이 그리스도인들이 모이는 곳에는 예수님도 함께 하시는 것입니다. 따라서 교회는 예수님과 그리스도인들로 구성된 모임인 것입니다.

"또, 만물을 그 발 아래 복종하게 하시고 그를 만물 위에 교회의 머리로 주셨느니라. 교회는 그의 몸이니 만물 안에서 만물을 충만케 하시는 자의 충만이니라"(엡 1:22~23). 말씀과 같이 교회는 예수님을 머리로 하고, 성도들을 그 몸으로 하는 하나의 유기적 인격체인 것입니다. 따라서 교회의 모든 성도들은 "그리스도 안에서 한 몸이 되어 서로 지체가 되어야"(롬 12:5) 합니다. 이것이 바로 교회에 주어진 하나님의 질서인 것입니다.

2. 가정의 구성과 질서

"여호와 하나님이 아담에게서 취하신 그 갈빗대로 여자를 만드시고 그를 아담에게로 이끌어 오시니 아담이 가로되 이는 내 뼈 중의 뼈요, 살 중의 살이라. 이것을 남자에게서 취하였은즉 여자라 칭하리라 하니라. 이러므로 남자가 부모를 떠나 그 아내와 연합하여 둘이 한 몸을 이룰지로다"(창 2:22~24). 말씀과 같이 가정의 기본 구성원은 한 남자와 한 여자이며 하나님이 짝지어 주시는 부부인 것입니다.

그리고 부부가 되는 원리는 한 남자와 한 여자가 연합하여 둘이 하나가 되는 것입니다. 또한 "하나님이 그들에게 복을 주시며 그들에게 이르시되 생육하고 번성하여 땅에 충만하라"(창 1:28a). 말씀과 같이 부부는 자녀를 낳아 가족을 늘려야만 합니다. 따라서 가정의 기본 구성원은 부모와 자녀로 되고, 더 나아가 부모, 조상 및 자녀, 자손으로 확대될 수도 있습니다.

그렇다면 하나님께서 가정에는 어떤 질서를 세워 주셨습니까? "아내들아 남편에게 복종하라. 이는 주 안에서 마땅하니라. 남편들아 아내를 사랑하며 괴롭게 하지 말라. 자녀들아 모든 일에 부모에게 순종하라. 이는 주 안에서 기쁘게 하는 것이니라. 아비들아 너희 자녀를 격노케 말지니 낙심할까 함이라"(골 3:18~21).

말씀은 가정의 질서와 윤리를 잘 요약해 주고 있습니다. 주 안에서 아내는 남편에게 복종해야 하며 남편은 아내를 사랑하고 괴롭게 하지 말아야 합니다. 또한 주 안에서 자녀는 부모에게 순종해야 하며 부모는 자녀를 사랑하고 격노케 하지 말아야 합니다.

그리고 특별히 이 가정은 하나님이 창설해주신 것이므로 가정의 질서와 윤리는 그리스도 안에서, 다시 말하면 믿음 안에서 이루어져야만 하는 것입니다.

3. 영광스러운 교회로서의 가정

"이러므로 사람이 부모를 떠나 그 아내와 합하여 그 둘이 한 육체가 될지니 이 비밀이 크도다. 내가 그리스도와 교회에 대하여 말하노라"(엡 5:31~32). 말씀과 같이 한 남자와 한 여자가 연합하여 부부가 되고 한 몸이 되는 것은 참으로 신비로운 일이며, 이것은 바로 그리스도와 교회와의 관계와 마찬가지라는 것입니다.

실제로 우리가 앞에서 알아본 바와 같이 가정은 교회에 비유할 수가 있고 그 중요한 공통점은 양자가 다 한 몸(하나)을 이루고 있다는 것입니다. 가정은 남편과 아내가 연합하여 둘이 한 몸이 되는 것이고(창 2:14), 교회는 예수님이 머리가 되고 성도들이 그 몸의 지체를 이루는 한 몸인 것입니다(엡 1:22~23, 롬 12:5).

한 몸에는 머리가 되는 부분과 지체가 되는 부분 간에 질서가 있어야 온전하고 건강한 하나가 되는 것입니다. 머리가 둘이 되면 기형이 되고 지체가 머리에 불순종하면 불수의 병신이 됩니다. 그래서 하나님께서는 하나의 유기적 인격체인 교회와 가정에 동일한 질서를 부여하셨습니다. “남편이 아내의 머리됨이 그리스도께서 교회의 머리됨과 같음이니”(엡 5:23), 말씀과 같이 그리스도께서 교회의 머리이신 것처럼 가정에서는 남편을 아내의 머리로 주셨습니다.

따라서 지체가 되는 아내는 머리가 되는 남편에게 그리스도인이 주님께 하듯 복종해야 합니다(엡 5:22). “교회가 그리스도에게 하듯 아내들도 범사에 남편에게 복종할지니라”(엡 5:24). 교회의 성도들이 그리스도에게 하듯 아내는 범사에 남편에게 복종해야 합니다. 이것이 주님의 가정에서 아내가 지켜야 할 질서요 윤리인 것입니다.

한편 남편들에게는 “아내 사랑하기를 그리스도께서 교회를 사랑하시고 위하여 자신을 주심같이 하라”(엡 5:25)고 말씀하셨습니다. 예수님께서는 교회를 위하여 십자가에 못 박혀 대속의 피를 흘리셨고(롬 3:24~25), 또한 영광스러운 교회로 세우시기 위하여 성도들을 물로 씻고 말씀으로 깨끗하게 하사 거룩하게 하시고, 티나 주름 잡힌 것이나 흠이 없게 하십니다. 마찬가지로 남편도 자기 아내 사랑하기를 제 몸 사랑하듯 해야만 하는 것입니다(엡 5:28). 한 몸인 아내를 사랑하는 것은 곧 자기를 사랑하는 것이 되기 때문입니다.

또한 자녀들은 주 안에서 부모에게 순종해야 합니다(엡 6:1). 부모를 공경해야 이 땅에서 잘 되고 건강하게 장수한다고 하나님께서 계명으로 약속하셨습니다(엡 6:2, 3). 그리고 부모는 자녀를 노엽게 하지 말고 주님의 교양과 훈계로 양육해야 합니다(엡 6:4).

지금까지 말한 가정의 질서와 윤리가 지켜져야만 가정이 영광스러운 교회로 세워질 수가 있는 것입니다.

정 리

그리스도 안에서 가정은 하나의 교회로 세워져야 합니다. 따라서 교회와 가정에는 동일한 질서와 윤리가 요구되는 것입니다. 교회가 믿음의 반석 위에 세워져야 하는 것처럼 가정도 믿음의 토대 위에 세워져야 합니다. 그리스도가 몸 된 교회의 머리이시고 성도들이 그 몸의 지체인 것처럼, 한 가정에서 남편은 머리가 되고 아내는 그 지체가 되어야 합니다.

교회에서 성도들이 머리이신 그리스도에게 순종하듯 가정에서는 아내가 머리되는 남편에게 순종해야 합니다. 그리스도께서 교회를 헌신적으로 사랑하듯 남편은 아내를 자신의 몸처럼 사랑해야 합니다. 이리하여 교회가 주님 앞에서 거룩하고 영광스러운 교회로 세워 져야 하는 것처럼 가정도 주님 앞에서 거룩하고 영광스러운 가정 교회로 세워져야 합니다.

제9장 제2과
주 안에서의 부모와 자녀의 도리

네 부모를 공경하라. 그리하면 너의 하나님 나 여호와가 네게 준 땅에서 생명이 길리라(출 20:12).

서 론

성경에는 상례(喪禮)에 대한 구체적인 교훈은 빈약하고, 제례(祭禮)에 대한 구체적인 교훈이 없습니다. 상례와 제례를 숭상하는 유교적 전통에서 보면 기독교에서의 효(孝)는 미흡해 보입니다. 그러나 기독교는 어느 종교보다 살아 계시는 부모님을 잘 섬기라고 가르치고 있습니다. 뿐만 아니라 부모가 자녀에게 해야 할 책임에 대해서도 잘 교훈하고 있습니다. 주 안에서의 자녀 된 도리와 부모 된 도리를 함께 생각해 보기로 합니다.

1. 자녀의 도리

첫째로, 자녀는 부모님의 뜻에 순종해야 합니다.

"자녀들아, 너희 부모를 주 안에서 순종하라. 이것이 옳으니라"(엡 6:1). 말씀과 같이 부모에 대한 순종은 하나님의 명령이며, 주님을 믿는 사람으로서 마땅히 해야 할 도리입니다. "자녀들아 모든 일에 부모에게 순종하라. 이는 주 안에서 기쁘게 하는 것이니라"(골 3:20). 말씀과 같이 자녀들이 부모님께 순종하는 것은 주님을 기쁘시게 하는 일이 됩니다. 따라서 자녀들은 자녀 된 도리를 다하기 위하여, 더 나아가 주님을 기쁘시게 하기 위하여 부모님께 순종해야 합니다. 예수님도 부모님께 순종하는 본을 보여 주셨습니다(눅 2:51).

또한 잠언은 "내 아들아 네 아비의 훈계를 들으며 네 어미의 법을 떠나지 말라. 이는 네 머리의 아름다운 관이요 네 목의 금사슬이니라"(잠 1:8~9)라고 교훈하고 있습니다. 자녀가 부모님께 순종해야 명예와 부를 얻을 수 있는 것입니다.

둘째로, 자녀는 부모님을 공경해야 합니다.

"네 부모를 공경하라. 그리하면 너의 하나님 나 여호와가 네게 준 땅에서 네 생명이 길리라"(출 20:12). 바울 사도는 이 말씀을 약속이 붙어 있는 첫째 계명이라고 증언하고 있습니다(엡 6:2~3). 부모님을 공경하는 자녀들은 만사가 형통하고 이 땅에서 건강하게 오래 산다고 하나님께서 10계명 중에 약속하셨습니다. 또한 "너희 각 사람은 부모를 경외하고 나의 안식일을 지키라"(레 19:3) 하여 하나님께서는 부모님 공경하는 것을 안식일 지키는 것만큼이나 중요하게 여기십니다.

셋째로, 자녀는 부모님을 봉양해야 합니다.

애굽의 총리가 된 야곱의 아들 요셉은 아버지와 그 형제들의 가족을 모두 애굽으로 불러서 봉양했습니다(창 45:11, 47:12). 다윗은 사울왕의 질투를 받아 쫓겨 다녀야 하는 위급한 상황에서도 부모님을 모압 왕에 부탁을 해서 안전하게 모셨습니다(삼상 22:3~4). 그리고 예수님께서는 십자가에 못 박혀 돌아가시면서 그 어머니를 사랑하시는 제자에게 부탁하여 어머님의 노후 대책을 세워 주셨습니다(요 19:26~27). 모든 그리스도인 자녀들은 말씀 안에서 본으로 보인 교훈들을 명심해야 될 것입니다.

넷째로, 자녀는 부모님을 기쁘시게 해드려야 합니다.

"네 부모를 즐겁게 하며 네 낳은 어미를 기쁘게 하라"(잠 23:25). "지혜로운 아들은 아비를 즐겁게 하여도 미련한 자는 어미를 업신여기느니라"(잠 15:20). 말씀과 같이 부모님을 기쁘시게 해 드리는 것이 바로 효(孝)입니다. 부모님께 걱정을 끼쳐드리지 않는 것이 작은 효라면 부모님을 기쁘시게 하는 것은 큰 효입니다.

효경(孝經)에도 보면 "신체발부(身體髮膚)는 수지부모(受之父母)라, 불감훼상(不敢毁傷)이 효지시야(孝之始也)라" 하여 자녀의 몸은 부모로부터 받은 것이니 터럭 하나라도 상하게 하지 않는 것이 효의 시작이라고 말하고 있습니다. 자녀가 몸을 다치거나 질병으로 병석에 눕게 되면 부모님께 걱정 근심이 되므로 불효가 된다는 것입니다. 한편 "입신행도(立身行道) 하고, 양명어후세(揚名於後世) 하야 이현부모(以顯父母) 함은 효지종야(孝之終也)라" 하여, 자녀가 세상에 나가 출세하고 바르게 행하여 후세에 이름을 떨칠 만큼 되어 부모님 앞에 나타나게 되면 가장 큰 효가 된다는 것입니다.

2. 부모의 도리

첫째로, 부모는 자녀를 잘 가르쳐야 합니다.

자녀 양육에서 가장 중요한 것은 믿음을 상속하는 일입니다. 늘 말씀을 마음에 새기고 자녀에게 부지런히 가르쳐야 합니다(신 6:6~7). 또한 부모는 "자녀를 노엽게 하지 말고 주의 교양과 훈계로 양육해야"(엡 6:4) 합니다. 그리고 "저희로 먼저 자기 집에서 효를 행하여 부모에게 보답하기를 배우게 하라"(딤전 5:4)는 말씀과 같이 부모는 자녀에게 효행을 가르쳐야 합니다. 더 나아가 자녀 교육에 있어서 부모는 자녀의 본이 되어야 합니다. 옛말에도 "아들을 반 효자 되게 하려면 아비는 온 효자가 되어야 한다"고 합니다.

마지막으로 자녀는 필요할 때 채찍으로 양육해야 합니다. 징계로 키운 자식이 부모를 평안하게 하고, 또 마음에 기쁨을 준다(잠 29:7)고 성경은 증언하고 있습니다. "차마 채찍을 못 대는 자는 그 자식을 미워함이라, 자식을 사랑하는 자는 근실히 징계하느니라"(잠 13:24). 말씀과 같이 자식을 너무 사랑하여 채찍을 대지 못하면 결과적으로 자식을 미워하는 것과 마찬가지가 됩니다. 따라서 "징계가 없는 자식은 사생자요, 참 아들이 아니니라"(히 12:8)라고 성경은 증언하고 있습니다.

둘째로, 부모는 자녀를 위하여 기도를 해야 합니다.

사무엘은 그의 어머니 한나의 기도로 위대한 선지자가 되었습니다. 교회사에 나오는 아우구스티누스는 그의 어머니 모니카의 무릎이 닳는 기도로 타락의 길로부터 돌아와서 위대한 신학자가 되었습니다. 오늘날 우리 주변에도 어머니의 기도로 말미암아 역경에서 벗어나 입신양명한 사람들의 사례가 많이 있습니다.

셋째로, 부모는 자녀를 잘 다스려야 합니다.

"자기 집을 잘 다스려 자녀들로 모든 단정함으로 복종케 하는 자라야 할지니 사람이 자기 집을 다스릴 줄 알지 못하면 어찌 하나님의 교회를 돌아보리요"(딤전 3:4~5). 한문에도 "수신제가치국평천하"(修身齊家治國平天下)란 말이 있습니다. 먼저 자신이 수양이 되고 집안을 잘 다스려야 세상에 나가 공무를 볼 자격이 있다는 것입니다. 한 가정에서 자녀가 자녀의 도리를 다하고, 부모가 부모의 도리를 다 한다면 그 가정은 잘 다스려지는 화목한 가정이 될 것입니다. 이 책임은 자녀보다 부모에게 더 많이 있는 것입니다.

정 리

자녀는 부모님께 순종하고 공경하며, 봉양하고 기쁘게 해 드리는 효도를 해야 합니다. "네 아버지와 어머니를 공경하라. 이것이 약속된 첫째 계명이니 이는 네가 잘 되고 땅에서 장수하리라"(엡 6:2~3). "그 부모를 경홀히 여기는 자는 저주를 받을 것이라 할 것이요, 모든 백성은 아멘 할지니라"(신 27:16). 말씀과 같이 자녀가 부모님께 효를 행하면 축복을 받고 불효를 행하면 저주를 받는 것이 하나님의 법칙이요 섭리입니다.

한편 부모는 자녀를 주 안에서 잘 가르쳐야 하고, 가정을 잘 다스려야 합니다.

이상과 같이 모든 그리스도인들은 주 안에서 자녀의 도리와 부모의 도리를 마땅히 해야만 합니다.

제9장 제3과
주 안에서의 가정교육

자녀들아 너희 부모를 주 안에서 순종하라 이것이 옳으니라. 네 아버지와 어머니를 공경하라 이것이 약속 있는 첫 계명이니 이는 네가 잘 되고 땅에서 장수하리라. 또 아비들아 너희 자녀를 노엽게 하지 말고 오직 주의 교양과 훈계로 양육하라(엡 6:1~4).

1. 가정의 붕괴

오늘날 학교 교육에서 심각한 교실의 붕괴를 개탄하는 소리가 높습니다. 교실에서는 교사의 교권이 존중되어야 하고 사제지간에는 사랑과 존경과 그리고 상호간의 신뢰가 있어야 하고, 학우들 간에는 우정이 있어야 합니다. 그런데 교실에서 반드시 있어야 할 이 대인 관계의 윤리가 심각하게 붕괴되어 사라지고 있다는 것입니다. 그 원인이 어디에 있던 청소년 개인이나 이 나라의 장래를 생각할 때 심히 우려되는 바가 아닐 수 없습니다.

그러나 이보다 더 심각한 문제는 가정의 붕괴인 것입니다. 세상의 요란한 정치, 경제, 사회, 문화, 교육 등의 문제 때문에 수면 위에 드러나 있지는 않지만 교실 붕괴 이전에 이미 가정의 붕괴가 먼저 있었던 것입니다.

자녀들 집에 몸 붙일 곳이 없어 밀려다니다가 자살을 택한 노부모, 제주도 여행길에서 버려진 노부모, 시부모를 섬기기 싫어서 이혼하고 마는 젊은 여성, 늙은 부모를 양로원에 버려두고 이민 떠난 젊은 자녀들, 뿐만 아니라 남편과 아내가 수입 지출을 따로 하는 젊은 부부, 형제자매 간에 반목하고 원수처럼 지내는 인간들이 얼마나 많이 있습니까? 이 모든 현실들이 바로 가정의 붕괴를 증거해

주고 있는 것입니다.

앞에서 말한 교실 붕괴나 가정 붕괴에는 여러 가지 원인이 있겠지만 가장 중요한 원인 중의 하나는 올바른 가정교육의 부재에서 오는 것이 분명합니다. 그리고 올바른 가정교육의 모범은 바로 그리스도 안에서의 가정교육인 것입니다.

2. 주 안에서 자녀들의 임무

첫째로, 자녀들은 부모님에게 순종해야 합니다.

"자녀들아, 너희 부모를 주 안에서 순종하라. 이것이 옳으니라"(엡 6:1). 그리스도인이 하나님의 말씀에 순종해야 되는 것처럼 자녀들은 그 부모님의 말씀에 순종해야 합니다. 왜냐하면 부모님의 말씀에 순종하는 것이 자녀 된 자의 도리로 옳은 일이기 때문입니다.

그러나 부모님의 말씀에 순종하는 일에는 전제 조건이 있습니다. '주 안에서' 순종해야 된다는 것입니다. 즉, 믿음 안에서 순종하라는 것입니다. 가령 "예수를 믿지 말라", "바쁠 때에는 교회에 가지 말라" 등의 명령은 순종할 수 없는 명령인 것입니다. 즉, 이러한 명령은 주 안에서의 명령이 아닌 것입니다.

둘째로, 자녀들은 부모님을 공경해야 합니다.

"네 아버지와 어머니를 공경하라. 이것이 약속 있는 첫 계명이니 이는 네가 잘되고 땅에서 장수하리라"(엡 6:2~3). 즉, 부모님을 존경해야 하고 존중해야 하며, 부모님께 영광을 돌려야 합니다. '공경하다'의 히브리어는 '카바드'(כָּבַד) 인데, '존경하다', '존중하다', '영광을 돌리다' 외에 '무겁다', '비중이 크다'라는 의미가 있고, 좀 부정적인 의미로는 '골치 아프다', '다루기 힘들다', '번거롭다' 등의 의미가 있습니다. 따라서 '부모를 공경하는 일'이란 부모를 경히 여기지 말고(잠 23:22) 중히 여기는 것이며, 부정적으로 생각하면 그만큼 다루기 힘들고 번거로운 일인 것입니다.

그렇다면 왜 부모를 공경해야 합니까? 우선 하나님의 명령이니까 공경해야 합니다. "네 부모를 공경하라"(출 20:12)는 말씀은 10계명에 들어있는 하나님의 명령인 것입니다. 그리스도인은 하나님의 명령에 순종해야 합니다.

다음으로는 자녀들은 복을 받기 위해서도 공경해야 합니다. "너는 너의 하나님 여호와의 명한대로 네 부모를 공경하라. 그리하면 너의 하나님 여호와가 네게 준 땅에서 네가 생명이 길고 복을 누리리라"(신 5:16). 말씀과 같이 자녀가 부모를 공경하게 되면 건강 장수하고 복을 누리게 된다는 것입니다.

그래서 오늘 본문에서는 하나님의 약속이 딸려 있는 첫 계명이라고 증언하고 있습니다. 10계명 중에서도 제5계명인 본 계명에만 "네 생명이 길리라"(출 20:12)는 하나님의 약속이 수반되어 있는 것입니다.

3. 자녀 교육을 위한 부모의 바른 역할

"아비들아 너희 자녀를 노엽게 하지 말고, 오직 주의 교양과 훈계로 양육하라"(엡 6:4). 말씀과 같이 자녀들을 교육할 때 첫째로는 감정으로 대하지 말라는 것입니다. 부모가 자녀에게 혈기를 내면서 말하거나 저속한 말이나 욕설을 해서 감정을 유발시키게 되면 교육이 되지 않는다는 것입니다. 그렇다고 그냥 버려두라는 것도 아닙니다. 그렇다면 어떻게 교육을 해야 되는 것입니까?

여기 그 해답이 있습니다. 자녀들은 "주의 교양과 훈계로 양육하라"(엡 6:4)는 것입니다. '주의 교양과 훈계'가 무엇입니까? 오늘의 설교 말씀처럼 성경 말씀을 근거로 해서 가르치고 훈계하라는 것입니다. "내 아들아, 네 아비의 훈계를 들으며 네 어미의 법을 떠나지 말라. 이는 네 머리의 아름다운 관이요, 네 목의 금사슬이니라"(잠 1:8~9). 말씀과 같이 자녀는 부모의 훈계와 교훈을 바로 듣고 실천해야 세상에 나가 성공할 수 있다는 것입니다.

"초달을 차마 못하는 자는 그 자식을 미워함이라. 자식을 사랑하는 자는 근실히 징계하느니라"(잠 13:24). 말씀과 같이 자식을 사랑하는 부모는 자녀의 잘못을 매로 다스려 징계해야 된다는 것입니다.

따라서 징계가 없는 아들은 참 아들이 아니요 사생자라는 것입니다(히 12:8). "네 자식을 징계하라. 그리하면 그가 너를 평안하게 하겠고, 또 네 마음에 기쁨을 주리라"(잠 29:17). 말씀과 같이 자식은 매로 키워야 효자가 된다는 것입니다.

오늘날 매를 멀리하고 귀엽게만 키운 자식들이 얼마나 버릇없는 행동을 하며 그 부모를 업신여기고 있습니까! 이런 현실은 자녀 교육을 제대로 하지 못한 부모의 책임이 큰 것입니다.

정 리

오늘날 세상은 극단적인 개인주의와 이기주의로 말미암아 대인 관계의 윤리가 여지없이 붕괴되고 있습니다. 이 엄청난 현실 앞에서 우리는 무엇을 해야 합니까? 하나님께서는 그리스도인들에게 무엇을 원하십니까? 올바른 자녀 교육을 원하십니다. 하나님께서는 거룩한 산 제사로 드리며 세상을 본받지 말라고 하십니다(롬 12:1~2). 또한 세속에 물들지 말라고 하십니다(약 1:27).

세상이 어떻게 변하든지 그리스도인은 성경 말씀대로 자녀를 교육하고, 예수님의 가르침대로 살아가야 합니다. 특히 부모 자녀 간, 부부 간, 형제자매 간에 하나님의 말씀대로 살면 항상 가정의 평화와 행복을 누릴 수가 있는 것입니다.

제9장 제4과
어린이와 교육

너희 소자들아 와서 내게 들으라. 내가 여호와를 경외함을 너희에게 가르치리로다(시 34:11). **마땅히 행할 길을 아이에게 가르치라. 그리하면 늙어도 그것을 떠나지 아니하리라**(잠 22:6).

1. 어린이의 위상 변화와 문제점

"이스라엘 자손이 라암셋에서 발행하여 숙곳에 이르니 유아 외에 보행하는 장정이 60만 가량이요"(출 12:37), "먹은 사람은 여자와 아이 외에 5천 명이나 되었더라"(마 14:21). 말씀에서 60만은 이스라엘이 출애굽할 때의 장정(남자 어른)의 수이고, 5천 명은 예수님께서 5병 2어로 큰 무리를 먹이실 때 남자 어른의 수입니다. 이 사실은 신구약을 막론하고 이스라엘 사회에서는 어린이와 여자가 사람의 계수에서도 제외될 만큼 제대로 대접을 받지 못했다는 증거가 됩니다.

이러한 현상은 동양에서도 마찬가지였습니다. 우리나라에서도 60~70년 전까지만 해도 가정이나 사회의 의식주 생활에 있어서 어른 우선주의였기 때문에 아이들은 인격적으로 제대로 대우를 받지 못했습니다. 그래서 지난 세기에 들어와 어린이의 인격과 복지 증진 운동이 시작되었습니다.

어린이의 건강과 행복을 축복하기 위하여 1923년부터 5월 1일을 어린이날로 제정했고, 1946년부터는 5월 5일로 바뀌게 되었습니다. 1957년 5월 5일 제35회 어린이날에는 어린이의 인격과 복지 증진을 위해 국가, 사회, 가정이 책임져야 할 기본적인 요건을 조문화한 어린이 헌장이 선포되었습니다. 게다가 20세기 후반기에(1962년) 들어와 가족계획이 실시되면서 아이들의 위상은 급속도로 높아지기 시작했습니다.

최근에 와서는 가정의 모든 일이 어린이가 우선이 되는 과잉보호 현상이 나타나 어린이의 올바른 성격 형성이나 가치관 형성에 큰 장애가 되고 있습니다. 개인주의적 내지는 이기주의적인 성격이 조장되며, 범사에 자율성이 결여될 뿐만 아니라 인내력 부족으로 조그만 역경에 부딪쳐도 인생을 포기하고 마는 패배주의 성격이 조장되고 있습니다.

2. 어린이에게 교육할 내용

부모는 자녀를 위한 과잉보호를 지양하고 올바른 가치관교육, 효(孝)교육, 사랑과 봉사교육, 경건교육 및 자율교육을 해서 주어진 삶의 자리에서 행복을 능히 추구할 수 있는 능력을 키워 주어야 합니다.

첫째로, 기독교 신앙을 통해서 가치관 교육을 해야 합니다.

"너희 소자들아 와서 내게 들으라. 내가 여호와를 경외함을 너희에게 가르치리로다"(시 34:11). 말씀과 같이 신앙은 어릴 적부터 갖게 하는 것이 좋습니다. 하나님과 예수님의 존재를 확신시키고 전지전능하심을 가르쳐야 합니다. 사람의 생사화복이 하나님께로부터 오게 된다는 신본주의 가치관교육을 해야 합니다. 공교육과 사교육도 필요하지만 신앙교육은 생명에 관한 교육이기 때문에 부모가 자녀에게 줄 수 있는 가장 위대한 선물이 되는 것입니다.

둘째로, 자녀로 하여금 부모에게 효도할 수 있도록 교육을 해야 합니다.

"자녀들아 너희 부모를 주 안에서 순종하라. 이것이 옳으니라. 네 아버지와 어머니를 공경하라. 이것이 약속 있는 첫 계명이니 이는 네가 잘 되고 땅에서 장수하리라"(엡 6:1~3). 전통적으로 '효'(효) 하면 유교의 가르침을 생각합니다. 그러나 성경도 효경 못지않게 특히 살아있는 부모님에게 효도하기를 가르치고 있습니다.

먼저 자녀들로 하여금 믿음 안에서 부모님께 효도하도록 가르쳐야 합니다. 다음으로 부모님을 공경하도록 가르쳐야 합니다. 물질을 가지고 하는 형식적인 효가 아니라 마음속부터 우러나오는 사랑과 존경이 진정한 효인 것입니다. 그리고 부모님께 순종하고 공경하면 하나님으로부터 건강장수의 큰 상을 받게 된다는 것도 가르쳐야 합니다(출 20:12, 엡 6;1~30).

셋째로, 사랑과 봉사 그리고 경건교육을 해야 됩니다.

요즈음 어린이들은 과잉보호의 여파로 사랑을 받을 줄만 알았지 사랑을 줄 줄은 모르고, 도움을 받을 줄만 알았지 도움을 줄 줄은 모릅니다.

"예수께서 가라사대 네 마음을 다하고, 목숨을 다하고, 뜻을 다하여 주 너의 하나님을 사랑하라 하셨으니 이것이 크고 첫째 되는 계명이요, 둘째는 그와 같으니 네 이웃을 네 몸과 같이 사랑하라 하셨으니 이 두 계명이 온 율법과 선지자의 강령이니라"(마 22:37~40).

예수님의 말씀과 같이 우선 하나님을 사랑하도록 신앙교육을 해야 합니다. 그리고 이웃을 내 몸과 같이 사랑하도록 봉사교육을 해야 합니다. 이웃사랑 교육이 바로 봉사교육입니다. 먹을 것도 나누어 먹게 하고 구제성금도 어린이의 손으로 내도록 훈련을 시킵시다. 가끔 칭찬을 해서 사랑과 봉사에 대한 성취감을 느끼도록 해야 합니다.

또 하나 중요한 교육은 세속에 물들지 않고 어려운 처지에 있는 사람을 도울 줄 아는 경건교육입니다. 세속의 권력이나 물질이나 쾌락에 미혹되어 양심을 더럽히는 일이 없도록 어릴 적부터 교육을 해야 합니다. "하나님 아버지 앞에서 정결하고 더러움이 없는 경건"(약 1:27)을 간직할 수 있도록 교육해야 합니다.

넷째로, 자율교육을 해야 합니다.

각종 과외교육 등 주입식 교육의 여파로 스스로 노력해서 문제를 해결하려는 자율능력이 많이 부족합니다. 고등학교까지는 우리나라 학생들이 우수하지만 과외를 받을 수 없는 대학교육 이상에서는 창의력, 지구력, 인내력이 요구하는 자율능력이 부족해서 뒤떨어지게 되고 있습니다. 성적이 부진하고 좀 시간이 걸리더라도 자율능력을 기르는 교육은 반드시 필요한 것입니다.

3. 교육 방법

이제 이상의 교육 내용을 교육하는 방법을 생각해 봅니다. "또 아비들아 너희 자녀를 노엽게 하지 말고 오직 주의 교양과 훈계로 양육하라"(엡 6:4).

첫째로, 주님의 가르침과 훈계로 하되 자녀의 감정을 건드리거나 화가 나게 하지 말아야 합니다.

둘째로, 부모는 자녀의 본이 되어야 교육이 됩니다. "내가 주와 또 선생이 되어 너희 발을 씻겼으니 너희도 서로 발을 씻기는 것이 옳으니라. 내가 너희에게 행한 것같이 너희도 행하게 하려하여 본을 보였노라"(요 13:14~15). 예수님께서 제자들의 본이 되신 것처럼 부모는 성경 읽기, 예배, 기도, 찬양 헌금 등 모든 믿음 생활에서 자녀에게 본이 되어야 하며, 대인 관계, 공중질서, 가정생활, 직장생활, 금연, 금주 등에서 자녀의 본이 되어야 합니다. 부모가 본이 되지 않고는 자녀에게 앞에서 말한 순종과 공경의 교육을 할 수가 없습니다.

셋째로, 자녀가 잘못하면 징계를 해야 합니다. "채찍과 꾸지람이 지혜를 주거늘 임의로 하게 버려두면 그 자식은 어미를 욕되게 하느니라. 네 자식을 징계하라. 그리하면 그가 너를 평안하게 하겠고, 또 네 마음에 기쁨을 주리라"(잠 29:15, 17). 오늘날 자식을 징계하지 않고 잘못에 대하여 관대한 부모가 많이 있습니다. 그 결과는 장차 부모를 욕되게 할 뿐이란 것입니다. 자식을 징계하면서 키워야 나중에 부모가 평안하고 자녀로부터 효도의 기쁨을 받게 된다는 것입니다.

정 리

"마땅히 행할 길을 아이에게 가르치라. 그리하면 늙어도 그것을 떠나지 아니하리라"(잠 22:6). "세살 버릇 여든까지 간다"는 속담이 있습니다. 오늘날 교육계에서도 조기교육이 강조되고 있습니다. 자녀들에게 어릴 적부터 바른 교육을 해야 되겠습니다.

교육 내용으로는 기독교적 가치관교육, 효교육, 사랑과 봉사 및 경건교육, 그리고 자율교육이 필요합니다. 교육의 방법으로는 주님의 가르침과 훈계로 양육해야 하며, 범사에 부모가 자녀의 본이 되어야 하며, 잘못이 있을 때에는 채찍으로 징계를 해서 깨우쳐야 합니다.

끝으로 이상의 모든 교육의 내용과 교육의 방법은 기독교 신앙 교육 안에 다 있는 것으로서 독실한 믿음 안에서 모두 이루어질 수가 있는 것입니다.

제9장 제5과
효(孝)와 불효(不孝)

하늘이여 들으라. 땅이여 귀를 기울이라. 여호와께서 말씀하시기를 내가 자식을 양육하였거늘 그들이 나를 거역하였도다. 소는 그 임자를 알고 나귀는 주인의 구유를 알건마는 이스라엘은 알지 못하고 나의 백성은 깨닫지 못하는도다 하셨도다(사 1:2~3).

"네 부모를 즐겁게 하며 너 낳은 어미를 기쁘게 하라"(잠 23:25). 말씀과 같이 자녀가 부모님을 기쁘시게 하고 즐겁게 하는 것이 바로 효(孝)입니다. 반대로 부모님께 불순종하고, 근심, 걱정을 끼쳐 드리고, 마음을 서운하게 하고, 가슴을 아프게 하는 것이 불효(不孝)입니다. 모든 자녀는 부모님께 효도해야 하고, 모든 그리스도인은 하나님 아버지께 효도해야 합니다.

1. 성경이 말하는 불효(不孝)

효행이 어떤 것인가를 알아보기 전에 먼저 불효가 어떤 것인가를 알아봅니다. "하늘이여 들으라. 땅이여 귀를 기울이라. 여호와께서 말씀하시기를 내가 자식을 양육하였거늘 그들이 나를 거역하였도다"(사 1:2).

첫째로, 양육 받은 자녀가 부모의 뜻을 거역하는 것이 불효입니다. “자녀들아 너희 부모를 주 안에서 순종하라. 이것이 옳으니라” (엡 6:1). 특별히 그리스도인으로서 주님의 가르침 안에서 부모님의 뜻에 순종하지 않으면 곧 불효인 것입니다.

둘째로, 양육해 준 부모님을 부모님으로 인정하지 않고, 그 은혜를 깨닫지 못한다면 이 또한 불효인 것입니다. “소는 그 임자를 알고 나귀는 주인의 구유를 알건마는 이스라엘은 알지 못하고 나의 백성은 깨닫지 못하는도다 하셨도다” (사 1:3). 소나 나귀도 먹여주고 길러주는 주인을 알아보고 따릅니다. 사람이 짐승보다 못해서야 되겠습니까?

셋째로, 부모님을 슬프게 하고, 가슴 아프게 하는 자녀의 모든 행위가 또한 불효인 것입니다. “슬프다 범죄한 나라요, 허물진 백성이요, 행악의 종자요, 행위가 부패한 자식이로다”(사 1:4a). 자식이 세상에 나가 허물과 죄를 범하고, 악행을 하고 부패하면 그 부모님을 슬프게 하고 가슴 아프게 합니다.

넷째로, 자식이 부모님을 업신여기고, 버리고 부모님을 떠나는 것이 또한 불효인 것입니다. “그들이 여호와를 버리며 이스라엘의 거룩한 자를 만홀히 여겨 멀리하고 물러갔도다”(사 1:4b). 오늘날 부모님을 버리고 부모님 곁을 떠나는 자식들이 얼마나 많습니까! 참으로 악한 세대요, 불효막급한 세대인 것입니다.

2. 성경이 가르치는 효(孝)

첫째로, 부모님의 뜻에 순종하고, 부모님을 공경하는 것이 효입니다.

“자녀들아 너희 부모를 주안에서 순종하라. 이것이 옳으니라. 네 아버지와 어머니를 공경하라. 이것이 약속 있는 첫 계명이니 이는 네가 잘 되고 땅에서 장수하리라”(엡 6:1~3). 말씀과 같이 자녀는 주님의 가르침 안에서 부모님께 순종해야 합니다. 그리고 또한 부모님을 잘 모시는 마음으로 공경해야 합니다. 따라서 부모님께 불순종하거나 부모님께 소홀히 하면 불효가 됩니다. 사람이 부모님의 뜻에 순종하고, 공경하면 하나님께서 이 땅에 사는 동안 잘 되고 건강 장수하는 복을 주신다고 약속하셨습니다.

둘째로, 부모님의 은혜에 보답하는 것이 효입니다.

"만약 어떤 과부에게 자녀나 손자들이 있거든 저희로 먼저 자기 집에서 효를 행하여 부모에게 보답하기를 배우게 하라. 이것이 하나님 앞에 받으실만한 것이니라"(딤전 5:4). 자녀는 성장한 후에 길러주신 부모님께 의,식,주 등을 통하여 보답을 해야 마땅합니다. 자녀가 부모님의 은혜에 보답하는 것이 또한 효인 것입니다. 성경은 부모님께 보답하는 것이 "하나님 앞에 받으실만한 것이니라"(딤전 5:4b)라고 했습니다.

여기서 '받으실만한'(ἀπόδεκτος;아포덱토스)이란 '만족한'이란 의미입니다. 자녀가 부모님께 효도를 하면 하나님께서 기뻐하시고 만족해하십니다. 따라서 부모님께 효도를 다하면 하나님께서 기뻐하시고 만족해하시므로 하나님께 효도를 하는 결과가 되는 것입니다.

셋째로, 부모님께 영광이 되는 일을 하는 것이 효입니다.

"이같이 너희 빛을 사람 앞에 비취게 하여 저희로 너희 착한 행실을 보고 하늘에 계신 너희 아버지께 영광을 돌리게 하라"(마 5:16). 그리스도인은 예수님의 가르침에 따라 착한 행실을 함으로써 하나님께 영광을 돌려야 합니다. 마찬가지로 자녀가 세상에 나아가 올바르게 행하고 착한 행실을 함으로써 부모님께 칭찬이 돌아가도록 하는 것이 또한 효입니다.

3. 효경(孝經)이 말하는 효(孝)

효를 숭상한다는 유교의 경전인 효경에 보면 "신체발부(身體髮膚)는 수지부모라(受之父母)라. 불감훼상(不敢毁傷)이 효지시야(孝之始也)라" 하여 자녀의 몸은 부모님으로부터 받은 것이니 터럭 한 개, 피부 한 점이라도 상하게 하지 않는 것이 '효'의 시작이라고 말하고 있습니다. 자녀가 몸을 다치거나 질병으로 병석에 눕게 되면 부모님께 걱정 근심이 되므로 불효가 된다는 것입니다. 자녀들은 건강관리를 잘해서 부모님께 근심, 걱정을 끼쳐 드리지 않도록 해야 되겠습니다.

또한 "입신행도(立身行道)하고, 양명어후세(揚名於後世)하야 이현부모(以顯父母)함은 효지종야(孝之終也)라" 하여 자녀가 세상에 나가 출세하고 바르게 행하여 후세까지 이름을 떨칠 만큼 되어 부모님 앞에 나타나게 되면 '효'로서는 끝

내 주게 된다는 것입니다. 어버이에게는 자녀가 바르게 출세하여 국가와 사회를 위하여 큰일을 하는 것이 즐거움이요, 기쁨이요, 크게 영광이 된다는 것입니다.

정 리

저는 어렸을 때 시골에서 논두렁에 앉아 있는 어미 까마귀에게 새끼 까마귀가 논에 들어가 먹이를 물어다가 입에 넣어주는 것을 본 일이 있습니다. 이처럼 까마귀를 부모의 은혜를 갚을 줄 아는 새라 하여 '효조'(孝鳥)라고 부르기도 합니다. 만약 사람이 효를 모른다면 까마귀만도 못한 하등동물이 되고 마는 것입니다.

따라서 자녀는 부모님께 효도하는 것이 마땅한 일이고, 그리스도인은 하나님께 효도하는 것이 마땅한 일입니다. 작은 효도는 부모님과 하나님께 걱정, 근심을 끼쳐 드리지 않는 것이고, 큰 효도는 즐겁고 기쁘시게 해 드리는 것입니다.

작은 효를 위해서는 나쁜 언행을 하거나 몸을 다치거나 질병으로 부모님과 하나님께 걱정을 끼쳐 드리는 일이 없도록 해야 합니다. 큰 효를 위해서는 부모님과 하나님을 정성껏 섬기며, 좋은 일을 하거나 입신양명함으로써 부모님을 즐겁고 기쁘시게 해 드려야 합니다. 그리고 어버이날은 5월 8일 단 하루가 아니라 1년 365일 모든 날이 되어야만 하겠습니다.

제9장 제6과
자녀를 위한 가장 소중한 선물 '기도'

그러므로 내가 너희에게 말하노니 무엇이든지 기도하고 구하는 것은 받은 줄로 믿으라. 그리하면 너희에게 그대로 되리라(막 11:24).

1. 어린이주일의 선물

어린이주일을 맞이하여 자녀들을 위한 의미 있는 선물을 생각해 봅니다. 오늘날 우리 사회는 어린 자녀들에 대한 과잉 투자 풍조로 말미암아 이를 완화하기 위한 어린이날 무용론까지 제기되고 있습니다. 우리 그리스도인 가정에서는 오늘의 세대를 본받지 말아야 합니다. 값비싼 옷이나 장난감을 생각할 것이 아니라 자녀들의 올바른 성장을 위한 부모의 사랑과 임무가 무엇인가를 생각해야만 합니다.

저는 자녀를 위한 가장 소중한 선물로 부모의 끊임없는 '기도'를 제의하고 싶습니다. 그리스도인 가정에서 자녀를 위한 부모의 가장 의미 있는 선물과 위대한 유산은 바로 '기도'인 것입니다. 그 기도의 선물 안에는 건강이 있고 신앙과 인격이 있으며, 사랑과 화평이 있고 형제자매 우애가 있으며, 물질이 있고 명예가 있습니다.

사무엘은 그의 어머니 한나의 기도로 말미암아 위대한 선지자가 되었고, 아우구스티누스는 그의 어머니 모니카의 기도로 인하여 위대한 신학자가 되었습니다. 오늘날 우리 주변에도 어머니의 기도로 말미암아 역경에서 벗어나 입신양명한 사람들의 사례가 많이 있습니다.

참으로 자녀를 위한 부모의 기도에는 위대한 능력이 있습니다. 사랑하는 여러분! 부모의 기도를 남의 일로 생각하지 말고 여러분 스스로가 기도하는 부모가 되십시오. 부모의 기도만이 자녀를 위한 가장 소중한 선물이 될 것입니다.

2. 기도하는 마음의 자세와 방법

피조자인 인간이 창조주 하나님께 대한 대화의 수단은 기도밖에 없습니다. 그러나 아무리 기도를 많이 드려도 하나님께서 받아주시지 않으시면 소용이 없습니다. 우리는 하나님께서 열납하시는 기도를 드려야 합니다. 하나님은 거룩하시기 때문에 기도하는 사람의 마음의 자세가 바르고 기도의 방법이 옳아야 그 기도를 받아주십니다.

첫째로, 성결한 마음으로 기도를 드려야 합니다. 먼저 자기 죄를 회개하고 용서받아야 하며(잠 28:13, 요일 1:9), 또 남의 허물도 용서해 주어야 합니다(마 6:12, 막 11:25).

둘째, 감사함으로 기도드려야 합니다. 그리스도인은 항상 감사해야 하며(살전 1:2, 살후 1:3), "아무 것도 염려하지 말고 감사함으로 하나님께 구해야"(빌 4:6) 합니다.

셋째, 믿음으로 기도 드려야 합니다. "오직 믿음으로 구하고 조금도 의심하지 말라"(약 1:6). "내가 너희에게 말하노니 무엇이든지 기도하고 구하는 것은 받은 줄로 믿으라. 그리하면 너희에게 그대로 되리라"(막 11:24)라고 예수님은 증언하십니다.

넷째, 우리는 성령의 도움으로 기도 드려야 합니다. "모든 기도와 간구로 하되 무시로 성령 안에서 기도하라"(엡 6:18)고 하셨습니다. 우리가 성령 충만한 가운데서 기도하게 되면 "성령께서 우리를 위하여"(롬 8:26) 친히 우리의 입술을 주장하시고, 때로는 방언을 통하여 우리를 도와주십니다.

다섯째, 먼저 하나님의 나라를 위해 기도드려야 합니다. "너희는 먼저 그의 나라와 그의 의를 구하라"(마 6:33)고 예수님은 교훈하십니다. 우리는 반드시 섬기는 교회를 위해 기도드려야 하고 복음 전파와 그 실천을 위해 기도드려야 합니다.

여섯째, 우리는 하나님의 뜻대로 기도드려야 합니다. "내 아버지여 만일 할만하시거든 이 잔을 내게서 지나가게 하옵소서, 그러나 나의 원대로 마옵시고 아버지의 원대로 하옵소서"(마 26:39). 예수님의 이 겟세마네의 기도는 그 방법에 있어서 우리가 마땅히 따라야 할 기도의 본인 것입니다. 하나님의 뜻에 맞지 않는 인간적인 기도는 응답이 되지 않습니다.

일곱째, 모든 귀하고 좋은 것은 기도로 하나님께 돌려드려야 합니다. "권세와 영광과 존귀와 능력은 하나님만이 받으시기에 합당한 것입니다"(마 6:13, 계 4:11).

마지막으로, 우리는 예수 그리스도의 이름으로 기도드려야 합니다. "너희가 내 이름으로 무엇을 구하든지 내가 시행하리니 이는 아버지로 하여금 아들을 인하여 영광을 얻으시게 하려 함이라"(요 14:13)라고 예수님은 말씀하십니다. 우리는 하나님의 영광을 위하여 예수님의 이름으로 기도드려야 합니다.

이 외에도 기도드릴 때 유의할 여러 가지 조건들이 있지만 이상의 여덟 가지 조건에 합당한 마음의 자세와 방법으로 기도드리면 하나님께서는 그 기도를 열납하실 것입니다.

3. 기도의 응답

우리가 아무리 올바른 마음가짐과 합당한 방법으로 기도를 드렸다 할지라도 기도의 응답은 전적으로 하나님의 뜻에 달려 있는 것입니다. 모세가 바다 위로 손을 내어 밀었을 때, 곧 홍해 물이 갈라졌던 것처럼(출 14:21) 즉각적으로 응답되는 경우도 있고, 이스라엘 왕으로 기름부음을 받고도 14년이나 기다려야 했던 다윗의 기도처럼(시 22:1~2) 지연되는 응답도 있으며, 몸에 있는 가시를 제거해 달라는 바울의 기도처럼(고후 12:7~9) 응답이 거절되는 경우도 있습니다.

또 때로는 솔로몬의 기도처럼 기도한 내용(지혜와 지식)보다 더 많은 내용(부와 재물과 존영까지)으로 응답되는 경우도 있습니다. 따라서 기도하는 사람은 기도의 응답에 대해서 너무 민감해서는 안 되겠습니다. 설령 기도의 응답이 없다고 해도 자신이 버림받은 것은 결코 아니기 때문입니다.

특히 자녀를 위한 기도를 드렸을 때 즉각적인 응답을 얻기는 어려운 것입니다. 허약한 몸이 금방 건강해지거나, 열등생이 곧 우등생이 되거나, 불량기가 있는 자녀가 즉시 모범생이 되는 응답은 기대할 수가 없습니다. 수년 내지 수십 년 동안 꾸준히 기도를 쌓아가는 동안에 합력하여 선을 이루시는 하나님의 방법에 의하여 분명히 선한 응답이 있게 되는 것입니다. 문제는 부모의 기도드리는 마음가짐과 방법과 꾸준히 지속할 수 있는 인내에 있는 것입니다. 응답 결과는 하나님의 몫입니다. 우리는 열심히 기도만 드리면 됩니다.

정 리

우리 모두 어린이와 자녀를 위한 가장 소중한 선물을 준비하고 가장 위대한 유산을 마련합시다. 우리 그리스도인들은 자녀를 위하여 기도의 선물을 마련하고 신앙의 유산을 남깁시다. 그 안에는 지혜와 건강이 있고 인격이 있으며, 사랑이 있고 화평이 있고 효도가 있고 형제 우애가 있으며, 그 안에는 물질이 있고 명예가 있습니다. 기도만이 자녀를 위한 가장 소중한 선물이요, 신앙만이 가장 위대한 부모의 유산입니다.

제9장 제7과
어버이를 위한 효행의 선물 '순종과 공경'

자녀들아 너희 부모를 주 안에서 순종하라. 이것이 옳으니라. 네 아버지와 어머니를 공경하라. 이것이 약속 있는 첫 계명이니 이는 네가 잘 되고 땅에서 장수하리라(엡 6:1~3).

1. 어버이주일의 선물

자녀를 위한 소중한 선물이 '기도'라면 부모님을 위한 소중한 선물은 '효행'(孝行)이라 할 수 있습니다. 한국의 전통에서는 효(孝)를 백행(百行)의 근본(根本)이라 하여 모든 행실의 기본이요 으뜸으로 여겨 왔습니다. 어버이를 잘 섬기는 삶을 효(孝)라 합니다. 그리스도 안에서는 이 효를 어버이에 대한 '순종과 공경'으로 요약할 수 있습니다.

이제 우리는 그리스도 안에서의 '효행'을 이해하기 위하여 성경의 증언을 들어 보겠습니다. 그리고 편의상 소극적인 의미의 효와 적극적인 의미의 효로 구분하여 알아보도록 하겠습니다.

또한 그리스도인에게 있어서 어버이라 하면 육신의 어버이인 부모님과 영의 어버이인 삼위일체 하나님을 함께 생각해야 합니다. 따라서 그리스도인은 육신의 어버이인 부모님과 영의 어버이인 하나님을 함께 잘 섬겨야만 합니다. 그러나 여기서는 주로 육신의 어버이인 부모님에 대한 효행을 중심으로 생각해 보기로 합니다.

2. 소극적인 의미의 효

우선 부모님께 걱정 근심을 끼쳐 드리지 않는 것이 소극적 의미의 효라 할 수 있습니다. 이 소극적인 의미의 효는 최소한도의 효입니다. 따라서 이에 미치지 못하면 곧 불효가 되는 것입니다.

첫째로, 소극적인 의미의 효는 어버이를 서운하게 해서는 안 됩니다.

"네 늙은 어미를 경히 여기지 말지니라"(잠 23:22)라고 성경은 교훈하고 있습니다. 오늘날 부모를 부모로 대접하지 않고 섬기기를 외면하며, 귀찮은 존재로 여기는 자녀들이 많습니다. 우리 그리스도인들에게는 이런 일이 절대로 있어서는 안 되겠습니다.

또 성경은 "너희 부모를 주 안에서 순종하라"(엡 6:1)고 명령하십니다. 따라서 주 안에서 부모님의 말씀에 순종하는 것이 하나님 말씀에 순종하는 것이 되고, 부모님의 말씀에 불순종하면 곧 하나님의 말씀에 불순종하는 결과가 됩니다. 그러므로 그리스도 안에서 부모님의 말씀을 거역하면 부모님께는 불효가 되고 하나님께는 죄가 되는 것입니다.

둘째로, 소극적인 의미의 효는 부모님께 걱정 근심을 끼쳐 드리지 않는 것입니다.

"지혜로운 아들은 아비로 기쁘게 하거니와 미련한 아들은 어미의 근심이니라"(잠 10:1)라고 성경은 교훈하고 있습니다. 자녀가 미련한 행동을 해서 사고를 내고, 육신적으로 정신적으로 또는 물질적으로 인격적으로 손해를 보게 되면 부모님에게는 걱정 근심거리가 되고, 결과적으로 불효가 됩니다.

유교의 경전인 효경(孝經)에도 보면 "신체발부(身體髮膚)는 수지부모(受之父母)라, 불감훼상(不敢毁傷)이 효지시야(孝之始也)라" 하여 자녀의 몸은 부모로부터 받은 것이니 터럭 하나라도 상하게 하지 않는 것이 효의 시작이라고 말하고 있습니다. 자녀가 몸을 다치거나 질병으로 병석에 눕게 되면 부모님께 걱정 근심이 되므로 불효가 된다는 것입니다. 자녀들은 영육 간에 건강관리를 잘 하여야 되겠습니다.

3. 적극적인 의미의 효

자녀가 능동적으로 행위를 하여 부모님을 기쁘게, 즐겁게 해드리고 나아가서는 자녀로 하여금 부모님께 칭찬과 자랑거리가 되게 하는 것을 적극적인 효라 할 수 있습니다.

첫째로, 적극적인 의미의 효는 부모님을 기쁘게, 즐겁게 해드리는 것입니다.

"네 부모를 즐겁게 하며, 너 낳은 어미를 기쁘게 하라"(잠 23:25)고 성경은 교훈하고 있습니다. 가령 자녀가 학생이라면 건강하고, 공부 잘하고, 품행이 바르게 생활을 할 때 부모님께 기쁨과 즐거움이 될 것입니다. 형제자매들 간에 서로 돕고 우애하며 부모님을 잘 섬기면 큰 효가 될 것입니다.

또 성경은 "네 아버지와 네 어머니를 공경하라"(엡 6:2)고 교훈하고 있습니다. 어버이에 대한 예의를 갖추어 잘 받들어 섬기는 것을 공경이라 합니다. 노후의 부모님께 대해서는 의식주의 불편이 없도록 잘 봉양함으로 기쁘고 즐겁게 해드려야 합니다.

둘째로, 적극적인 의미의 효는 부모님께 칭찬을 듣게 하고 자랑스러운 자녀가 되는 것입니다.

"이 같이 너희 빛을 사람 앞에 비취게 하여 저희로 너희 착한 행실을 보고 하늘에 계신 너희 아버지께 영광을 돌리게 하라"(마 5:16)고 예수님은 교훈하십니다. 그리스도인의 빛난 행실은 하나님께는 영광이 되고 그 육신의 부모님께는 찬사와 자랑이 됩니다.

효경(孝經)에도 "입신행도(立身行道)하고 양명어후세(揚名於後世)하야 이현부모(以顯父母)함은 효지종야(孝之終也)라" 하여, 자녀가 세상에 나가 출세하고 바르게 행하여 후세까지 이름을 떨칠 만큼 되어 부모님 앞에 나타나게 되면 가장 큰 효가 된다는 것입니다.

어버이에게는 자녀가 바르게 출세하여 국가와 사회를 위하여 큰일을 하는 것이 큰 기쁨이요 자랑거리가 되는 것입니다.

정 리

사무엘 선지자는 "순종이 제사보다 낫고, 듣는 것이 수양의 기름보다 낫다"(삼상 15:22b)고 하나님의 말씀을 대언했습니다. 분명히 순종은 소극적인 의미의 작은 효이고, 제사(공경)는 적극적인 의미의 큰 효이지만 하나님께서는 불순종한 자녀의 제사는 원치 않으시며 제사보다는 우선 순종을 원하신다는 것입니다. 따라서 효는 가장 작은 것부터, 기본이 되는 것부터 행해야 되는 것입니다. 효는 어버이를 잘 섬겨야 하는 자녀의 도리입니다.

효에는 부모님께 걱정 근심을 끼쳐 드리지 않는 소극적 의미의 효와 부모님을 기쁘게, 즐겁게 해드리는 적극적 의미의 효가 있습니다. 소극적 의미의 효는 '순종'으로 표현할 수 있고, 적극적 의미의 효는 '공경'으로 표현할 수 있습니다. 순종이 없는 자녀의 공경은 있을 수 없으며 최소한도로 자녀는 순종의 효부터 행해야만 합니다.

그리고 어버이날은 단 하루가 아니라 365일이 되어야 할 것입니다. 우리 그리스도인 자녀들은 순종과 공경의 효를 행할 뿐 아니라 더 나아가 세상에서 빛과 소금의 직분을 다하여 하나님께 영광을 돌려 드리고 육신의 어버이에게는 큰 효를 돌려 드려야 되겠습니다.

제9장 제8과
성경이 가르치는 가정윤리

아내들아 남편에게 복종하라. 이는 주 안에서 마땅하니라. 남편들아 아내를 사랑하며 괴롭게 하지 말라. 자녀들아 모든 일에 부모에게 순종하라 이는 주 안에서 기쁘게 하는 것이니라. 아비들아 너희 자녀를 격노케 말지니 낙심할까 함이라(골 3:18~19).

1. 만고 불변의 진리 성경 말씀

우리나라 교육부에서는 평균 5년마다 초중고 교과서의 내용을 개정합니다. 그것은 시대에 따라 지식의 내용이 변하고 있다는 증거입니다. 오랜 세월이 지난 후에도 사람들에게 감명을 주고 마음의 양식이 되는 글이나 음악이나 미술 작품들을 고전(古典)이라 합니다. 이런 의미에서 볼 때 수 천 년 동안 가장 많은 사람들이 읽었고, 오늘날에도 가장 많은 독서 인구를 가지고 있으며, 인류 역사에서 바람직한 방향을 주도해 온 성경이야 말로 고전 중의 고전인 것입니다.

한편 사람들은 참된 이치나 참된 도리를 '진리'(眞理)라 합니다. 수학이나 자연과학의 원리나 법칙을 말하는 '참된 이치'(진리)도 많은 시행착오를 일으키면서 연구되어 왔습니다. 또한 대인 관계에서 사람이 지켜야 할 '참된 도리'(윤리)도 역사의 흐름에 따라 변하여 왔습니다. 봉건사회의 윤리가 다르고 민주사회의 윤리가 다릅니다.

그러나 오늘날 참된 진리로 판명되는 자연과학의 이치나 사회과학의 도리들이 이미 수 천 년 전에 기록된 성경에서 증거되고 있음을 볼 수 있습니다. 이러한 사실로 미루어 볼 때 성경은 만고불변의 진리임을 알 수 있습니다. 따라서 사람들은 시대를 초월해서 성경 말씀대로 행하는 것이 진리를 실천하는 길이요, 가장 합당한 생활 모습임을 깨달아야 합니다.

2. 부모와 자녀 사이의 윤리

자녀는 부모를 공경해야 합니다. "네 부모를 공경하라. 그리하면 네 하나님 나 여호와가 네게 준 땅에서 네 생명이 길리라"(출 20:12). 하나님의 말씀입니다. 말씀과 같이 부모를 공경하는 자녀가 복을 받습니다. 이것은 진리입니다. 그리고 자녀는 부모에게 순종해야 합니다. "자녀들아 모든 일에 부모에게 순종하라. 이는 주 안에서 기쁘게 하는 것이니라"(골 3:20)라고 성경은 권면하고 있습니다. 자녀가 부모에게 순종하는 것이 바로 주님을 기쁘시게 하는 일인 것입니다.

한편 부모에게 있어서 자녀는 하나님께서 주신 기업입니다(시 127:3). "아비들아 너희 자녀를 노엽게 하지 말고 오직 주의 교양과 훈계로 양육하라"(엡 6:4)라고 성경은 교훈하고 있습니다. 자녀에게 감정적으로 대하지 말고 복음의 말씀으로 양육하며, 때로는 징계도 해야 된다는 것입니다.

"네 자식을 징계하라. 그리하면 그가 너를 평안하게 하겠고 또 네 마음에 기쁨을 주리라"(잠 29:17). 필요할 때에는 채찍을 가해야 효자가 된다는 말씀입니다. 또 "징계가 없으면 사생자요 참 아들이 아니니라"(히 12:8)라고 성경은 교훈하고 있습니다. 오늘날 자녀를 치마폭으로 싸서 과보호하는 어머니들에게는 참으로 경종이 되는 말씀입니다.

3. 부부 사이의 윤리

우리나라의 전통적인 부부 사이는 극단적인 종속관계였습니다. 여자는 삼종지도(三從之道)라 하여 평생 동안 아버지와 남편과 아들을 섬겨야 하는 굴종만 있을 뿐이었습니다. 그러나 오늘날 젊은 세대의 부부 사이는 수평관계로 변했습니다. 근대의 민권 신장과 지나친 개인주의의 소산으로 나타난 부부의 수평관계는 가정 평화에 도움이 되지 못할 때도 많습니다. 젊은 세대의 이혼율이 증가하는 이유가 바로 여기에 있습니다.

그렇다면 부부간의 윤리에 대한 성경의 가르침은 무엇입니까? 하나님은 질서를 중요시 합니다. 남편은 아내의 머리라고 가르치고 있습니다. "남자의 머리는 그리스도요, 여자의 머리는 남자요, 그리스도의 머리는 하나님이시라"(고전 11:3). "남편이 아내의 머리됨이 그리스도께서 교회의 머리됨과 같음이니"(엡 5:23)라고 성경이 가르치고 있습니다. 아내의 머리는 남편, 남편의 머리는 그리스도, 그리스도의 머리는 하나님이심이 하나님께서 가르치시는 질서입니다.

"아내들이여 자기 남편에게 복종하기를 주께 하듯 하라. 교회가 그리스도에게 하듯 아내들도 범사에 그 남편에게 복종할지니라"(엡 5:22, 24)라고 성경은 교훈하고 있습니다. 또한 아내는 남편 앞에서 외모로 단장하지 말고 남편에게 순복함으로 자기를 단장하라고 성경은 가르치고 있습니다(벧전 3:3~5). 이와 같이 그리스도 안에서의 아내는 남편을 머리로 섬기며 그 앞에서 순복하는 것만이 미덕인 것입니다.

한편 남편에게는 아내를 헌신적으로 사랑해야 한다고 가르치고 있습니다. "남편들아 아내 사랑하기를 그리스도께서 교회를 사랑하시고 위하여 자신을 주심같이 하라"(엡 5:25)라고 교훈하고 있습니다. 그리스도께서 십자가에 피를 흘리시면서까지 인류를 사랑하신 것처럼 남편은 아내를 몸바쳐 사랑해야 합니다. 또 남편은 아내를 연약한 자요, 생명의 유업을 함께 받을 동반자로 알고 귀히 여겨서 은혜가 막히는 일이 없도록 해야만 합니다(벧전 3:7). 이와 같이 남편은 그리스도의 헌신적인 사랑을 본받아 아내를 사랑하고 천국행의 동반자로 늘 보호해 주어야 합니다.

정 리

사랑하는 여러분! 우리는 이 세속을 본받지 말고 하나님께서 기뻐하시는 그리스도 안에서의 가정윤리를 지켜 나가도록 합시다.

먼저 자녀는 부모님을 공경하고 부모님께 순종해야 합니다. 그래야만 자녀는 복을 받습니다. 부모는 자녀를 노엽게 하지 말고 주님의 교양과 훈계로 양육해야 하며, 필요할 때에는 채찍으로 징계도 해야 합니다. 그래야만 그 자녀가 효자, 효녀가 됩니다.

교회가 그리스도를 머리로 섬기는 것처럼 아내는 남편을 머리로 섬기며 순종해야 합니다. 남편 앞에 외모로 단장하지 말고 순복의 미덕으로 단장해야 합니다. 한편 그리스도께서 교회를 헌신적으로 사랑하시듯 남편은 아내를 헌신적으로 사랑하고 생명의 유업을 받을 동반자로 귀히 여기며 보호해야 합니다.

성경 말씀은 만고불변의 진리요 고전 중의 고전입니다. 그러나 세속적인 지식은 시대적인 유행이요 시행착오의 연속인 것입니다. 따라서 우리 그리스도인들은 세속과 시대를 초월해서 성경 말씀이 가르치는 대로 순종하고 살아야 합니다. “너희는 이 세대를 본받지 말고 오직 마음을 새롭게 함으로 변화를 받아 하나님의 선하시고 기뻐하시고 온전하신 뜻이 무엇인지 분별하도록 하라”(롬 12:2)라고 성경은 교훈하고 있습니다.

결론적으로 그리스도인들의 가정에서는 세속을 따르지 말고 하나님께서 가르치시는 성경 속의 윤리대로 살아가야만 합니다.

제 10 장

은혜와 진리 그리고 믿음 · 소망 · 사랑

제10장 제1과
은혜와 진리(신앙과 신학)

말씀이 육신이 되어 우리 가운데 거하시매 우리가 그 영광을 보니 아버지의 독생자의 영광이요 은혜와 진리가 충만하더라(요 1:14).

1. 예수님의 정체(正體)

"태초에 말씀이 계시니라. 이 말씀이 하나님과 함께 계셨으니 이 말씀은 곧 하나님이시니라"(요 1:1). 말씀과 같이 예수님은 태초로부터 말씀으로 계신 하나님이십니다. "만물이 그로 말미암아 지은 바 되었으니 지은 것이 하나도 그가 없이는 된 것이 없느니라"(요 1:3). 말씀과 같이 예수님은 우주와 만물의 창조주이십니다.

"그는 근본 하나님의 본체시나 하나님과 동등 됨을 취할 것으로 여기지 아니하시고, 오히려 자기를 비어 종의 형체를 가져 사람들과 같이 되었고, 사람의 모양으로 나타나셨으매"(빌 2:6~8a), 말씀과 같이 예수님은 '말씀'이 사람의 육을 입고 이 땅에 오신 분입니다.

"하나님이 세상을 이처럼 사랑하사 독생자를 주셨으니 이는 저를 믿는 자마다 멸망치 않고 영생을 얻게 하려 하심이라"(요 3:16). 말씀과 같이 예수님은 아버지 하나님의 독생자로 이 땅에 오신 분입니다(요 1:14b).

이상에서 알아본 바와 같이 예수님은 태초부터 '말씀'으로 계신 하나님이시며, 우주와 만물을 창조하신 창조주이시며, '말씀'이 '육신'이 되시어 아버지의 독생자로 이 땅에 오신 사람이십니다. 한마디로 예수님은 참 하나님이시며 동시에 참 사람이십니다.

이와 같은 예수님께서는 은혜와 진리가 충만하시다고 오늘 본문 말씀이 증언하고 있습니다. 이제 우리는 이 은혜와 진리에 대해서 좀 더 자세히 알아보려고 합니다.

2. 은혜(恩惠)의 의미

한글 성경에 '은혜' 또는 '은총'(공동번역, 현대어성경)으로 번역된 헬라어

'카리스'(χαρίς)에는 '은혜', '은총'이라는 의미 외에 '선물'이라는 의미가 있습니다. 따라서 '은혜'의 의미는 삼위일체 하나님으로부터 그리스도인에게 값없이 주어지는 귀한 선물인 것입니다.

그렇다면 이 은혜의 선물에는 어떤 것이 있습니까? "모든 사람이 죄를 범하였으매 하나님의 영광에 이르지 못하더니 그리스도 예수 안에 있는 구속으로 말미암아 하나님의 은혜로 값없이 의롭다 하심을 얻은 자 되었느니라"(롬 3:23~24). 말씀과 같이 예수님께서 십자가에 피를 흘리심으로써 우리의 죄를 대속해 주신 것은 모든 믿는 자가 받게 되는 은혜의 선물인 것입니다. "허물로 죽은 우리를 그리스도와 함께 살리셨고 너희가 은혜로 구원을 얻은 것이라"(엡 2:5). 말씀과 같이 우리가 예수 믿고 구원을 얻게 된 것은 우리의 공로에 의한 것이 아니라 값없이 주시는 주님의 은혜인 것입니다.

"보혜사 곧 아버지께서 내 이름으로 보내실 성령 그가 너희에게 모든 것을 가르치고, 내가 너희에게 말한 모든 것을 생각나게 하시리라"(요 14:26). 그리스도인에게 주어지는 아주 중요한 은혜 중의 하나는 '성령 충만'의 은혜입니다. "오직 하나님이 성령으로 이것을 우리에게 보이셨으니 성령은 모든 것, 곧 하나님의 깊은 것이라도 통달하시느니라"(고전 2:10). 말씀에서처럼 성령 충만의 은혜를 받으면 하나님의 나라를 바라볼 수 있고 하나님의 모든 것을 깨달아 확신을 갖게 되는 것입니다.

또한 우리는 성령 충만의 은혜로 말미암아 지혜의 말씀, 지식의 말씀, 믿음, 병 고치는 은사, 능력 행함, 예언, 영분별, 방언, 방언 통역 등 필요에 따른 은사를 받을 수 있으며(고전 12:7~11), "사랑과 희락과 화평과 오래 참음과 자비와 양선과 충성과 온유와 절제"(갈 5:22~23) 등 성령의 열매를 얻을 수가 있습니다.

이상과 같이 우리는 믿음과 믿음 생활에 필요한 모든 것을 주님의 은혜로 말미암아 값없이 선물로 받게 되는 것입니다.

3. 진리(眞理)의 의미

세상에서는 '지구는 둥글다'라는 진술과 같이 과학이나 철학의 참된 이치를 진리라 합니다. 그러나 성경에서 말하는 진리는 세상에서 말하는 진리와는 그 의미가 전혀 다릅니다.

"예수께서 가라사대 내가 곧 길이요, 진리요, 생명이니 나로 말미암지 않고는 아버지께로 올 자가 없느니라"(요 14:6). 말씀과 같이 '예수'가 곧 진리입니다. "증거하는 이는 성령이니 성령이 곧 진리니라"(요일 5:7). 말씀과 같이 '성령'이 곧 진리입니다. "저희를 진리로 거룩하게 하옵소서. 아버지의 말씀은 진리니이다"(요 17:17). 말씀과 같이 성경 '말씀'이 곧 진리입니다.

이상을 정리하면 예수님이 진리요, 성령님이 진리요, 말씀이 진리입니다. 한편 "태초에 말씀이 계시니라. 이 말씀이 하나님과 함께 계셨으니 이 말씀은 곧 하나님이시니라"(요 1:1)는 말씀에서 '말씀'은 곧 하나님이십니다.

따라서 이상을 모두 정리하면 '삼위일체 하나님과 성경 말씀'이 곧 진리인 것입니다. 다시 요약하면 삼위일체 하나님을 아는 지식, 곧 성경 말씀을 아는 지식이 진리인 것입니다.

4. 은혜와 진리와의 관계

우리가 앞에서 알아본 바와 같이 '은혜'는 믿음 생활을 통하여 값없이 얻어지는 선물이고, '진리'는 삼위일체 하나님과 말씀을 아는 지식입니다. 이것을 다른 측면에서 보면 은혜는 신앙(믿음)적 측면이고 진리는 신학(지식)적 측면인 것입니다. 따라서 은혜가 충만한 사람은 성령 충만으로 나타나고, 진리가 충만한 사람은 말씀 충만으로 나타나게 됩니다.

예수님께서 은혜와 진리가 충만하시다(요 1:14)는 것은 모든 그리스도인에게 아주 중요한 의미를 시사하고 있습니다. 첫째로, 예수님은 성령으로 충만하시며 말씀으로도 충만한 분이시라는 것입니다. 둘째로, 모든 그리스도인도 예수님을 본받아서 성령(은혜)으로 충만하고 말씀(진리)으로 충만해야 된다는 것입니다.

그렇다면 왜 은혜(신앙)와 진리(신학)가 함께 필요합니까? 우리가 구원을 얻게 되는 것은 신학(진리)을 통하여 얻는 것이 아니라 신앙(은혜)을 통하여 얻는 것입니다. 그러나 이 신앙을 바로 지켜주는 것은 신학인 것입니다. 신학은 대내적으로 믿음이 탈선하지 않도록 지켜주고, 대외적으로는 믿음을 변증해서 보호해주고 있습니다.

만약에 큰 은혜를 받아서 뜨거운 믿음은 있으나 신학(말씀)이 없는 사람은 이적과 기사만 좇아가는 신비주의(神秘主義)로 빠지기가 쉽습니다. 또한 이런 사람들은 믿음이 식으면 말씀의 뒷받침이 없기 때문에 쉽게 믿음을 떠나게 됩니다. 그래서 하나님께서는 "내 백성이 지식이 없으므로 망하는도다"(호 4:6)라고 안타까워하셨습니다.

한편 이론적인 신학적 지식은 풍부하나 신앙(은혜)이 없는 사람은 모든 종교에 구원이 있다는 종교다원주의(宗教多元主義)가 되기 쉽습니다. 극단적인 예로는 신학박사 중에도 구원이 없는 사람이 있다는 것입니다.

정 리

구원은 믿음으로 얻게 되지만 맹목적인 믿음은 기복신앙이나 신비주의로 변질될 염려가 있습니다. 올바른 믿음의 자리를 바로 지키기 위해서는 말씀으로 무장해야 합니다. 말씀(신학)은 믿음(신앙)의 변질을 막고 건전한 믿음으로 지켜 줍니다. 그래서 신학(말씀 공부)이 필요합니다.

그러나 신앙(믿음)이 없는 신학은 세상적 학문에 불과합니다. 그것은 신학에는 구원이 없기 때문입니다. 뿐만 아니라 믿음(은혜)이 없이는 말씀을 바로 이해하지 못하기 때문입니다. 그들은 구원의 유일성을 이해하지 못하고 종교다원주의에 빠지게 됩니다.

결론적으로 모든 그리스도인들은 은혜(믿음, 신앙)와 진리(말씀, 신학)가 충만한 예수님처럼 신앙과 신학의 균형이 잡힐 때 건전한 신앙(믿음)이 유지되며 변질되지 않는 확실한 구원이 보장됩니다.

제10장 제2과
죄를 깨달을 수 있는 은혜

다윗이 인구수를 조사한 후에 그 마음에 자책하고 여호와께 아뢰되 내가 이 일을 행함으로 큰 죄를 범하였나이다. 여호와여 이제 간구하옵나니 종의 죄를 사하여 주옵소서. 내가 심히 미련하게 행하였나이다 하니

라(삼하 24:10).

1. 무지(無知)의 자각(自覺)과 죄(罪)의 자각(自覺)

고대 그리이스의 철학자 소크라테스는 '무지의 자각'을 말했습니다. 그는 사람이 "아무 것도 아는 것이 없다"는 것을 깨닫는 것이 '참 앎'의 시작이라고 했습니다. 같은 논리로 기독교 안에서는 "나는 죄인입니다"라고 고백하는 '죄의 자각'이야말로 '죄 씻음'의 출발점이 되는 것입니다. 다시 말하면 하나님 앞에서 스스로 '죄인'임을 깨닫는 것이 '의인'(義人)이 되는 전환점이 되는 것입니다.

오늘날은 자신의 의지와 주장을 유감없이 내세우고 똑똑한 체 하는 사람들이 너무나 많은 세상입니다. 따라서 무지를 자각하는 사람도 드물거니와 또한 자신의 죄와 허물을 남에게 전가하는 이기적인 세상인지라 죄를 자각하는 사람은 더욱 보기가 어려운 것 같습니다.

세상에 인본주의와 인권이 신장될수록 사람이 자기 죄를 깨닫기는 더욱 어려워지게 되고 있습니다.

2. 사람이 죄를 깨닫지 못하는 원인

(1) 첫 번째 원인은 무지(無知) 때문이다

하나님께서는 "내 백성이 지식이 없으므로 망하는도다"(호 4:6)라고 한탄하고 계십니다. 오늘날 세상의 지식인들에게 "하나님을 믿지 않는 것이 죄이다"(출 20:3), "우상을 숭배하는 것이 죄이다"(출 20:4~6)라고 하면 누가 선뜻 인정하겠습니까?

세상의 지식으로는 '예수 안 믿는 죄', '우상 숭배하는 죄'를 깨달을 수가 없습니다. 왜냐하면 그들은 영적으로 어두움 속에 있기 때문입니다. 어둠 속에서는 옷에 오물이 묻어도 모르고, 공기 중에 있는 먼지도 보이지 않습니다. 그러나 빛이 비춰게 되면 오물도 드러나고 먼지도 보이게 됩니다. 그것은 마치 오늘날 우리 사회에 자유민주주의의 빛이 비춰게 되매 구시대의 어두움에 가리어 보이지 않던 구악의 죄가 드러나고 있는 것과 같습니다.

그러나 더욱 안타까운 것은 "빛이 어둠에 비춰되 어둠이 깨닫지 못 하더라"(요

1:5)는 말씀과 같이 오늘날 복음의 참 빛을 외면하고 무지의 어둠 속에서 안주하려는 불쌍한 인간들이 얼마나 많습니까? 아직도 무지로 말미암아 자기의 죄를 깨닫지 못하고 있는 많은 사람들은 하루 속히 복음의 빛을 받아 '예수 믿지 않는 죄'를 깨달아야 되겠습니다.

(2) 두 번째 원인은 자존심 때문이다

많은 사람들은 죄를 알고도 시인을 하지 않습니다. 오늘날 이 나라의 고위직 범죄자들의 파렴치한 변명에서 그 모습을 볼 수 있습니다.

"여호와께서 가인에게 이르시되 네 아우 아벨이 어디 있느냐? 그가 가로되 내가 알지 못하나이다. 내가 내 아우를 지키는 자니이까?"(창 4:9). 가인은 자기가 아우를 죽여 놓고도(창 4:8) 감히 중심을 보시는 하나님 앞에서 부인을 했습니다. 이 얼마나 가증한 변명입니까? 오늘날도 이와 같은 가인은 많이 있습니다. 인간의 그 알량한 자존심이 생명이 걸려 있는 죄의 깨달음에 장애가 되고 있으니 안타까울 뿐입니다.

(3) 세 번째 원인은 '자기의'(自己義) 때문이다

한 때 운동권 학생들처럼 남의 잘못만 찾아서 비판하기를 좋아하는 자들에게서 그 모습을 볼 수 있습니다. 뿐만 아니라 지적인 엘리트들과 윤리적 도덕주의자들의 "스스로 의롭다" 여기는 교만에서 그 모습을 볼 수 있습니다. 그들은 '자기의 의'에 도취되어 자신들의 죄를 깨닫지 못하고 있습니다.

"어찌하여 형제의 눈 속에 있는 티는 보고 네 눈 속에 있는 들보는 깨닫지 못하느냐?"(마 7:3)라고 예수님께서는 심히 책망하고 계십니다. 4세기 말 5세기 초의 유명한 신학자 아우구스티누스는 인간에게 있어서 가장 중요한 것은 "첫째도 겸손이요, 둘째도 겸손이요, 셋째도 겸손이다"라고 말했습니다. 사람이 겸손해서 자신이 낮아질 때 '자존심'과 '자기의 의'로 가리어진 어둠의 장막이 걷히고 밝은 빛 아래 자기의 죄가 드러남을 깨닫게 되는 것입니다.

3. '죄 깨달음'의 중요성과 죄를 깨달을 수 있는 은혜

"내가 이 일을 행함으로 큰 죄를 범하였나이다. 여호와여 이제 간구하옵나니 종의 죄를 사하여 주옵소서. 내가 심히 미련하게 행하였나이다”(삼하 24:10). 이 상황은 다윗왕이 만년에 국력을 과시하기 위하여 인구조사를 한 후 자책하고 죄를 깨닫는 대목입니다. 다윗왕은 보통 사람 이상으로 끔찍한 죄들을 많이 범했지만 그에게는 하나님이 기뻐하시는 장점이 있었으니 그 지은 죄를 곧 깨달아 마음속 깊이 회개하는 겸손이었습니다.

그리스도인에게 있어서 죄를 짓지 않는 것이 중요하지만 부지중에 지은 죄를 깨달아 회개할 줄 아는 것은 더욱 중요합니다.

“만일 우리가 우리 죄를 자백하면 저는 미쁘시고 의로우사 우리 죄를 사하시며 모든 불의에서 우리를 깨끗하게 하실 것이요”(요일 1:9). 말씀과 같이 죄의 깨달음은 바로 ‘하나님과의 올바른 관계’로 연결되고, 이 ‘올바른 관계’(義)를 이루는 것이 바로 ‘구원’(救援)인 것입니다.

이 세상을 향한 예수님의 첫마디 말씀도 “회개하라. 천국이 가까웠느니라”(마 4:17)였습니다. 이 사실은 ‘죄의 깨달음’이 얼마나 중요한 것인가를 잘 증거하고 있습니다. 이는 또한 “회개 없이는 천국이 없다”는 증거도 됩니다. 따라서 죄를 깨닫는 것은 천국문을 여는 열쇠가 되는 것입니다. 그러므로 ‘내가 죄를 깨달을 수 있는 것’은 큰 은혜와 복이 아닐 수 없습니다.

정 리

그러나 죄를 깨달을 수 있는 은혜와 복이 그냥 주어지는 것은 아닙니다. 이를 위하여 누구나 수시로 자신을 성찰하고 점검해야 됩니다. 나는 무지하지 않는가? 나는 자존심이 강하지 않는가? 나는 지식과 명예와 물질과 자기 의로 교만하지 않는가? 늘 반성하고 점검함으로써 자신에게서 죄를 가리어 주는 걸림돌을 제거해야 합니다. 믿음이 큰 그리스도인도 계속 죄가 쌓이게 되면 결국 하나님과의 교통이 끊어지게 되고 다시 세속적인 사람이 되고 맙니다.

또한 “믿음은 들음에서 나며 들음은 그리스도의 말씀으로 말미암았느니라”(롬 10:17)라고 성경은 증거하고 있습니다. ‘죄의 깨달음’은 사람이 의도적으로 하나님과 그 말씀에 지속적인 관심을 가지고 있을 때 ‘하나님으로부터 주어지는 선물’인 것입니다. 내가 하나님을 믿지 않고 있는 죄(원죄)나 부지중에 지은 죄(자범죄)를 수시로 깨달을 수 있는 것은 분명히 하나님의 은혜요 축복인 것입니다.

제10장 제3과
주님의 임재와 은혜

나는 주께서 네 심령에 함께 계시기를 바라노니 은혜가 너희와 함께 있을지어다(딤후 4:22).

본문에서 바울은 두 가지를 축복하고 있습니다. 디모데 개인에게는 심령에 주님이 함께 하시기를 축복하고 있고, 디모데와 모든 성도들에게는 주님의 은혜가 함께 하시기를 축복하고 있습니다. 그리스도인의 심령에 주님이 임재(臨在)해야 주님의 은혜를 깨달을 수 있고, 또한 은혜를 넘치도록 받을 수가 있습니다.

1. 사람의 몸에 주님이 임재(臨在)하실 수 있는가

"내가 회막에서 이스라엘 자손을 만나리니 내 영광을 인하여 회막이 거룩하게 될지라"(출 29:43). 말씀과 같이 하나님께서는 성막(회막)에 임재하시어 사람을 만난다고 하셨습니다. "이곳(성전)에서 하는 기도에 내가 눈을 들고 귀를 기울이리니 이는 내가 이미 이 전을 택하고 거룩하게 하여 내 이름으로 여기 영영이 있게 하였음이라. 내 눈과 마음이 항상 여기 있으리라"(대하 7:15~16). 말씀과 같이 하나님께서는 그 이름을 성전에 두시고 눈과 마음이 함께 하신다고 하셨습니다.

이상의 말씀에서 보는 바와 같이 하나님께서는 성전에 임재하시어 하나님의 백성을 만나게 되시는 것입니다.

한편 신약성경은 그리스도인의 몸이 성전이라고 증거하고 있습니다. "너희가 하나님의 성전인 것과 하나님의 성령이 너희 안에 거하시는 것을 알지 못하느뇨?"(고전 3:16). "우리는 살아 계신 하나님의 성전이라. 이와 같이 하나님께서 가라사대 내가 저희 가운데 거하며 두루 행하여 나는 저희 하나님이 되고 저희는 내 백성이 되리라”(고후 6:16b).

말씀과 같이 그리스도인의 몸은 하나님의 성전입니다. 따라서 성전에 거하시는 하나님께서는 성전인 그리스도인의 몸에 성령으로 임재하시는 것입니다.

2. 주님이 함께 하시면 은혜를 받게 된다

“나는 아버지 안에 있고, 아버지는 내 안에 계신 것을 네가 믿지 아니하느냐? 내가 너희에게 이르는 말이 스스로 하는 것이 아니라 아버지께서 내 안에 계셔 그의 일을 하시는 것이라”(요 14:10). 예수님께서 공생애로 이 세상에 계실 때 하나님의 은혜로 말미암아 범사가 형통하셨습니다. 예수님께서는 그 이유를 위의 말씀과 같이 늘 하나님이 함께 하셔서 하나님이 그 일을 하셨기 때문이라고 하셨습니다.

그리고 예수님께서는 꼭 같은 원리를 우리에게도 교훈하셨습니다. “너희가 내 안에 거하고, 내 말이 너희 안에 거하면 무엇이든지 원하는 대로 구하라. 그리하면 이루리라”(요 15:7). 우리가 그리스도 안에서 예수님의 말씀대로 행하게 되면 범사가 형통하게 되는 것입니다.

“나는 포도나무요 너희는 가지니 저가 내 안에, 내가 저 안에 있으면 이 사람은 과실을 많이 맺나니 나를 떠나서는 너희가 아무 것도 할 수 없음이라”(요 15:5). 포도나무와 가지가 서로 붙어 있을 때에라야 포도가 많이 열리는 것처럼 예수님과 그리스도인이 유기적으로 연결되어 생명을 공유해야 그리스도인의 범사가 형통하게 되는 것입니다.

반대로 나무에 붙어 있지 않은 가지에는 열매가 열릴 수 없는 것처럼 예수님으로부터 떨어져 있는 사람들은 예수님의 은혜를 받을 수가 없는 것입니다.

3. 내가 주님과 하나가 되는 방법

그렇다면 우리가 어떻게 해야 예수님 안에 거할 수 있으며, 예수님의 말씀이 우리 안에 거할 수 있게 되는 것입니까?

첫째로, 내가 죽어야 합니다.

“내가 그리스도와 함께 십자가에 못 박혔나니 그런즉 이제는 내가 산 것이 아니요, 오직 내 안에 그리스도께서 산 것이라”(갈 2:20). 말씀과 같이 그리스도인은 그리스도 안에서 죽어야 한다고 교훈하고 있습니다.

그렇습니다. 둘이 하나가 되기 위해서는 한 쪽이 죽어야 합니다. 내가 예수님과 하나가 되기 위해서는 한쪽이 죽어야 하는데, 예수님이 죽어야 하겠습니까? 내가 죽어야 하겠습니까? 당연히 내가 죽고 예수님을 내 심령에 모셔야만 하겠습니다. 이것이 바로 내가 예수님 안에 거할 수 있는 방법인 것입니다.

둘째로, 성경 말씀대로 행해야 합니다.

“너희가 내 안에 거하고 ‘내 말이 너희 안에 거하면’ 무엇이든지 원하는 대로 구하라. 그리하면 이루리라”(요 15:7). 이 말씀에서 ‘내 말이 너희 안에 거하면’이 무슨 의미입니까? 어떻게 예수님의 말씀이 우리 안에 거할 수 있겠습니까? 그것은 바로 말씀대로 순종하고 행함으로써 말씀을 생활화하는 것이라 하겠습니다. 이와 같이 말씀의 생활화로 말씀이 우리 안에 거할 때 곧 우리의 심령에는 주님이 거하게 되는 것입니다.

셋째로, 몸과 마음을 더럽히지 않도록 해야 합니다.

그리고 특별히 우리는 하나님의 성전인 우리의 몸과 마음을 더럽히지 않도록 조심해야 하겠습니다. 성전이 더럽혀지면 하나님께서는 떠나시기 때문입니다. 이스라엘 백성들이 성전을 더럽혔을 때 하나님의 영광이 예루살렘 성전을 떠나게 되었고(겔 10:18~19), 결과적으로 예루살렘은 바벨론 군대에게 함락되고 예루살렘 성전은 불타버리고 말았습니다(왕하 25:8~12).

마찬가지로 우리의 몸 성전도 더럽혀지면 버림을 받게 되는 것입니다. “누구든지 하나님의 성전을 더럽히면 하나님이 그 사람을 멸하시리라. 하나님의 성전은 거룩하니 너희도 그러하니라”(고전 3:17). 우리가 몸 성전을 더럽히면 결국 우리가 멸망된다는 두려운 말씀입니다.

결론적으로 우리의 심령에 주님이 함께 하실 수 있도록 하는 것도 어려운 일이지만 계속 머물러 계셔 떠나지 않게 하는 것은 더욱 어려운 일입니다. 우리는 몸과 마음의 성전에 주님이 늘 함께 하시도록 거룩한 생활을 유지해야 하겠습니다.

정 리

내 심령에 주님이 함께 하실 때 나는 범사에 형통한 은혜를 받을 수 있습니다. 또한 내가 그리스도 안에 거하고 그리스도의 말씀이 내 안에 거하면 나는 범사에 형통한 은혜를 받을 수 있습니다.

그것은 포도나무와 가지의 관계처럼 내가 그리스도와 유기적인 관계로 하나의 생명이 되어야 많은 열매를 맺을 수 있기 때문입니다. 세상적이고 탐욕적인 내가 죽고 예수님의 말씀에 순종하여 말씀대로 행할 때에 나는 그리스도 안에 거하고 주님의 말씀은 내 안에 거하게 되는 것입니다.

항상 성결하고 거룩한 삶을 지킴으로써 내 심령에 함께 하시는 주님이 떠나시지 않도록 깨어 있어야만 하겠습니다.

제10장 제4과
성육신(成肉身; incarnation) 정신

너희 안에 이 마음을 품으라. 곧 그리스도 예수의 마음이니 그는 근본 하나님의 본체시나 하나님과 동등됨을 취할 것으로 여기지 아니하시고, 오히려 자기를 비어 종의 형체를 가져 사람들과 같이 되었고, 사람의 모양으로 나타나셨으매 자기를 낮추시고 죽기까지 복종하셨으니 곧 십자가에 죽으심이라(빌 2:5~8).

1. 성육신의 의미

"그는 근본 하나님의 본체시나 하나님과 동등됨을 취할 것으로 여기지 아니하시고 오히려 자기를 비어 종의 형체를 가져 사람들과 같이 되었고 사람의 모양으로 나타나셨으매"(빌 2:6~8a), 말씀과 같이 예수님은 본래 하나님의 본체이셨지만 지체를 사람으로 낮추시고 사람의 육신을 입고 이 땅에 오셨습니다. "말씀이 육신이 되어 우리 가운데 거하시매 우리가 그 영광을 보니 아버지의 독생자의 영광이요, 은혜와 진리가 충만하더라"(요 1:14). 또한 말씀과 같이 예수님은 '말씀'으로 계시던 하나님이신대(요 1:1), '말씀'이 사람의 육신을 입고 이 땅에 오시게 되었습니다.

'성육신'(成肉身)이란 말은 성경에는 없는 말입니다. 따라서 '성육신'이란 사람의 육신을 입지 않고 계시던 성자 하나님께서 사람의 육신을 입고 이 땅에 오셨기 때문에 이를 묘사한 신학적 용어입니다.

예수님의 성육신은 '성육신'의 뜻이 무엇이냐는 문자적인 의미보다 성육신에 내포되어 있는 정신이 더 중요한 것입니다. "너희 안에 이 마음을 품으라. 곧 그리스도 예수의 마음이니"(빌 2:5), 말씀에서 우리가 간직하고 본받아야 할 '이 마음', 곧 '그리스도 예수의 마음'이 무엇입니까? 바로 '성육신'의 행위 속에 스며있는 '성육신 정신'인 것입니다. 순종과 겸손과 헌신과 사랑이 바로 '성육신 정신'인 것입니다.

2. 예수님의 순종

"하나님이 세상을 이처럼 사랑하사 독생자를 주셨으니 이는 저를 믿는 자마다 멸망치 않고 영생을 얻게 하려 하심이니라"(요 3:16). 말씀과 같이 예수님은 아버지 하나님의 계획과 명령에 따라 이 땅에 오셨습니다. "곧 죄를 인하여 자기 아들을 죄 있는 육신의 모양으로 보내어 육신에 죄를 정하사"(롬 8:3), 즉, 사람의 죄를 대속하기 위하여 하나님께서 독생자를 사람의 육신을 입혀 이 땅에 보내셨다는 것입니다.

따라서 하나님의 본체이신 예수님께서 종의 형체를 가져 사람의 모양으로 이 땅에 오셨다는 것은 아버지 하나님 앞에서 순종의 실천인 것입니다. "사람의 모양으로 나타나셨으매 자기를 낮추시고 죽기까지 복종하셨으니 곧 십자가에 죽으심이라"(빌 2:8).

성육신 외에 예수님의 또 다른 위대한 순종은 말씀과 같이 십자가의 죽음이십니다. "조금 나아가사 얼굴을 땅에 대시고 엎드려 기도하여 가라사대 내 아버지여 만일 할 만하시거든 이 잔을 내게서 지나가게 하옵소서. 그러나 나의 원대로 마옵시고 아버지의 원대로 하옵소서"(마 26:39). 예수님께서 잡히시던 날 밤 겟세마네 동산에서 있었던 간절한 기도입니다. 예수님도 사람의 육을 입으신지라 십자가의 고통을 피하고 싶었습니다. 그러나 "나의 원대로 마옵시고 아버지의 원대로 하옵소서"(마 26:39). 말씀과 같이 고통을 각오하고 아버지의 뜻에 순종하기로 했습니다.

예수님께서는 지체의 비하뿐만 아니라 십자가의 고통과 죽음까지 감수하면서 순종하셨습니다.

3. 예수님의 겸손

예수님의 성육신 정신에는 순종뿐만 아니라 겸손이 내포되어 있습니다. 하나님의 본체이신 예수님께서 하나님과 동등하게 되려고 생각하지 않으시고 지체 낮은 종의 모습으로 사람의 육신을 입고 이 땅에 오셨습니다. '겸손'의 뜻이 무엇입니까? 남을 존중하고 자기를 내세우지 않는 태도가 겸손입니다. 이런 관점에서 볼 때 예수님의 '성육신'이야말로 겸손 중의 겸손인 것입니다.

"거기 있을 그 때에 해산할 날이 차서 맏아들을 낳아 강보로 싸서 구유에 뉘었으니 이는 사관에 있을 곳이 없음이러라"(눅 2:6~7). 예수님께서 사람의 육신을 입고 이 땅에 오실 때에 지체 높은 귀족의 집이나 돈이 많은 부자집에 태어나지 않으시고 가난하고 지체가 낮은 목수의 가정에서 태어나셨습니다. 게다가 공교롭게도 객지에서 여관에 방이 없어 마굿간에서 태어나게 되셨습니다. 물론 태어나는 가정과 장소가 자유의지로 정해지는 것은 아니지만 어쨌든 예수님의 본체가 하나님이심을 생각할 때 낮아짐과 겸손의 극치를 볼 수 있었던 것입니다.

뿐만 아니라 예수님께서는 "여우도 굴이 있고 공중의 새도 거처가 있으되 오직 인자는 머리 둘 곳이 없다"(마 8:20) 하신 말씀과 마찬가지로 "부요하신 자로서"(고후 8:9) 부요를 누리지 않으시고 늘 무소유로 가난하게 지내셨습니다. 이 또한 우리가 지나쳐 보지 말아야 할 예수님의 겸손의 모습입니다.

4. 예수님의 헌신과 사랑

예수님께서 "사람의 모양으로 나타나셨으매 자기를 낮추시고 죽기까지 복종하셨으니 곧 십자가에 죽으심이라"(빌 2:8). 예수님께서 십자가에 못 박혀 죽으신 것은 아버지 하나님 앞에서는 순종이지만 이 땅의 사람들에게는 죄를 대신 갚아주신 사랑인 것입니다. "사람이 친구를 위하여 자기 목숨을 버리면 이에서 더 큰 사랑이 없나니"(요 15:13), 예수님께서는 당신의 말씀대로 이 땅의 죄인 친구들을 위하여 목숨을 버려서 사랑을 실천하셨습니다.

그렇습니다. 예수님의 사랑은 목숨까지 바치신 헌신적인 사랑입니다. 그래서 예수님께서는 "인자가 온 것은 섬김을 받으려 함이 아니라 도리어 섬기려 하고 자기 목숨을 많은 사람의 대속물로 주려 함이니라"(마 20:28)라고 말씀하셨습니다.

"그가 찔림은 우리의 허물을 인함이요, 그가 상함은 우리의 죄악을 인함이라. 그가 징계를 받음으로 우리가 평화를 누리고 그가 채찍에 맞음으로 우리가 나음을 입었도다"(사 53:5). 예수님께서 육신을 입고 이 땅에 오신 것은 바로 우리들의 육신이 받아야 할 찔림과 상함과 징계를 대신 받기 위함인 것이었습니다. 따라서 예수님의 성육신 정신은 우리들을 위한 헌신이요 사랑인 것입니다.

정 리

예수님의 성육신은 과거 인류 역사에 단 한 번 있었던 우주적인 사건인 것입니다. 또한 하나님께서 인간으로 나타나신 가장 위대한 역사적 사건인 것입니다.

"너희 안에 이 마음을 품으라. 곧 그리스도 예수의 마음이니"(빌 2:5), 말씀과 같이 우리는 '그리스도 예수의 마음', 곧 성육신 정신을 간직하고 본받아야 되겠습니다. 순종과 겸손과 헌신과 사랑이 바로 성육신 정신인 것입니다.

"새 계명을 너희에게 주노니 서로 사랑하라. 내가 너희를 사랑한 것 같이 너희도 서로 사랑하라"(요 13:34). 예수님은 사람들에게 사랑을 구체적으로 실천하시기 위하여 성육신 하셨습니다. 우리도 예수님의 성육신 정신을 본받아 사랑을 실천해야 되겠습니다.

제10장 제5과
믿음의 눈을 밝히자

저희와 함께 음식 잡수실 때에 떡을 가지사 축사하시고 떼어 저희에게

주시매 저희 눈이 밝아져 그인 줄 알아보더니 예수는 저희에게 보이지 아니하시는지라(눅 24:30~31).

1. 세상을 보는 눈과 예수님을 보는 눈

"눈은 몸의 등불이니 그러므로 네 눈이 성하면 온 몸이 밝을 것이요, 눈이 나쁘면 온 몸이 어두울 것이니"(마 6:22~23)라고 예수님께서 말씀하십니다. 캄캄한 밤에 등불이 없다면 얼마나 답답하고 불편하겠습니까! 그러나 밤중이라도 등불만 있으면 대낮처럼 일을 할 수가 있습니다.

밤중에 등불이 없는 것처럼 눈이 어두워서 보지 못하면 얼마나 불편하겠습니까! 몸뿐만 아니라 마음까지 어두워지게 됩니다. 반대로 밝은 눈을 소유하게 되면 몸뿐만 아니라 마음까지 밝아질 것입니다. 따라서 우리는 모두 밝은 눈을 가지도록 노력해야 됩니다.

이처럼 사물을 밝히 보아야 할 눈에는 여러 가지 눈이 있습니다. 첫째로는 물질세계만 바라볼 수밖에 없는 육안(肉眼)이 있습니다. 육안이 어두운 사람을 장님이라 합니다. 육안이 나쁘면 안경으로 보정할 수도 있고 보다 작은 것과 멀리 있는 것을 보기 위해서는 현미경과 망원경이 필요합니다. 그리고 글을 읽고 지식을 습득하여 얻을 수 있는 지식의 눈이 있습니다. 현대 생활에는 절대로 지식의 눈이 밝아야 합니다. 지식의 눈이 어두운 사람을 눈 뜬 장님이라 합니다. 그리고 또한 사물을 옳게 분별하여 밝게 판단하는 지혜의 눈이 있습니다. 바르게 살고 수양을 많이 쌓은 사람에게는 이 지혜의 눈이 밝아집니다. 지혜의 눈은 이 세상에서 보람 있고 가치 있게 살 수 있도록 비추어 주는 등불입니다.

그러나 지금까지 말한 몇 가지 눈은 세상을 바라볼 수 있는 눈으로는 쓸모가 있지만 예수님과 하늘나라 앞에 서면 장님이 되고 맙니다. 즉, 영적 장님인 것입니다. 우리가 예수님을 보기 위해서는 믿음의 눈이 열려야 합니다. 다시 말하면 하늘나라를 바라볼 수 있는 영안이 열려야 합니다. 오늘 본문 말씀에 보면 "저희 눈이 밝아져 그인 줄 알아보더니"(눅 24:31)라고 하여 예수님을 볼 수 있는 눈이 밝아졌다고 했습니다. 그렇다면 어떻게 해야 예수님을 바라볼 수 있는 믿음의 눈이 열리게 되겠습니까?

2. 예수님을 바라볼 수 있는 믿음의 눈이 밝아지려면

첫째로, 예수님에 대한 관심을 가져야 합니다.

관심은 사랑의 표현인 것입니다. 관심이 없는 사람은 스치고 지나가도 의식하지 못합니다. 예수그리스도께서는 우리 주변 도처에 계십니다. 교회에, 기도원에, 성경책에, 기독교 서적에, 설교 테이프에, 간증 테이프에, 기독교 방송에 그리고 모든 그리스도인들에게서 예수님을 느낄 수가 있어야 합니다. 그러나 사람들은 예수님께 관심이 없기 때문에 전혀 의식하지 못합니다.

예수님께서 부활하시던 날 엠마오로 내려가던 두 제자는 예수님에 대한 관심이 있었습니다. 그들은 선지자이신 예수가 억울하게 십자가에 못 박혔다고 말했습니다. 또, 예수님을 이스라엘의 구속자로 생각했었다고 말했습니다. 죽은 지 사흘 만에 살아났다는 놀라운 소문을 들었는데 확인한 사람은 없다고 말했습니다. 그들과 동행한 분은 바로 예수님이었습니다. 우리가 예수님에 대한 관심을 가지는 곳에는 늘 예수님이 함께 계시는 것입니다.

둘째로, 예수님의 말씀을 들어야 합니다.

"믿음은 들음에서 나며 들음은 그리스도의 말씀으로 말미암았느니라"(롬 10:17). 그렇습니다. 우리는 그리스도의 말씀을 들어야 영안이 열리게 될 믿음이 들게 되는 것입니다. 엠마오로 가는 두 제자는 몰래 동행하고 계시는 예수님으로부터 예수님 자신에 대한 예언의 말씀을 들었습니다. "저희가 서로 말하되 길에서 우리에게 말씀하시고 우리에게 성경을 풀어주실 때에 우리 속에서 마음이 뜨겁지 아니하더냐?"(눅 24:32) 이 말씀은 그들이 예수님을 알아본 후 뒤늦게 깨닫고 대화한 내용입니다.

우리가 예수님에 대한 관심을 가지고 예수님에 대한 말씀을 듣게 되면 부지중에 마음이 뜨거워질 때가 있습니다. 마음이 뜨거워진다는 것은 영안이 열리기 시작하는 징조인 것입니다.

셋째로, 예수님이 주시는 떡을 먹어야 합니다.

"저희와 함께 음식 잡수실 때에 떡을 가지사 축사하시고 떼어 저희에게 주시매 저희 눈이 밝아져 그인 줄 알아보더니"(눅 24:30~31)라고 성경이 증언하고 있습니다. 이와 같이 그들은 예수님의 떡을 받았을 때 영안이 열려 예수님을 볼 수가 있었습니다.

"예수께서 이르시되 내가 진실로 진실로 너희에게 이르노니 인자의 살을 먹지 아니하고 인자의 피를 마시지 아니하면 너희 속에 생명이 없느니라. 내 살을 먹고 내 피를 마시는 자는 영생을 가졌고, 마지막 날에 내가 그를 다시 살리리니 내 살은 참된 양식이요, 내 피는 참된 음료로다"(요 6:53~55).

예수님께서 말씀하신 것처럼 우리는 예수님의 살을 먹고 피를 마셔야 합니다. 또, 예수님께서는 마지막 만찬의 자리에서 떡을 떼어 제자들에게 주시면서 "이것은 내 몸이라", 잔을 돌리시면서 "이 잔은 내 피로 세우는 새 언약이라"(눅 22:20)라고 하셨습니다.

그렇다면 우리가 어떻게 예수님이 주시는 떡과 잔을, 혹은 살과 피를 먹을 수가 있습니까? 말씀이 육신이 되셔서 이 땅에 오신(요 1:14) 예수님의 살과 피를 먹는 방법은 곧, 말씀을 먹으면 되는 것입니다. 그렇다면 말씀을 어떻게 먹을 수가 있습니까? 우리가 말씀을 읽고 이해하고, 말씀대로 행하는 것이 곧 말씀을 먹는 것이요 예수님의 살과 피를 먹는 것입니다.

이상과 같이 예수님에게 관심을 갖고, 예수님에 대한 말씀을 들으며, 예수님의 피와 살을 먹으면 엠마오로 가던 두 제자처럼 부활하신 예수님을 만날 수가 있습니다. 할렐루야!

정 리

한 번 예수님을 만났다고 문제가 모두 해결되는 것은 아닙니다. 한 번 큰 믿음을 체험했다고 구원이 완성된 것은 아닙니다. 육안도 노쇠하면 어두워지고, 계속 공부하지 않으면 지식의 눈도 무디어지고, 생활이 바르지 못하면 지혜의 눈도 둔해지게 되는 것입니다. 마찬가지로 우리가 예수님께 관심을 가지고 계속 나아가 말씀을 듣지 않으면 믿음의 눈도 어두워지게 되는 것입니다.

엠마오로 가던 두 제자는 저녁 식탁에서 부활하신 예수님을 만나 뵌 뒤, 즉시 예루살렘으로 다시 올라가서 제자들을 만났습니다. 그리고 예수님에 관한 이야기를 다시 주고받았습니다. 그들도 예수님을 만나게 된 모든 일을 간증했습니다.

"이 말을 할 때에 예수께서 친히 그 가운데 서서 가라사대 너희에게 평강이 있을지어다"(눅 24:36)라고 말씀하시면서 그들에게 찾아 오셨습니다. 할렐루야!

모든 그리스도인들은 늘 예수님에 대한 관심을 갖고, 말씀을 듣고, 말씀을 행함으로써 믿음의 눈을 밝게 유지해야 되겠습니다.

제10장 제6과
믿음의 3단계

사드락과 메삭과 아벳느고가 왕에게 대답하여 가로되 느부갓넷살이여 우리가 이 일에 대하여 왕에게 대답할 필요가 없나이다. 만일 그럴 것이면 왕이여 우리가 섬기는 우리 하나님이 우리를 극렬히 타는 풀무 가운데서 능히 건져내시겠고 왕의 손에서도 건져내시리이다. 그리 아니하실지라도 왕이여 우리가 왕의 신들을 섬기지도 아니하고 왕의 세우신 금 신상에게 절하지도 아니할 줄을 아옵소서(단 3:16~18).

1. 하나님의 약속과 다니엘의 세 친구

"여호와의 눈은 온 땅을 두루 감찰하사 전심으로 자기에게 향하는 자를 위하여 능력을 베푸시나니"(대하 16:9a), "너희 머리털 하나도 상치 아니하리라"(눅 21:18). "여호와는 너를 지키시는 자라. 여호와께서 네 우편에서 네 그늘이 되시나니 낮의 해가 너를 상치 아니하며 밤의 달도 너를 해치 아니 하리로다"(시 121:5~6)라고 성경은 약속하고 있습니다.

다니엘의 세 친구 사드락과 메삭과 아벳느고는 바벨론에 포로로 잡혀간 이스라엘 소년들인데 왕의 명령에 따라 바벨론 학문을 교육받은 후 바벨론 지방 도백으로 발탁된 유능한 인물이었습니다.

그러나 바벨론왕이 만들어 세운 금신상 낙성식에서 절을 하지 않았다는 이유로 고발되어 법에 따라 극렬히 타는 풀무 불에 던져져서 죽게 되었습니다. 그들의 인품을 아깝게 여긴 왕은 분노를 참고 그들이 뉘우치고 금신상에 절을 하고 용서받을 수 있는 기회를 다시 주었습니다. 그러나 다니엘의 세 친구는 왕의 신을 섬기는 일과 금신상에 절하기를 거절하고 칠배나 뜨겁게 달군 풀무 불을 택하였습니다.

이 때 하나님께서는 그들의 큰 믿음과 순교적 사랑을 보시고 그들을 풀무 불에서 온전히 구원해 주셨으며 약속대로 머리털 하나도 상치 않게 하셨습니다(단 3:27).

2. 믿음의 3단계

앞에서 증언된 다니엘의 세 친구 사드락, 메삭, 아벳느고의 점진적인 믿음을 통하여 우리는 믿음의 단계를 세 가지로 구분해 볼 수가 있습니다.

(1) 믿음의 첫째 단계는 계명을 지키고 믿음을 확립하는 단계입니다.

"너는 나 외에 다른 신들을 네게 있게 말지니라"(출 20:3). "너를 위하여 새긴 우상을 만들지 말고, 또 위로 하늘에 있는 것이나 아래로 땅에 있는 것이나 땅 아래 물속에 있는 것의 아무 형상이든지 만들지 말며, 그것들에게 절하지 말며 그것들을 섬기지 말라"(출 20:4~5a). 이 말씀은 모세의 10계명 중 1~2 계명에 기록해 놓은 말씀입니다. 사람은 마땅히 하나님 외에는 다른 신이나 우상을 섬기지 말아야 합니다.

다니엘의 세 친구 사드락, 메삭, 아벳느고는 바벨론의 도백으로 있으면서도 이를 실천했습니다. 고발하는 자들이 말하기를 "왕이여 이 사람들이 왕을 높이지 아니하며, 왕의 신들을 섬기지 아니하며 왕의 세운 금신상에 절하지 아니 하나이다"(단 3:12)라고 고자질을 했습니다.

참으로 믿음의 첫째 단계는 다니엘의 세 친구처럼 어려운 환경 가운데서도 계명을 지키고 믿음을 확립하는 단계입니다.

(2) 믿음의 둘째 단계는 바라는 바 소망을 믿음으로 확신하는 단계입니다.

"또 가로되 여호와께서 나를 사자의 발톱과 곰의 발톱에서 건져 내셨은즉 나를 이 블레셋 사람의 손에서도 건져 내시리이다"(삼상 17:37)라고 블레셋의 골리앗

장군과 마주선 소년 다윗은 완전 무장한 용장 골리앗을 단순히 물맷돌 한 개로 하나님께서 물리치게 해 주실 것을 확신하였습니다. 또 12년 동안 혈루병으로 고생하던 여인은 "내가 그의 옷에만 손을 대어도 구원을 얻으리라"(막 5:28)라고 바라는 바를 굳게 믿었습니다.

그리고 다니엘의 세 친구는 "우리가 풀무 불에 던져질지라도 왕이여 우리가 섬기는 우리 하나님이 우리를 극렬히 타는 풀무 가운데서 건져내시겠고, 왕의 손에서도 건져 내시리이다"(단 3:17)라고 하나님께서 구원해 주실 것을 추호의 의심도 없이 확신하였습니다.

이처럼 믿음의 두 번째 단계는 내가 소망하는 바를 하나님께서 틀림없이 이루어 주실 것이라고 확신하는 단계입니다.

(3) 믿음의 셋째 단계는 헌신적으로 사랑하는 단계입니다.

"네 마음을 다하고 목숨을 다하고 뜻을 다하고 힘을 다하여 주 너희 하나님을 사랑하라"(막 12:30)고 예수님은 교훈하셨습니다. 또 예수님은 "사람이 친구를 위하여 자기 목숨을 버리면 이에서 더 큰 사랑이 없나니 너희가 나의 명하는 대로 행하면 곧 나의 친구라"(요 15:13~14)라고 하여 사랑의 극치는 목숨까지 버리는 것이라고 가르치셨습니다.

다니엘의 세 친구는 이를 실천했습니다. "그리 아니하실지라도 왕이여 우리가 왕의 신들을 섬기지도 아니하고, 왕의 세우신 금신상에게 절하지도 아니할 줄을 아옵소서"(단 3:18). "만약에 하나님께서 우리를 구원해 주시지 않아서 우리가 풀무 불에 타 죽을지라도 왕의 우상에 절은 못하겠나이다." 그들은 죽음을 각오하고 하나님 편에 섰습니다.

이처럼 믿음의 셋째 단계는 아무런 조건도 없이 순교적인 사랑으로 하나님을 섬기는 믿음의 단계입니다.

3. 믿음으로 승리한 다니엘의 세 친구

"여호와의 눈은 온 땅을 두루 감찰하사 전심으로 자기에게 향하는 자를 위하여 능력을 베푸시나니"(대하 16:9a), 하나님께서는 약속을 지켜 주셨습니다. "이 세 사람 사드락, 메삭, 아벳느고는 결박된 채 극렬히 타는 풀무 가운데 떨어졌지만"(단 3:23), 하나님께서 천사를 보내어 이들을 불 가운데서 구원하셨습니다.

그들이 불에서 나올 때 "방백과 수령과 도백과 왕의 모사들이 모여 이 사람들을 본즉 불이 능히 그 몸을 해하지 못하였고, 머리털도 그슬리지 아니하였고, 고의 빛도 변하지 아니하였고, 불탄 냄새도 없었더라"(단 3:27)라고 성경은 증언하고 있습니다. 참으로 하나님께서는 이들의 머리털 하나라도 상치 않게 하셨습니다.

정 리

믿음의 첫 단계는 믿음이 확립되는 단계입니다. 이방신과 우상을 버리고 계명대로 하나님(예수님)을 믿는 단계입니다. 믿음의 둘째 단계는 소망하는 바를 확신하는 단계입니다. 기도하고 바라는 바는 반드시 이루어 주실 것이라고 확신하는 단계입니다. 믿음의 셋째 단계는 헌신적으로 사랑하는 단계입니다. 조건 없이 하나님의 편이 되는 순교적 사랑의 단계입니다.

"그런즉 믿음, 소망, 사랑 이 세 가지는 항상 있을 것인데 그 중에 제일은 사랑이라"(고전 13:13). 우리는 이 말씀에서 영원히 없어지지 않는 믿음, 소망, 사랑이 믿음의 3단계임을 깨닫게 되는 것입니다. 믿음이 성장하면 바라는 바를 의심 없이 확신할 수 있는 소망의 단계가 되고, 믿음이 더욱 성장하면 순교적 아가페 사랑의 단계가 됩니다.

주님이여! 연약한 나의 믿음이 소망의 단계와 사랑의 단계를 바라보고 "그리스도의 장성한 분량이 충만한 데까지"(엡 4:13) 이르게 하소서! 할렐루야!

제10장 제7과
평안과 사랑 그리고 은혜

아버지 하나님과 주 예수 그리스도에게로부터 평안과 믿음을 겸한 사랑이 형제들에게 있을지어다. 우리 주 예수 그리스도를 변함 없이 사랑하는 모든 자에게 은혜가 있을지어다(엡 6:23~24).

바울은 로마 감옥에서 에베소교회 성도들의 참된 연합을 촉구하는 편지를 쓰고, 그 말미에 주님의 평안과 사랑과 은혜가 함께 하기를 기도하고 있습니다. 바울이 에베소교회 성도들에게 함께 하기를 기도하는 평안과 사랑 그리고 은혜가 무엇인지 함께 살펴보는 시간이 되시기를 바랍니다.

1. 은혜는 주님이 주시는 선물이다

그렇다면 은혜(grace)란 무엇입니까? 헬라어 '카리스'란 말의 번역인데 은혜, 은사, 은총 외에 호의, 선물이란 의미가 있습니다. 은혜란 바로 하나님께서 우리에게 베풀어주시는 호의요 선물입니다. 대표적 선물로는 9가지 성령의 은사(고전 12:8~10)와 9가지 성령의 열매(갈 5:22~23)가 있습니다. 지혜의 말씀, 지식의 말씀, 믿음, 병고치는 은사, 능력 행함, 예언함, 영들 분별함, 방언 말함, 방언을 통역함 등은 9가지 성령의 은사입니다. 사랑과 희락과 화평과 오래 참음과 자비와 양선과 충성과 온유와 절제는 9가지 성령의 열매입니다.

따라서 바울 사도의 기도에서 나온 평안과 사랑은 하나님의 은혜의 선물 안에 들어있는 덕목임을 알 수 있습니다. 바울은 특별히 '평안'과 '사랑'의 덕목을 강조해 두고 나머지 모든 선물의 덕목들은 '은혜'라는 말로 묶어 축복해 주고 있습니다.

은혜가 비록 주님이 주시는 선물이지만 받을 자세나 그릇이 준비되지 않으면 받을 수 없는 것입니다. 바울은 "우리 주 예수 그리스도를 변함없이 사랑하는 모든 자에게 은혜가 있을지어다"(엡 6:24)라고 기도하고 있습니다. 또 하나님께서는 "나를 사랑하고 내 계명을 지키는 자에게는 천대까지 은혜를 베푸느니라"(출 20:6)라고 약속하고 계십니다. 주님을 사랑하고 주님의 계명을 지켜서 주님이 주시는 온갖 귀한 선물을 받으시는 여러분이 되시기를 바랍니다.

2. '평안'은 받아서 누리는 최고의 선물이다

'평안(peace)'은 평강 또는 평화라고 표현됩니다. 예수님께서는 우리에게 평안의 선물을 주시기 위하여 이 땅에 오셨습니다. 그래서 아기 예수가 이 땅에 탄생하실 때 "지극히 높은 곳에서는 하나님께 영광이요, 땅에서는 기뻐하심을 입은 사람들 중에 평화로다"(눅 2:14)라고 천사들이 찬송했습니다. 또 부활하신 예수님께서는 제자들을 만날 때마다 "너희에게 평강이 있을지어다"(요 20:19, 26)라고 늘 평강을 강조했습니다. 또한 "하나님의 나라는 먹는 것과 마시는 것이 아니요, 오직 성령 안에서 의와 평강과 희락이라"(롬 14:17)라고 성경은 증언하고 있습니다.

그렇습니다. 평강은 바로 하늘나라의 모습입니다(계 21:4)라고 계시록은 천국의 모습을 묘사해주고 있습니다. 근심 걱정이나 환난이나 애통이나 사망이 없는 평안하고 평화스런 상태가 바로 천국의 모습입니다. 참으로 평안은 주님께서 지향하는 천국의 모습이요, 우리가 받아 누릴 수 있는 최고의 선물입니다.

그렇다면 우리가 평안을 어떻게 얻을 수 있습니까? 세상의 좋은 것들은 많으면 많을수록 그것을 지키기 위한 불안과 근심을 동반하게 됩니다. 그래서 성경은 "육신을 좇는 자는 육신의 일을, 영을 좇는 자는 영의 일을 생각하나니 육신의 생각은 사망이요, 영의 생각은 생명과 평안이니라"(롬 8:5~6)라고 증언합니다. 이것은 세상적인 욕심을 버리고 하나님 안에 있어야 생명과 평안을 얻을 수 있다는 의미입니다.

"내가 너희에게 주는 평안은 세상이 주는 것과 같지 아니하니라"(요 14:27). 말씀과 같이 그리스도 안에서의 평안, 성령 안에서의 평안(롬 14:17)만이 참된 평안임을 알 수 있습니다.

3. '사랑'은 받아서 베푸는 최고의 선물이다

사랑도 평안과 마찬가지로 하나님께서 주시는 은혜의 선물 중 하나입니다. 평안이 우리가 받아서 누리는 최고의 선물이라면 사랑은 우리가 받아서 베푸는 최고의 선물입니다.

예수님께서는 "네 마음을 다하고, 목숨을 다하고, 뜻을 다하고, 힘을 다하여 주 너희 하나님을 사랑하라"(막 12:30). "사람이 친구를 위하여 자기 목숨을 버리면 이에서 더 큰 사랑이 없나니, 너희가 나의 명한대로 행하면 나의 친구니라"(막 15:13)라고 가르치셨습니다. 참으로 사랑은 베푸는 것이요, 헌신이요, 행함의 극치입니다.

또한 사랑은 믿음의 극치입니다. 믿음이 없는 사랑은 이기적인 사랑이 되기 쉽고 사랑의 교만에 빠지기 쉽습니다. 바울은 '믿음을 겸한 사랑'(엡 6:23)을 에베소 성도들을 위하여 빌었습니다. 사랑은 믿음에 뿌리를 두고 자라서 소망의 단계를 지나 헌신적인 사랑의 단계에 이르러야 합니다. 따라서 사랑이 없는 믿음은 상업주의적인 믿음에 불과합니다. “산을 옮길 만한 모든 믿음이 있을지라도 사랑이 없으면 내가 아무것도 아니요”(고전 13:2)라고 성경은 증언하고 있습니다.

이와 같이 사랑과 믿음은 불가분의 관계에 있습니다. 믿음이 없는 세속적인 사랑이나 사랑이 없는 세상 믿음은 하나님 앞에서는 모두 무용지물입니다. 우리는 사랑의 원천이신 하나님으로부터, 헌신적인 사랑의 실천자이신 예수님으로부터 믿음을 겸한 사랑을 본받아야 되겠습니다.

정 리

평안과 사랑은 하나님께서 은혜로 주시는 많은 선물 중에서도 특별히 두드러진 선물입니다. 평안은 그리스도인들만이 받아 누릴 수 있는 최고의 선물로서 그리스도인들이 최종적으로 추구하는 마음의 천국입니다. 사랑은 그리스도인들이 받아 베풀 수 있는 최고의 선물로서 그리스도인들이 최종적으로 도달해야 하는 성화(聖化)의 단계입니다.

또한 사랑은 믿음이 성장하여 도달하게 되는 믿음의 극치이며, 믿음이 없는 사랑이나 사랑이 없는 믿음은 모두 무용지물입니다. 평안과 사랑과 그 외 모든 은혜의 선물들을 받기 위해서는 우리가 변함없이 주님을 사랑하고 그 계명을 지켜야만 합니다.

제10장 제8과
사랑의 빚(부채)

피차 사랑의 빚 외에는 아무에게든지 아무 빚도 지지 말라. 남을 사랑하는 자는 율법을 다 이루었느니라. 사랑은 이웃에게 악을 행치 아니하나니 그러므로 사랑은 율법의 완성이니라(롬 13:8, 10).

1. 빚(부채)의 종류

빚의 의미를 국어사전에서 찾아보면 '남에게 갚아야 할 돈', '갚아야 할 은혜 따위의 비유' 등으로 설명이 되어 있습니다. 빚의 의미에서 보는 바와 같이 '빚'이란 말은 반드시 갚아야 할 의무가 내포되어 있는 말입니다.

"피차 사랑의 빚 외에는 아무에게든지 아무 빚도 지지 말라"(롬 13:8). 원래 '빚'이란 갚아야 할 돈, 즉 재물에 관계되는 용어이지만 성경 말씀에서는 '사랑의 빚'을 지적했고, 또 "아무 빚도 지지 말라"는 말씀에서 볼 때 여러 종류의 빚이 있음도 시사하고 있습니다.

빚의 종류에 대해서 학문적으로 어떻게 구분되는지는 모르지만 우선 일반적 개념의 빚인 재산상의 빚을 들 수 있고, 그리고 '사랑의 빚'이 있으니까 이에 대한 '미움의 빚'을 생각할 수 있습니다. 재산상의 빚은 처음부터 갚기를 약속하고 빌린 것이기 때문에 반드시 갚아야 합니다. 사랑의 빚은 갚으면 좋은 것이지만 반드시 갚아야 할 법적 의무는 없는 것입니다. 미움의 빚이란 각종 피해에 대한 보복을 의미하는 것인데 갚지 않아도 되는 빚인 것입니다.

2. '사랑의 빚'이란

"피차 사랑의 빚 외에는 아무에게든지 아무 빚도 지지 말라"(롬 13:8). 이 말씀에서 먼저 "아무 빚도 지지 말라"는 말씀을 생각해 봅니다. 사랑의 빚을 제외하고는 물질의 빚이나 미움의 빚 따위는 지지 말라는 것입니다. 가능하면 물질의 빚은 지지 않는 것이 좋습니다. 빚을 내서 생활을 즐긴다는 것은 위험천만입니다. 한동안 카드 빚 때문에 패가망신한 사람이 얼마나 많았습니까?

그리고 살다 보면 억울한 일도 당하고 일신상이나 재산상의 피해를 당하는 경우가 생기지만 이것을 보복을 하기 위한 미움의 빚으로 여기지 말라는 것입니다. 다윗은 자기를 죽이려고 찾아다니는 사울왕을 죽일 기회가 두 번이나 있었지만 미움의 빚으로 갚지 않았습니다. 아들 압살롬의 반역으로 궁지에 몰려 있을 때에도 자기를 면전에서 모욕하는 시므이란 자를 미움의 빚으로 갚지 않았습니다.

애굽의 국무총리가 된 요셉도 어렸을 때 자기를 노예로 팔아버린 형들을 미움의 빚으로 갚지 않았습니다. 예수님도 당신을 십자가에 못 박은 바리새인들과 장로들을 미움의 빚으로 갚지 않았습니다. 그렇습니다. 미움의 빚은 빚으로 여기지 않는 것이 성경의 가르침인 것입니다.

오늘 본문 말씀은 '사랑의 빚'을 강조하고 있습니다. '빚'이란 말은 반드시 갚아야 할 의무가 내포된 말입니다. 따라서 '사랑의 빚'이란 사랑을 반드시 갚아야 한다는 말인 것입니다.

사람은 누구나 자기 주위의 모든 존재에 대하여 사랑의 빚을 진 자입니다. 우리는 하나님과 부모님, 가족들로부터 사랑을 받았습니다. 우리는 국가와 사회, 이웃들로부터 사랑을 받았습니다. 우리는 자연과 환경 등 우리 주위의 모든 존재들로부터 사랑의 빚을 지고 있는 것입니다. 물질의 빚은 가능한 지지 말고, 미움의 빚은 빚으로 여기지 맙시다. 다만 사랑의 빚만 모두 찾아서 후히 갚으십시다.

3. 사랑의 빚을 갚는 방법

사랑의 빚을 갚기 위해서는 먼저 내가 사랑의 빚을 진 자라는 깊은 인식이 필요합니다. 빚이 있어야 갚지 빚이 없는데 갚으려고 하는 사람이 누가 있겠습니까?

"나는 사랑의 빚을 진 자이다"라는 인식은 현실에 대한 감사로부터 출발이 되는 것입니다. 오늘날 지나친 개인주의의 신장으로 사람들은 정부나 부모나 이웃의 사랑에 대한 감사보다 불평불만을 토로하고 있습니다. 부모의 자녀에 대한 과잉보호와 물질의 풍요에 따라 사랑에 대한 감사의 자극이 둔해지지 않는가 하고 우려가 되는 현실입니다.

지난 2월 15일에는 나의 고향에 있는 중학교의 졸업식에 참가하였습니다. 졸업생 13명 전원이 다소간 장학금을 받게 되고, 상품과 기념품을 받게 되었습니다. 그들이 그 장학금과 기념품에 스며있는 귀한 사랑의 가치를 과연 느끼고 있는 것인가 하고 염려가 되었습니다.

나는 축사 순서에서 어렸을 때 아는 아저씨로부터 연필 한 자루의 선물을 받고 너무나 기뻐서 지금까지도 잊지 않고 있음을 이야기해 주었습니다. 어쨌든 자신이 사랑의 빚을 진 자라는 인식이 먼저 이루어져야 사랑의 빚을 갚게 될 것입니다.

그렇다면 사랑의 빚은 누구에게 갚아야 합니까? 재물에 대한 빚은 재물을 빌려준 자에게 갚아야 하는 것이지만 사랑의 빚은 반드시 사랑을 준 자에게 갚아야 하는 것은 아닙니다. 사랑을 준 자는 사랑을 받기 위해서 준 것이 아니기 때문입니다. 진정한 사랑은 '주고 또 주는 것'(give and give)이지 '주고 받는 것'(give and take)이 아닌 것입니다. 자녀나 제자나 이웃에게 대해 사랑을 많이 베푼 사람이 간혹 섭섭함을 느끼는 것은 사랑을 되받아야 되겠다는 보상 심리 때문인 것입니다.

"헬라인이나 야만인이나 지혜 있는 자나 어리석은 자에게 다 내가 빚진 자라. 그러므로 나는 할 수 있는 대로 로마에 있는 너희에게도 복음 전하기를 원하노라"(롬 1:14~15). 바울 사도는 예수님으로부터 사랑과 복음을 받았지만 모든 세상 사람들에게 사랑과 복음의 빚을 진 자라고 했습니다.

따라서 사랑의 빚은 사랑을 준 자에게만 갚는 것이 아니라 모든 이웃에게 갚는 것입니다. 이와 같이 사랑은 처음에 하나님으로부터 받은 것이지만(요일 4:16) 그 사랑의 빚은 이웃에게 릴레이식으로 갚아지는 것입니다.

정 리

"피차 사랑의 빚 외에는 아무에게든지 아무 빚도 지지 말라"(롬 13:8). 모든 사람이 이웃에 대하여 사랑의 빚만 지고 있다면 서로 사랑할 일 밖에는 없는 것입니다. 미움의 빚이 없으니 미워하고 악을 행할 이유가 없을 것입니다.

"간음하지 말라. 살인하지 말라. 도적질하지 말라. 탐내지 말라 한 것과 그 외에 다른 계명이 있을지라도 네 이웃을 네 자신과 같이 사랑하라 하신 말씀 가운데 다 들었느니라"(롬 13:9). 말씀에서 언급된 금지 사항들은 10계명 중 대인관계의 계명입니다. 이 모든 계명은 한 마디로 "네 이웃에게 악을 행하지 말라"는 말로 요약할 수 있습니다. 그리고 이웃을 사랑한다면 악은 당연히 행하지 않을 것입니다. 그래서 성경은 "사랑은 이웃에게 악을 행하지 아니하나니 그러므로 사랑은 율법의 완성이니라"(롬 13:10)라고 결론을 내리고 있습니다.

결론적으로 "나는 사랑의 빚을 진 자이다"라는 깨달음을 가졌다면 이것은 율법의 완성으로 가는 길목이 될 것입니다. 우리는 모두 사랑의 빚을 진 자들입니다. 다 같이 사랑의 빚을 갚읍시다.

제10장 제9과
사랑은 율법의 완성이다

피차 사랑의 빚 외에는 아무에게든지 아무 빚도 지지 말라. 남을 사랑하는 자는 율법을 다 이루었느니라. 사랑은 이웃에게 악을 행치 아니하나니 그러므로 사랑은 율법의 완성이니라(롬 13:8, 10).

1. 사랑의 본질

"사랑하지 아니하는 자는 하나님을 알지 못하나니 하나님은 사랑이심이라"(요일 4:8). 말씀과 같이 사랑의 근원은 하나님입니다. 따라서 우리가 하나님을 알기 위해서는 사랑 안에 들어가야 합니다. 그렇다면 사랑의 본질은 무엇인지 먼저 알아봅니다.

첫째로, 사랑은 남을 위하여 헌신하고 희생하는 것입니다.

"우리가 아직 죄인 되었을 때에 그리스도께서 우리를 위하여 죽으심으로 하나님께서 우리에게 대한 자기의 사랑을 확증하셨느니라"(롬 5:8). 사랑의 원천이신 하나님께서는 인간을 위하여 독생자 예수 그리스도를 십자가의 제물로 희생시켰습니다. 또한 이 사실을 예수님의 입장에서 볼 때에는 "친구를 위하여 자기 목숨을 버리는 큰 사랑"(요 15:13~14 정리)을 스스로 실천하신 것입니다.

그리고 예수님께서는 "첫째로, 네 마음을 다하고 목숨을 다하고 뜻을 다하여 주 너의 하나님을 사랑하라. 그리고 둘째로는 네 이웃을 네 몸과 같이 사랑하라"(마 22:37~39 정리)라고 말씀하시어 하나님과 이웃에 대한 사랑이 어떤 것인가를 교훈하고 있습니다.

둘째로, 사랑은 참고 양보하는 것입니다.

고린도 전서 13장에서 바울이 증언한 사랑의 덕목 15가지 중에서 11가지가 참고 양보해야 된다는 덕목입니다. "사랑은 오래참고, 성내지 아니하며, 모든 것을 참으며, 모든 것을 견디느니라"(고전 13:4~8 인내 중심 요약 정리)라고 하여 사랑의 4가지 덕목은 적극적인 인내를 요구하고 있습니다.

또 "사랑은 투기하는 자가 되지 아니하며, 자랑하지 아니하며, 교만하지 아니하며, 무례히 행치 아니하며, 자기 유익을 구치 아니하며, 악한 것을 생각하지 아니하며, 불의를 기뻐하지 아니하며"(고전 13:4~8 양보 중심 요약 정리)라고 하여 7가지 덕목은 하지 말아야 하는 양보를 요구하고 있습니다.

셋째로, 사랑은 그 대상에 대하여 관심을 가지고 보호하는 것입니다.

"여호와께서 그를 황무지에서, 짐승의 부르짖는 광야에서 만나시고, 호위하시며 보호하시며 자기 눈동자 같이 지키셨도다"(신 32:10)라고 모세는 이스라엘에 대한 하나님의 사랑을 노래했습니다.

마지막으로, 사랑은 이웃에게 악을 행하지 아니하는 것입니다.

"사랑은 이웃에게 악을 행하지 아니하나니"(롬 13:10)라고 하여 오늘 본문 말씀은 남에게 악을 행하지 않는 것이 사랑이라고 강조하고 있습니다.

2. 사랑은 율법의 완성이다

"피차 사랑의 빚 외에는 아무에게든지 아무 빚도 지지 말라"(롬 13:8)라고 성경은 교훈하고 있습니다. 우리가 빚을 지면 그 빚을 갚아야 됩니다. 물질의 빚도 그렇거니와 특히 악한 감정의 빚이 있을 때에는 피차간 감정의 충돌이 생기게 됩니다.

그러나 사랑의 빚은 변제를 요구하지 않는 안전한 빚입니다. 언제든 내가 원할 때 갚아주면 됩니다. 사랑의 빚은 많이 질수록 좋고 많이 갚을수록 좋습니다. 바울 사도는 "헬라인이나 야만인이나, 지혜 있는 자나 어리석은 자에게 내가 빚진 자라. 그러므로 나는 할 수 있는 대로 로마에 있는 너희에게도 복음을 전하기를 원하노라"(롬 1:14~15)라고 하였습니다. 바울 사도처럼 우리는 모두 복음으로 사랑의 빚을 진자들입니다. 우리는 사랑의 복음으로 빚을 갚아야만 되겠습니다.

한편 악한 감정의 빚은 없을수록 좋고 갚지 않을수록 좋습니다. "악을 악으로, 욕을 욕으로 갚지 말고 도리어 복을 빌라. 이를 위하여 너희가 부르심을 입었으니 이는 복을 유업으로 받게 하려 하심이라"(벧전 3:9)라고 성경은 교훈하고 있습니다. 감정의 빚은 갚을수록 빚이 점점 커집니다. 우리가 원수를 위하여 복을 빌 때 감정의 빚은 사라질 것입니다.

원수를 위하여 복을 비는 것은 사랑의 행위입니다. 사랑에는 위대한 능력이 있습니다. "남을 사랑하는 자는 율법을 다 이루었느니라"(롬 13:8b)라고 성경은 가르치고 있습니다. "간음하지 말라, 살인하지 말라, 도적질하지 말라, 탐내지 말라 한 것과 그 외에 다른 계명이 있을지라도 네 이웃을 네 자신과 같이 사랑하라 하신 그 말씀 가운데 다 들었느니라"(롬 13:9)라고 성경은 교훈하고 있습니다.

그렇습니다. 이웃을 사랑한다고 하면서 그 이웃에 악을 끼칠 수가 있겠습니까? 하나님과의 관계에 있어서도 마찬가지입니다. 하나님을 사랑한다고 하면서 우상을 섬길 수가 있겠습니까? 하나님의 이름을 망령되이 일컫고, 또한 주일(안식일)을 성수(聖守)하지 않을 수가 있겠습니까? 그래서 예수님께서는 "너희가 나를 사랑하면 나의 계명을 지키리라"(요 14:15)라고 말씀하셨습니다.

"율법의 행위로 그의 앞에 의롭다 하심을 얻을 육체가 없나니"(롬 3:20), "내가 원하는 바 선은 하지 아니하고 도리어 원치 아니하는 바 악은 행하는도다"(롬 7:19)라고 바울은 고백했습니다. 사람이 사랑이 없이는 누구나 율법을 행할 수 없다는 고백입니다. 그러나 하나님의 은혜로 예수를 믿고 성령 충만으로 사랑의 은사를 받으면 율법을 능히 행할 수가 있다는 것입니다.

예수님께서는 "네 마음을 다하고 목숨을 다하고 뜻을 다하여 주 너의 하나님을 사랑하라 하였으니 이것이 크고 첫째 되는 계명이요, 둘째는 그와 같으니 네 이웃을 네 몸과 같이 사랑하라 하였으니, 이 두 계명이 온 율법과 선지자의 강령이니라"(마 22:37~40)라고 교훈하셨습니다.

즉, 하나님을 사랑하고 이웃을 사랑하면 모든 율법을 이루는 것이라는 말씀입니다. 이처럼 사랑의 능력은 율법을 능히 이룰 수 있는 것입니다. 그래서 로마서는 "사랑은 이웃에게 악을 행치 아니하나니 그러므로 사랑은 율법의 완성이니라"(롬 13:10)라고 진술하고 있습니다.

정 리

사랑의 근원은 하나님이요, 창조 당시 사람에게 주어진 하나님의 형상입니다. 사랑의 본질은 헌신이요, 희생이요, 인내요, 양보입니다. 또한 그 대상에 대한 관심과 보호요, 악을 행하지 않는 것입니다. 우리는 하나님에 대한 사랑과 이웃에 대한 사랑으로 모든 계명과 율법을 완성할 수가 있습니다.

그렇다면 "사랑은 율법의 완성이니라"(롬 13:10)라는 말씀의 교훈은 무엇입니까? 그것은 모든 그리스도인들에게 사랑을 통하여 율법을 완성하라는 요구인 것입니다. 사랑의 형상을 잃어버린 타락된 인간의 힘으로는 율법을 행할 수가 없습니다. 그러나 예수 믿고 구원받아 사랑의 형상이 회복된 사람은 그 사랑의 힘으로 율법을 능히 행할 수가 있게 된다는 것입니다. 따라서 모든 그리스도인은 하나님께서 주신 사랑의 힘으로 율법을 완성해야만 합니다.

"피차 사랑의 빚 외에는 아무에게든지 아무 빚도 지지 말라"(롬 13:8). "사랑은 이웃에게 악을 행치 아니하나니 그러므로 사랑은 율법의 완성이니라"(롬 13:10). 아멘!

제 11 장

넘어질까 조심하라

제11장 제1과
처음보다 심한 나중 형편

만일 저희가 우리 주 되신 구주 예수 그리스도를 앎으로 세상의 더러움을 피한 후에 다시 그 중에 얽매이고 지면 그 나중 형편이 처음보다 더 심하리니, 의의 도를 안 후에 받은 거룩한 명령을 저버리는 것보다 알지 못하는 것이 도리어 저희에게 나으니라(벧후 2:20~21).

1. 알고 지은 죄와 모르고 지은 죄

"주인의 뜻을 알고도 예비치 아니하고 그 뜻대로 행치 아니한 종은 많이 맞을 것이요, 알지 못하고 맞을 일을 행한 종은 적게 맞으리라"(눅 12:47~48a). 알고도 지은 죄는 벌이 크지만 모르고 지은 죄는 벌이 작다는 의미입니다. 무엇을 알고 있는 사람이 모르고 있는 사람보다 책임이 더 크다는 의미입니다. 가령 철모르는 아기가 일을 저질렀다면 허물을 추궁할 수가 없지만 어른이 잘못하면 잘못에 대한 책임을 져야 합니다.

"무릇 많이 받은 자에게는 많이 찾을 것이요, 많이 맡은 자에게는 많이 달라할 것이니라"(눅 12:48b). 또한 말씀과 같이 많이 아는 자와 많은 것을 가진 자는 책임이 크고 해야 할 일도 많다는 것입니다. 그래서 예수님께서는 가난한 과부의 동전 두 렙돈 헌금하는 것이 부자들이 많이 헌금하는 것보다 큰 것이라고 칭찬하셨습니다(막 12:43, 눅 21:3).

결론적으로 복음을 "알지 못하던 시대에는 하나님이 허물치 아니하셨거니와"(행 17:30) 하나님과 예수 그리스도의 복음을 알고도 죄를 짓게 된다면 처음보다 그 책임과 허물이 크다는 것입니다.

2. 처음보다 어렵게 되는 나중 형편

그리스도인이 되기 전에 지은 죄를 모르고 지은 죄라면 그리스도인이 된 후에 지은 죄는 알고도 지은 죄가 되는 것입니다. 따라서 그리스도인이 지은 죄는 세상 사람이 지은 죄보다 하나님 앞에서 벌이 크다는 것입니다.

첫째로, 알고도 죄를 지으면 전에 행한 의로운 행위가 완전히 소멸된다는 것입니다.

"만일 의인이 돌이켜 그 의에서 떠나서 범죄하고 악인의 행하는 모든 가증한 일대로 행하면 살겠느냐? 그 행한 의로운 일은 하나도 기억함이 되지 아니하리니 그가 그 범한 허물과 그 지은 죄로 인하여 죽으리라"(겔 18:24). 아무리 구원받은 의인이었다 할지라도 일단 죄를 범하면 이전의 의로운 일은 하나도 기억되지 아니하고 나중에 지은 죄로 말미암아 죽게 된다는 것입니다.

둘째로, 진리를 깨닫고 하나님의 능력을 안 후에 지은 죄는 속죄할 제사가 없다는 것입니다.

"한 번 비췸을 얻고, 하늘의 은사를 맛보고, 성령에 참예한바 되고, 하나님의 선한 말씀과 내세의 능력을 맛보고 타락한 자들은 다시 새롭게 하여 회개케 할 수 없나니, 이는 자기가 하나님의 아들을 다시 십자가에 못 박아 현저히 욕을 보임이라"(히 6:4~6). 말씀과 같이 그리스도인이 타락하여 세상으로 나가는 것은 예수님을 다시 십자가에 못 박아 욕을 보이는 죄가 되는 것입니다. 이것은 바로 성령 훼방죄요(마 12:31), 구원받을 수 없는 바리새인들의 행동이 되는 것입니다. 이들은 회개하고 다시 돌아오기가 참으로 어렵다는 것입니다.

셋째로, 그리스도인이 타락하면 처음보다 심한 악신에게 잡히게 된다는 것입니다.

"더러운 귀신이 사람에게서 나갔을 때에 물 없는 곳으로 다니며 쉬기를 구하되 얻지 못하고, 이에 가로되 내가 나온 내 집으로 돌아가리라 하고 와 보니 그 집이 비고 소제되고 수리 되었거늘, 이에 가서 저보다 더 악한 귀신 일곱을 데리고 들어가서 거하니, 그 사람의 나중 형편이 전보다 더욱 심하게 되느니라"(마 12:43~45).

그리스도인들은 늘 사탄의 침범에 대하여 방비를 해야 합니다. 늘 기도와 행함이 있는 믿음으로 성령 충만한 상태를 유지해야 합니다. 내가 잘못하여 내 몸성전에서 성령님이 떠나시게 되면 처음보다 강한 악신들이 들어오게 되는 것입니다. 심한 악신에 다시 사로잡히게 되면 세상길로 빠져서 구원의 여망이 없게 되는 것입니다.

이상과 같이 믿음이 크던 그리스도인이 한 번 타락하게 되면 그 나중 형편이 더욱 어렵게 되는 것입니다.

3. 세상의 더러움에 다시 얽매이기 쉬운 그리스도인들

"참 속담에 이르기를 개가 그 토하였던 것에 돌아가고, 돼지가 씻었다가 더러운 구덩이에 도로 누웠다 하는 말이 저희에게 응하였도다"(벧후 2:22). 말씀과 같이 개는 토한 것을 다시 먹고, 돼지는 씻어 놓아도 더러운 바닥에 다시 눕는 버릇이 있습니다.

사람도 이들 짐승들처럼 더러움으로 다시 돌아갈려는 속성이 있습니다. "우리가 애굽 땅에서 고기 가마 곁에 앉았던 때와 떡을 배불리 먹던 때에 여호와의 손에 죽었더면 좋았을 것을 너희가 이 광야로 우리를 인도하여 내어 이 온 회중으로 주려 죽게 하는도다"(출 16:3). 출애굽한 이스라엘 백성들은 광야 생활에서 어려움을 당하자 모세를 원망하면서 종살이 하던 애굽 생활에 대한 향수를 느끼고 있었습니다.

오늘날 그리스도인들 중에서도 세상적인 쾌락과 취미 생활에 미련이 있는 사람이 많이 있습니다. 이런 생각들이 더러움에 다시 얽매이기 쉬운 사람의 속성인 것입니다. 이러한 생각들을 타고 사탄이 침범하여 충동질을 하게 되면 더러움에 다시 얽매이게 되는 것입니다.

"근신하라. 깨어라. 너희 대적 마귀가 우는 사자같이 두루 다니며 삼킬 자를 찾나니"(벧전 5:8), 말씀과 같이 사탄은 집요하게 삼킬 자를 찾아다니고 있습니다. 조금이라도 마음에 틈이 생기고 약점이 보이면 들어와서 충동질하게 되는 것입니다. 뿐만 아니라 사탄은 자기를 광명의 천사로 가장하고, 자기의 일꾼들을 의의 일꾼으로 가장을 하여(고후 11:14~15) 그리스도인들을 미혹하고 있습니다.

그리스도인들이 다시 세상으로 돌아가게 되는 것은 바로 사탄의 유혹에 기인되는 경우가 많습니다. 우리는 사탄의 미혹에 끌려 심히 어려운 나중 형편에 처하지 않도록 늘 깨어 있어야 되겠습니다.

정 리

"만일 저희가 우리 주 되신 구주 예수 그리스도를 앎으로 세상의 더러움을 피한 후에 다시 그 중에 얽매이고 지면 그 나중 형편이 처음보다 더 심하리니"(벧후 2:20), 말씀과 같이 예수를 잘 믿다가 다시 타락하면 구원되기가 처음보다 더 어렵게 된다는 것입니다. "다시 그 중에 얽매이고 지면"이란 말씀은 "다시 사탄의 세력에 얽매이고 정복당하면"이란 의미입니다.

"의의 도를 안 후에 받은 거룩한 명령을 저버리는 것보다 알지 못하는 것이 저희에게 나으니라"(벧후 2:21). 예수를 믿고 진리를 알다가 타락한 자는 아직 믿지 않는 자들보다 다시 구원되기가 어렵다는 것입니다. 오늘 말씀은 타락하기 쉬운 그리스도인들에 대한 경고의 말씀입니다.

우리 그리스도인들은 절대로 타락해서는 안 됩니다. 만일 타락하면 불신자보다도 더 심한 형편에 처하게 되기 때문입니다. 따라서 우리 그리스도인들은 어떤 고난의 대가를 치루더라도 절대로 타락하는 일이 없도록 늘 깨어 있어야 합니다. 아멘!

제11장 제2과
쓰임 받고 버림이 될까 두려워하라

그 날에 많은 사람들이 나더러 이르되 주여 주여 우리가 주의 이름으로 선지자 노릇하며, 주의 이름으로 귀신을 쫓아내며, 주의 이름으로 많은 권능을 행치 아니하였나이까 하리니, 그 때에 내가 저희에게 밝히 말하되 내가 너희를 도무지 알지 못하니, 불법을 행하는 자들아 내게서 떠나가라 하리라(마 7:22-23).

1. 쓰이던 자도 버림이 될 수 있다

정가에서는 '팽(烹)한다' 라는 말이 있습니다. 그 동안 충성했던 정치 동료를 인정사정없이 버린다는 의미로 풍자하는 말입니다. 그러나 문자적으로는 '죄인을 끓는 물에 삶아서 죽이는 형벌에 처한다' 라는 끔찍한 의미가 있습니다.

우리 그리스도인들도 '팽(烹)' 당하지 않도록 각별히 주의를 해야 합니다. "그 날에 많은 사람들이 나더러 이르되 '주여, 주여! 우리가 주의 이름으로 선지자 노릇하며, 주의 이름으로 귀신을 쫓아내며, 주의 이름으로 많은 권능을 행치 아니하였나이까' 하리니 그 때에 내가 저희에게 밝히 말하되 '내가 너희를 도무지 알지 못하니 불법을 행하는 자들아 내게서 떠나가라' 하리라"(마 7:22~23)라고 예수님이 말씀하셨습니다.

아무리 충성을 다 하던 자라도 일단 죄를 범하면 충성은 전혀 의미가 없어지고 말게 되는 것입니다. "만일 의인이 돌이켜 그 의에서 떠나서 범죄하고 악인의 행하는 모든 가증한 일대로 행하면 살겠느냐? 그 행한 의로운 일은 하나도 기억함이 되지 아니하리니 그가 그 범한 허물과 그 지은 죄로 인하여 죽으리라"(겔 18:24)라고 하나님은 경고하고 있습니다.

내가 오늘 범죄하게 되면 과거에 의로왔던 것은 전혀 기억이 되지 않는다는 것입니다. 그리스도인들에게는 과거의 잘잘못이 문제가 되는 것이 아니라 항상 현재가 중요한 것입니다. 따라서 우리는 현재 버림이 되지 않도록 하나님 앞에서 늘 깨어 있어야만 합니다.

2. 쓰임받고 버림받은 자들

성경에도 쓰임 받고 버림받은 자들이 많이 있는데 그 중에서 가룟 유다와 사울왕을 먼저 생각해 볼 수 있습니다. 가룟 유다는 예수님의 12제자 중에서 돈궤를 맡을 만큼 처음에는 신임을 받았습니다. 그러나 그에게는 차츰 탐욕이 자라기 시작했습니다.

한번은 예수님의 발에 향유를 부은 마리아를 보고 "이 향유를 어찌하여 300데나리온에 팔아 가난한 자들에게 주지 아니하였느냐?"(요 12:5)라고 아주 합리적인 말로 비판했습니다. 그러나 성경은 "이렇게 말함은 가난한 자들을 생각함이 아니요, 저는 도적이라 돈궤를 맡고 거기 넣은 것을 훔쳐 감이러라"(요 12:6)라고 그의 의중 탐욕심을 지적하고 있습니다.

결국 그는 스승을 은 30을 받고 장로들에게 넘겨주는 큰 죄악을 범하게 되었고, 이 심중을 미리 아신 예수님께서는 "그 사람에게는 화가 있으리로다. 그 사람은 차라리 나지 아니하였더면 제게 좋을 뻔하였느니라."(마 26:24)라고 말씀하셨습니다.

또 이스라엘의 초대왕 사울은 처음 사무엘 선지자로부터 왕으로 기름부음을 받을 때에는 매우 온유하고 겸손한 사람이었습니다. 그러나 왕이 된 후 차츰 교만해지기 시작했습니다.

제사장 사무엘이 드려야 할 제사를 자신이 드리기도 하고(삼상 13:9), 아말렉과의 전쟁에서는 모든 전리품을 진멸하라는 하나님의 명령을 어기고 좋은 양과 소 등 전리품을 챙기며 자기의 기념비를 세우기도 하였습니다(삼상 15:7~12). 이로 인하여 하나님께서는 사울로 왕 세운 것을 후회하셨고(삼상 15:11), 사무엘로부터는 "왕이 여호와의 말씀을 버렸으므로 여호와께서도 왕을 버려 왕이 되지 못하게 하셨나이다"(삼상 15:23b)라는 버림받음의 통고를 받았습니다.

그 후 결국 사울은 블레셋과의 전쟁에서 패하고 부상을 당한 후 자살하고 말았습니다(삼상 31:1~6). 이상과 같이 가룟 유다는 탐욕으로 인하여, 사울왕은 교만으로 인하여 쓰임받은 후 버림을 받게 되었습니다.

3. 버림이 되지 않기 위하여

우리가 버림이 되지 않기 위해서는 오직 1등을 하기 위하여 최선을 다하는 운동선수의 자세가 되어야 한다고 바울은 권면하고 있습니다. 오늘날 금메달을 따고 크게 명예를 얻는 운동선수들의 피나는 훈련과 살을 에는 절제 생활을 우리는 압니다. 참으로 "이기기를 다투는 자는 모든 일에 절제를 한다"(고전 9:25)고 바울도 증언하고 있습니다.

세상에서는 썩을 면류관을 얻기 위해서도 그토록 노력하고 있는데 영원히 썩지 아니할 면류관을 얻기 위해 우리는 더욱 노력하고 최선을 다해야 되겠습니다. 바울은 "푯대를 향하여 그리스도 예수 안에서 하나님이 위에서 부르신 부름의 상을 위하여 좇아가노라"(빌 3:14)라고 고백하고 있습니다.

달리기 선수가 방향 없이 달리고 권투 선수가 허공을 치는 싸움을 해서야 되겠습니까? 그러나 사람은 연약하기 때문에 가룟 유다처럼 탐욕으로 인하여 방향감각을 상실할 수도 있고, 사울왕처럼 교만으로 인하여 목표를 잃어버리고 허공을 칠 수도 있습니다. 또한 바울의 동역자 데마처럼 세상을 사랑하여 세상으로 갈 수도 있습니다(딤후 4:10).

우리는 참으로 쓰임 받고 버림이 될까 두려워해야겠습니다. 그렇다면 우리가 어떻게 해야 되겠습니까? 바울은 쓰임 받고 버림이 되지 않기 위하여 스스로 몸을 쳐서 복종하게 한다고 하였습니다(고전 9:27). 그는 자신을 쳐서 너무 자고하지 않게 하도록 하기 위하여 자기 육체에는 가시가 있다고 하였으며(고후 12:7), 그리스도 안에서 "나는 날마다 죽노라"(고전 15:31)라고 고백했습니다.

예수님께서도 사탄의 시험에 승리하시기 위하여 광야에서 40일간 금식기도하시고, 또 십자가의 고난에서 승리하시기 위하여 겟세마네 동산에서 철야기도로 피땀 흘리며 인성을 쳐 복종시켰습니다. 금식기도와 철야기도는 자신을 쳐 복종시키는 훌륭한 수단이 됩니다. 우리는 버림이 되지 않도록 수시로 자신을 쳐 복종시켜야 하겠습니다.

정 리

그리스도인은 쓰임 받고도 버림이 될 염려가 있습니다. 세상을 바라보며 허탄한데 마음을 빼앗기지 말고 오직 승리를 목표로 최선을 다하는 운동선수처럼 인간의 온갖 본능을 억제하면서 스스로 몸을 쳐서 복종시켜야 합니다. 우리는 쓰임 받고도 오히려 버림이 될까 두려워하는 마음으로 하나님 앞에서 늘 깨어 있는 믿음 생활을 해야 합니다. 아멘!

제11장 제3과
우상숭배와 징벌

새긴 우상은 그 새겨 만든 자에게 무엇이 유익하겠느냐? 부어 만든 우상은 거짓 스승이라. 만든 자가 이 말하지 못하는 우상을 의지하니 무엇이 유익하겠느냐?(합 2:18).

국어사전에 보면 '우상'이란 '나무, 돌, 쇠붙이, 흙 따위로 만든 형상', 또는 '숭배의 대상이 되는 물건이나 사람'이라 설명하고 있습니다. 그리고 기독교에서는 '하나님 이외에 예배의 대상이 되는 모든 사물'을 우상이라 합니다. 그리고 우상을 섬기고 예배하는 행위를 '우상숭배'라 합니다.

1. 우상의 종류

첫째로, 우상의 종류에는 새긴 우상과 부어 만든 우상이 있습니다(합 2:18). 나무나 돌에 조각을 해서 형상을 만든 것이나 쇠붙이를 녹여 틀에 부어서 만든 형상을 말합니다.

둘째로, 일월성신(日月星辰)이나 산천초목(山川草木)과 같은 자연물을 숭배의 대상으로 삼으면 모두 우상이 되는 것입니다. "위로 하늘에 있는 것이나 아래로 땅에 있는 것이나 땅 아래 물속에 있는 것의 아무 형상이든지 만들지 말며, 그것들에게 절하지 말며, 그것들을 섬기지 말라"(출 20:4~5a).

셋째로, 이방신과 귀신을 섬기면 우상이 되는 것입니다. "그런즉 내가 무엇을 말하느뇨? 우상의 제물은 무엇이며 우상은 무엇이라 하느뇨? 대저 이방인의 제사하는 것은 귀신에게 하는 것이요, 하나님께 제사하는 것이 아니니 나는 너희가 귀신과 교제하는 자 되기를 원치 아니하노라. 너희가 주의 잔과 귀신의 잔을 겸하여 마시지 못하고 주의 상과 귀신의 상에 겸하여 참예치 못하리라"(고전 10:19~21). 기독교는 종교 다원주의를 배격하고 있습니다. 하나님 외에는 어떤 대상도 섬기면 우상숭배가 됩니다.

넷째로, 세상 것에 대한 지나친 탐욕도 우상숭배가 되는 것입니다. 물질에 대한 탐심을 가지면 물질이 우상, 권력에 대한 탐심을 가지면 권력이 우상, 쾌락에 대한 탐심을 가지면 쾌락이 우상이 되는 것입니다. "땅에 있는 지체를 죽이라. 곧 음란과 부정과 사욕과 악한 정욕과 탐심이니 탐심은 우상숭배니라"(골 3:5). 말씀과 같이 무엇이든지 하나님보다 더 사랑하고 중히 여기는 대상이 있으면 곧 그것이 우상이 되는 것입니다.

2. 우상숭배자에 대한 징벌

"그것들에게 절하지 말며 그것들을 섬기지 말라. 나 여호와 너희 하나님은 질투하는 하나님인즉 나를 미워하는 자의 죄를 갚되 아비로부터 아들에게로 삼,사대까지 이르게 하거니와"(출 20:5), 말씀과 같이 하나님께서는 하나님 말씀에 불순종하여 우상을 섬기는 자에게는 본인뿐만 아니라 자여손 삼,사대에 이르기까지 징벌을 가하시겠다는 것입니다.

"나무더러 깨라 하며, 말하지 못하는 돌더러 일어나라 하는 자에게 화 있을진저, 그것이 교훈을 베풀겠느냐?"(합 2:19). 우상 숭배자에게는 분명히 화가 있을 것이라는 경고의 말씀입니다.

모세가 십계명을 받으러 시내산에 올라간 후 내려오는 시간이 늦어지매 백성들이 아론에게 "우리를 인도할 신을 만들라"고 했습니다. "아론이 그들의 손에서 그 고리(귀의 금고리)를 받아 부어서 각도로 새겨 송아지 형상을 만드니 그들이 말하되 이스라엘아 이는 너희를 애굽 땅에서 인도하여 낸 너희 신이로다 하는지라"(출 32:4). 그들은 그들이 만든 금송아지 앞에 단을 쌓고 번제와 화목제를 드리고 먹고 마시며 뛰놀았습니다.

이에 하나님께서는 대노하셔서 "내가 그들에게 진노하여 그들을 진멸하고 너로 큰 나라가 되게 하리라"(출 32:10)라고 모세에게 말씀하셨습니다. 모세가 다급히 하나님께 간절히 구했습니다. "주의 맹렬한 노를 그치시고 뜻을 돌이키사 주의 백성에게 이 화를 내리지 마옵소서!"(출 32:12b). 다행히도 모세의 간구로 하나님의 진노를 돌이킬 수가 있었습니다.

북이스라엘의 초대왕 여로보암은 백성들이 국경을 넘어 예루살렘 성전에 가서 제사를 드리고 자기를 배반하게 될 것을 두려워하여 "두 금송아지를 만들고 무리에게 말하기를 너희가 다시는 예루살렘에 올라갈 것이 없도다. 이스라엘아, 이는 너희를 애굽 땅에서 인도하여 올린 너희 신이라 하고 하나는 벧엘에 두고 하나는 단에 둔지라"(왕상 12:28~29). 이후 백성들이 단에까지 가서 금송아지를 숭배하게 되었습니다.

드디어 하나님의 진노가 여로보암의 집에 내려지게 되었습니다. "내가 여로보암의 집에 재앙을 내려 여로보암에게 속한 사내는 … 다 끊어버리되 거름을 쓸어버림같이 여로보암의 집을 말갛게 쓸어버릴지라. 여로보암에게 속한 자가 성에서 죽은즉 개가 먹고, 들에서 죽은즉 공중의 새가 먹으리니 이는 여호와가 말하였음이니라"(왕상 14;10~11). 결국 하나님의 진노로 말미암아 여로보암 왕가는 아들 나답왕 2년에 생명이 있는 자들은 다 진멸되고 말았습니다.

하나님께서 애굽에서 인도하여 내신 이스라엘 백성을 가나안 땅에 정착시키기 위하여 가나안 원주민을 진멸하고 추방했다는 것은 하나님의 공의에 어긋난 일인 것처럼 보입니다. 그러나 다음 말씀은 그 의문점을 해소시키기에 충분하다고 생각이 됩니다.

"너희는 이 모든 일로 스스로 더럽히지 말라. 내가 너희의 앞에서 쫓아내는 족속들이 이 모든 일로 인하여 더러워졌고 그 땅도 더러워졌으므로 내가 그 악을 인하여 벌하고 그 땅도 스스로 그 거민을 토하여 내느니라"(레 18:24~25). 말씀에서 '이 모든 일'이란 우상숭배와 윤리적 타락을 의미합니다. 결국 가나안 족속이 진멸되고 추방된 것은 우상숭배가 그 하나의 원인이 되었던 것입니다.

3. 여호와 앞에 잠잠하라

오늘날 우리 사회 안에 우상숭배의 악습이 판을 치고 있습니다. '민속'이나 '전통'이라는 미명하에 동구에 장승들을 세우는가 하면 동신제를 부활시키기도 합니다. 역술가들이 호황을 누리고 있으며 심지어 역술가촌이 하나의 민속촌으로 지정되는 일도 있습니다. 참으로 안타까운 현실입니다.

그러나 성경은 경고하고 있습니다. "오직 여호와는 그 성전에 계시니 온 천하는 그 앞에서 잠잠할지지니라(합 2:20). 하나님의 능력과 권위를 나타내 주는 말씀입니다.

하나님께서는 우상 숭배자들을 용납하지 않으시기 때문에 당장 징벌을 가하지 않으시더라도 마지막 심판 때에는 구원에서 제외시키십니다. 하나님 앞에서 우상을 섬기며 요란을 피우는 자들은 결국 불못으로 들어가고 말게 되는 것입니다.

"그러나 두려워하는 자들과 믿지 아니하는 자들과 흉악한 자들과 살인자들과 행음자들과 술객들과 우상 숭배자들과 모든 거짓말하는 자들은 불과 유황으로 타는 못에 참예하리니 이것이 둘째 사망이라"(계 21:8). 말씀과 같이 우상 숭배자의 종착점은 다른 악행자들과 함께 지옥불인 것입니다.

정 리

"너는 나 외에는 다른 신들을 네게 있게 말지니라. 너를 위하여 새긴 우상을 만들지 말고, 또 위로 하늘에 있는 것이나 아래로 땅에 있는 것이나 땅 아래 물속에 있는 것의 아무 형상이든지 만들지 말며 그것들에게 절하지 말며 그것들을 섬기지 말라"(출 20:3~5a).

하나님 외에 다른 신이나 만든 우상이나 또는 일월성신이나 산천초목 등 자연 형상을 섬기고 절하면 우상숭배가 됩니다. 또한 하나님보다 세속적인 것을 더 탐하고 중히 여기면 이 또한 우상숭배가 됩니다. 하나님께서는 우상 숭배자를 질투하시며 진노의 형벌을 가하십니다.

우리는 항상 나에게는 우상이 없나를 점검하면서 오직 하나님만 섬기는 믿음이 되어야 되겠습니다.

제11장 제4과
신비주의와 종교다원주의

천지는 없어지겠으나 내 말은 없어지지 아니하리라. 그러나 그 날과 그 때는 아무도 모르나니 하늘에 있는 천사들도, 아들도 모르고 아버지만 아시느니라. 주의하라 깨어 있으라 그 때가 언제인지 알지 못함이니라(막 13:31~33).

1. 10/28 휴거 소동

"1992년 10월 28일 자정에 휴거가 일어나며 예수님께서 공중 재림하시게 된다"고 1992년도 봄부터 시한부 종말론자들이 소동을 일으킨 적이 있었습니다. 이 소동의 부작용으로 말미암아 가정이 파괴되고, 직장생활과 학업이 중단되고, 정신적 충격을 받은 사람들이 속출하여 사회적으로 큰 혼란이 야기되었습니다.

참으로 유감스러운 일이었습니다. 그들은 나름대로 하나님의 계시를 받았다고 성경 말씀의 구절을 내세우기도 했지만 분명히 거짓 영들(벧후 2:1, 요일 4:1)에 속고 있었습니다. 왜냐하면 "예수님께서 재림하시는 날짜를 안다"는 것은 분명히 비성경적이기 때문인 것입니다. 예수님께서 친히 말씀하시기를 "때와 기한은 아버지께서 자기의 권한에 두셨으니 너희의 알 바 아니요"(행 1:7)라고 승천하시기 직전 제자들의 물음에 대답하셨습니다.

뿐만 아니라 "그 날과 그 때는 아무도 모르나니 하늘에 있는 천사들도, 아들도 모르고 아버지만 아시느니라"(막 13:32)라고 예수님께서 친히 말씀하셨습니다. 따라서 예수님 재림의 날짜를 안다는 것은 분명히 비성경적인 것입니다.

그 당시 저는 이들의 주장이 새빨간 거짓말이 될 것이라고 단호히 성경적으로 증거하여 설교한 적이 있었습니다. "한마디로 말해서 10/28 휴거설은 새빨간 거짓말입니다. 그들이 속히 회개하고 말씀 안으로 돌아오기를 바라며 10월 28일 이후에는 휴거소동이 완전히 진정되기를 바랍니다." 당시 저의 설교 말씀의 한 토막입니다.

2. '신비주의'는 이단이다

아무리 그리스도인이라 할지라도 성경 말씀보다 어떤 영적 계시나 은사를 앞세우거나 또는 세상적 지식이나 이론을 앞세우는 사람은 이단이 되기가 쉽습니다. 10/28 시한부 종말론자들은 성경 말씀보다도 그들이 하나님의 말씀으로 착각하고 있던 '어린 종들'의 영적 계시를 더 소중히 여기고 있었습니다. 그들은 무리하게 성경을 풀어서(벧후 3:16) 맞추려고 했습니다. 이런 계시들은 기독교를 교란시키려는 악령들의 장난임에 틀림이 없습니다. 과거에도 수없이 많은 예고된 종말의 시간이 그대로 지나가고 말았던 것입니다.

악의 세력들은 "우는 사자 같이"(벧전 5:8) 정면으로 도전해 오기도 하지만 "광명의 천사"(고후 11:14)로도 가장하여 합리적인 듯이 접근하기도 합니다. 결국 10/28 종말론자들은 "광명의 천사"로 가장한 악령들에게 속아서 이단이 되고 말았습니다.

성경에는 많은 신비가 있습니다. 방언, 환상, 입신(엑스타시), 신유 등 예수님이나 선지자들이나 사도들을 통하여 일어난 통상적인 이론이나 인식을 초월한 현상을 '신비'(神秘)라고 합니다. 그리고 이 신비를 주의(主義)로 삼아 주장하는 것을 '신비주의'(神秘主義)라 합니다. 신비주의는 제도, 교리, 역사를 무시하고 직접 예수님이나 하나님을 만나 계시를 받고 그 계시를 따라가는 신앙입니다.

우리는 여기서 '신비'와 '신비주의'를 분명히 구분할 줄 알아야 합니다. 기독교는 분명히 '신비'를 내포하고 있지만 '신비주의'는 아닙니다. 우리는 신비주의를 경계해야 하고 스스로 신비주의에 오염되지 않도록 조심해야 합니다.

'신비주의'의 특징은 자기들의 교회나 선교회에 들어와야 구원이 있다고 주장합니다. 자기네 교회에만 구원이 있다고 주장하는 자들은 틀림없이 이단들입니다. 이러한 의미에서 보면 10/28 휴거론자들도 일종의 신비주의자 들입니다. 신비주의는 분명히 이단이며 구원이 없습니다.

3. '종교다원주의'는 이단이다

"모든 종교에 구원이 있다"고 하는 주장을 '종교다원주의'(宗教多元主義)라 합니다. 90년대 초 감리교신학대학교 교수 두 분이 종교다원주의를 주장하다가 감리교단 종교 재판에서 이단으로 정죄받은 적이 있었습니다.

종교다원주의는 이단입니다. 왜냐하면 기독교는 유일신교(唯一神教)이기 때문입니다. "너는 나 외에는 다른 신들을 네게 있게 말지니라"(출 20:3)라고 하나님께서는 단언적으로 말씀하십니다. 기독교는 오직 한 분 하나님(삼위일체 하나님)을 섬기는 종교입니다. 따라서 구원의 길도 오직 한 길인 것입니다.

"내가 곧 길이요, 진리요, 생명이니 나로 말미암지 않고는 아버지께로 올 자가 없느니라"(요 14:6)라고 예수님께서 친히 증거하셨습니다. 또한 "다른 이로서는 구원을 얻을 수가 없나니 천하 인간에 구원을 얻을 만한 다른 이름을 우리에게 주신 일이 없음이니라"(행 4:12)라고 성경은 '예수'가 바로 구원을 얻을 수 있는 유일한 '이름'임을 증거하고 있습니다.

따라서 구원의 길이 이 종교에도 있고 저 종교에도 있다는 종교다원주의는 기독교가 용납할 수 없는 이단인 것입니다. 그들은 타종교와의 대화를 장점으로 내세우고 있지만 대화에는 분명히 한계가 있어야 합니다. 윤리적인 대화까지는 좋지만 절대로 교리를 양보해서는 안 됩니다. 말씀에 어긋나는 종교다원주의는 분명히 이단인 것입니다. 따라서 우리는 신비주의와 함께 종교 다원주의도 경계해야 합니다.

4. 유일신 하나님 앞에 바로 서는 믿음

신비주의는 자기들의 울타리 안에 들어와야 구원이 있다고 주장합니다. 반대로 종교다원주의는 모든 종교에 구원이 있다고 주장합니다. 이들 양자는 모두 이단입니다. 그리스도인은 삼위일체 유일신 하나님 앞에서 사도적 전통을 이어 받은 교리적 신앙고백을 해야 합니다.

그리스도인은 누구나 신비주의적 경향이나 종교다원주의적 경향이 되기 쉽습니다. 신학적 지식이 없는 사람이 은사를 강하게 받으면 어떤 영적 계시가 100% 하나님의 말씀인 줄 알고 그 계시만 따라가게 됩니다. 그리고 자기는 '특별히 선택된 종'이라는 영적 교만 때문에 결국 악령의 지배를 받게 되고 깊숙이 신비주의에 빠지게 됩니다. 뿐만 아니라 호기심을 가지고 이 주위에 모이는 사람들도 결국 신비주의에 빠지게 되는 것입니다.

따라서 은사를 받은 사람은 자기가 받은 응답이 악령의 계시일 수도 있다는 것을 인정해야 하며 하나님 앞에 자신이 바로 서있는지 항상 점검하고 회개할 준비가 되어 있어야만 합니다.

한편 초신자 중에는 교회에 나오면서도 절에도 가고, 철학관에도 가고, 부적도 가지고 다니는 사람이 있습니다. 어떤 문제에 대하여 하나님이 아니면 부처님이, 또는 부적이 해결해 줄 것이라고 믿는 것입니다. 이것은 일종의 종교다원주의적 경향인 것입니다. 뿐만 아니라 신학자 중에도 신학적 지식은 있으나 거듭나지 못한 사람은 종교다원주의가 되기 쉽습니다. 기독교 교리를 지식과 인간 중심으로 이론을 전개하다가 인본주의적 종교다원주의자가 되는 것입니다.

정 리

우리 그리스도인들은 신비주의적 경향이나 종교다원주의적 경향에 물들지 말고, 유일신이신 삼위일체 하나님 앞에 바로 서야만 합니다. 또한 좌로나 우로나 치우치지 않도록 늘 깨어 기도해야 합니다. 그리고 "내일 지구의 종말이 올지라도 오늘 한 그루의 사과나무를 심는다"는 자세로 현실에도 충실해야 합니다.

제11장 제5과
넘어질까 조심하라

저희 중에 어떤 이들이 간음하다가 하루에 2만3천 명이 죽었나니 우리는 저희와 같이 간음하지 말자. 저희 중에 어떤 이들이 주를 시험하다가 뱀에게 멸망하였나니 우리는 저희와 같이 시험하지 말자. 저희 중에 어떤 이들이 원망하다가 멸망시키는 자에게 멸망하였나니 너희는 저희와 같이 원망하지 말라(고전 10:8~10).

오늘 본문에서는 말세를 당한 그리스도인들에게 세 가지를 경고하면서 "선 줄로 생각하는 자는 넘어질까 조심하라"고 교훈하고 있습니다. 먼저 세 가지 경고에 대해서 생각해 보고 넘어지지 않는 비결을 알아봅니다.

1. 경고로 기록한 내용

첫째로, 범죄를 하지 말아야 합니다.

"저희 중 어떤 이들은 간음하다가 하루에 2만3천 명이 죽었나니 우리는 저희와 같이 간음하지 말자"(고전 10:8). 이 말씀은 민수기 25장(1~9절)에 있는 사건을 두고 한 말씀입니다. 이스라엘 백성들이 모압을 지날 때 모압 여자들의 유혹을 받아 바알브올 우상을 섬기며 간음한 죄로 하루에 2만3천 명이나 죽임을 당했습니다. 우상숭배와 범죄를 하지 말라는 경고인 것입니다.

둘째로, 하나님을 시험하지 말아야 합니다.

"저희 중에 어떤 이들이 주를 시험하다가 뱀에게 멸망하였나니 우리는 저희와 같이 시험하지 말자"(고전 10:9). 백성들이 하나님과 모세를 원망할 때 하나님께서 불뱀을 보내시어 물려 죽게 하셨습니다. 그러나 모세가 기도하매 하나님께서 놋뱀을 만들어 장대에 높이 달고 뱀에 물린 자마다 놋뱀을 쳐다보면 살게 하셨습니다(민 21: 8~9). 우리가 어려움을 당할 때 하나님의 능력을 의심하여 하나님이나 주의 종을 원망한다면 이는 하나님을 시험하는 죄를 범하게 되는 것입니다.

셋째로, 하나님을 원망하지 말아야 합니다.

"저희 중에 어떤 이들은 원망하다가 멸망시키는 자에게 멸망하였나니 너희는 저희와 같이 원망하지 말라"(고전 10:10). 이 말씀은 "이스라엘 자손의 온 회중이 모세와 아론을 원망하여 가로되 너희가 여호와의 백성을 죽였도다"(민 16:41)라고 한 항의에 대하여 하나님께서 진노하사 회중 1만4천7백 명을 멸하신 사건(민 16:49)을 일깨워 경고하신 것입니다. 그리스도인들이 당하는 고난은 하나님께서 선을 이루시기 위한 하나의 과정으로 생각하고 감사한 마음으로 인내해야 합니다.

2. 넘어지지 않는 비결

"그런즉 선줄로 생각하는 자는 넘어질까 조심하라"(고전 10:12). 말씀에서 "선줄로 생각하는 자"란 나름대로 어떤 목적을 달성했다고 생각하는 사람을 말합니다. 운동경기에서 챔피언이 되는 것도 어렵지만 그것을 유지하는 것은 더욱 어렵습니다. 조금 방심하는 동안 자리를 빼앗기게 되고, 무심코 교만을 부리는 동안 넘어지게 됩니다. 따라서 목표에 도달했다고 생각되는 사람은 넘어지지 않도록 특별히 조심해야 합니다.

첫째로, 칭찬을 받을 때 조심해야 합니다.

"모든 사람이 너희를 칭찬하면 화가 있도다. 저희 조상들이 거짓 선지자들에게 이와 같이 하였느니라"(눅 6:26). 사람에게는 누구나 칭찬 받기를 좋아하는 속성이 있습니다. 만약 모든 사람이 나를 칭찬한다면 내가 그들의 비위를 맞춰 주고 있지나 않는 것인지 생각해 봐야 합니다. 자신이 남의 비위를 맞춰주고 칭찬을 받는다면 이는 하나님께 벌을 받을 일인 것입니다. 아합왕 때 거짓 선지자들이 조야의 비위를 맞추는 예언을 해서 칭찬을 받았지만 하나님께는 벌을 받았습니다.

"타인으로 너를 칭찬하게 하고 네 입으로는 말며, 외인으로 너를 칭찬하게 하고 네 입술로는 말지니라"(잠 27:2). "옳다 인정함을 받는 자는 자기를 칭찬하는 자가 아니요, 오직 주께서 칭찬하시는 자니라"(고후 10:18). 칭찬은 스스로 하거나 칭찬을 받기 위한 행동으로 유도해도 안 되며, 오직 남의 마음에서 나오는 칭찬을 받아야 하고, 특히 그리스도인은 하나님으로부터 칭찬을 받아야 합니다.

둘째로, 존경을 받을 때 조심해야 합니다.

사람이 많은 사람의 존경을 받게 되면 삶의 보람을 느끼게 됩니다. 그러나 존경을 받을 때 과연 내가 존경 받을 삶을 살고 있나 점검을 해 봐야 합니다. 또한 아부하는 자들의 외식하는 존경이 아닌가도 생각해 봐야 합니다. "가라사대 이사야가 너희 외식하는 자에 대하여 잘 예언하였도다. 기록하였으되 이 백성이 입술로는 나를 존경하되 마음은 내게서 멀도다"(막 7:6). 말씀과 같이 하나님에게도 말로만 존경하는 사람이 있기 때문입니다.

뿐만 아니라 실제로 존경을 받고 있던 사람도 말 한 마디, 행동 하나 잘못으로 인격이 무너지는 경우가 많이 있습니다. 따라서 남으로부터 존경을 받는 사람일수록 언행심사(言行心事)에 특별히 조심을 해야 합니다.

셋째로, 신뢰를 받을 때 조심해야 합니다 .

사람이 신뢰를 받는다는 것은 정치, 경제, 사회, 문화, 교육, 종교 등 삶의 현장에서 큰 무기가 되고 재산이 됩니다. 하지만 사람이 존경을 받거나 신뢰를 받는 것은 하루아침에 이루어지는 것은 아닙니다. 그러나 사람의 신뢰가 무너지는 것은 하루아침에 무너질 수도 있습니다.

"그러므로 사랑하는 자들아 너희가 이것을 미리 알았은즉 무법한 자들의 미혹에 이끌려 너희 굳센 데서 떨어질까 삼가라"(벧후 3:17). 신뢰를 받고 있는 사람이라 할지라도 한 순간 사탄의 미혹에 의하여 자신에 대한 신뢰를 탐욕을 위한 수단으로 이용하려고 할 때 넘어지고 말게 되는 것입니다.

정 리

"나는 하나님의 은총을 받은 사람으로서 여러분 한 사람 한 사람에게 말합니다. 여러분은 자신을 과대평가하지 말고 하나님께서 각자에게 나누어 주신 믿음의 정도에 따라 분수에 맞는 생각을 하십시오"(롬 12:3; 공동번역). 선 줄로 아는 자가 넘어지지 않기 위해서는 자기를 두고 말하는 사람들의 칭찬이든, 존경이든, 신뢰이든 모두 과대평가하지 말아야 합니다. 아직도 부족한 것이 많다는 겸손한 자세를 취해야 합니다.

"명한대로 하였다고 종에게 사례하겠느냐? 이와 같이 너희도 명령 받은 것을 다 행한 후에 이르기를 우리는 무익한 종이라, 우리의 하여야 할 일을 한 것뿐이라 할지니라"(눅 17:9~10). 말씀과 같이 하나님 앞에서 "나는 무익한 종이라, 할 일을 했을 뿐이라"는 종의 자세로 자신을 낮추게 되면 넘어지지 않을 것입니다. 칭찬과 존경과 신뢰와 함께 하는 모든 영광을 주인이신 하나님께 돌리고 종의 위치에서 벗어나지 않을 때 선 자는 넘어지지 않게 됩니다.

제11장 제6과
시험에 승리하는 방법

마귀가 또 그를 데리고 지극히 높은 산으로 가서 천하 만국과 그 영광을 보여 가로되 만일 내게 엎드려 경배하면 이 모든 것을 네게 주리라. 이에 예수께서 말씀하시되 사탄아 물러가라 기록되었으되 주 너의 하나님께 경배하고 다만 그를 섬기라 하였느니라(마 4:8~10).

서 론

사람이 가지고 있는 지식이나 기능의 수준을 측정하는 것을 시험이라 합니다. 시험 문제의 수준에 비하여 지식이나 기능이 우수하면 시험에 승리할 수 있습니다. 가지고 있는 지식이나 기능이 수준에 미달되면 시험에 실패하게 됩니다. 마찬가지로 그리스도인들도 믿음의 수준을 측정하기 위한 시험을 가끔 만나게 됩니다. 시험의 수준에 비하여 믿음이 큰 사람은 쉽게 통과되지만 믿음이 작은 사람은 시험에 걸려 넘어지게 됩니다.

1. 그리스도인들이 치러야 할 시험

그리스도인들이 만나게 되는 시험에는 두 가지가 있습니다. 그 하나는 하나님으로부터의 시험이요, 다른 하나는 마귀로부터의 시험입니다. 그런데 이 두 가지 시험은 성격이 전혀 다른 시험입니다.

먼저 하나님의 시험은 믿음에 시련(trial)을 주는 것으로 믿음을 바로 세우고 키우기 위한 시험입니다. "내 형제들아 너희가 여러 가지 시험을 만나거든 온전히 기쁘게 여기라. 이는 너희 믿음의 시련이 인내를 만들어 내는 줄 너희가 앎이라. 인내를 온전히 이루라. 이는 너희로 온전하고 구비하여 조금도 부족함이 없게 하려 함이라"(약 1:2~4)라고 성경이 증언하고 있습니다.

또한 하나님의 시험은 상급을 주기 위한 시험입니다. "시험을 참는 자는 복이 있도다. 이것에 옳다 인정하심을 받은 후에 주께서 자기를 사랑하는 자들에게 약속하신 생명의 면류관을 얻을 것임이니라"(약 1:12)라고 성경은 시험의 유익을 증언하고 있습니다.

한편 마귀의 시험은 그리스도인의 믿음을 넘어뜨리기 위한 유혹(temptation)인 것입니다. "오직 각 사람이 시험(유혹)을 받는 것은 자기 욕심에 끌려 미혹됨이니, 욕심이 잉태한즉 죄를 낳고, 죄가 장성한즉 사망을 낳느니라"(약 1:14~15)라고 성경이 증거하는 바와 같이 마귀는 사람의 약점인 탐욕을 자극함으로써 죄와 사망의 길로 유인하여 넘어지게 하고 있습니다.

2. 마귀시험(유혹)의 특징

마귀의 시험은 대개 인간 본능의 약점을 타고 오게 됩니다. "세상에 있는 모든 것이 육신의 정욕과 안목의 정욕과 이생의 자랑이니 다 아버지께로 좇아온 것이 아니요 세상으로 좇아온 것이라"(요일 2:16). 연약한 육신을 가지고 죄 가운데 있는 인간은 본능적으로 식욕과 성욕과 물욕 등 육신의 정욕과, 또한 화려한 장신구, 의복, 차량, 주택 등 눈을 만족시켜 주는 안목의 정욕과 그리고 명예, 권력, 물질, 지식, 기능, 자녀의 자랑 등 교만심을 만족시켜 주는 세상적 자랑이라는 약점을 가지고 있습니다.

이러한 인간의 이 모든 세속적 탐욕과 교만은 마귀가 좋아하는 것이지 하나님이 좋아하는 것은 아닙니다. 따라서 마귀는 인간의 이러한 약점을 충동질하여 그리스도인을 하나님으로부터 멀어지게 하고 있습니다.

마귀는 심지어 예수님까지도 유혹을 하였습니다. 40일 간 금식으로 줄이신 예수님의 식욕(육신의 정욕)을 자극하여 "만일 하나님의 아들이어든 명하여 이 돌들이 떡덩이가 되게 하라"(마 4:3)고 미혹하였습니다. 그러나 거절당하자 다음에는 인간의 교만심(이생의 자랑)을 자극하여 "네가 만일 하나님의 아들이어든 성전 꼭대기에서 뛰어 내리라"(마 4:5)고 예수님을 미혹했습니다. 또 거절당하자 이번에는 인간의 명예심(안목의 정욕)을 자극하여 천하 만국과 그 영화를 담보로 마귀에게 경배할 것을 예수님께 요구하였습니다. 예수님께서는 이상 세 가지 마귀의 유혹을 말씀으로 대결하여 승리하셨습니다.

이처럼 마귀는 인간의 약점을 자극하며 집요하게 유혹으로 접근해오고 있습니다. 마귀가 때로는 "우는 사자와 같이"(벧전 5:8), 때로는 "광명의 천사로 가장하여"(고후 11:14) 접근하지만 그 목적은 언제나 그리스도인의 믿음을 넘어뜨리기 위한 것입니다.

3. 시험에 승리하는 방법

시련과 고난으로 오는 하나님의 시험은 믿음과 인내로 승리할 수 있습니다. "사람이 감당할 시험 밖에는 너희에게 당한 것이 없나니 오직 하나님은 미쁘사 너희가 감당치 못할 시험 당함을 허락지 아니하시고, 시험 당할 즈음에 또한 피할 길을 내사 너희로 능히 감당하게 하시느니라"(고전 10:13). 말씀과 같이 하나님께서는 믿음을 키우기 위하여 각 그리스도인에게 그 믿음의 수준에 맞는 감당할 시험을 주시는 것입니다.

그러나 마귀의 시험(유혹)은 다릅니다. 인간의 약점인 탐욕을 자극하기 때문에 인간은 시험인 줄도 모르고 자신의 정욕의 함정에 빠지게 되는 것입니다. 처음 사람 아담과 하와는 "선악을 알게 하는 나무의 실과를 먹지 말라. 네가 먹는 날에는 정녕 죽으리라"(창 2:17)라고 하신 정욕을 억제하라는 하나님의 말씀보다는 "너희가 그것을 먹는 날에는 너희 눈이 밝아 하나님과 같이 된다"(창 3:4~5)는 정욕을 자극하는 마귀의 말에 미혹되어 불순종의 죄를 짓고 말았습니다.

"욕심이 잉태한즉 죄를 낳고, 죄가 장성한즉 사망을 낳느니라"(약 1:15)라는 교훈에서 보는 바와 같이 그리스도인이 마귀의 시험에 승리하기 위해서는 먼저 욕심을 버리고 하나님의 말씀에 순종하도록 해야 됩니다.

예수님께서는 욕심을 버리고 하나님의 말씀에 순종함으로써 마귀의 시험에서 승리하셨습니다. 첫째로, 돌들로 떡을 만들어 굶주린 허기를 면하라는 마귀의 유혹에 "사람이 떡으로만 살 것이 아니요, 하나님의 입으로 나오는 모든 말씀으로 살 것이라"(마 4:4, 신 8:3)는 말씀으로 대적하였습니다. 다음으로, 성전 꼭대기에서 뛰어내려도 무사하게 될 것이라는 교만심의 충동에 대해 "주 너의 하나님을 시험치 말라"(마 4:7, 신 6:16)라는 말씀으로 대적하였습니다. 마지막으로, 천하만국과 그 영화를 보여주며 자기에게 경배하면 모두 주겠다는 명예심의 자극에 대하여 "주 너의 하나님께 경배하고, 다만 그를 섬기라"(마 4:10b, 신 6:13)라는 말씀으로 대적하여 집요한 마귀의 시험을 모두 물리치고 승리하셨습니다.

정 리

그리스도인들에게 다가오는 시험에는 두 가지가 있습니다. 첫째로는 하나님의 시험인데, 이것은 믿음을 키우거나 상급을 주기 위한 시험으로 그리스도인의 수준에 따라 능히 감당할 수 있는 시험입니다. 시험을 당한 그리스도인은 회개와 믿음과 인내로써 하나님의 시험을 통과할 수 있습니다.

다음으로, 마귀의 시험은 인간의 약점인 탐욕을 자극하는 유혹으로 그리스도인들의 믿음을 넘어지게 하는 것입니다. 따라서 마귀의 시험에서 승리하기 위해서는 먼저 세상에 대한 탐욕을 버리고 굳건한 믿음으로 말씀과 예수님의 이름으로 마귀를 대적해야 합니다.

결론적으로 하나님의 시련이든지 마귀의 유혹이든지 그리스도인들에게 다가오는 모든 시험은 먼저 마음을 비우고 오직 믿음과 인내로써 말씀에 순종하면 승리할 수 있습니다. 아담과 하와는 말씀에 불순종하여 죄를 짓게 되었고, 예수님은 말씀에 순종하여 의를 이루어 놓았습니다.

제11장 제7과
마귀의 궤계(詭計 ; 속임수)

종말로 너희가 주 안에서와 그 힘의 능력으로 강건하여지고 마귀의 궤계를 능히 대적하기 위하여 하나님의 전신갑주를 입으라. 우리의 씨름은 혈과 육에 대한 것이 아니요 정사와 권세와 이 어두움의 세상 주관자들과 하늘에 있는 악의 영들에게 대함이라(엡 6:10~12).

서 론

오늘 본문에 보니까 "마귀의 궤계를 능히 대적하기 위하여 하나님의 전신갑주를 입으라. 우리의 씨름은 이 어두움의 세상의 주관자들과 하늘에 있는 악의 영들에게 대함이라"(엡 6:11~12) 하였습니다. 이것은 곧 마귀와의 싸움에 대비하라는 하나님의 명령입니다.

손자병법(孫子兵法)에 보면 지피지기(知彼知己)이면 백전불태(百戰不殆)라 하였습니다. 즉, 적을 알고 자기를 알면 백번 싸워도 위태하지 않다고 했습니다. 우리가 마귀의 정체와 그 궤계를 알고 이에 대비하면 그와의 싸움에서 승리할 수 있습니다.

1. 마귀의 정체

"큰 용이 내어 쫓기니 옛 뱀, 곧 마귀라고도 하고 사탄이라고도 하는 온 천하를 꾀는 자라"(계 12:9a). "또 내가 보매 천사가 무저갱 열쇠와 큰 쇠사슬을 그 손에 가지고 하늘로서 내려와서 용을 잡으니 곧 옛 뱀이요 마귀요 사탄이라"(계 20:1~2).

이상의 말씀을 정리해 보면 마귀는 하늘에서 쫓겨난 '용'인데 '옛 뱀'이요 '사탄'이라고도 합니다. 다시 말하면 '마귀'의 정체는 에덴동산에서 하와를 미혹하던 '뱀'이요, 광야에서 예수님을 시험하던 '사탄'인 것입니다. 그렇다면 여기서 '마귀의 기원은 무엇인가?'라는 질문이 생기게 됩니다. 성경에 분명한 해답은 없지만 천사가 타락하여 마귀가 되었다는 함축된 표현이 있습니다.

“네가 지음을 받던 날로부터 네 모든 길에 완전하더니 마침내 불의가 들어났도다. 네가 아름다움으로 마음이 교만하였으며, 네가 영화로움으로 네 지혜를 더럽혔음이여, 너 덮는 그룹아 그러므로 내가 너를 더럽게 여겨 하나님의 산에서 쫓아내었고 화강석 상에서 멸하였도다”(겔 28:15~17 정리)라는 말씀에서 그룹 천사가 교만으로 타락하여 마귀로 되었음을 짐작하게 하고 있습니다.

2. 마귀의 속성

마귀는 처음부터 살인자요 거짓말쟁이며 범죄자입니다. “저는 처음부터 살인자요, 진리가 그 속에 없으므로 거짓말쟁이요 거짓의 아버지가 되었음이라”(요 8:44 요약), “마귀는 처음부터 범죄함이니라”(요일 3:8)라고 성경이 증언하고 있습니다. 또한 마귀는 공중권세 잡은 자이며 어두움의 세상의 주관자(엡 6:12)라고 성경이 증언하고 있습니다. 뿐만 아니라 마귀는 사람을 죽음으로 몰아넣는 사망의 권세 잡은 자이며(히 2:14) “우는 사자 같이 두루 다니며 삼킬 자를 찾는”(벧전 5:8) 사나운 존재입니다.

결론적으로 마귀는 사람들로 하여금 하나님 편에 서지 못하게 하고 죽음의 길로 몰아넣는 살인자인 것입니다.

3. 마귀의 궤계

첫째로, 마귀는 사람을 하나님께 참소하여 하나님과 사람 사이를 이간시킵니다.

마귀가 아직 하나님 앞에서 쫓겨나지 않았을 때에는 그리스도인들을 밤낮 하나님 앞에 참소하였다고 성경이 증언하고 있습니다(계 12:10). 예를 들면 “욥이 어찌 까닭 없이 하나님을 경외하리이까. 이제 주의 손을 펴서 그의 모든 소유를 치소서. 그리하면 정녕 대면하여 주를 욕하리이다”(욥 1:9~11)라고 마귀는 욥을 하나님께 참소하였습니다. 이와 같이 마귀는 예나 지금이나 사람이 하나님의 사랑받는 꼴을 보지 못하는 속성이 있습니다.

둘째로, 마귀는 간교하게 미혹하며 사람에게 접근합니다.

“뱀이 여자에게 이르되 너희가 결코 죽지 아니하리라. 너희가 그것을 먹는 날에는 너희 눈이 밝아 하나님과 같이 되어 선악을 알줄을 하나님이 아심이니라"(창 3:4~5)라고 마귀는 하와를 간교한 말로 미혹하였습니다. 오늘날도 마귀는 나의 가장 가까운 사람을 통하여 미혹의 손길을 뻗힙니다. 아무리 합리적인 말로 다가 오더라도 예수 믿는데 방해가 되는 일일 때는 일단 마귀의 미혹으로 의심을 해봐야 합니다.

셋째로, 마귀는 광명의 천사로 가장하여 접근합니다.

마귀가 예수님을 시험하던 광야에서 보는 것처럼 마귀는 성경 지식이 해박합니다. 마귀는 이단종파의 사역자를 통하여 성경책과 그 풍부한 지식과 신앙적 예의를 갖추고 그리스도인들에게 접근하고 있습니다. 따라서 우리는 낯선 사람의 성경 해석에 함부로 귀를 기울이지 않도록 조심해야 합니다. 뿐만 아니라 마귀는 거짓 그리스도들과 거짓 선지자들을 통하여 큰 표적과 기사를 보이면서 그리스도인들을 미혹하고 있습니다(마 24:24). 우리 그리스도인들은 함부로 이적과 기사에 현혹되어서는 안 됩니다.

넷째로, 마귀는 사람의 약점을 타고 접근합니다.

"여자(하와)가 그 나무를 본즉 먹음직도 하고 보암직도 하고 지혜롭게 할 만큼 탐스럽기도 한 나무인지라 여자가 그 실과를 따먹고 자기와 함께 한 남편에게도 주매 그도 먹은지라"(창 3:6). 이와 같이 사람은 누구나 "육신의 정욕과 안목의 정욕과 이생의 자랑"(요일 2:16)에 약한 약점을 가지고 있습니다. 이 약점들이 마귀가 접근할 수 있는 틈이 되는 것입니다.

마귀가 틈을 타고 우리 마음에 들어오기만 하면 누구나 예수를 판 가룟 유다가 되고(요 13:2), 성령을 속이고 약속한 헌금의 일부를 감춘 아나니아와 삽비라가 될 수 있습니다(행 5:1~6). 우리는 약점이 노출되지 않도록 세상적인 탐욕을 버려야 합니다.

4. 마귀를 이기는 방법 : 하나님의 전신갑주를 입으라

앞에서 본 바와 같이 마귀는 갖은 속임수로 사람에게 접근하여 사람으로 하여금 하나님 편에 서지 못하게 합니다. 우리는 이와 같은 마귀의 궤계에 능히 대적

할 수 있도록 하나님의 전신갑주를 입어야 합니다.(엡 6:11). 군인들은 허리띠와 흉배와 신발과 방패와 투구와 검으로 무장함으로써 날아오는 화살이 꽂힐 틈을 주지 않습니다(엡 6:14~17).

마찬가지로 우리 그리스도인은 구원을 확신하는 믿음과 복음의 말씀 및 진리와 의의 행위로 완전히 무장하여 마귀의 공격에 능히 대적하며 공격의 화살이 꽂힐 만한 틈이 없도록 완전무장을 해야만 되겠습니다(엡 6:14~17). 다시 말하면 우리의 마음과 몸이 믿음과 말씀 및 진리와 의의 행위로 완전히 무장되어 마귀가 접근할 수 있는 세속적 약점이 조금도 노출되지 않도록 해야 되겠습니다.

제11장 제8과
악을 선으로 대하는 방법

삼가 누가 누구에게든지 악으로 악을 갚지 말게 하고 오직 피차 대하든지 모든 사람을 대하든지 항상 선을 좇으라(살전 5:15). **악은 모든 모양이라도 버리라**(살전 5:22).

1. 선으로 악을 이기자

기대하기 어려운 일이지만 세상 사람 모두가 악을 선으로 대할 수만 있다면 이 세상에서 악은 사라지고 선으로 충만된 아름다운 세상이 될 것입니다. 유감스럽게도 오늘날의 세태는 오히려 선을 악으로, 악은 몇 갑절로 갚는 무서운 세상이 되고 말았습니다.

구약의 가르침을 보면 "생명은 생명으로, 눈은 눈으로, 이는 이로, 손은 손으로, 발은 발로, 데운 것은 데움으로, 상하게 한 것은 상하게 함으로, 때린 것은 때림으로 갚을지라"(출 21:23~25)라고 하여 손해를 본 정도로 보복을 하라는 것입니다. 이것을 동해보복법(同害報復法)이라 하는데 이것은 악을 악으로 갚으라는 장려가 아니고 지나친 보복의 악순환을 방지하자는데 그 목적이 있는 것이었습니다.

그러나 예수님께서는 원수까지도 사랑하라고 가르치십니다. "또, 눈은 눈으로, 이는 이로 갚으라 하였다는 것을 너희가 들었으나 나는 너희에게 이르노니 악한 자를 대적하지 말라. 누구든지 네 오른편 뺨을 치거든 왼편도 돌려 대며, 또 너를 송사하여 속옷을 가지고자 하는 자에게 겉옷까지도 가지게 하며, 너로 억지로 오리를 가게 하거든 십리를 동행하고, 네게 구하는 자에게 주며 네게 꾸고자 하는 자에게 거절하지 말라"(마 5:38~42). "나는 너희에게 이르노니 너희 원수를 사랑하여 너희 핍박하는 자를 위하여 기도하라"(마 5:44)라고 교훈하고 있습니다.

더 나아가 예수님께서는 악을 선으로 이기라고 가르치십니다. "아무에게도 악을 악으로 갚지 말고 모든 사람 앞에서 선한 일을 도모하라. 할 수 있거든 너희로서는 모든 사람으로 더불어 평화하라. 너희가 친히 원수를 갚지 말고 하나님께 맡겨라 원수가 줄이거든 먹이고 목마르거든 마시우라. 그리함으로 네가 숯불을 그 머리 위에 쌓아놓으라. 악에게 지지 말고 선으로 악을 이기라"(롬 12:17~21). 그렇습니다. 우리는 원수 갚는 것을 하나님께 맡기고 악을 선으로 대해야 합니다. 우리가 악을 악으로 대하면 지는 것이고 악을 선으로 대하면 이기는 것입니다.

2. 악을 선으로 대한 사람들

형들의 미움을 받고 형들에 의하여 애굽에 노예로 팔려간 야곱의 열한 번째 아들 요셉은 애굽에서 종살이와 감옥살이 등 갖은 고난과 역경을 겪으면서도 늘 하나님을 바로 섬긴 결과 드디어 하나님의 은혜로 팔려간 나라인 애굽의 총리가 되었습니다. 마침 가나안 땅에 흉년이 들어 양식을 구하려 애굽에 가게 된 형들은 천만 뜻밖에도 자기들이 노예로 팔았던 동생이 애굽 총리가 된 것을 보고 심히 두려워했습니다.

이에 요셉은 "두려워 마소서 내가 하나님을 대신하리이까, 당신들은 나를 해하려 하였으나 하나님은 그것을 선으로 바꾸사 오늘날과 같이 만민의 생명을 구원하게 하시려 하였나니 당신들은 두려워 마소서. 내가 당신들과 당신들의 자녀를 기르리이다"(창 50:19~21)하고 오히려 그들을 간곡한 말로 위로하였습니다.

또 소년 다윗은 블레셋 장군 골리앗을 죽인 공로로 인기가 오르게 되매 사울왕의 질투로 생명의 위협을 받으며 쫓기는 몸이 되었습니다. 사울왕은 정병 삼천을 거느리고 다윗을 죽이기 위하여 밤낮 찾아다니고 있었습니다. 한번은 다윗이 심복들과 동굴에 숨어 있었는데 이 사실을 모르고 사울이 그 동굴 입구에 들어가서 용변을 보게 되었습니다. 심복들은 하나님이 주신 기회이니 당장 죽이자고 건의를 했지만 다윗은 사울왕을 여호와의 기름부음 받은 자라 하여 증거로 겉옷자락만 베고 살려주었습니다(삼상 24:10~13). 이상과 같이 요셉과 다윗은 악을 악으로 대하지 않고 오히려 악을 선으로 대했습니다.

또한 예수님께서는 당신을 십자가에 못 박은 유대의 종교 지도자들과 군인들에 대하여 그 죄를 묻지 않고 "아버지여 저희를 사하여 주옵소서 자기의 하는 것을 알지 못함이니이다"(눅 23:34)라고 말씀하시어 악을 선으로 갚으셨습니다. 그리고 우리나라의 손양원 목사(1902~1950)는 여순 반란사건 때 두 아들을 죽인 청년을 양자로 삼아 신학을 시킴으로써 악을 선으로 갚은 큰 사랑을 실천하였습니다.

3. 악을 선으로 대하는 방법

악을 선으로 대하는 가장 좋은 방법은 내가 당하는 환난과 고통을 가해자와 나 사이에서 해결하지 말고, 하나님과 나 사이의 문제로 승화시키는 일입니다. "당신들은 나를 이곳에 팔았으므로 근심하지 마소서 한탄하지 마소서, 하나님이 생명을 구원하시려고 나를 당신들 앞서 보내셨나이다"(창 45:5). 요셉은 자기를 애굽에 보낸 분은 하나님이시고 형들은 하나님의 지시대로 그 심부름을 했을 뿐이라고 생각했습니다.

또한 다윗왕이 아들 압살롬의 반역으로 쫓기는 몸이 되어 심복 몇 사람과 함께 도망을 치고 있을 때 전왕 사울의 족속의 시무이란 자가 악담과 저주를 그치지 않으며 신경을 돋구었습니다. "피를 흘린 자여 비루한 자여 가거라 가거라. 사울의 족속의 모든 피를 여호와께서 네게로 돌리셨도다. 그 대신에 네가 왕이 되었으나 여호와께서 나라를 네 아들 압살롬의 손에 붙이셨도다. 보라 너는 피를 흘린 자인고로 화를 자취하였느니라"(삼하 16:7b~8)라고 외치면서 돌을 던졌습니다.

이에 다윗의 심복 중 한 사람이 당장 가서 죽이겠다고 하였습니다. 그러나 다윗은 “저가 저주하는 것은 여호와께서 저에게 다윗을 저주하라 하심이니 네가 어찌 그리 하였느냐 할 자가 누구겠느냐? 내 몸에서 난 아들도 내 생명을 해하려 하거든 하물며 이 베냐민 사람이랴. 여호와께서 저에게 명한 것이니 저로 저주하게 버려두라”(삼하 16:10~11)라고 만류하였습니다. 이처럼 다윗왕도 자신이 당하는 고난을 하나님과 자신의 문제로 승화시키고 가해자를 선으로 대하였습니다.

정 리 : 모든 문제는 ‘하나님과 나’ 사이에서 해결하자

악을 선으로 갚는 일은 매우 어려운 일 같지만 마음먹기에 따라서는 아주 쉬운 일이 될 수도 있습니다. 그리스도인들에게 오는 고난이나 환난은 아주 가까운 사람을 통해서 오는 경우가 많이 있습니다.

성도 여러분! 이런 경우 모든 과오와 고난의 책임을 사람에게 묻지 맙시다. 환난은 하나님께서 내게 주시는 시험이요 연단입니다. 비록 분명히 가해자가 있는 문제일지라도 하나님과 나 사이의 문제로 승화시킵시다. 모든 어려운 문제는 하나님과 나 사이에서 해결하는 지혜를 가집시다. 때로는 마귀가 나의 가까운 사람을 도구로 해서 나를 공격할 수도 있습니다. 이 경우는 사람을 대적하지 말고 마귀를 대적해야 합니다. 어떤 경우이건 악을 악으로 대하면 악에게 지는 것입니다. 요셉과 다윗처럼 악을 선으로 대하여 늘 승리하는 삶을 누립시다. 할렐루야!

제 12 장

새 하늘과 새 땅

제12장 제1과
하나님의 나라

바리새인들이 하나님의 나라가 어느 때에 임하나이까 묻거늘 예수께서 대답하여 가라사대 하나님의 나라는 볼 수 있게 임하는 것이 아니요, 또 여기 있다 저기 있다고도 못하리니 하나님의 나라는 너희 안에 있느니라(눅 17:20~21).

1. 나라의 개념

일반적으로 한 나라의 구성 요소는 주권과 영토와 국민입니다. '대한민국'을 가지고 생각해 보면 남한 지역은 영토와 국민이 있고 그 주권이 미치기 때문에 대한민국입니다. 해외에 있는 대사관이나 영사관도 그 구역 내에서는 대한민국의 주권이 미치기 때문에 대한민국이 됩니다. 그러나 북한 지역은 우리 헌법 제2조에 의하면 대한민국의 영토이지만 주권이 미치지 못하기 때문에 대한민국이 되지 못합니다. 일제 36년 동안도 영토와 국민은 있었지만 주권이 없었기 때문에 나라의 구실을 하지 못했습니다.

마찬가지로 하나님의 주권이 미치는 사람이나 지역은 하나님의 나라가 되는 것입니다. "때가 찼고 하나님의 나라가 가까왔으니 회개하고 복음을 믿어라"(막 1:15). 예수님의 이 말씀은 바로 하나님 나라의 주권이 가까이 임하였다는 의미인 것입니다. 예수님 자신이 바로 하나님의 나라 주권의 소지자요, 또한 하나님의 나라인 것입니다.

2. 하나님의 주권과 하나님의 나라

하나님의 주권이 미치는 사람이나 지역, 또는 그 주권을 인정하는 사람이나 지역은 하나님의 나라인 것입니다. 예수님께서 하나님의 주권을 가지셨으므로 예수님이 임하시는 곳은 하나님의 나라인 것입니다. "이 때부터 예수께서 비로소 전파하여 가라사대 회개하라 천국이 가까왔느니라"(마 4:17). 말씀과 같이 예수님의 복음이 미치는 곳이 또한 하나님의 나라인 것입니다.

뿐만 아니라 성령님께서 임하는 곳이 또한 하나님의 나라가 되는 것입니다. "그러나 내가 하나님의 성령을 힘입어 귀신을 쫓아내는 것이면 하나님의 나라가 이미 너희에게 임하였느니라"(마 12:28). 말씀과 같이 성령님의 능력에 의하여 하나님 나라의 주권이 행사되는 곳은 이미 하나님의 나라가 임한 곳입니다.

따라서 하나님의 나라는 그 주권이 미치는 범위에 따라 몇 가지로 구분해 생각할 수가 있습니다.

첫째로, 한 개인의 마음속에 있는 심령천국을 생각할 수가 있습니다. "하나님의 나라는 볼 수 있게 임하는 것이 아니요, 또 여기 있다, 저기 있다고도 못하리니 하나님의 나라는 너희 안에 있느니라"(눅 17:20~21). 예수님의 이 말씀은 하나님의 주권이 미치는 그리스도인 하나하나가 곧 하나님의 나라라는 것입니다. 따라서 이 땅에서 그리스도인이 한 사람 한 사람 증가되는 것이 하나님의 나라가 확장되는 것이 됩니다.

둘째로, 그리스도인의 모임인 교회천국을 생각할 수가 있습니다. 교회는 이 땅에 있는 하나님 나라의 지부라고 할 수 있습니다. 교회로 번역되는 헬라어 '에클레시아'(ἐκκλησία)는 하나님께서 세상으로부터 불러낸 사람들의 모임인 것입니다. 예수님께서 머리가 되시고(엡 1:22), 그리스도인들이 그 몸의 지체를 이루는(롬 12:5) 교회는 하나님의 주권이 미치는 하나님의 나라인 것입니다. 마찬가지로 모든 가족이 그리스도인인 가정이나 그리스도인들로만 모인 사회단체는 또한 하나님의 나라인 것입니다.

셋째로, 계시록(계 20:1~6)에 근거하여 신학자들이 해석하는 이른바 '천년왕국'도 하나님의 나라인 것입니다. 천사가 내려와 마귀를 천 년 동안 무저갱에 가두어 놓고, 마귀의 방해가 없는 가운데 이 땅에 천 년 동안 하나님의 주권만이 미치는 하나님의 나라를 이룬다는 것입니다.

넷째로는 최후의 심판 후 그리스도인들만이 부활된 몸으로 모여서 영생하게 되는 새 하늘과 새 땅이(계 21:1) 하나님의 나라인 것입니다. "하나님이 저희와 함께 거하시리니 저희는 하나님의 백성이 되고, 하나님은 친히 저희와 함께 계셔서 모든 눈물을 그 눈에서 씻기시매 다시 사망이 없고, 애통하는 것이나 곡하는 것이나 아픈 것이 다시 있지 아니하리니 처음 것들이 다 지나갔음이러라"(계 21:3~4).

이상과 같이 하나님의 나라는 그 주권이 미치는 범위에 따라 개인의 심령천국,

교회천국, 천년왕국, 새 하늘과 새 땅인 영생천국 등으로 구분해 볼 수가 있는 것입니다.

3. 하나님 나라의 속성

그렇다면 이러한 하나님의 나라는 속성상 세상 나라와 어떻게 구분이 될 수 있습니까? 우선 하나님의 나라는 먹는 것과 마시는 것이 아닙니다. "하나님의 나라는 먹는 것과 마시는 것이 아니요"(롬 14:17a), 말씀과 같이 하나님의 나라는 먹는 것과 마시는 것, 즉 육신적인 욕망으로 이루어지는 것이 아니라는 것입니다.

"이 세상이나 세상에 있는 것들을 사랑치 말라. 누구든지 세상을 사랑하면 아버지의 사랑이 그 속에 있지 아니하니 이는 세상에 있는 모든 것이 육신의 정욕과 안목의 정욕과 이생의 자랑이니 다 아버지께로 좇아온 것이 아니요 세상으로 좇아온 것이라"(요일 2:15~16). 말씀과 같이 하나님의 나라는 갖가지 육신적인 탐욕을 충족시키는 데 있는 것이 아닌 것입니다.

그렇다면 하나님 나라의 속성은 무엇입니까? "하나님의 나라는 먹는 것과 마시는 것이 아니요 오직 성령 안에서 의와 평강과 희락이라"(롬 14:17). 말씀과 같이 하나님의 나라는 성령 안에서의 의와 평강과 희락인 것입니다. 성령 안에서의 의(義)는 하나님과의 올바른 관계, 즉 죄를 씻고 하나님 앞에 설 수 있는 자격을 의미합니다. 또한 성령 안에서의 평강과 희락은 성령 충만의 열매로 얻어지는 화평과 희락인 것입니다. "오직 성령의 열매는 사랑과 희락과 화평과 오래 참음과 자비와 양선과 충성과 온유와 절제니 이 같은 것을 금지할 법이 없느니라"(갈 5:22~23).

또한 하나님의 나라는 말에 있지 않고 능력에 있는 것입니다(고전 4:20). 세상적인 웅변이나 지식이 필요 없습니다. 새로운 피조물로 거듭난 사람이라야 하나님 나라의 백성으로서 자격이 있는 것입니다.

정 리

하나님의 주권이 미치는 사람, 또는 그런 사람들의 모임이 곧 하나님의 나라인 것입니다. 하나님의 나라는 세속적인 욕구의 충족에 있는 것이 아니라 성령 안에서의 의와 평강과 희락과 능력인 것입니다.

그리스도인들은 하나님의 나라가 임하도록 기도해야 합니다. "하늘에 계신 우리 아버지여 이름이 거룩히 여김을 받으시오며, 나라이 임하옵시며 뜻이 하늘에서 이룬 것 같이 땅에서도 이루어지이다"(마 6:9~10). 우리는 땅에 있는 동안 심령천국과 교회천국을 이루어야 합니다. 따라서 무엇보다도 우리는 우리 마음에 항상 하나님의 나라와 그 의가 임하여 있도록 기도하고 행해야 합니다.

"너희는 먼저 그의 나라와 그의 의를 구하라. 그리하면 이 모든 것을 너희에게 더하시리라"(마 6:33). 아멘!

제12장 제2과
세상의 지혜로는 알지 못하는 하나님의 나라

오직 하나님이 성령으로 이것을 우리에게 보이셨으니 성령은 모든 것 곧 하나님의 깊은 것이라도 통달하시느니라. 사람의 사정을 사람의 속에 있는 영 외에는 누가 알리요, 이와 같이 하나님의 사정도 하나님의 영 외에는 아무도 알지 못하느니라(고전 2:10~11).

1. 이리 소년 이야기

오래 전 인도의 어떤 산골짜기에서 15세 쯤 되는 이리 소년이 발견되었습니다. 어린 아기 때 이리에게 잡혀 가서 죽지 않고 이리와 함께 살면서 자라났는데 말도 못하고 기어 다니고 있었습니다. 사람들이 그 소년에게 "너는 사람이다"라고 갖은 방법으로 표현해도 알아듣지 못했다고 합니다. 그는 사람의 부모로부터 왔다는 사실을 전혀 알지 못했고 깨달을 수도 없었습니다. 그것은 습성과 언어가 이리를 닮았기 때문입니다.

오늘날 사탄의 소굴에 빠져 있는 세상 사람들은 이리 소년과 같은 처지에 있습니다. 인간이 하나님으로부터 왔다는 사실을 알지 못하며 또한 깨달을 수도 없습니다. 하나님께서 갖은 방법으로 "너희는 하나님의 백성이다"라고 손짓을 해도 알아듣지를 못합니다. 인간의 이러한 모습을 보고 하나님께서는 "눈이 있어도 보지 못하며, 귀가 있어도 듣지 못하는 백성"(렘 5:21)이요 "마음으로 깨닫지 못하는 백성"(고전 2:9)이라고 한탄하십니다. 이 모든 불행은 사람이 사탄의 습성을 닮아 영적으로 죽어 있기 때문입니다.

이와 같이 사탄의 소굴에 빠져서 죄악으로 물들어 있는 사람들을 구원하기 위하여 하나님께서는 여러 가지를 예비해 놓으셨습니다.

2. 하나님께서 인간을 위하여 예비해 놓으신 것

첫째로, 하나님께서는 인간을 위하여 거할 장소를 예비해 놓으셨습니다.

"내 아버지 집에 거할 곳이 많도다. 그렇지 않으면 너희에게 일렀으리라. 내가 너희를 위하여 처소를 예비하러 가노니 가서 너희를 위하여 처소를 예비하면 내가 다시 와서 너희를 내게로 영접하여 나 있는 곳에 너희도 있게 하리라"(요 14:2~3). 그렇다면 하나님께서 예비해 놓으신 거할 장소는 어떤 곳입니까? 바로 새 하늘과 새 땅입니다. "하나님이 저희와 함께 거하시리니 저희는 하나님의 백성이 되고 하나님은 친히 저희와 함께 계셔서 모든 눈물을 그 눈에서 씻기시매 다시 사망이 없고 애통하는 것이나 곡하는 것이나 아픈 것이 다시 있지 아니하리니 처음 것들이 다 지나 갔음이러라"(계 21:3~4)라고 하나님께서는 예비된 하늘나라의 모습을 계시해 주셨습니다.

둘째로, 하나님께서는 아버지께로 가는 길을 예비해 놓으셨습니다.

"예수께서 가라사대 내가 곧 길이요, 진리요, 생명이니 나로 말미암지 않고는 아버지께로 올 자가 없느니라"(요 14:6)라고 하여 예수님 자신이 바로 세상 사람들이 아버지께로 갈 수 있는 유일한 길임을 증언하고 있습니다. 그렇습니다. 아버지께로 가는 유일한 길은 예수 그리스도의 십자가의 길입니다. 우리의 죄를 대속하기 위하여 피를 흘리신 십자가의 길입니다. 우리는 이 길을 알기 위하여 길이신 예수님을 잘 알아야 되겠습니다.

우리가 어떻게 예수님을 잘 알 수가 있습니까? "말씀이 육신이 되어 우리 가운데 거하시매 우리가 그 영광을 보니 아버지의 독생자의 영광이요, 은혜와 진리가 충만하더라"(요 1:14)라고 성경 말씀이 증거하는 바와 같이 예수님은 말씀이 육신이 되어 이 땅에 오신 분입니다. 따라서 예수님을 잘 알기 위해서는 말씀을 잘 알아야 합니다. 말씀 속에 길을 알 수 있는 은혜와 진리가 충만히 들어 있습니다.

셋째로, 하나님께서는 길의 안내자를 예비해 두셨습니다.

"이사야가 가로되 주여 우리가 전하는 바를 누가 믿었나이까 하였으니 그러므로 믿음은 들음에서 나며 들음은 그리스도의 말씀으로 말미암았느니라. 그러나 내가 말하노니 저희가 듣지 아니하였느뇨? 그렇지 아니하니라. 그 소리가 온 땅에 퍼졌고 그 말씀이 땅끝까지 이르렀도다 하였느니라"(롬 10:16~18). 하나님께서는 구약의 선지자들과 신약의 사도들을 통해서, 그리고 초대 교회 이후 많은 주의 종들을 통해서 아버지 하나님께로 가는 길을 안내하고 있습니다. 뿐만 아니라 오늘날 출판물이나 각양 매스컴을 통하여 그리스도의 복음이 땅끝까지 홍수처럼 터져 나오고 있습니다.

이상과 같이 하나님께서는 세상 사람들을 위하여 아버지 나라에 거할 장소와 가는 길과 그 안내자를 예비하셨습니다. 그러나 아직도 세상의 많은 사람들은 안타깝게도 눈으로 보지도 못하고, 귀로 듣지도 못하고 마음으로 깨닫지도 못하고 있습니다.

3. 성령만이 알게 하는 하나님 나라

"시몬 베드로가 대답하여 가로되 주는 그리스도시요 살아계신 하나님의 아들이시니이다"(마 16:16). 이 말씀은 예수님의 수제자인 사도 베드로의 유명한 신앙 고백입니다. 예수님께서 공생애 사역을 마치실 무렵 가이사랴 빌립보라는 지역에 이르렀을 때 "너희는 나를 누구라 하느냐?"(마 16:15)라고 물으셨습니다. 그때까지도 12제자들은 아직 자기들의 스승인 예수를 하나의 선지자 내지는 랍비, 또는 다윗처럼 이스라엘을 회복하여 왕이 될 큰 지도자 정도로 이해하고 있었습니다.

그런데 뜻밖에도 베드로는 '주님은 그리스도시요 살아계신 하나님의 아들'이라고 고백을 했습니다. 이 대답에 대하여 예수님께서는 기뻐하시는 어조로 "바요나 시몬아 네가 복이 있도다. 이를 네게 알게 한 이는 혈육이 아니요 하늘에 계신 내 아버지시니라"(마 16:17)라고 말씀하시어 베드로가 깨닫게 된 것은 베드로의 지식이나 지혜가 아니라 하나님께서 가르쳐 주셨다는 것입니다. 즉 성령께서 함께 하셨기 때문이라는 것입니다.

"오직 하나님이 성령으로 이것을 우리에게 보이셨으니 성령은 모든 것, 곧 하나님의 깊은 것이라도 통달하시느니라. 이와 같이 하나님의 사정은 하나님의 영 외에는 아무도 알지 못하느니라"(고전 2:10~11)라고 성경이 증언하고 있습니다. 그렇습니다. 아무리 하나님께서 모든 것을 예비해 놓으셨다 할지라도 세상의 지식과 세상의 지혜로는 알지도 못하고 깨닫지도 못한다는 것입니다.

"육에 속한 사람은 하나님의 성령의 일을 받지 아니하나니 저희에게는 미련하게 보임이요, 또 깨닫지도 못하나니 이런 일은 영적으로라야 분변함이니라"(고전 2:14)라고 하여 육에 속한 세상 사람들은 깨닫지도 못할 뿐만 아니라 그 예비한 일들이 오히려 미련하고 어리석게 보인다는 것입니다.

참으로 "우리가 이것을 말하거니와 사람의 지혜의 가르친 말로 아니하고 오직 성령의 가르치신 것으로 하니 신령한 일은 신령한 것으로 분별하느니라"(고전 2:13). 아멘!

정 리

인간들은 인도의 이리 소년처럼 자기가 어디서 왔는지, 아버지가 누구인지도 알지 못하고 죄악의 소굴에 얽매여서 살고 있습니다. 하나님 아버지께서는 인간들을 본향인 하나님 나라로 데려가기 위해 거할 장소와 그 길과 안내자를 예비해 놓으셨습니다.

그러나 너무나 오랫동안 아버지와 떨어져 있는 사람들은 눈으로 보지도 못하고 귀로 듣지도 못하고 마음으로 깨닫지도 못하고 있습니다. 그러나 하나님께서 보내 주시는 성령이 임하시면 우리는 하나님 나라를 깨달을 수가 있습니다. 따라서 우리는 성령이 임하실 때까지는 성경 말씀을 내 지식으로 판단해서 미련한 것으로 보지 말고 말씀 그대로 시인하는 노력을 해야 합니다.

第12장 第3과
천국의 비유

또 비유를 베풀어 가라사대 천국은 마치 사람이 자기 밭에 갖다 심은 겨자씨 한 알 같으니 이는 모든 씨보다 작은 것이로되 자란 후에는 나물보다 커서 나무가 되매 공중의 새들이 와서 그 가지에 깃들이느니라(마 13:31~32).

예수님께서는 씨 뿌리는 비유를 설명하신 후 다시 관점을 바꾸어 가면서 천국에 대한 비유를 말씀하셨습니다. 첫째는 성장하는 관점에서 본 천국을, 둘째는 가치의 관점에서 본 천국을, 셋째는 천국에 들어갈 사람의 자격의 관점에서 본 천국을 비유를 들어 설명하셨습니다.

1. 시작과 성장의 관점에서 본 천국

"또 비유를 베풀어 가라사대 천국은 마치 사람이 자기 밭에 갖다 심은 겨자씨 한 알 같으니 이는 모든 씨보다 작은 것이로되 자란 후에는 나물보다 커서 나무가 되매 공중의 새들이 와서 그 가지에 깃들이느니라"(마 13:31~32). 모든 씨 중에서도 작은 겨자씨 한 알이 싹이 나서 자라게 되면 새들이 와서 깃들일 만큼 큰 나무가 되는데, 이처럼 이 땅에서의 천국도 미약하게 시작해서 거대하게 자라게 된다고 예수님께서 비유로 말씀하셨습니다.

"또 비유로 말씀하시되 천국은 마치 여자가 가루 서 말 속에 갖다 넣어 전부 부풀게 한 누룩과 같으니라"(마 13:33). 적은 양의 누룩으로 많은 양의 가루 반죽을 부풀게 하는 것처럼 이 땅에서 부분적으로 시작한 천국이 전 세계로 전파되어 나갈 수 있다고 예수님께서 비유로 말씀하셨습니다.

따라서 이 땅에서의 천국은 갑자기 대대적인 혁명이 일어나서 일시에 하나님의 대제국이 나타나게 되는 것이 아니라는 것입니다. 마치 작은 겨자씨가 싹이 트고 자라서 큰 나무를 이루는 것처럼 작은 것으로부터 시작하여 점차 크게 성장하게 된다는 것입니다.

"네 시작은 미약하였으나 네 나중은 심히 창대하리라"(욥 8:7). 1세기 초 이스라엘의 갈릴리 호수가에서 시작한 기독교는 2천 년이 지난 오늘날 전 세계적으로 성장한 대표적인 종교가 되었습니다. 하나의 지교회도 처음에는 소수의 무리가 모이는 작은 교회로 시작하지만 점차 대형 교회로 성장하게 되는 것입니다.

2. 가치의 관점에서 본 천국

첫째로, 천국은 밭에 감추인 보화에 비유할 수 있습니다.

"천국은 마치 밭에 감추인 보화와 같으니 사람이 이를 발견한 후 숨겨 두고 기뻐하여 돌아가서 자기의 소유를 다 팔아 그 밭을 샀느니라"(마 13:44). 말씀과 같이 천국은 사람의 모든 소유와 바꿀 만큼 큰 가치가 있다고 예수님께서 말씀하셨습니다.

가령 지하자원을 탐사하는 사람이 어느 밭의 지하에서 엄청난 광맥을 발견했다고 생각해 봅시다. 이 밭에 광산을 개발하면 자신의 소유 재산과는 비교도 안 될 만큼 큰 재물을 얻을 수 있다는 확신을 가졌다면 현재 소유하고 있는 자신의 모든 재산을 기꺼이 투자할 수가 있을 것입니다. "생각건대 현재의 고난은 장차 우리에게 나타날 영광과 족히 비교할 수 없도다"(롬 8:18). 말씀과 같이 우리가 미래에 소유하게 될 천국은 우리가 자신의 모든 인생을 투자해도 될 만큼 충분한 가치가 있는 대상입니다.

둘째로, 천국은 진주 수집가에 있어서 극히 값진 진주와 비유할 수 있습니다.

"또 천국은 마치 좋은 진주를 구하는 장사와 같으니 극히 값진 진주 하나를 만나매 가서 자기의 소유를 다 팔아 그 진주를 샀느니라"(마 13:45~46)라고 예수님께서 말씀하셨습니다. 오래 된 도자기나 그림 등 골동품을 수십억 원씩 주고 사서 모으는 사람들이 있습니다. 그들에겐 그 귀한 골동품이 가장 가치 있는 대상인 것입니다.

진주 수집가가 극히 값진 진주에 전 재산을 투자한 것처럼 천국은 우리에게 전 재산을 투자할 만큼의 가치가 있는 대상입니다. "한 사람이 두 주인을 섬기지 못할 것이니, … 하나님과 재물을 겸하여 섬기지 못하느니라"(마 6:24)라고 예수님께서 말씀하셨습니다.

가장 가치 있는 것을 발견하면 보다 가치가 덜한 것은 순위를 양보하거나 포기해야만 된다는 말씀인 것입니다. 참으로 천국은 가치의 최우선 순위에 두어야 할 대상입니다.

3. 천국 시민이 될 자격의 관점에서 본 천국

"또 천국은 마치 바다에 치고 각종 물고기를 모는 그물과 같으니, 그물에 가득하매 물 가로 끌어내고 앉아서 좋은 것은 그릇에 담고 못된 것은 내어 버리느니라"(마 13:47~48). 말씀과 같이 그물에 걸린 고기 중 어부는 상품 가치가 있는 큰 고기만 선택하게 되는 것입니다. 마찬가지로 교회 안에 들어와 있는 사람 중 하나님이 보시기에 합당한 사람만 선택되어 천국을 소유할 수 있게 된다는 것입니다. 따라서 천국은 누구나 갈 수 있는 곳이 아니라는 것입니다.

그리고 이러한 일이 세상 끝에 이러나게 된다는 것입니다. "세상 끝에도 이러하리라. 천사들이 와서 의인 중에서 악인을 갈라내어 풀무 불에 던져 넣으리니 거기서 울며 이를 갊이 있으리라"(마 13:49~50). 마지막 심판 때가 되면 마치 어부가 못된 고기를 골라 버리는 것처럼 하나님께서는 천사들로 하여금 의인 중에서 악인을 골라내어 불못에 던지게 한다는 것입니다. 그리고 하나님 보시기에 합당한 의인만을 천국으로 인도하십니다.

"또 비유를 베풀어 가라사대 천국은 좋은 씨를 제 밭에 뿌린 사람과 같으니, 싹이 나고 자라서 결실할 때에 가라지도 보이거늘, 주인이 가로되 가만 두어라. 둘 다 추수 때까지 함께 자라게 두어라. 추수 때에 내가 추수꾼들에게 말하기를 가라지는 먼저 거두어 불사르게 단으로 묶고 곡식은 모아 내 곳간에 넣으라 하리라"(마 13:24~30 발췌).

밭에는 좋은 씨만을 뿌려도 알곡과 가라지가 함께 자라게 됩니다. 마찬가지로 많은 사람이 교회에 다니고 있지만 그 중에는 가라지에 비유되는 사람도 있게 마련이라는 것입니다. 추수할 때까지는 알곡과 가라지를 함께 자라게 두지만 추수할 때가 되면 알곡만 추수하고 가라지는 따로 묶어 불사르는 것처럼 교회에서는 알곡 신자만이 천국의 곡간에 들어가게 된다는 것입니다.

어쨌든 어부에게 선택된 좋은 고기나 농부에게 선택된 알곡처럼 하나님에게 선택된 의로운 사람이라야 천국 시민이 될 자격이 있는 것입니다.

정 리

천국에 대한 관점을 다르게 하면서 천국을 비유해 봄으로써 천국에 대한 이해를 깊게 할 수가 있는 것입니다. **첫째로**, 이 땅에서의 천국은 겨자씨처럼 아주 작은 것으로부터 시작하여 크게 성장하게 된다는 것입니다. **둘째로**, 천국은 사람이 이 세상에서 가진 모든 재산을 투자해서라도 소유할 만한 가치가 있는 대상인 것입니다. 천국은 이 세상에서 어떤 값진 것보다도 더 가치가 있는 가치의 제1순위에 있는 존재인 것입니다.

셋째로, 이러한 가치의 제1순위에 있는 천국은 아무나 소유할 수 있는 것이 아닙니다. 어부가 잡은 고기 중 좋은 것을 고르는 것처럼, 농부가 추수할 때 알곡만 거두는 것처럼 하나님에게 선택되는 사람만이 천국을 소유할 수가 있는 것입니다. 바꾸어 말하면 하나님께서 의롭다 생각하시는 사람만이 천국에 들어갈 수가 있는 것입니다.

우리는 천국에 대한 가치를 올바로 인식하고, 천국에 들어갈 수 있는 알곡 성도가 될 수 있도록 우리의 겨자씨만한 믿음을 크게 성장시켜야만 되겠습니다.

제12장 제4과
천국과 가치의 우선순위

천국은 마치 밭에 감추인 보화와 같으니 사람이 이를 발견한 후 숨겨두고 기뻐하여 돌아가서 자기의 소유를 다 팔아 그 밭을 샀느니라. 또 천국은 마치 좋은 진주를 구하는 장사와 같으니 극히 값진 진주 하나를 만나매 가서 자기의 소유를 다 팔아 그 진주를 샀느니라(마 13:44~46).

1. 가치 판단의 문제

지금 여기 1,000원 짜리 지폐 한 장과 10,000원 짜리 지폐 한 장이 있다고 합시다. 이 중 하나를 가지라고 하면 정상적인 사람은 누구나 10,000원 짜리를 가지게 됩니다. 그것은 10,000원 짜리가 1,000원 짜리보다 가치가 더 크기 때문입니다. 또 여기에 값이 같은 몇 가지 상품이 있을 때 이 중 하나를 가지라 하면 어떻게 되겠습니까? 아마 집에 없는 것이라든지 아니면 평소에 가지고 싶었던 것을 선택하게 될 것입니다. 그것은 본인이 원하는 것이 원하지 않는 것보다 가치가 더 크기 때문입니다. 이처럼 어떤 대상이 지니고 있는 중요성을 '가치'라 합니다.

이상과 같이 어떤 대상에 대하여 그 가치의 크고 작음을 알아내는 일을 '가치 판단'이라 합니다. 그러나 가치를 판단하는 일이 1,000원 짜리와 10,000원 짜리를 구별하는 것처럼 항상 쉬운 것은 아닙니다. 왜냐하면 그것은 같은 대상을 두고도 자기의 원하는 바나 필요 등 가치를 보는 관점에 따라 다르기 때문입니다. 개인의 가치를 보는 관점을 '가치관'이라 합니다. 따라서 동일한 대상이라도 개인의 가치관에 따라 가치의 크기가 다르게 결정이 되는 것입니다.

가령 배우자를 선택하는 경우를 생각해 봅니다. 지금 여기에 외모는 수려하나 성품이 별로인 사람이 있다고 합시다. 이 사람에 대하여 외모에 치중하는 사람은 가치를 크게 부여할 것입니다. 그러나 성품에 치중하는 사람은 가치가 적은 사람으로 판단할 것입니다. 이와 같이 같은 대상이라도 사람의 가치관에 따라 가치의 크기가 다르게 판단되는 것입니다.

2. 가치 발견의 중요성

앞에서도 말을 했지만 정상적인 사람은 10,000원 짜리가 1,000원 짜리보다 가치가 더 크다는 것을 압니다. 그러나 어린 아기나 동물들은 어느 쪽이 더 가치가 큰지 알지 못합니다. 따라서 그들에겐 1,000원 짜리든 10,000원 짜리든 모두 의미가 없습니다. 따라서 누구든지 어떤 사물에 대한 가치를 발견하지 못한다면 그 사물은 그 사람에게 전혀 의미가 없는 무가치한 것이 되고 마는 것입니다.

"거룩한 것을 개에게 주지 말며, 너희 진주를 돼지에게 던지지 말라. 저희가 그 것을 발로 밟고 돌이켜 너희를 찢어 상할까 염려하라"(마 7:6). 개가 거룩한 것을 어떻게 알 수 있으며 돼지가 진주의 가치를 어떻게 알 수가 있겠습니까? 아무리 값진 것이라도 그 가치를 발견하지 못하는 자에게는 쓸모 없는 것이 된다는 말씀인 것입니다.

천국과 하나님도 올바로 발견한 사람에겐 모든 사물 중에 가장 가치가 큰 대상으로 깨닫게 되는 것이지만 천국과 하나님을 발견하지 못한 사람에겐 아무런 의미가 없는 것입니다. 따라서 천국과 하나님에 대한 존재를 발견하고 그 가치를 올바로 깨닫는다는 것은 참으로 중요한 일인 것입니다. 그래서 어떤 사람은 인류 역사상 가장 위대한 발견은 하나님을 발견한 것이라고 했습니다. 그것은 사람의 영생복락과 직결되는 일이기 때문인 것입니다. 따라서 한 사람이 한 평생 동안 발견할 수 있는 가장 위대한 발견도 천국과 하나님을 발견하는 것입니다.

만약 사람이 천국과 하나님의 위대한 가치를 발견하게 되면 누구나 예수를 믿게 될 것입니다. 그런데 유감스럽게도 사람이 천국과 하나님을 발견하고 그 가치를 깨달은 다음에 예수를 믿을 수는 없는 것입니다. 왜냐하면 천국과 하나님은 우선 예수를 믿음으로써 발견하게 되는 것이며, 또한 그 위대한 가치를 깨달을 수 있게 되는 것이기 때문입니다.

3. 천국의 가치

첫째로, 천국은 '밭에 감추인 보화'와 같은 것입니다.

"천국은 마치 밭에 감추인 보화와 같으니 사람이 이를 발견한 후 숨겨 두고 기뻐하여 돌아가서 자기의 소유를 다 팔아 그 밭을 샀느니라"(마 13:44). 말씀과 같이 천국은 사람의 모든 소유와 바꿀 만큼 큰 가치가 있는 것입니다.

가령 지하자원을 탐사하는 사람이 어느 밭 가운데서 엄청난 광맥을 발견했다고 생각해 봅시다. 이 광산을 개발하면 자신의 소유 재산과는 비교도 안될 만큼 큰 재물을 얻을 수 있다는 확신을 가졌다면 현재 자신의 모든 재산을 기꺼이 투자할 수가 있을 것입니다. "생각컨대 현재의 고난은 장차 우리에게 나타날 영광과 족히 비교할 수 없도다"(롬 8:18). 말씀과 같이 천국은 사람이 자신의 모든 인생을 투자해도 될 만큼 충분한 가치가 있는 대상입니다.

둘째로, 천국은 진주 장사에게 있어서 극히 값진 진주와 같은 것입니다.

"천국은 마치 좋은 진주를 구하는 장사와 같은니 극히 값진 진주 하나를 만나매 가서 자기의 소유를 다 팔아 그 진주를 샀느니라"(마 13:45).

본문의 진주 장사는 평생 동안 가장 값지고 귀한 진주를 얻기 원하는 진주 수집가입니다. 어느 날 그는 평생에 원하던 가장 귀하고 값진 진주를 발견하게 되었습니다. 그는 이를 위하여 기꺼이 전 재산을 투자하였습니다. 진주 수집가가 값진 진주에 전 재산을 투자한 것처럼 천국은 우리에게 전 재산을 투자할 만큼의 가치가 있는 대상입니다.

4. 하나님을 믿는 자의 가치 우선순위

"그러나 무엇이든지 내게 유익하던 것을 내가 그리스도를 위하여 다 해로 여길뿐더러 또한 모든 것을 해로 여김은 내 주 그리스도를 아는 지식이 가장 고상함을 인함이라. 내가 그를 위하여 모든 것을 잃어버리고 배설물로 여김은 그리스도를 얻고 그 안에서 발견되려 함이니 내가 가진 의는 율법에서 난 것이 아니요 오직 그리스도를 믿음으로 말미암은 것이니 곧 믿음으로 하나님께서 난 의라"(빌 3:7~9). 바울 사도가 예수님을 만난 후 가치관의 변화를 고백하는 내용입니다.

전에는 율법을 아는 지식과 그 실천을 가장 가치 있는 것으로 여겼으나 예수님을 만난 후 그리스도를 아는 지식(복음)과 그 실천이 가장 가치 있는 것임을 깨달았습니다. 바울 사도는 보다 큰 가치의 대상을 위해서 옛날에 지녔던 가치의 대상을 배설물처럼 버렸습니다.

그리스도인에게는 예수님(하나님)보다 더 가치 있는 대상이 있어서는 안 됩니다. "누구든지 내게 오는 자가 자기 부모와 아내와 형제자매, 심지어 자기 생명보다 나를 더 사랑하지 않으면 내 제자가 될 수 없다"(눅 14:26 현대인의 성경). 그리스도인은 예수님을 가치의 최우선 순위에 두어야 된다는 말씀입니다. 예수님을 위하여 나의 모든 세속적인 인간관계와 소유를 양보, 희생할 수가 있어야만 천국과 하나님의 가치를 올바로 깨달은 그리스도인인 것입니다.

정 리

성도 여러분! 나는 과연 천국과 하나님을 가치의 최우선 순위에 두고 있는지 점검해 봅시다. 우선 십일조나 각종 헌물을 즐거운 마음으로 기꺼이 드릴 수 있는지 점검해 보십시오. 과연 하나님을 위해 세속적인 인간관계나 개인의 소유나 입지를 양보하거나 포기할 수 있는지 점검해 보십시오. 더 나아가 하나님의 명령이라면 가족의 생업이 되는 직장이나 사업장도 포기할 수 있는지 자신에게 물어보십시오. 그리스도인에게 있어서 천국과 하나님은 가치의 최우선 순위가 되어야만 합니다.

제12장 제5과
새 하늘과 새 땅에 들어갈 자격 요건

사람들이 만국의 영광과 존귀를 가지고 그리로 들어오겠고, 무엇이든지 속된 것이나 가증한 일 또는 거짓말 하는 자는 결코 그리로 들어오지 못하되 오직 어린 양의 생명책에 기록된 자들뿐이라(계 21:26~27).

1. 어떤 단체의 구성원이 될 자격 요건

어떤 단체의 구성원이 되기 위해서는 그 단체가 정하는 자격 요건을 갖추어야만 합니다. 가령 향우회나 교민회 회원 또는 한 나라의 국민이 되기 위해서는 출신 지역이 같아야 합니다. 동창회나 동문회의 회원이 되기 위해서는 출신학교가 같아야 하고, 공무원이나 교사, 의사, 변호사 등이 되기 위해서는 일정한 수준의 학력과 선발시험 또는 자격시험에 합격을 해야 됩니다. 또한 군인이나 경찰이 되기 위해서는 몸이 건강해야 되고, 골프 회원이나 라이온스 클럽 회원 등 사교클럽나 봉사클럽 회원이 되기 위해서는 돈(회비)이 있어야 합니다. 그리고 청년회나 노인회 회원이 되기 위해서는 나이가 맞아야 하고, 보이스카우트 회원이나 걸스카우트 회원이 되기 위해서는 성별이 맞아야 합니다.

그런데 출신지역, 출신학교, 학력, 물질, 건강, 연령, 성별 등 세상적인 어떤 자격 요건에도 관계없이 그 구성요원이 될 수 있는 아주 개방적인 유명한 단체가 있습니다. '새 하늘과 새 땅', 즉, '하나님의 나라'가 바로 그 단체입니다. 그러나 여기에도 앞에서 열거한 세상적인 자격 요건은 아니지만 다른 자격 요건이 필요합니다. 그 자격 요건이 무엇인지 알아보고 그 자격 요건에 결격 사유를 제거함으로써 천국 시민이 되는 복을 누리시기 바랍니다.

2. 새 하늘과 새 땅은 어떤 곳인가

새 하늘과 새 땅에 들어갈 자격 요건을 알아보기 전에 먼저 새 하늘과 새 땅은 어떤 곳인가를 알아보기로 하겠습니다. "또 내가 새 하늘과 새 땅을 보니 처음 하늘과 처음 땅이 없어졌고 바다도 다시 있지 않더라"(계 21:1). 말씀과 같이 새 하늘과 새 땅은 오늘날 우리가 사는 처음 하늘과 처음 땅이 아니고 하나님께서 새로 창조하신 장소(사 65:17)입니다. 새 하늘과 새 땅은 어린 양의 보좌로부터 수정같이 맑은 생명수 강이 흘러 길 가운데로 지나가며, 강 좌우에 생명나무가 있고 열두 가지 실과가 달마다 맺히는 환경이 매우 맑고 양식이 풍부한 나라입니다(계 22:1~2).

그 가운데 있는 하나님과 어린 양의 보좌에는 하나님의 영광이 있으며 성은 장광이 같아 네모 반듯하고 성곽은 벽옥이요, 성은 정금인데 맑은 유리 같으며 성곽의 기초석은 열 두 보석으로 꾸며져 있습니다.(계 21:15~20). 열두 문은 열두 진주로 되어 있고, 성의 길은 맑은 유리 같은 정금으로 되어 있습니다(계 21:21). 성 안에는 성전이 따로 없고 하나님과 어린 양이 성전이며, 또한 하나님과 어린 양이 밝은 빛이 되어 해와 달의 비췸이 쓸 데 없습니다(계 21:22~23). 따라서 밤이 없고 항상 낮이며 성문들은 닫는 법이 없고 늘 활짝 열려 있습니다(계 21:25).

이와 같은 새 하늘과 새 땅에 사는 백성들에게는 눈물과 저주가 없으며(계 22:3), 다시는 사망이 없이 영생을 누리게 됩니다(계 21:4a). 또한 애통하는 것이나 곡하는 것이나 아픈 것이 다시는 없어서(계 21:4b) 늘 건강과 평화를 누리며, 백성들이 영원무궁토록 자유를 누리게 됩니다(계 22:5).

3. 새 하늘과 새 땅에 들어갈 자격 요건

앞에서도 언급했지만 새 하늘과 새 땅에 들어갈 자격 요건은 출신지역, 출신학교, 학력, 재력, 건강, 나이, 성별 등과는 관계가 없습니다. 그렇다면 새 하늘과 새 땅에 들어갈 수 있는 자격 요건은 무엇입니까? 그것은 딱 한 가지, 어린 양의 생명책에 기록된 이름입니다. 어린 양의 생명책에 있는 이름이 바로 새 하늘과 새 땅에 들어갈 수 있는 자격 요건인 것입니다.

오늘 본문 말씀은 거룩한 성, 즉 새 하늘과 새 땅에 들어갈 수 없는 자를 지적함으로써 거룩한 성에 들어갈 수 있는 자격 요건을 우회적으로 말하고 있습니다. 속된 자, 가증한 자, 거짓말하는 자는 결코 거룩한 성에 들어가지 못한다고 경고하고 있습니다(계 21: 27).

첫째로, 속된 자는 어떤 사람을 말하는 것입니까?

'속된 자'를 다른 번역에 보니까 더러운 것(공동 번역, 현대인의 성경), 더러운 자들(현대어 성경) 등으로 번역되어 있습니다. 다시 말하면 속된 짓을 하는 더러운 자들입니다. 계시록 21장 8절과 22장 15절에 비추어 보면 속된 짓을 하는 더러운 자들은 흉악한 자들(개들), 살인자들, 술객들, 행음하는 자들임을 알 수 있습니다. 속되고 더러운 자들이란 거룩한 사람들과 대응이 되는 자들로(레 10:10, 겔 42:20) 세상의 온갖 죄악과 탐욕과 쾌락에 물들어 있는 자들입니다.

둘째로, 가증한 자는 어떤 사람을 말하는 것입니까?

'가증한 자'를 헬라어 원문에 보니까 혐오스러운 것, 몹시 싫은 것, 하나님의 진노를 일으키기 때문에 그 앞에 내 놓을 수 없는 것, 우상물 등의 의미가 있습니다. 또, 다른 번역에는 흉측한 짓을 하는 자(공동 번역), 부도덕한 자(현대어 성경), 역겨운 짓을 하는 자(현대인의 성경) 등으로 번역되어 있습니다. 이상을 정리해 보면 가증한 자란 역겹고 혐오스러운 짓을 하거나 우상 숭배를 하는 자들을 말합니다. 다시 말하면 성적으로 더러운 짓을 하거나(렘 13:27, 계 17:4) 하나님 앞에서 우상을 섬기는 자들(왕상 11:4~5, 겔 7:20)을 말합니다.

셋째로, 거짓말 하는 자는 어떤 사람을 말하는 것입니까?

'거짓말 하는 자'를 다른 번역에 보면 거짓말장이(현대인의 성경), 거짓을 일삼는 자(공동 번역), 정직하지 못한 자(현대어 성경) 등으로 번역되어 있습니다.

"너희는 너희 아비 마귀에게서 났으니 너희 아비의 욕심을 너희도 행하고자 하느니라. 저는 처음부터 살인한 자요, 진리가 그 속에 없으므로 진리에 서지 못하고 거짓을 말할 때마다 제 것으로 말하나니 이는 저가 거짓말장이요, 거짓의 아비가 되었음이니라”(요 8:44). 말씀과 같이 거짓말은 본래 마귀의 속성입니다. 마귀의 역사는 거짓말로부터 시작되었고(창 3:4~5), 인류는 이 마귀의 거짓말에 미혹되어 타락의 길로 접어들게 되었습니다. 따라서 이 거짓말은 우상 숭배와 함께 하나님께서 가장 싫어하시는 것 중의 하나인 것입니다.

이상과 같이 속된 짓을 하는 더러운 자나 우상을 섬기는 가증한 자나 거짓말하는 자는 어린 양의 생명책에 기록될 수 없고, 따라서 새 하늘과 새 땅에 들어갈 수가 없습니다.

정 리

세상의 단체에 들어가기 위해서는 그 단체의 성격에 따라 조금씩은 다르겠지만 출신지, 출신 학교, 학력, 재력, 건강, 나이, 성별 등의 조건이 필요합니다. 그러나 거룩한 성, 새 하늘과 새 땅에 들어가는 자격 요건에는 이런 세속적인 조건은 필요가 없습니다.

새 하늘과 새 땅에 들어갈 자격 요건은 오직 어린 양의 생명책에 기록되어 있는 이름입니다. 따라서 우리는 어린 양의 생명책에 이름이 반드시 기록되도록 최선을 다해야 되겠습니다. 그렇다면 우리가 어떻게 해야만 합니까? 우선 예수를 잘 믿어야 하며, 아울러 더럽고 속된 행위를 하지 말고, 우상을 섬기는 가증한 일을 하지 말고, 마귀의 속성인 거짓말을 하지 말아야 합니다. 아멘!

제12장 제6과
생명나무에 이르는 길

그 두루마기를 빠는 자는 복이 있으니 이는 저희가 생명나무에 나아가며 문들을 통하여 성에 들어갈 권세를 얻으려 함이로다(계 22:14).

1. 생명과 양식

모든 생명체는 생명을 유지하기 위해 양식을 먹어야 합니다. 사람은 영적 생명과 육적 생명이 있기 때문에 영적 생명을 위하여는 하나님의 말씀을 먹어야 하고, 육적 생명을 위해서는 물과 음식물을 먹어야 합니다.

사람이 천국을 가기 위해서는 반드시 영적 양식인 말씀을 먹어야겠지만 이 세상에서나 천국에서도 육(몸)을 가지고 있기 때문에 육적 양식도 중요합니다. 여기서는 사람의 육적 양식에 대해서 알아보기로 합니다. 성경에 보면 에덴동산 및 새 하늘과 새 땅에서의 육적 양식과 타락된 이 세상에서의 육적 양식이 서로 다르다는 것을 알 수 있습니다.

2. 에덴동산 및 새 하늘과 새 땅에서의 양식

하나님께서 사람을 창조하신 후 동방의 에덴에 동산을 창설하시고, 그 가운데 생명나무와 선악을 알게 하는 나무를 두셨습니다. 그리고 하나님은 사람에게 명하여 가라사대 "동산 각종 나무의 실과는 네가 임의로 먹되 선악을 알게 하는 나무의 실과는 먹지 말라. 네가 먹는 날에는 정녕 죽으리라"(창 2:16~17)라고 말씀하셨습니다.

여기서 먹도록 허락하신 '각종 나무의 실과'는 분명히 생명나무의 실과이며, 또한 "하나님이 가라사대 내가 온 지면의 씨 맺는 모든 채소와 씨 가진 열매 맺는 모든 나무를 너희에게 주노니 너희 식물이 되리라"(창 1:29)에서 '열매 맺는 모든 나무'도 바로 생명나무임에 틀림이 없습니다.

한편 우리가 장차 들어가게 될 '새 하늘과 새 땅'에서의 양식은 무엇입니까? "수정같이 맑은 생명수의 강 좌우에 생명나무가 있어 열두 가지 실과를 맺히되 달마다 그 실과를 맺히고 그 잎사귀들은 만국을 소성하기 위하여 있더라"(계 22:1~2 요약)의 말씀에서 증언하는 바와 같이 '새 하늘과 새 땅'에서의 양식은 '생명수'와 '생명나무 실과'임을 알 수 있습니다.

결론적으로 사람이 타락하기 전 '에덴동산'에서의 양식과 타락에서 구원된 후 '새 하늘과 새 땅'에서의 양식은 '생명나무 실과'와 '생명수' 그리고 '채소'임을 알 수 있습니다.

3. 타락된 이 세상에서의 양식

아담과 하와가 불순종의 죄로 에덴동산에서 추방된 후 그들에게 허락된 양식은 채소였습니다. "너희 먹을 것은 밭의 채소인즉 네가 얼굴에 땀이 흘러야 식물을 먹고"(창 3:18~19)라고 성경이 증언하는 바와 같이 채소를 양식으로 먹되 그것도 땀을 흘려 경작을 해야 먹을 수 있었습니다.

노아홍수 이후 노아의 가족에게는 "무릇 산 동물은 너희의 식물이 될지라. 채소같이 내가 이것을 다 너희에게 주노라. 그러나 고기를 그 생명 되는 피채 먹지 말 것이니라"(창 9:3~4)라고 하나님께서 말씀하시어 피를 배제한 '산 동물'을 양식으로 추가시켜 주셨습니다. 그리고 출애굽 후 시내산 언약 이후에는 "굽이 갈라지고 새김질하는 짐승"이라야 먹을 수 있다는 등 부정 요소가 있는 동물들은 양식에서 제외시켜야 하는 까다로운 규정을 주셨습니다(레 11장).

그러나 신약에 와서는 "감사함으로 받으면 버릴 것이 없다"(딤전 4:4) 하여 오늘날과 같이 이 세상에서의 양식이 다양하게 되었습니다.

4. 천국 양식과 이 세상 양식의 다른 점

앞에서 알아본 바와 같이 천국 양식에는 육식이 없고 과일이 주식임을 알 수 있습니다. 그렇다면 천국 양식과 이 세상 양식의 다른 점은 무엇이겠습니까?

첫째로, 이 세상 양식은 얼굴에 땀이 흘러야 먹을 수 있지만 천국 양식은 노동하지 않아도 먹을 수 있다는 것이 다릅니다. 아담과 하와의 불순종의 죄로 말미암아 땅이 저주를 받았기 때문에 "종신토록 수고해야 그 소산을 먹고, 얼굴에 땀이 흘러야 식물을 먹는다"(창 3:17~19 요약)고 성경은 증거하고 있습니다. 반면에 재배하지 않아도 "천국의 생명나무에는 열두 가지 실과가 달마다 맺힌다"(계22:2 정리)고 증거되어 있습니다.

둘째로, 세상 양식은 먹어도 결국은 죽지만 천국의 양식을 먹으면 죽지 않고 영생하는 것이 다릅니다. "네가 얼굴에 땀이 흘러야 식물을 먹고 필경은 흙으로 돌아가리니 그 속에서 네가 취함을 입었음이라"(창 3:19). 말씀과 같이 이 세상 사람들은 양식을 먹어도 죽게 되고 죽으면 썩어서 흙이 됩니다. 반면에 성경은 천국에서의 양식인 생명나무 과실을 먹으면 영생하게 된다고 증언하고 있습니다.

하나님께서는 죄를 지은 아담이 "생명나무의 과일을 따먹고 영원히 살게 해서는 안 된다"(창 3:22, 현대인의 성경) 하시고 동산에서 추방하셨던 것입니다. 여기서 우리는 '생명나무 실과'를 먹으면 영생하게 됨을 알 수 있습니다. 뿐만 아니라 새 하늘과 새 땅에서는 "다시는 사망이 없다"(계 21:4)고 성경이 증언하고 있습니다.

5. 가로막힌 생명나무에 이르는 길

하나님께서는 아담과 하와를 에덴동산에서 쫓아내시고 그룹들과 화염검을 두어 그들이 다시 들어오지 못하게 생명나무에 이르는 길목을 지키도록 하셨습니다. 왜 하나님은 그들을 에덴에서 추방하시고 생명나무에 이르는 길을 가로막았을까요? 사람이 어린 아기처럼 선악을 모르면 악을 행할 줄 모르지만 철이 들어 선악을 알게 되면 선보다는 악을 행하는 경향이 커집니다.

선악과를 먹고 선악을 알게 된 죄인들이 만약 생명나무 과실을 먹고 영생하게 되면 결국 제2의 사탄이 되고 말 것입니다. 하나님께서는 이러한 상황을 염려하셔서 급히 그들을 쫓아내시고 다시 들어오지 못하도록 막으셨던 것입니다. 이와 같이 하여 인류는 에덴동산 밖에서 기나긴 타락의 길이 시작되었고, 하나님께서는 사람이 다시 생명나무 과실을 먹을 수 있는 길을 터 놓으셨습니다.

노아의 자손을 통하여, 아브라함의 자손을 통하여, 마지막으로는 독생자 예수 그리스도를 통하여 생명나무에 이르는 길을 마련해 놓으셨습니다.

정 리

사람은 천국의 양식인 생명나무 과실을 먹어야 죽지 않고 영생할 수가 있습니다. 생명나무는 천국에만 있고 그 실과는 천국에 가야 먹을 수 있습니다. 따라서 우리는 기어코 천국에 가야만 합니다.

하나님께서는 그 천국 가는 길을 마련해 주셨습니다. 그래서 예수님께서는 에베소교회의 사자에게 말씀하셨습니다. "귀 있는 자는 성령이 교회들에게 하시는 말씀을 들을지어다. 이기는 그에게는 내가 하나님의 낙원에 있는 생명나무의 과실을 주어 먹게 하리라"(계 2:7). 세상의 죄와 악을 이기고 계명에 순종하는 자에게는 '생명나무 과실'을 먹을 자격이 부여된다는 것입니다.

"그 두루마기를 빠는 자는 복이 있으니 이는 저희가 생명나무에 나아가며 문들을 통하여 성에 들어갈 권세를 얻으려 함이로다”(계 22:14). 말씀에서 “두루마기를 빤다”는 것은 어린 양의 피로 죄씻음을 받아 구원을 얻게 되는 것을 말합니다. 십자가 대속의 피로 죄를 씻고 구원을 얻은 자만이 생명나무 과실을 먹을 자격을 얻게 된다는 것입니다.

결론적으로 사람이 예수 그리스도의 십자가 대속의 피로 죄씻음을 받아 구원을 얻고, 죄악 세상에 미혹되지 않고 말씀의 실천으로 승리하면 생명나무 실과를 먹을 수 있는 자격을 얻게 됩니다.

제12장 제7과
마음속에 있는 하나님의 나라

바리새인들이 하나님의 나라가 어느 때에 임하나이까 물거늘 예수께서 대답하여 가라사대 하나님의 나라는 볼 수 있게 임하는 것이 아니요. 또 여기 있다 저기 있다고도 못하리니 하나님의 나라는 너희 안에 있느니라(눅 17:20~21).

1. ‘하나님의 나라’의 개념

일반적으로 나라의 구성요소는 주권과 영토와 국민입니다. ‘대한민국’이 나라가 되기 위해서는 주권이 있고, 영토가 있고, 국민이 있어야 합니다. 그런 의미에서 남한 지역은 완전한 ‘대한민국’ 나라입니다. 북한도 헌법상으로는 대한민국의 영토이고 사람도 살고 있지만 대한미국의 주권이 미치지 못하기 때문에 실제적으로는 ‘대한민국’이 되지 못하고 있습니다.

마찬가지로 이 지구촌은 분명히 하나님 나라의 영토이지만 하나님의 주권이 미치지 않는 사람들이 너무 많이 살기 때문에 하나님의 나라라고 할 수 없습니다.

하나님 나라의 주권은 하나님의 말씀입니다. 하나님의 말씀을 법으로 생각하고 말씀대로 사는 사람이 있다면 그 사람의 마음속에는 하나님의 나라가 이루어진 것이라 볼 수 있습니다. "예수께서 대답하여 가라사대 하나님의 나라는 볼 수 있게 임하는 것이 아니요, 또 여기 있다 저기 있다고도 못하리니 하나님의 나라는 너희 안에 있느니라"(눅 17:20~21). 그렇습니다. 우리가 이 땅에 있는 한 '새 하늘과 새 땅'(계 21:1)과 같은 완벽한 개념의 가시적인 하나님의 나라는 볼 수 없을 것입니다. 생각과 말과 행동에 하나님의 주권(말씀)이 미치는 사람이면 그가 곧 하나님의 나라인 것입니다.

"그 때에 세례요한이 이르러 유대 광야에서 전파하여 가로되 회개하라 천국이 가까웠느니라"(마 3:1~2). 이 말씀에서 '천국'은 바로 '예수 그리스도'를 지칭하는 것이라 해석할 수 있습니다. 따라서 하나님의 아들 예수님이 임하시는 곳이면 그 곳이 바로 하나님의 나라인 것입니다. 따라서 사람의 마음속에 예수님이 임하시면 그 사람의 마음은 천국인 것입니다. 그 사람에겐 하나님 나라의 주권인 말씀이 미치고 있기 때문입니다.

2. 마음속에 '하나님의 나라'가 이루어진 사람

첫째로, 마음속에 '하나님의 형상'이 회복된 사람은 '하나님의 나라'가 이루어진 사람입니다.

"하나님이 자기 형상, 곧 하나님의 형상대로 사람을 창조하시되 남자와 여자를 창조하시고"(창 1:27), 말씀과 같이 하나님께서는 다른 피조물과는 달리 사람만은 하나님의 형상대로 창조하셨습니다. '하나님의 형상'이 무엇입니까? 다른 동물에는 없고 사람이 하나님과 공통으로 가지고 있는 속성이 사람에게 있는 하나님의 형상인 것입니다. 사랑, 공의, 선의지, 이성, 종교성 등이 바로 하나님의 형상인 것입니다. 그런데 불행하게도 아담과 하와가 불순종의 죄를 지은 후 모든 그의 후손들은 사랑, 공의, 선의지 등의 형상이 대폭 파괴되고 타락하게 되었습니다.

"사람아, 주께서 선한 것이 무엇임을 네게 보이셨나니 여호와께서 네게 구하는 것이 오직 공의를 행하며 인자를 사랑하며 겸손히 네 하나님과 함께 행하는 것이 아니냐?"(미 6:8) 말씀과 같이 하나님께서는 선, 공의, 사랑, 겸손 등 파괴된 하나님의 형상이 사람에게 회복되기를 원하십니다. 사람 속에 타락으로 파괴된 '하나님의 형상'을 회복하는 것이 곧 구원이요, 하나님의 나라 건설인 것입니다.

둘째로, 예수님을 본받고 닮아서 '성화(聖化)된 사람'은 그 마음속에 '하나님의 나라'가 이루어진 사람입니다.

예수께서 이 땅에 오신 목적 중 의 하나는 제자들에게 본을 보여 주시는 것이었습니다. 기도의 본을 보여 주시고, 전도의 본을 보여 주시고, 순종의 본을 보여 주시고, 사랑의 본을 보여 주시고, 섬김의 본을 보여 주시고, 용서의 본을 보여 주셨습니다.

"새 계명을 너희에게 주노니 서로 사랑하라. 내가 너희를 사랑한 것 같이 너희도 서로 사랑하라. 너희가 서로 사랑하면 이로써 모든 사람이 너희가 내 제자인 줄 알리라"(요 13:34~35). 모든 본 중에 사랑의 본이 으뜸입니다. 사랑 안에 모든 것이 있기 때문입니다. 그래서 우리가 예수님의 제자가 되기 위해서는 무엇보다도 예수님의 사랑을 본받아야 합니다.

"우리가 다 하나님의 아들을 믿는 것과 아는 일에 하나가 되어 온전한 사람을 이루어 그리스도의 장성한 분량이 충만한 데까지 이르리니, 오직 사랑 안에서 참된 것을 하여 범사에 그에게까지 자랄지라"(엡 4:13, 15). 말씀과 같이 오직 사랑 안에서 참된 것을 하여 범사에 그리스도의 장성한 분량까지 본받아 자라는 것이 예수를 닮는 것, 곧 성화(聖化)입니다. 우리가 성화를 이루기 위해서는 성령 충만의 은혜를 입어야 합니다.

"오직 성령의 열매는 사랑과 희락과 화평과 오래 참음과 자비와 양선과 충성과 온유와 절제니 이 같은 것을 금지할 법이 없느니라"(갈 5:22~23). 항상 성령 충만의 은혜로 성령의 9가지 열매가 맺어진 사람이라면 성화된 사람, 마음속에 하나님의 나라가 이루어진 사람이라 할 수 있습니다.

셋째로, '신본주의'(神本主義) 가치관을 가진 사람은 그 마음속에 하나님의 나라가 이루어진 사람입니다.

세상 사람들은 사람이 만물의 영장이라고 하는 진화론적 인본주의(人本主義) 가치관을 가지고 살고 있습니다. 범사를 사람 중심으로 해석하고 이기적 탐욕으로 생존경쟁을 하고 있습니다.

한편 신실한 그리스도인들은 하나님 중심의 신본주의 가치관으로 세상을 살고 있습니다. "내가 그리스도와 함께 십자가에 못 박혔나니 그런즉 이제는 내가 산 것이 아니요 오직 내 안에 그리스도께서 산 것이라"(갈 2:20). 바울 사도의 고백입니다. 내 자아는 십자가에 못 박혀 죽었으므로 내 뜻대로 사는 것이 아니라 내 안에 들어오셔서 나를 주장하시는 예수님의 뜻대로 사는 것이 신본주의인 것입니다.

"우리가 살아도 주를 위하여 살고 죽어도 주를 위하여 죽나니 그러므로 사나 죽으나 우리가 주의 것이로다"(롬 14:8). 사람이 자신의 유익이나 영광을 위해서 사는 것이 아니라 하나님의 유익이나 영광을 위해서 살아야 한다는 것입니다. 바울 사도처럼 철저하게 신본주의 가치관으로 사는 사람은 그 마음속에 하나님의 나라가 임한 사람인 것입니다.

정 리

가시적인 하나님의 나라인 '새 하늘과 새 땅'에 들어가기 위해서는 이 땅에 살면서 그 마음속에 하나님의 나라가 이루어져야 합니다. 예수 믿고 사랑, 공의, 선의지, 겸손 등 크게 타락된 '하나님의 형상을 회복한 사람'은 그 마음속에 하나님의 나라가 임했다고 볼 수 있습니다. 예수 믿고 예수님의 성품을 닮아 '성화된 사람'이라면 그 마음속에 하나님의 나라가 임한 사람인 것입니다. 예수 믿고 '신본주의 가치관으로 생각하고, 말하고, 행동하는 사람'은 그 마음속에 하나님의 나라가 임한 사람인 것입니다.

우리가 장차 마지막 심판 때 '새 하늘과 새 땅'에 들어갈 자격을 얻기 위해서는 이 땅에서 예수 믿고, 그 마음속에 하나님의 나라가 이루어져야 합니다. 하나님의 주권이 미치는 사람, 즉 하나님의 뜻과 말씀대로 사는 사람 속에는 하나님의 나라가 임하게 되는 것입니다.

제12장 제8과
새 하늘과 새 땅

또 내가 새 하늘과 새 땅을 보니 처음 하늘과 처음 땅이 없어졌고 바다도 다시 있지 않더라. 또 내가 보매 거룩한 성 새 예루살렘이 하나님께로부터 하늘에서 내려오니 그 예비한 것이 신부가 남편을 위하여 단장한 것 같더라(계 21:1~2).

1. '새 하늘과 새 땅'의 도래에 대한 예언

종말론적으로 성취되어야 할 전 인류적이고 범 우주적인 예언은 크게 세 가지로 구분할 수가 있습니다. 첫째는 예수님의 재림 예언입니다. "그 때에 사람들이 인자가 구름을 타고 큰 영광으로 오는 것을 보리라"(눅 21:27). 예수님께서 친히 하신 말씀입니다. 둘째는 마지막 심판입니다. "또 내가 크고 흰 보좌와 그 위에 앉으신 자를 보니 땅과 하늘이 그 앞에서 피하여 간 데 없더라. 사망과 음부도 불못에 던지우니 이것은 둘째 사망 곧 불못이라. 누구든지 생명책에 기록되지 못한 자는 불못에 던지우더라"(계20:11, 14~15). 요한이 환상으로 본 마지막 심판의 광경입니다.

마지막은 '새 하늘과 새 땅'의 도래에 대한 예언입니다. 먼저 구약에서는 이사야 선지자가 두 번 예언하고 있습니다. 이사야 예언의 특징은 하나님께서 친히 말씀하셨다는 것과 장차 새 하늘과 새 땅을 창조하시겠다는 하나님의 의지를 말씀하셨다는 것입니다. 그리고 신약에서는 베드로후서(3:13)와 요한 계시록(계 21:1)에 기록되어 있습니다. 신약 예언의 특징은 처음 하늘과 처음 땅은 불에 녹아서 사라지고 '새 하늘과 새 땅'이 도래한다는 것입니다.

이제 그리스도인들이 궁극적으로 소망하는 새 하늘과 새 땅은 어떤 곳인지 좀 더 구체적으로 알아보도록 하겠습니다.

2. '새 하늘과 새 땅'은 어떤 곳인가

첫째로, 현재의 우주인 처음 하늘과 처음 땅과는 전혀 다른 장소입니다.

요한은 "새 하늘과 새 땅을 보니 처음 하늘과 처음 땅은 없어졌다"(계 21:1)고 증언하고 있습니다. 또한 베드로는 "하늘이 불에 타서 풀어지고, 체질이 뜨거운 불에 타서 녹아지려니와"(벧후 3:12b), 그리스도인들은 "새 하늘과 새 땅을 바라본다"(벧후 3:13)고 증언하고 있습니다.

그리고 이사야 선지자는 하나님께서 새 하늘과 새 땅을 창조하게 되면 "이전 것은 기억되거나 마음에 생각나지 아니할 것이라"(사 65:17)고 예언하고 있습니다. 뿐만 아니라 그곳에는 하나님의 영광으로 말미암아 햇빛과 등불이 필요 없으며 어두움이 없는 새로운 세상이라고 요한은 증언하고 있습니다(계 21:23, 22:5).

둘째로, 새 하늘과 새 땅은 영원히 파괴되지 않는 세상입니다.

"나 여호와가 말하노라. 나의 지을 새 하늘과 새 땅이 내 앞에 항상 있을 것 같이 너희 자손과 너희 이름이 항상 있으리라"(사 66:22). 말씀과 같이 하나님께서 창조하실 새 하늘과 새 땅은 하나님과 함께 영원히 존재하게 될 것이라고 하나님께서 친히 증언하고 계십니다.

그렇다면 오늘날 이 하늘과 이 땅은 파괴된다는 말입니까? 그렇습니다. 아담과 하와의 범죄로 말미암아 이 땅은 토박해지는 저주를 받게 되었고, 사람은 노동과 질병과 사망의 저주를 받게 되었습니다(창 3:17~19). 이 저주가 바로 질서의 파괴요(열역학 제2법칙) 우주와 만물 파괴의 원인인 것입니다. "그 날에 하늘이 불에 타서 풀어지고, 체질이 뜨거운 불에 녹아지려니와"(벧후 3:12b), 말씀과 같이 처음 하늘과 처음 땅은 결국 파괴되고 마는 것입니다.

셋째로, 새 하늘과 새 땅은 의인만이 거하는 곳입니다.

"우리는 그의 약속한 대로 의의 거하는 바 새 하늘과 새 땅을 바라보도다"(벧후 3:13). 말씀과 같이 새 하늘과 새 땅은 정의만 있는 곳이기 때문에 불의한 자는 들어갈 수가 없는 곳입니다. "무엇이든지 속된 것이나 가증한 일 또는 거짓말하는 자는 결코 그리로 들어오지 못하되 오직 어린 양의 생명책에 기록된 자들 뿐이라"(계 21: 27). 말씀과 같이 예수 믿고 구원받아 생명책에 기록된 의로운 자만이 들어갈 수 있는 곳입니다.

넷째로, 새 하늘과 새 땅은 하나님이 늘 사람과 함께 계시는 곳입니다.

"나 여호와가 말하노라. 나의 지을 새 하늘과 새 땅이 내 앞에 항상 있을 것같이 너희 자손과 너희 이름이 항상 있으리라"(사 66:22). 오늘날 이 세상 사람들은 하나님과 함께 있지 못하고 떨어져 있습니다. 하나님께서 불순종의 죄를 지은 아담과 하와를 에덴에서 쫓아내신 후(창 3:23) 하나님과 사람 사이에 죄의 담벼락으로 막히게 되었습니다. 장차 도래할 죄가 없는 새 하늘과 새 땅에서는 "하나님이 저희와 함께 거하시리니"(계 21:3), 말씀과 같이 그리스도인은 늘 하나님과 함께 거하는 하나님의 백성이 될 것입니다.

다섯째로, 새 하늘과 새 땅은 맑고, 밝고, 깨끗한 곳입니다.

"하나님의 영광이 있으매 그 성의 빛이 지극히 귀한 보석 같고 벽옥과 수정과 같이 맑더라"(계 21:11). "그 성은 해나 달의 비췸이 쓸 데 없으니 이는 하나님의 영광이 비취고 어린 양이 그 등이 되심이라"(계 21:23). 말씀과 같이 새 하늘과 새 땅의 특징 중의 하나는 지극히 맑고 밝은 세상이라는 것입니다. 오늘날 지구촌에는 환경오염으로 말미암아 생태계가 극심한 몸살을 앓고 있습니다. 그러나 새 하늘과 새 땅은 영원히 공해가 없는 맑고 밝은 세상입니다.

마지막으로, 새 하늘과 새 땅은 생명과를 먹고 영생하는 곳입니다.

"강 좌우에 생명나무가 있어 열두 가지 실과를 맺히되 달마다 그 실과를 맺히고, 그 나무 잎사귀들은 만국을 소성하기 위하여 있더라"(계 22:2b~3). 말씀은 새 하늘과 새 땅을 특징 지워줄 몇 가지 중요한 내용을 시사해 주고 있습니다.

첫째로, 생명과를 먹으면 영생하게 된다는 것입니다. 하나님께서는 아담과 하와가 생명과를 먹고 영생할까봐 에덴에서 내 쫓으셨습니다(창 3:22). 죄인은 죽어야지 영생할 자격이 없다는 것입니다. 그러나 죄를 회개하고 의롭게 된 그리스도인은 천국에 들어가서 다시 생명과를 먹고 영생할 수 있다는 것입니다.

둘째로, 새 하늘과 새 땅에서는 노동을 하지 않아도 1년 열두 달 생명나무 열매가 주렁주렁 맺힌다는 것입니다. 즉, 에너지가 완전 순환이 되어서 노동이 필요없게 된다는 것입니다.

여기서 에너지의 완전 순환은 만국을 치료하는 나무 잎사귀들이 담당하게 되는 것입니다. 이 나무 잎사귀들은 오늘날 지구촌에서도 광합성 반응으로 녹말과 산소를 재생시켜서 에너지의 일부를 순환시켜 주고 있습니다. 그리고 이 사실은 "다시 저주가 없으며"(계 22:3a)라는 말씀이 잘 증언해주고 있습니다. 하나님의 저주가 없다는 것은 바로 노동과 질병과 사망같은 질서도 파괴 현상이 없다는 것입니다. 따라서 모든 생명체는 공해가 없는 환경에서 쇠하지 않고 영생하게 되는 것입니다.

정 리

새 하늘과 새 땅은 하나님께서 처음 하늘과 처음 땅을 파멸시키고 새로운 우주체계로 다시 창조하시는 세계입니다. 그 곳은 영원히 파괴되지 않는 곳이며 의로운 사람만이 하나님과 늘 함께 거하는 곳입니다. 그 곳은 맑고 밝고 깨끗한 영원히 공해가 없는 환경이며, 생명나무 열매를 먹고, 다시 저주가 없으므로 노동과 질병과 사망이 없는 영생하는 곳입니다.

"그 두루마기를 빠는 자들은 복이 있으니 이는 저희가 생명나무에 나아가며 문들을 통하여 성에 들어갈 권세를 얻으려 함이로다"(계 22:14). 우리가 예수를 믿는 궁극적인 목적은 영생복락을 누릴 수 있는, 생명나무가 있는 새 하늘과 새 땅에 들어가기 위한 것입니다.

우리는 영원한 새 하늘과 새 땅에 들어가기 위하여 열심히 옷을 빨아 항상 성결함을 유지해야만 되겠습니다. 아멘!

사랑하는 건대부중 제자들과 지인들에게

내가 팔순 기념으로 두 권의 책(참된 자유, 동로사랑 · 동로자랑)을 내면서 30대 초반 건대부중에서 오직 교직에만 열정을 다해 심혈을 기우렸던 아름다운 추억을 상기하고 싶어서, 또한 여생도 함께 누리는 보람을 일구고 싶어서 그 동안 간혹 연락이 되던 몇몇 제자들에게 다소간의 출간비를 협찬 받고자 했던 것인데 예상보다 훨씬 많은 성금을 보내주어서 출간비 전액을 감당할 만큼이나 되었네요. 너무너무 고맙고 자랑스러워요. 그러고 보니 한편으로는 너무 부담을 준 것 같아서 미안하기도 하네요.

이에 함께 한 사랑하는 제자들의 이름과 신뢰하는 지인들의 명함을 이들 책에 새겨서 함께 보낸 지난 세월을 추억하며, 또한 나아가 여생은 하나님과 함께 누릴 수 있는 보람을 키우고 싶네요.

협찬자 명단

김 홍 순(건대부중 1회)
송 배 원(건대부중 1회)
양 준 홍(건대부중 1회)
이 명 신(건대부중 1회)
이 성 곤(건대부중 1회)
이 형 하(건대부중 1회)

조 병 훈(건대부중 1회)
주 영 섭(건대부중 1회)
김 춘 식(건대부중 2회)
김 동 수(재경동로복지회 창립회장)
김 수 남(동로면 노은리)
황 명 숙(처제)

너무나 감사해요.
2015. 5. 23
장 대 식 목사

장대식 목사 팔순 기념 요약설교 100선

참 된 자 유

인쇄일 | 2015년 5월 23일
발행일 | 2015년 5월 23일

지은이 | 장대식
펴낸곳 | 도서출판 조은
발행인 | 김화인
편집인 | 김진순
디자인 | 김진순
주소 | 서울시 중구 을지로20길 12 405호(인현동1가, 대성빌딩)
전화 | (02)2273-2408
팩스 | (02)2272-1391
출판등록 | 1995년 7월 5일 등록번호 제2-1999호
저자연락처 | 010-9967-4966
ISBN | 978-89-94329-63-5
정가 | 12,000원